# Pharmaceutical Marketing Practices

# 医药营销实战

何勤　汪俊　裴学军　等◎编著

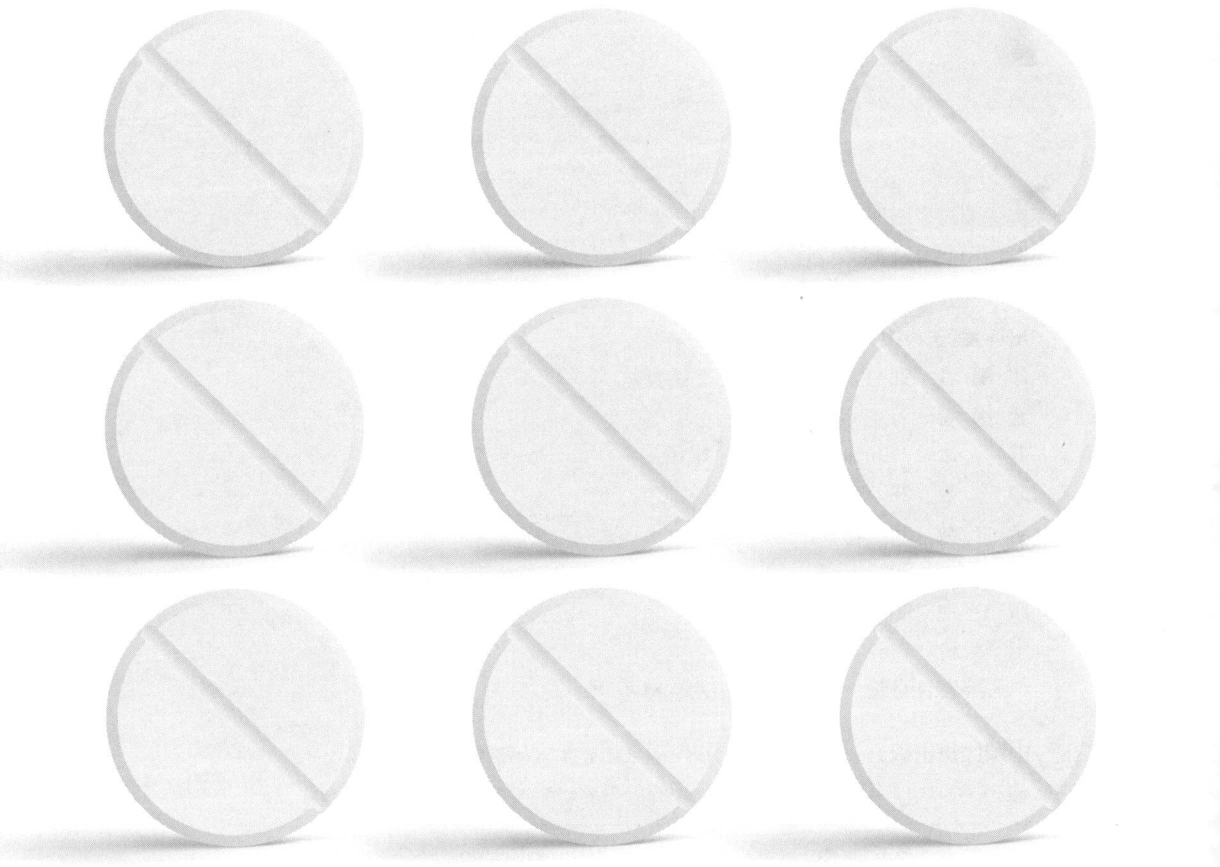

中国经济出版社
CHINA ECONOMIC PUBLISHING HOUSE
北京

**图书在版编目（CIP）数据**

医药营销实战 / 何勤等编著 . -- 北京：中国经济出版社，2023. 5

ISBN 978 - 7 - 5136 - 7279 - 5

Ⅰ. ①医… Ⅱ. ①何… Ⅲ. ①药品 - 市场营销学 Ⅳ. ①F724. 73

**中国国家版本馆 CIP 数据核字（2023）第 061131 号**

责任编辑　闫明明
责任印制　马小宾

**出版发行**　中国经济出版社
**印 刷 者**　北京富泰印刷有限责任公司
**经 销 者**　各地新华书店
**开　　本**　710mm × 1000mm　1/16
**印　　张**　28. 75
**字　　数**　386 千字
**版　　次**　2023 年 5 月第 1 版
**印　　次**　2023 年 5 月第 1 次
**定　　价**　128. 00 元
**广告经营许可证**　京西工商广字第 8179 号

**中国经济出版社** **网址** www. economyph. com **社址** 北京市东城区安定门外大街 58 号 **邮编** 100011

本版图书如存在印装质量问题，请与本社销售中心联系调换（联系电话：010 - 57512564）

# 编委会

**主　编**　何　勤　汪　俊　裴学军

**编　委**　汪劲松　江建华　黄　跃　李　楠

李振昂　潘立新　张世界　杨　军

肖　飞　张　涛　刘才芳　胡　君

陈雪莉　熊　艳　龙　胤

# 丛书序

中国本土企业家和管理学人经过40多年的筚路蓝缕，辛勤耕耘，在管理实践和研究方面取得了长足成就，对我国现代企业管理制度的建立以及助力企业高质量发展发挥了重要作用，也逐步被国际学术界和企业界所接受和认可，进入了需要结合本土实践来对中国管理进行理论创新发展的新阶段。

为支撑中国管理研究的理论创新和实践总结，我们搭建了相应平台，汇聚了各界专家，针对中国管理实践重要问题展开研究探索，做了三个方面工作。

第一，开展中国管理实践学术研讨。以《管理学报》杂志社为依托，自2010年迄今通过联合国内多所知名院校，发起主办了13届“中国·实践·管理”论坛，在响应国家自然科学基金委员会管理科学部“直面中国管理实践”号召，探讨中国管理实践重大问题，推动中国管理实践科学发展方面做出了重要贡献，形成了一批优秀学术成果，积累了良好的品牌效应，为中国管理实践研究院的成立奠定了较好的学术基础。

第二，搭建面向中国管理实践研究发展的开放平台。秉承“直面中国管理实践，推动管理知识创造，助力实践科学发展”的宗旨，成立中国管理实践研究院。该院承担两大职能，扮演四种角色。①两大职能。一是将管理学报“中国·实践·管理”论坛10余年来的学术资源积累，转化为高质量的知识产品和咨询服务，为中国市场上的各类企业成长赋能；二是收集整理来自中国管理实践一线的经验与问题，为管理学者提供丰富的科研线索与教学素材，为管理学者“把论文写在祖国大地上”助力。②四种角色。一是连接器，连接学界和企业，为产研融合、产教融合搭建桥梁。二是转化器，将学术成果转化为培训产品和咨询项目。三是传感器，将管理问题与科研线索传递给学术圈，倡导和协助学者们做“真研究”、教“真学问”。四是资源池，即整合运营国内直面中国管理实践的企业家资源、学者资源等。

第三，推动中国管理实践研究成果整理与传播。以“中国管理实践系列丛书”“中国管理实践评论”期刊和相应的新媒体公众号和社群等为载体，整合传播政产学各界各类研究成果，赋能中国企业高质量发展，以实际行动贯彻党的二十代提出的“以中国式现代化全面推进中华民族伟大复兴”任务要求。

“中国管理实践系列丛书”拟邀请长期耕耘于中国管理一线的优秀企业高管群体（也是中国管理实践研究院的特聘专家群体），围绕企业发展过程中的战略、创新、管理、营销、人力资源、财务、供应链等相关领域主题，进行系统思考和总结，提炼出根植本土的管理理论体系、实践模式与方法工具等，为更多的企业提供发展的借鉴启示，为更多的学者提供宝贵的第一手资料，为更多的政府决策者提供丰富的决策参考，为更多的青年人实现产业报国理想提供思维方法帮助。例如，由健民集团董事长何勤博士团队主编的《医药营销实战》就是这样一本高质量的中国管理实践知识成果输出。

我们也期待更多的优秀企业家、优秀学者、优秀政府智库专家等加盟我们的平台，参与中国管理实践学术研讨，合作传播中国管理实践经验与智慧，为更多的根植中国本土的管理实践成果走向国际舞台推动经济社会发展贡献力量！

是为序。

博士，教授、博士生导师
华中科技大学管理学院院长
《管理学报》杂志社社长兼主编
中国管理实践研究院院长
杨　治
2023 年 4 月

# 前言
Preface

药品营销是一种特殊的营销，既有经济价值，又有医学价值。一方面，作为市场经济主体的医药企业，其最基本的社会责任就是获取利润（1976年诺贝尔经济学奖获得者米尔顿·弗里德曼便持有此观点）。因为制药企业有了盈利才能够投入更多资金进行新药开发，才能不断解决医学难题，治愈更多患者。同时，医药企业还要承担更多社会责任。例如，通过技术优化和管理创新，降低药品生产成本，使药品价格更加普惠。另一方面，药品有它的使用价值，也就是医学价值，在药品营销过程中，不断推广和传递药品的医学价值，使医学价值最大化，治愈更多患者疾病。所以，医药企业在从事药品营销时，要妥善处理好经济价值和医学价值两个方面的关系，要对药品营销从业人员从体系到动作上予以管理和引导。

在管理层面，医药企业应当建立符合国情国策的营销管理体系。从国情来看，随着中国经济近30年的高速发展，人们对医药产品的需求也在不断升级，从简单的普惠药品向高质量、高疗效、创新药升级。那么，让更多人了解、接触、使用并用好高质量药品，就成为医药企业和医药营销从业者在新时代的新使命。为让生产企业、销售渠道、销售终端、患者能够更广泛、更深入地接触并了解我们的药品，就需要更专业、更多样化的沟通形式与内容。从国策来看，我国初步建立了以基本医疗保险为主体，医疗救助为托底，补充医疗保险、商业健康保险、慈善捐赠、医疗互助等共同发展的多层次医疗保障制度框架；正在逐步完善药品集中采购机制和以市场为主导的药价形成机制，旨在降低群众药费负担，规范药品流通秩序，提高群众用药安全。上述国情要求医药企业必须建立与国情相适应的营销管理体系，以满足不同渠道、不同对象、不同人群的就医用药需求。

在动作层面，医药企业应当为营销人员提供科学的营销模型、市场操作方法和工具体系。这些模型、方法和工具包括但不限于：如何统筹思考企业层面的营销管理模式？如何洞察市场环境的变化？如何针对不同渠道配置不同的产品？如何对产品进行定价？如何与渠道伙伴进行沟通？如何协调与渠道伙伴的利益分配？如何在终端做好推广？如何与医院沟通？如何与顾客沟通？如何维护客户关系？等等。

为满足医药企业在上述管理和动作两个层面的需要，作者团队特意推出了本书。首先，书中介绍了医药行业的基本情况，描绘了中国医药行业概况和影响医药营销的若干重要因素；给出了具有医药企业特色，也是本书作者原创的“1－3－14”营销管理架构和运行要点（见本书第2章），以帮助企业构建一个相对完整的药品营销管理体系。其中，“1”是指价值链；“3”是指人流、资金流、物流；“14”是指产品、品牌和广告、价格、组织、模式、渠道、终端、推广、市场准入、客户、数字化、招聘与培训、考核与激励、财务。

由上述内容可以看出，本书适合三类群体阅读。第一类是从事药品营销的一线销售人员，本书能够帮助其快速了解行业营销概况，掌握基础知识和重要工具。第二类是直接从事药品营销的中高层管理者，本书能够帮助其完善营销管理体系，抓住营销管理中的关键问题，并提供解决问题的参考办法。第三类是从事药品营销支持的企业相关中后台人员，本书能够帮助其熟悉公司内外营销业务流程和关键界面，做好内部营销服务。

与市面上已经出版的其他图书相比，本书主要有五个方面的特色：第一，时效性强。全书内容基于国家最新的政策背景和发展环境进行编写，管理体系与方法工具尽量做到与时俱进。第二，体系完整。本书给出的“1－3－14”营销管理架构和运行要点，是作者团队基于行业特点的原创，覆盖了药品营销工作的方方面面，有助于读者快速建立本领域的框架思维。第三，问题导向。本书虽然体系完整，但在具体章节内容的编写上，并非面面俱到，而是抓住营销环节中的常见问题、“瓶颈”问题，展开分析，提出解决之策。从第3章到第18章，均按照“提出问题—分析问题—解决问题”的逻辑主线撰写每章内容。让读者带着问题阅读，再针对问题找解决方案。第四，可操作性强。本书的撰写团队成员，均是具有10年以上药品营销操盘经验的专家骨干，都“能直接听到一线的炮声”。每位编写成员能够针对关键营销问题，对自己积累多年的市场经验进行提炼总结，给出有价值的建议，可谓“干货”满满。让读者学完就能上手，上手就能见成效。第五，可复制性较好。据不完全统计，在医药板块的中国上市公司中，营销相关从业人员总数已超过40万，占这些公司员工总人数的1/3以上。这批人都能从本书中找到对应的思维启发和方法工具。

写书就像中医熬制九秘老膏一样，要选材地道（选）、古法炮制（炙）、深度清洁（洁）、慢浸长泡（浸）、文武煎汁（煎）、多重过滤（滤）、文火熬稠（密）、百炼香蜜（炼）、秘调收膏（收）。这服药膏最终质量的好坏，取决于材料、工艺、操作人的态度和手艺。本书“原材料优质”，因为其源自作者团队成熟的操盘经验。本书“工艺严谨”，因为写作周期历时一年半，其间不断自我否定（截至出版已经大改了8版，小改了20次）。本书作者团队态度虔诚，秉承了字斟句酌的责任精神。由于大家分布在市场各地和各个岗位，日常都有自己的专职工作，只能利用业余时间写稿，加之个人写作水平有限，所以书稿“收膏”之时难免存在瑕疵。敬请读者原谅，我们后面将继续修订迭代。

本书的编写完成，离不开各位同事、合作伙伴、专家学者的鼎力支持与鼓励。特别感谢如下：

感谢本书合作主编汪俊（第1章医药营销概况、第7章营销组织与营销模式）和裴学军（第4章产品策略、第6章价格策略、第14章客户管理）。

感谢本书的全部编委：汪劲松［第10章零售终端（第二终端）］、江建华［第9章医疗终端（第一终端）、第13章市场准入］、黄跃［第3章市场调研、第4章产品策略、第9章医疗终端（第一终端）、第14章客户管理］、潘立新［第10章零售终端（第二终端）］、张世界［第11章第三终端］、杨军（第8章渠道策略）、肖飞［第9章医疗终端（第一终端）］、张涛［第9章医疗终端（第一终端）］、刘才芳（第16章医药销售代表招聘、培训与管理）、李楠（第5章品牌和广告策略、第12章医药电商）、李振昂（第16章医药销售代表招聘、培训与管理、第19章医药销售人员基础工具包）、胡君（第18章医药营销财务管理）、陈雪莉（第15章营销数字化管理）、熊艳（第14章客户管理）、龙胤（第17章销售团队考核与激励）。

感谢华中科技大学管理学院戴鑫教授、贺远琼教授、龙晓枫副教授和汪宜霞副教授对本书选题策划和框架设计等方面提出的专业意见。

感谢熊芬和汤云朵两位老师参与书稿后期校对编辑工作。

何　勤<br>2023年4月

# 目录
Contents

第1章

# 医药营销概况

## 1.1 医药产业关键环节全景

药品从原材料到成型，再送到患者手中的这一过程，涉及医药制造和医药流通两大领域，医药产业关键环节全景如图 1－1 所示。

医药制造是一个从“0”到“1”的过程，这个过程包含药材种植、原材料加工、早期研发、临床前研究、临床研究、审批上市、生产供应链、药品生产等步骤，其主体是原料企业、医药研发企业、医药生产企业，同时还需要药品研究所、医药研发企业、医药生产企业、CRO 企业、CMO 企业及 CSO 企业提供支持服务。

医药流通是药品批量生产后，从药企到用药群体的过程，涉及医药商业、医药营销及医药服务三大环节。作为药品从药企流向市场的关键阶段，医药流通的整个过程包含药品运输、药品监管、分销、流通渠道、市场营销、医生服务、行医问诊、用药咨询、用药管理等诸多步骤，涉及主体包括各级经销商、平台类企业、医院、医生、各类药店、医药电商及最终的用药群体。①

医药营销是药品流通领域非常重要的环节，通过学术推广、广告、促销、公关活动、媒体传播、事件营销、网络互动等营销手段，结合医药行业特色，将药品最终销售给患者。

营销导向主要分为三大类。第一类是医生导向：根据医师进行分类，

---

① 医疗数字化创新季刊．医药数字化转型框架,2021.

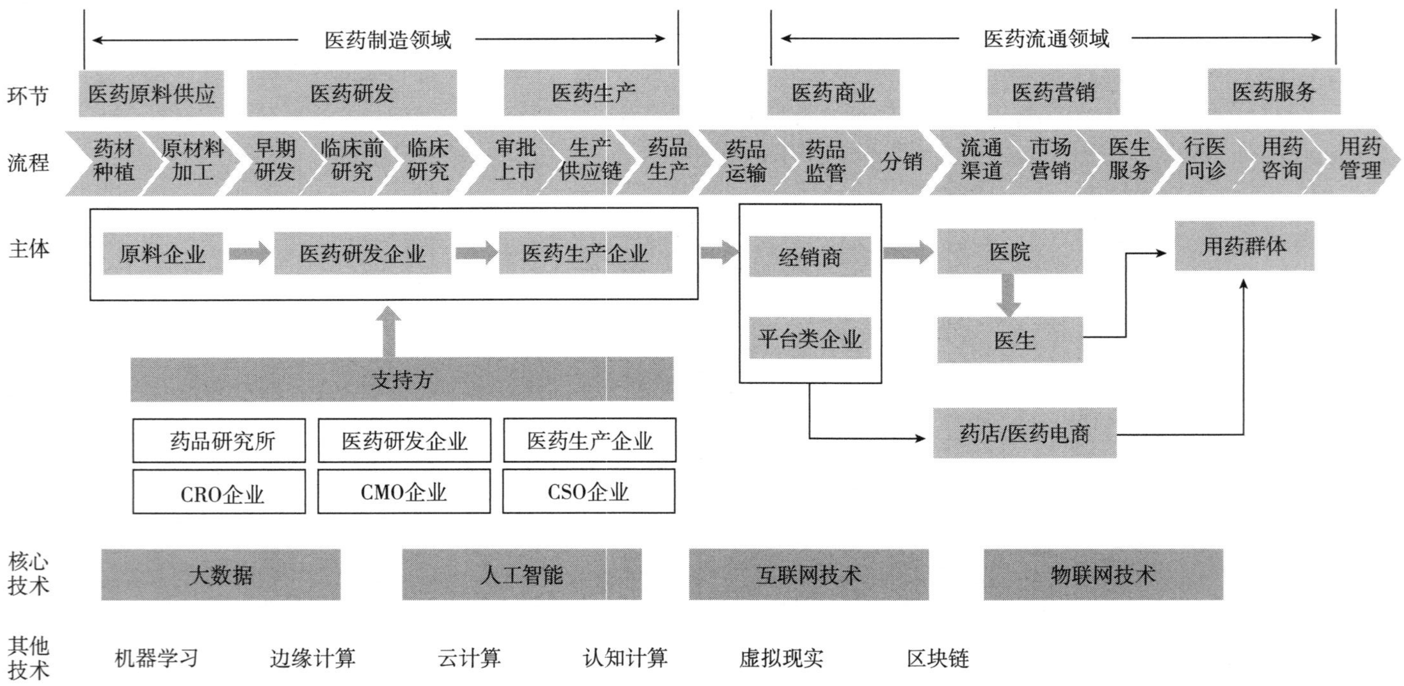


**图 1－1　医药产业关键环节全景**

数据来源：医疗数字化创新季刊。

如专科医生、全科医师。第二类是患者导向：根据推广活动进行分类，如电视、户外、数字媒体等。第三类是利益相关方导向：药剂师、护士、医药供应商以及企业公关部门等。

## 1.2　医药终端市场分类及规模

医药终端市场，是指药品在到达患者（消费者）之前的地点，包括医院、药店、社区服务中心、村卫生室等。根据我国医药终端市场的特征，同时借鉴行业权威的成熟划分法，我们将其分为四大终端，即公立医院、实体药店、公立基层医疗机构和医药电商。近年来，各大终端药品销售额逐年攀升，2021 年终端药品销售额达 17747 亿元，同比增加了 1310 亿元，同比增长 7.97%。其中，2021 年公立医院药品销售额完成 11278 亿元，同比增加了 766 亿元；实体药店销售额完成 4406 亿元，同比增加了 319 亿元；公立基层医疗药品销售额完成 1695 亿元，同比增加了 100 亿元；医药电商药品销售额达 368 亿元，同比增加了 125 亿元。各终端药品销售情况如图 1－2所示。

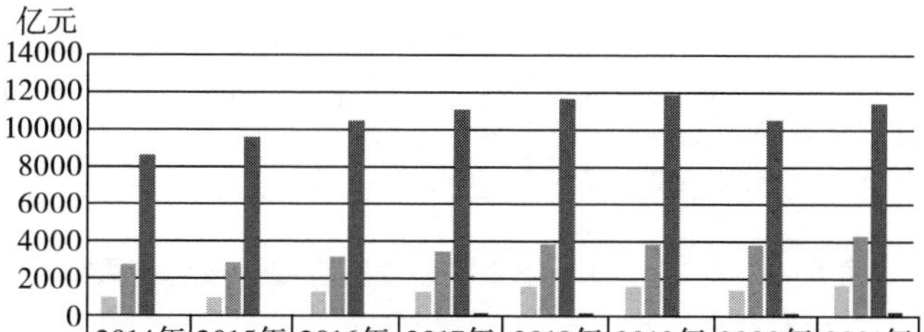


| | 2014年 | 2015年 | 2016年 | 2017年 | 2018年 | 2019年 | 2020年 | 2021年 |
|---|---|---|---|---|---|---|---|---|
| 公立医院 | 8596 | 9517 | 10240 | 10955 | 11541 | 11951 | 10512 | 11278 |
| 实体药店 | 2807 | 3079 | 3327 | 3577 | 3820 | 4057 | 4087 | 4406 |
| 公立基层医疗 | 1033 | 1201 | 1359 | 1517 | 1671 | 1808 | 1595 | 1695 |
| 医药电商 | 21 | 32 | 48 | 70 | 99 | 138 | 243 | 368 |

**图 1－2　2014—2021 年中国四大终端药品销售额统计**

数据来源：米内网。

### 1.2.1 第一终端：公立医院终端

公立医院终端包括城市公立医院和县级公立医院两大市场。米内网数据显示，在新冠肺炎疫情常态化后，公立医院终端的诊疗人数回升，药品销售规模增速反弹，2021 年销售额达到 11278 亿元，同比增长 7.3%。其中，城市公立医院药品销售额达到 8390 亿元，同比增长 7.9%，县级公立医院药品销售额达到 2888 亿元，同比增长 5.6%。公立医院尤其是大城市的三甲医院是医学人才会集的高地，我国约有 80% 的大病和疑难杂症在三甲医院解决，未来第一终端仍将保持至少 2/3 的市场份额。

从公立医院销售终端细分市场来看，2021 年中国城市公立医院药品销售额完成 8390 亿元，同比增长 613 亿元；县级公立医院药品销售额完成 2888 亿元，同比增长 153 亿元。2014—2021 年中国公立医院细分市场药品销售情况如图 1－3 所示。

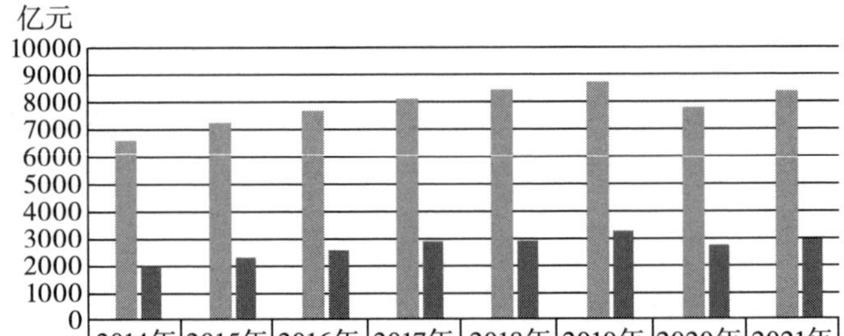


| | 2014年 | 2015年 | 2016年 | 2017年 | 2018年 | 2019年 | 2020年 | 2021年 |
|---|---|---|---|---|---|---|---|---|
| 城市公立医院 | 6634 | 7233 | 7675 | 8120 | 8485 | 8739 | 7777 | 8390 |
| 县级公立医院 | 1962 | 2284 | 2565 | 2835 | 3056 | 3212 | 2735 | 2888 |

**图 1－3　2014—2021 年中国公立医院细分市场药品销售情况**

数据来源：米内网。

### 1.2.2 第二终端：实体药店终端

第二终端包括单体药店、连锁药店、DTP 药房等。受新冠肺炎疫情常态化、医保控费、处方外流等多重因素影响，零售药店相关品类，如院外的高价值肿瘤特药、优化生活类药物、儿科药等增长显著。米内网数据显示，实体药店市场 2021 年药品销售额达到 4406 亿元，同比增长 7.8%，第二终端将继续分化重组，理性回归，朝方便、补缺的方向发展。2014—2021 年中国实体药店细分市场药品销售情况如图 1－4 所示。

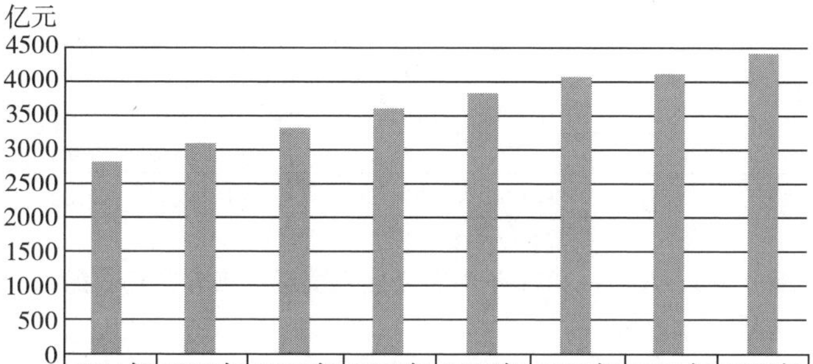


| | 2014年 | 2015年 | 2016年 | 2017年 | 2018年 | 2019年 | 2020年 | 2021年 |
|---|---|---|---|---|---|---|---|---|
| 实体药店 | 2807 | 3079 | 3327 | 3577 | 3820 | 4057 | 4087 | 4406 |

**图 1－4　2014—2021 年中国实体药店细分市场药品销售情况**

数据来源：米内网。

### 1.2.3　第三终端：公立基层医疗终端

第三终端指公立基层医疗终端，包括城市社区卫生中心（站）、乡镇卫生院及诊所等。米内网数据，2021 年公立基层医疗终端药品销售额达到 1695 亿元，同比增长 6.9%。其中，城市社区卫生中心（站）药品销售额达到 785 亿元，同比增长 7.8%，乡镇卫生院及诊所药品销售额达到 910 亿元，同比增长 6.2%。第三终端未必是“蓝海”，未来竞争将加剧，目前依然存在单体医疗机构体量小、商业配送难、营销费用大等问题。2014—2021 年中国公立基层医疗细分市场药品销售情况如图 1－5 所示。

通过对中国处方药终端分类分级、数量分布及市场特点等内容的分析，可以看出中国公立医院市场是第一大市场，而其中城市公立医院药品销售约占公立医院药品销售总额的 75%，且销售占比继续扩大。所以，城市公立医院是重点中的重点。此外，县级公立医院也是等级医院重要的一环，特别是国家现在正加大县级公立医院建设力度，一般疾病都能在县级公立医院诊疗，所以它将是处方药又一重要的销售市场。

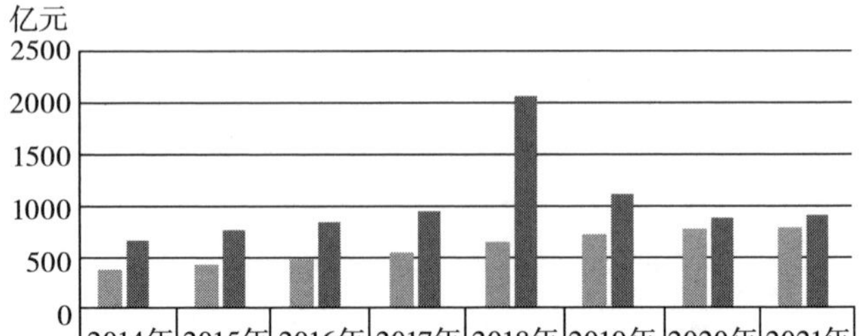


| | 2014年 | 2015年 | 2016年 | 2017年 | 2018年 | 2019年 | 2020年 | 2021年 |
|---|---|---|---|---|---|---|---|---|
| 城市社区卫生中心(站) | 371 | 438 | 501 | 563 | 629 | 696 | 728 | 785 |
| 乡镇卫生院及诊所 | 660 | 763 | 859 | 953 | 2042 | 1112 | 857 | 910 |

**图 1－5　2014—2021 年中国公立基层医疗细分市场药品销售情况**

数据来源：米内网。

### 1.2.4　第四终端：医药电商

医药电商，是指以医疗机构、医药公司、医药生产商、医药信息服务提供商等以营利为目的的市场经济主体，凭借计算机和网络技术进行医药产品交换或提供相关服务的行为。2021 年，医药电商药品销售额达到 368 亿元，同比增长 51.4%（如图 1－6 所示）。

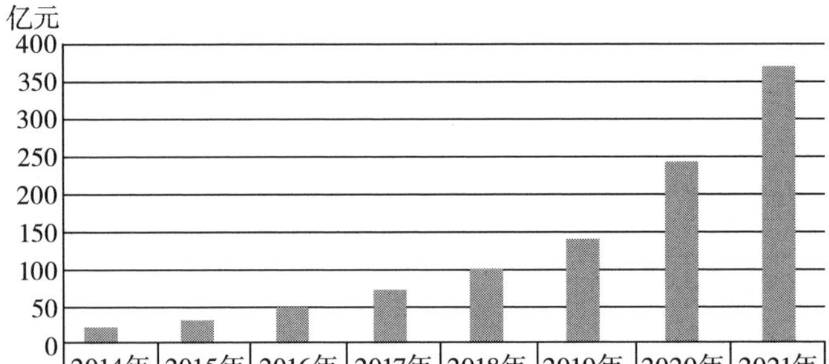


| | 2014年 | 2015年 | 2016年 | 2017年 | 2018年 | 2019年 | 2020年 | 2021年 |
|---|---|---|---|---|---|---|---|---|
| 医药电商 | 21 | 32 | 48 | 70 | 99 | 138 | 243 | 368 |

**图 1－6　2014—2021 年医药电商细分市场药品销售情况**

数据来源：米内网．我国三大终端六大市场药品销售额达 17747 亿元，同比增长 7.97%，2021。

## 1.3　影响医药营销的政策因素

医药行业关乎消费者的生命健康与安全，因此也是受政策监管较为严格的行业之一，每一次医药政策调整，都会使营商环境发生改变。近年来，国家密集颁布各项医药行业政策，主要围绕保证药品供应、加大医保控费、加强质量控制、鼓励企业创新等方面。在国家诸多政策的强势推动下，医药行业原有的传统商业结构将发生变革，整个医药市场将会重新布局，医药商业要素将在政策牵引下重新组合，会给具有创新思维和创新模式的医药企业带来巨大机会。对于医药企业来说，面对新政策需要深度理解，把产品做到极致，不断提高专业化程度，深挖产品价值，做好学术管理，这样才能使企业长久发展。

### 1.3.1　医保药品目录

医保药品目录的原则是保基本、广覆盖，保障人民群众获得最基本的医疗服务。国家医疗保障局对医保目录不断地优化调整，2022 年 6 月印发了《2022 年国家基本医疗保险、工伤保险和生育保险药品目录调整工作方案》及相关文件征求意见，对原有国家医保药品目录内的药品进行了动态调整。本次调整包括以下几个方面：

#### 1.3.1.1　调整范围更加明确

在综合考虑基本医保功能定位、临床用药需求和基金承受能力等因素后，2022 年医保药品目录调整范围将会从以下六个方面进行：

①2017 年 1 月 1 日至 2022 年 6 月 30 日，经国家药监部门批准上市的新通用名药品；

②2017 年 1 月 1 日至 2022 年 6 月 30 日，经国家药监部门批准，适应症或功能主治发生重大变化的药品；

③纳入最新版《新型冠状病毒肺炎诊疗方案（试行第八版）》的药品；

④纳入《国家基本药物目录（2018 年版）》的药品；

⑤纳入鼓励仿制药品目录或鼓励研发申报儿童药品清单；

本次国家医保药品目录的调整，标志着医保改革进入一个新阶段，在逐渐实现全国医保用药范围基本统一的背景下，在已考虑地方药品目录历史问题的情况下，国家医保药品目录的调整将聚焦于优化目录结构，真正将临床价值高、经济性评价优、满足参保人需求的药品纳入医保目录。近年来上市的独家产品，将是现阶段医保目录调整的主要对象。

#### 1.3.1.2 调整程序更加细化

国家医疗保障局调整程序也在不断细化，同时制定了详细的规则和流程，在模板申报、组织测算、沟通交流、现场谈判、公布结果等环节也提出了明确要求，整个过程十分清晰。

#### 1.3.1.3 信息更加公开透明

随着医疗药品保障目录动态调整机制的不断完善，信息也更加公开透明。具体表现在：对通过审查的药品及时进行公示，依靠社会进行监督。对工作方案和药品评审指标体系等内容，广泛征求意见、建议，对众多重点环节和内容公开进行说明解释，主动邀请媒体或纪检机构参与，接受多方监督。

一般被纳入医保目录的药品是可以快速放量的，销量在短期内会爆发性增长，独家品种销量增长更快。但是，纳入医保目录以后也会面临同质化竞争，产品可能被迫规模化降价，因此对于很多医药企业来说，降本增效尤为重要。

### 1.3.2 基本药物目录

基本药物目录（以下简称“基药目录”）是满足基本医疗卫生需求、剂型适宜、保证供应、基层能够配备、国民能够公平获得的药品目录。为了促进基本药物优先配备使用，提升基本药物使用占比，及时调整国家基本药物目录，逐步实现公立基层医疗卫生机构、二级公立医院、三级公立医院基本药物配备品种占比原则上分别不低于 90%、80%、60%，优化和规范用药结构。

2022 年基药目录调整征求意见稿中的一个较大变化是新增了儿童药品目录。我国儿童药品一直处于短缺状态，在近 4000 种药品中，儿童药品仅占 1.7%。为了改变这种现状，国家鼓励生产厂家增加儿童用药的研发和生产。国家计划生育政策放开，新生儿数量明显增加也为儿童药品制造企业提供了机遇，有机构预估我国每年将新增 100 万～200 万名新生儿，这也将直接刺激儿童药品“蛋糕”快速变大。这两个因素给儿童药品产业添了“一把柴”，对于儿童药品制造企业的销售来讲，是非常利好的。

### 1.3.3　仿制药一致性评价

仿制药一致性评价是对已经批准上市的仿制药，按与原研药品质量和疗效一致的原则，进行质量一致性评价，要求仿制药需在质量与药效上达到与原研药一致的水平。

仿制药与原研药相比，在杂质含量、生物利用度、不良反应、安全性和有效性上可能会有差异，所以必须进行药物一致性研究，以提高药品安全性和有效性。通过一致性评价的仿制药可以在临床上替代原研药，这不仅可以节约医疗费用，也促进了我国仿制药质量和制药行业的整体发展。

#### 1.3.3.1　国内仿制药市场规模

在我国医药生产企业中，仿制药生产企业有很多，但只有少部分企业拥有独家品种。国家药品监督管理局注册的西药生产企业共计 5270 家，超过 80% 的企业没有独家或专利品种，拥有 1 个以上独家或专利品种的企业有 762 家，占总数的 14.46%；拥有 2 个以上独家或专利品种的企业有 221 家，占总数的 4.19%；拥有 3 个以上独家或专利品种的企业有 94 家，占总数的 1.78%。

在国家政策的推动下，药品生产企业将面临重大战略选择。研发能力弱的仿制药企业，无论其产品数量多少，都将面临激烈的市场竞争，生存压力巨大；产品数量较少、独家或专利产品较多的仿制药企业，将面临短期内产品营销和资金投入的压力；产品数量多、独家或专利产品也多的仿制药企业，虽然选择多，但也要及时调整企业战略，无论是把仿制药市场规模做大，还是积极投入创新药的研发，都是需要思考的。

#### 1.3.3.2 仿制药一致性评价对企业的影响

仿制药一致性评价不仅能提高我国药用辅料、包材以及仿制药质量，而且能加快国内医药产业优胜劣汰和转型升级的步伐。药品生产行业优胜劣汰的趋势是不可逆的，大浪淘沙之后生存下来的，将是具有规模效应、精准控制成本的大型仿制药巨头以及具有强大研发能力的创新药领先企业。

当前许多仿制药企业都拥有多个仿制药文号，但这些药品只有通过了一致性评价才可以上市销售，这不仅需要投入巨大的人力和财力，而且市场上同质化产品竞争异常激烈，是否划算也是企业必须考虑的问题。在巨大的生存压力下，未来很多企业也许会整合生产线，只保留首仿药或市场占有率高的仿制药品种继续销售，主动淘汰成本高、利润低的仿制药产品。

### 1.3.4 集中带量采购

集中带量采购是“以量换价”，整合医疗机构零散的采购量，以国家、省级团购方式直接与药品生产企业进行价格谈判，医疗机构在协议期内按中选价格采购药品。国家组织药品集中带量采购的目的，是让消费者以较低价格买到更高质量的药品。自2018年起，国家在11个城市试点集中带量采购，到2020年，除陕西省外，国家集中带量采购进入常态化，2020年5月第三批集采涉及55种药品、191个产品，平均降价53%。直至2022年，国家已经开启了7轮集中带量采购，涉及234种药品，涉及金额达2370亿元，每年节省药品费用约1016亿元。

集中带量采购为医药企业的销售提供了稳定的市场，形成了药品“降价提质，以量换市”的新格局，因为招标有确定商品数量的要求，可以给企业明确销售承诺和预期，方便企业安排生产、销售和控制成本。

### 1.3.5　药品“双通道”政策

药品“双通道”，是指医保药品目录内药品通过本统筹区内定点医疗机构和定点零售药店两个渠道，满足医保药品供应保障、临床使用等方面的需求，使参保患者购药更方便快捷。全国已经有 20 余个省份的医保部门出台了“双通道”政策，对部分谈判药品实行“双通道”政策保障。

从宏观上说，建立定点医疗机构和定点零售药店“双通道”，是国家首次将定点零售药店纳入医保谈判的供应范围，并实行与医疗机构统一支付的利民之举。这项政策让患者不用去医院，在住所附近的药店即可使用医保支付购买到所需药品，甚至可以通过药店，给患者提供关联用药和健康管理等增值服务。

对于医药生产企业的销售来讲，传统的销售格局会发生变化，以医院销售为主的处方药，有一部分会流入院外市场，一些药店也被允许出售处方药，同样享受医保报销政策，甚至有些药品在医疗机构还未纳入的情况下，在院外医保定点药房就已经可以买到了。

### 1.3.6　医保支付价

医保支付价，是指用人单位为职工缴纳的医疗保险费中，扣除划入个人账户后的其余部分，即医保基金与医院和药店结算药品费用时的药品零售价格，通俗来说就是患者通过医保支付药品的最终价格。

2019 年 1 月 17 日，《国务院办公厅关于印发国家组织药品集中采购和使用试点方案的通知》正式发布，其中提到：对于集中采购的药品，在医保目录范围内以集中采购价格，作为医保支付标准，原则上对同一通用名下的原研药、参比制剂、通过一致性评价的仿制药，医保基金按相同的支付标准进行结算。集中带量采购所确定的药价，未来将作为医保支付价的主要参考。

医保支付制度改革对制药企业的影响非常大。传统仿制药企业将逐步转变为精细制造企业，创新药企业将面临规模集中和竞争加剧的格局。对此，制药企业需要做好长期的战略规划，思考自身竞争优势和价值观，开辟符合国家政策的企业发展之路。

### 1.3.7 按病种付费

#### 1.3.7.1 按疾病诊断相关分类付费（DRGs）

DRGs（Diagnosis Related Groups）译为按疾病诊断相关分类付费，是根据患者的年龄、性别、住院天数、临床诊断、病症、手术、疾病严重程度、并发症及转归等因素，把患者分入500~600个诊断相关组，然后确定应该给医院多少补偿的机制。

DRGs最初产生于美国，20世纪70年代，耶鲁大学卫生研究中心通过对169所医院70万份病例的分析研究，提出的一种针对住院患者的新型病例组合支付方案，是当今世界公认的比较先进的支付方案之一。其指导思想是通过统一的疾病诊断分类，编制定额支付标准，迫使医院通过主动降低成本、缩短住院天数来减少医疗费用，总体上有利于费用控制。

#### 1.3.7.2 按病种分值付费（DIP）

DIP（Diagnosis－Intervention Packet）简称按病种分值付费，是利用大数据建立的一套完整的管理体系，是一种具有中国特色的医保付费方式。通过研究疾病和治疗之间的内在规律和关联关系，提取数据特征进行组合，并将区域内每一病种疾病治疗资源消耗均值和全样本资源消耗均值比对，从而形成DIP分值，最后根据该区域所有医疗机构提供医疗服务的总分值，对应当地医保基金的支出金额，计算出每个分值代表的价值，得出每个医疗机构最后实际获得的金额。

DIP付费模式是DRGs付费模式的升级版，考虑到了患者的个体差异，并通过设计不同“病种”组合来进行付费。同时，引入医疗机构的竞争，医院只有提供更多医疗服务，才能得到更多分数，获得更多价值。

按病种付费是一种临床路径，是新的医保支付方式，对于医药生产企业而言，医药产品要进入临床路径是非常关键的。在按病种分值付费方式下，药品对于医院来说会从收入转变为成本，所以药品质量和价格更有优势的产品将更具竞争力。

### 1.3.8　分级诊疗

分级诊疗，是指按照疾病的轻重缓急及治疗的难易程度进行分级，不同级别的医疗机构承担不同疾病的治疗，逐步实现从全科到专业化的医疗过程。分级诊疗制度有利于改善当前社会医疗资源不平衡的局面，通过打造城乡医疗卫生服务网络，使各级医院发挥自身优势，提高资源配置，保障患者身体健康。

分级诊疗制度的内涵概括起来为 16 个字，即基层首诊、双向转诊、急慢分治、上下联动。基层首诊是坚持群众自愿的原则，通过政策引导，鼓励常见病、多发病患者首先到基层医疗卫生机构就诊。双向转诊是通过转诊程序，将慢性期、恢复期患者向下转诊，逐步实现不同级别和类别医疗机构之间的有序转诊。急慢分治是通过完善亚急性、慢性病服务体系，将度过急性期患者从三级医院转出，落实各级各类医疗机构的急慢性病诊疗服务功能。上下联动是在医疗机构之间建立分工协作机制，促进优质医疗资源纵向流动。

当患者不断向下转移，在不同级别医院之间流动，加上处方药电商渠道的加入，处方出现的路径变得不确定，因此医药生产企业的药品营销，未来向基层医院拓展市场是非常必要的。

### 1.3.9　紧密型医共体

紧密型医共体是县、乡、村医疗服务一体化管理的新型医疗卫生组织与服务实现形式，以县级及以上医院为牵头单位，整合县、乡、村三级医疗卫生服务资源，实行区域集团化管理，医保基金实行按参保人头总额预算方式支付的一项综合改革体制。紧密型医共体的建设，能够让县、乡医疗服务能力明显增强，构建“小病不出村，常见病不出乡（镇、社区），大病不出县，疑难危重病再转诊”的就医新模式，让患者就近便捷地就医，使65%以上的患者在基层医疗卫生机构就诊，90%以上的患者在县域内医疗机构就诊，更有效地实现分级诊疗的目标。

这种以县、乡、镇、村医疗系统为主体而组成的紧密型医共体一旦形成，医药企业的药品采购、支付、用药、管理等方式将发生变革。原来以省为单位的药品集采，很有可能随着县级医共体的组建而逐步下沉，医药企业的营销政策势必发生变化。

## 1.4 影响医药营销的研发因素

新药研发的发展程度，决定着一家制药企业的整体发展水平。近年来，国家对医药行业出台了很多支持和鼓励医药创新的政策，不少国内医药企业在新药研发水平上取得了长足进步，但和世界制药强国的很多企业相比，还存在一定差距，所以只有了解差距所在，不断努力，才能取得更好的成绩。

### 1.4.1 研发创新对医药企业的影响

创新能力不足是制约我国医药行业发展的“瓶颈”，伴随我国创新驱动发展战略的提出，国内厂家创新药研发、申报数量激增，部分国内一线药品生产企业的研发投入力度都在不断加强，但与世界头部创新药企业相比，研发投入水平整体还不够高。国内医药企业需要充分考虑创新研发可能面临的问题，实事求是、量力而行，选择自己最擅长且能承担得起的风险赛道，坚持下去才有可能成功。2021年全球药企研发费用TOP10、2021年中国药企研发费用TOP10如表1－1、表1－2所示。

**表 1－1　2021 年全球药企研发费用 TOP10**

| 排名 | 公司名称 | 营收（亿美元） | 研发预算（亿美元） | 研发占比（%） | 研发增长率（%） |
|---|---|---|---|---|---|
| 1 | 罗氏 | 714 | 161 | 23 | 14 |
| 2 | 强生 | 938 | 147 | 16 | 21 |
| 3 | 辉瑞 | 813 | 138 | 17 | 47 |
| 4 | 默克 | 487 | 122 | 25 | －9 |
| 5 | 百时美施贵宝 | 464 | 113 | 24 | 2 |
| 6 | 阿斯利康 | 374 | 97 | 26 | 62 |
| 7 | 诺华 | 516 | 90 | 17 | －6 |
| 8 | 葛兰素史克 | 462 | 72 | 16 | 4 |
| 9 | 艾柏维 | 562 | 71 | 13 | －3 |
| 10 | 礼来 | 283 | 70 | 25 | 13 |

数据来源："药融云"数据库、公开资料，编者整理。

**表 1－2　2021 年中国药企研发费用 TOP10**

| 排名 | 公司名称 | 2021 年研发投入（万元） | 2020 年研发投入（万元） | 变化幅度（%） |
|---|---|---|---|---|
| 1 | 百济神州 | 952841 | 894255 | 6.55 |
| 2 | 恒瑞医药 | 620329 | 498896 | 24.34 |
| 3 | 复星医药 | 497500 | 400300 | 24.28 |
| 4 | 迈瑞生物 | 272595 | 209553 | 30.08 |
| 5 | 上海医药 | 250300 | 197200 | 26.93 |
| 6 | 君实生物 | 206874 | 179783 | 15.07 |
| 7 | 健康元药 | 184982 | 126053 | 46.75 |
| 8 | 科伦药业 | 179953 | 151629 | 18.68 |
| 9 | 丽珠医药 | 152326 | 98959 | 53.93 |
| 10 | 乐普医疗 | 111167 | 80555 | 38.00 |

数据来源："药融云"数据库、公开资料，编者整理。

### 1.4.2　创新药研发

创新药研发"双十定律"，即"花费 10 年时间，投入约 10 亿美元"，特点是投资周期长、资金需求大、风险高、收益高。高风险来源于疗效未达预期、安全性问题、市场竞争格局发生变化及其他（疾病发病率低，临床试验入组难、开发成本增加），这些因素都会导致创新药的研发失败。2021 年出现了多个创新药停止研发的案例，如百奥泰的 ADC 药物 BAT8003 及PD－1单抗 BAT1306、康弘药业的康柏西普、泽璟制药的多纳非尼、人福医药的 RF－A089、再鼎医药的瑞派替尼、复星医药的万格列净、万春医药的普那布林、开拓药业的普克鲁胺等。

虽然创新药的研发风险大，很多企业创新药项目都暂停了临床试验，但是试验暂停不代表走到了终点，各研发企业会评估自身情况作出产业结构调整，后期还有可能再进行投入，一旦成功就意味着企业找到了新的利润增长点，数以千万计患者也因此受益。2019—2021 年创新化药获批情况如表 1－3 所示。

**表 1－3　2019—2021 年创新化药获批情况统计**　　单位：件

| 项目 | 2019 年 | 2020 年 | 2021 年 |
|---|---|---|---|
| 创新化药 NDA | 13 | 19 | 35 |

数据来源：Insight 数据库、公开数据，编者整理。

### 1.4.3　仿制药研发

在全面集采和医保控费的双重压力之下，仿制药暴利时代一去不复返。仿制药的一致性评价导致化学仿制药数量减少。

在药品品种申请上，更多企业倾向于选择临床用药患者基数大、安全性好和疗效确切的药物，这既是国家集采中的蓝海市场，也是企业选择仿制药的一项重要衡量标准。整个行业逐渐进入微利模式，谁的成本控制得更好，谁就有更大的竞争优势。如果创新药代表了制药行业技术“天花板”，那么仿制药的赛道就应该追求质量升级和降低成本。2019—2021 年仿制药获批情况如表 1－4 所示。

**表 1－4　2019—2021 年仿制药获批情况统计**　　单位：件

| 项目 | 2019 年 | 2020 年 | 2021 年 |
|---|---|---|---|
| 中药 ANDA | 0 | 0 | 0 |
| 化药 ANDN | 654 | 918 | 1003 |
| 合计 | 654 | 918 | 1003 |

数据来源：Insight 数据库、公开数据，编者整理。

### 1.4.4　中成药研发

中成药研发存在立项难、临床评价难、周期长等特点。立项难，体现在国家推行药占比、限制辅助用药，让医疗机构使用中药的数量降低，影响了中成药立项的热情。临床评价难，体现在中药质量暂无统一评价标准。周期长，体现在中药研发的周期约为 10 年。2019—2021 年创新中药获批情况如表 1－5 所示。

**表 1－5　2019—2021 年创新中药获批情况统计**　　单位：件

| 项目 | 2019 年 | 2020 年 | 2021 年 |
|---|---|---|---|
| 创新中药 NDA | 2 | 4 | 11 |

数据来源：Insight 数据库、公开数据，编者整理。

随着国家对中医药发展的逐步重视，2022 年 3 月国务院办公厅印发的中医药五年发展规划（《"十四五"中医药发展规划》）发布，其中提出要建设高水平中医药传承保护与科技创新体系、改革完善中药注册管理，指出要优化中药临床证据体系，建立中医药理论、人用经验和临床试验"三结合"的中药注册审评证据体系，积极探索建立中药研究证据体系。

### 1.4.5　儿童药物研发

在呼吸、消化领域，儿童药品的竞争非常激烈，部分同类型的药品供给过剩。但在一些专业疾病，如儿童血液肿瘤病、风湿免疫病、心血管病、肾病和罕见病等疾病的治疗用药上，适宜的药品严重缺乏。儿童药物研发临床试验实施难度大、个体在剂型和顺应性上差异明显、整体研发投入较高，这些因素导致很多企业望而却步。值得一提的是，国家最新基药目录调整政策和计划生育政策的放开，使儿童药物市场潜力得到释放，可能会刺激儿童药物企业的研发热情，市场前景较为乐观。2019—2021 年通过优先评审程序获批的儿童药品情况如表 1-6 所示。

**表 1-6　2019—2021 年通过优先评审程序获批的儿童药品情况**　单位：件

| 项目 | 2019 年 | 2020 年 | 2021 年 |
|---|---|---|---|
| 儿童药 | 7 | 8 | 24 |

数据来源：Insight 数据库、公开数据，编者整理。

### 1.4.6　新适应症开发

新适应症的开发是通过上市后的循证医学研究，发现药品新适应症，通过技术提升、改变剂型和给药途径，提升药品的安全性、有效性和依从性。老产品的新适应症开发，不仅可以增加产品的销量，还可以延长产品的生命周期，如热门产品连花清瘟胶囊，研发于 2003 年“非典”期间，成为国内第一个防治“非典”的中药。新冠疫情暴发后，连花清瘟胶囊在 2020 年 4 月拓展新适应症获批，出现在了第四版诊疗方案中，自此连花清瘟胶囊成为可适用于“新型冠状病毒感染轻症、普通型适应症”的药品。2020 年实现销售收入约 42 亿元，同比增长近 150%。2019—2021 年新增适应症化药获批情况如表 1-7 所示。

**表 1-7　2019—2021 年新增适应症化药获批情况统计**　单位：件

| 项目 | 2019 年 | 2020 年 | 2021 年 |
|---|---|---|---|
| 化药 2.4 类 | 0 | 1 | 6 |

数据来源：Insight 数据库、公开数据，编者整理。

值得一提的是，中成药新适应症开发相对化学药来说更加困难，因为中成药品种多、适应症宽泛且优势不突出，所以只有建立中成药临床评价系统，才会更有利于中成药新适应症的开发。

## 1.5　影响医药营销的生产成本因素

在“三医联动”大背景下，医药行业市场竞争不断加剧，营销成本与生产成本不断攀升，医药企业的利润空间受到挤压。想在这个大环境下生存，各医药企业成本控制能力就需要不断提高。成本控制作为一个成本支出在预算范围内的动态过程，其本身会受到很多因素的影响，这就需要在动态中不断地调整与优化。经过对行业的研判，不同领域药品成本波动的影响因素是不同的。

### 1.5.1　化学原料药的价格上涨因素

化学原料药的价格上涨因素有很多种，主要包括：一是主要原材料价格上涨和供应紧张导致成本上升；二是受国家安全环保、节能减排政策的影响，医药中间体和原料药产能受限，供给收缩导致价格上涨；三是竞争格局和厂家销售策略的不断变化。

### 1.5.2　中药材价格波动的影响

中药材价格波动受多方面因素的影响。一是中草药成本的增加，导致以中草药为原料的中成药生产企业加工成本增加，对中成药企业的发展造成不利影响；二是中药材的质量参差不齐，一些原料生产企业为了节约成本、提高效益，会在中药材原料中掺入劣质药材，不仅威胁着消费者身体健康，也使其对中药产品丧失信心；三是中药材价格不稳定，当出现上涨情况时，企业就会恐慌性采购，间接推动了药材价格波动，使药材的生产成本逐渐提升。

### 1.5.3　生产自动化、数字化在行业的应用

数字化转型是企业生存发展的必经之路，无论是从国家对药品监管力度方面还是从市场需求角度方面来看，都在不断升级，这对药品生产质量

提出了更高的要求，所以实现生产自动化和数字化是企业非常重要的发展方向。对于一些品种多、批量小、达不到规模化生产的药品生产企业来说，自动化和数字化的成本过高，企业很难承担。

实现自动化和数字化首先应该打好基础，可以尝试从大品种产品开始，逐步规范工艺标准，小范围实现自动化，通过信息化手段，获取生产环节中的各种参数，建立相应的模型，实现生产环节数据可追溯、可分析和可利用，逐步提升质量、降低成本，稳步推进整个生产体系自动化和信息化的实现。

### 1.5.4　药品上市许可人制度（MAH）

药品上市许可人制度是指药品上市许可与生产许可分离的制度模式，药品知识产权所有者可以将产品委托给医药生产企业进行生产，并对药品的安全性、有效性和质量等方面负责。药品上市许可人制度的优势是可以使产业链分工更明晰，有利于药品研发机构和科研人员积极研发新药，有利于产业结构调整和资源优化配置，促进专业分工，提高产业集中度，避免重复投资和建设。

虽然创新药研发具有周期长、投入大、风险大、收益大等特点，但依然能得到一些创新药企业的追捧。由于一次性评价和集采，高利润时代一去不复返，但具有原料药基础和成本优势的企业仍有机会。中成药虽然研发立项难、周期长、临床评价难，但国家依然鼓励创新和应用，新适应症的二次开发将成为药企相对便捷、经济的创新方向。

影响药品生产的因素有很多，如原材料成本上升、气候环境不稳定、国家政策调整、市场竞争格局变化、信息化发展等，都在无形制约着医药生产企业的发展。很多方面的成本上升是不可逆的，因此在营销策略上，如产品推广、药品定价等方面就需要适时作出调整，保证企业的利润。

第2章

# 医药营销“1-3-14”体系构建

由于世界各国的政体、国体和医疗体制千差万别，所以海外市场的医药营销模式和经验，无法在中国直接复制套用。中国本土医药企业，需要在体系层面建立符合国情国策的营销管理体系，在动作层面构建科学的营销模型、市场操作方法和工具体系。为此，本书作者团队经过在本土市场的多年探索和市场验证，总结出医药营销“1－3－14”体系。具体而言，“1”，即一条医药营销价值链（以下简称“价值链”）；“3”，即支撑医药营销价值链的人流、资金流、物流（人、财、物）；“14”，即 14 个医药营销关键点，包括产品、渠道、终端、组织、模式、品牌和广告、推广、考核与激励、招聘与培训、客户、价格、市场准入、财务、数字化。

## 2.1 “1－3－14”体系构建的理论基础

市场营销是市场双方或各方在一定环境下为满足各自需要，共同参与（各方的）价值发现、创造、传播、传递、交换、增值及维护的一系列动态过程（戴鑫，2021）。医药营销同样满足上述概念范畴，包含六个方面的基础含义。

### 2.1.1 市场各方

综观国际市场营销理念的发展历程，已从狭义的你买我卖的“双边营销”，拓展到多方共同参与的“多边营销”。“双边营销”以满足顾客自身需要而获得经济回报为逻辑。“多边营销”以满足营销过程中的多个参与方需要、让多个参与方获得满意的回报为逻辑。“多边营销”有两层含义：

第一，要将顾客从狭义的使用方，拓展到营销过程中的多个相关主体。以药品营销为例，一盒药从医药企业到最终患者，中间涉及企业营销人员，市场流通中商业公司的采购、运营人员、开票员，医院和诊所的医生，药店店员、店长，患者及其家属，还涉及医保管理运营机构和人员，甚至还有把竞争对手的相关人员纳入考虑范围的。第二，企业既要考虑外部的相关主体，还要兼顾内部的营销主体。公司内除了直接承担营销工作的部门和人员，生产、物流、财务、人力资源、信息化等部门和人员对营销动作和绩效同样有一定责任和贡献。企业只有从“多边营销”视角出发，才能避免“营销近视症”（恩尼斯、考克斯、莫克瓦，2000）。

### 2.1.2 需要

需要是营销学的基础词汇，指感受到的匮乏的状态。包括对食物、衣物、温暖和安全的物质需要，对归属和情感的社会需要，以及对知识和自我表达的个人需要。这些需要，不是由市场营销者创造出来的，而是人类本能的基本组成部分（阿姆斯特朗、科特勒、王永贵，2017）。一名新冠肺炎感染患者有恢复健康的需要，一个缺钙儿童有健康成长的需要，一名药店营业员有挣钱养家的需要，一位内科医生有将创新成果发表和推广应用的需要。营销学领域将顾客没有被满足的需要称为欲望，将有支付能力的需要称为需求。营销者或企业的任务之一，就是激发顾客消费欲望，识别消费需要，满足消费需求。从“多边营销”的角度来看，医药营销就是要识别不同参与者的需要，通过不同方式满足其需求。

### 2.1.3 价值

在经济学领域，商品一般包含使用价值和交换价值。使用价值是商品能够满足人们某种需要的属性，也就是物品的有用性。使用价值是商品的自然属性，由物品的物理、化学、生物等属性决定；交换价值就是对该商品各类投入的货币呈现（曼昆，2020）。对于药品来说，使用价值就是其治疗某种疾病、解决患者某类健康问题的医学价值；交换价值就是其在研发、采购、生产、销售、服务等各个环节的总投入和必要收益的总和。制药企业需要通过制定合理的价格，来保证一定的利润空间。因为有利润才能对药品进行创新迭代。

在营销学领域，从企业端（供给端）来看，商品的价值一般包含功能价值、情感价值和符号价值（所罗门，2018）。功能价值就是上文中提到的使用价值。情感价值，是商品的外观包装、服务态度与行为等因素带给顾客的情感体验价值。符号价值，是顾客感知到商品使用者所代表的社会角色与地位（人社与圈层）。对于一款针对儿童的维生素产品来说，功能价值就是其给顾客生理健康带来的治疗保健效果；情感价值就是这款产品外包装“妈妈与孩子在一起”的图案带给顾客的母爱唤醒；符号价值体现为这款产品在 App 上为孩子购买该产品的妈妈圈层。

在营销学领域，从顾客端（需求端）来看，顾客依据感知价值来进行购买决策。顾客感知价值是相对于竞争者而言的同类供应物，顾客对从某市场供应物所获得的利益与为获得该供应物所付出的成本之差的评价（阿姆斯特朗、科特勒、王永贵，2017）。换句话说，顾客感知价值等于顾客购买的总收益（包含货币、生理、心理、情绪等方面的感知收益）减去顾客购买的总成本（包括货币成本、时间成本、体力成本、精神成本等）。所以，顾客感知价值是一种包含主观因素的价值判断。对于药品来说，患者对其感知价值，不仅包含药物本身对健康恢复的收益，还可能包含医院医生、护士等对其热情服务带来的心理收益。

在营销学领域，从企业与顾客互动的视角来看，企业为顾客创造价值，实际上是要给顾客的顾客带来效用。例如，商用车企业生产的厢式货车，其直接顾客是物流公司，而物流公司的直接顾客是快递公司。商用车企业为物流公司创造价值，本质上也是为快递公司创造效用。只有商用车公司生产的厢式货车，多拉快跑、省油安全，为快递公司的降本增效带来明显效果，才能说为物流公司创造了价值。因为只有快递公司盈利，才能给物流公司更高的回报。这个原理对于药品来说同样适用。一盒心血管药，只有给最终患者带来生活质量和支付成本节省的双重效用，才能说给直接顾客——医院创造了价值。因为只有给患者提供了性价比高的药品，才能赢得更多患者的购买使用，这样才能给医院创造更多的经济和社会效益，才能说这个产品为医院创造了价值。

### 2.1.4 交换

交换是市场营销的核心词汇。它是指从他人处取得所需之物，并以自己的某种东西作为回报的行为（吴健安，2021）。交易是交换双方之间的价值交换。交换是一个过程，在这个过程中如果双方达成了一项协议，就可称为发生了交易。建立在交易基础上的营销，我们称之为交易营销。企业为获得比交易营销更多的回报，就需要关系营销。关系营销是营销者与有价值的顾客、分销商、零售商、供应商及广告代理商等主体建立、保持并加强的长期合作关系，通过互利交换及共同履行诺言，使各方实现各自的目标。与交换各方建立长期合作关系，是关系营销的核心内容。同各方保持良好关系，要靠长期承诺和提供优质产品、良好服务和公平价格，以及加强经济、技术和社会各方面的联系来实现。关系营销相较于交易营销，其宗旨从追求每次交易利润的最大化，转向与顾客和其他交换参与方共同的长期利益最大化，实现“双赢”或“多赢”（吴健安，2021）。

在医药营销领域，上述原理同样适用。医药产品作为“良心商品”，必然要采用关系营销，而不是交易营销。因为医药营销不仅涉及患者和患者家属，还有中间环节的医院、医生、药店、店员、广告商、医药代表等多个利益相关机构和人群，所以要洞察上述各个主体的需求，保障各个主体利益，实现“多赢”而不是“己赢”。

### 2.1.5 环境

环境是市场营销活动中不能回避的一个重要影响因素，主要包括两个方面。第一，硬环境，企业赖以生存发展的物理环境，例如，企业生产经营的周边地理环境、市场环境等。传统营销中通常按照自然地理区域对市场和客户进行划分，企业营销活动分不同地理区域展开，企业按边界划分来管理各个区域市场。随着移动互联网和新媒体的蓬勃发展，线上线下相结合的营销方式越来越普遍，企业营销活动面临更多机遇和挑战。第二，软环境，是与企业长期生存相关的经济、社会、文化、法律、制度环境等。企业一方面要遵纪守法，依规经营，履行社会责任；另一方面可以利用国家政策和行业规则，设计有利于提升竞争力的营销活动（戴鑫，2021）。

医药企业在营销过程中，同样要考虑硬环境和软环境的影响。例如，在硬环境方面，近年来逐渐兴起的医药电商已经被行业接受为“第四终端”。该终端形式打破了医药企业按照地理边界开展营销活动的传统惯例，引发了厂家自己的线上门店与医药商业、零售终端自建网店之间的渠道冲突，增加了厂家对价格体系管控的难度。在软环境方面，一方面国家集采政策的出台，大幅压缩了仿制药的利润空间；另一方面国家出台的创新药扶持鼓励政策，使创新药获得了较高价格与较大利润空间。

### 2.1.6　动态过程

市场营销是一个动态过程，体现在三个方面。第一，从价值发现、创造、传播、传递、交换到增值及维护，是一个周而复始、不断循环迭代的过程。这就要求营销者不断跟踪发现顾客需求，识别价值，优化营销策略，与市场交换各方建立持续互动和互利的长期关系。第二，营销离不开市场，也离不开市场竞争，而市场竞争是一种动态竞争。在静态竞争视角下，企业主要根据产品、市场、能力等方面制定企业战略和开展营销活动。而动态竞争则强调将竞争对手视为自身战略决策的决定性因素之一。企业要重视对竞争对手的预测，要根据对手的变化，适时调整战略，占据改变竞争规则、创造竞争优势的主动性（Peteraf，1993）。第三，参与营销的各方利益分配和彼此关系是动态变化的。企业一方面要统筹兼顾做好营销活动中利益分配机制的设计，另一方面要及时根据外部环境（特别是行业政策、竞争格局）的变化，及时作出动态调整。

营销动态性对医药营销的启示：第一，医药企业要把价值发现、创造、传播、传递、交换到增值及维护各个环节打造为有效契合的链条（营销价值链），实现价值有序流动。第二，医药企业要做好长期的市场研究与竞争对手跟踪，要根据对手特征及时作出有利于己方的营销策略和动作调整。第三，医药企业要统筹考虑营销价值链上各主体需求和利益分配，并能适时地作出调整。

## 2.2 “1－3－14”体系的基本原理与体系架构

### 2.2.1 基本原理

本书作者团队基于2.1的相关理论，提出“1－3－14”体系架构，旨在回答医药营销的五个基本问题。第一，我们要为营销链条上的各方提供什么样的价值。第二，如何让药品在营销链条上有序流动，也就是如何把合适的药品高效地送达患者（How to transport）。第三，如何让药品的医学价值在营销链条上有效沟通，也就是让哪些人参与药品价值的传达沟通，如何把合适的药品知识与信息充分告知营销链条上的各主体，包括最终使用者（How to communicate）。第四，如何让资金在营销链条上高效、安全流动。换句话说，就是如何保证账款的安全性，如何推动营销各方更有效地参与市场过程，如何给患者带来更好的感知价值，如何设计营销链条上各个主体的利益满足机制（How to marage cash）。第五，如何保证营销价值链上的任务有效落地，其中包含哪些关键营销动作（How to execute）。

为了回答第一个问题，本书提出了“1－3－14”体系中的“1”个核心，即“营销价值链”。为了回答第二、第三、第四个问题，本书提出了“1－3－14”体系中的“3”个支撑，即“人流、资金流、物流”支撑。为了回答第五个问题，本书提出了“1－3－14”体系中的“14”个落地关键点，包括产品、渠道、终端、组织、模式、品牌和广告、推广、考核与激励、招聘与培训、客户、价格、市场准入、财务、数字化。

### 2.2.2　体系架构

由上述原理，本书构建了医药营销“1－3－14”体系，具体如图 2－1 所示。

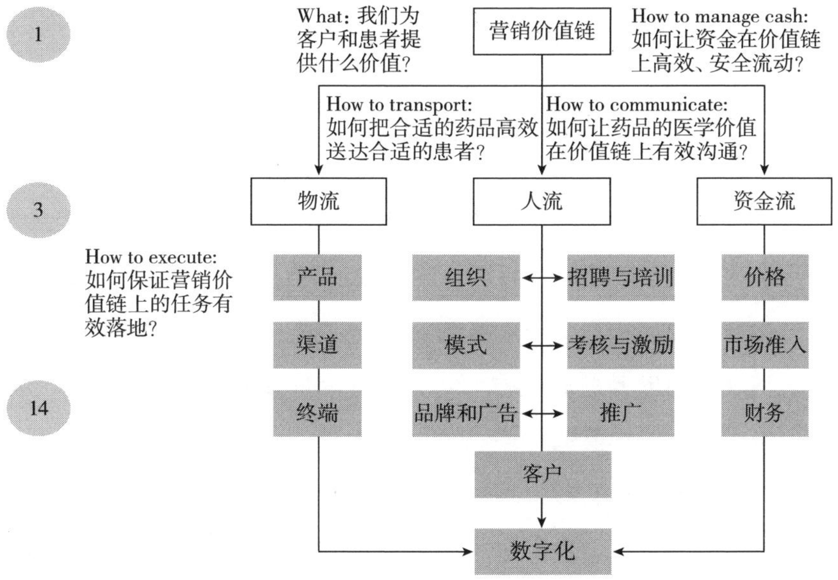


**图 2－1　医药营销“1－3－14”体系架构**

## 2.3　“1－3－14”体系架构说明

### 2.3.1　价值链

“1－3－14”体系中的“1”，回答了“我们为客户和患者提供什么价值”的问题。由 2.1 分析可知，药品具有两种价值，一是使用价值，体现为药品的医学价值；二是商品价值（经济价值），体现为价格。因此，营销价值链传递的是两种价值，即医学价值和经济价值。

在医学价值方面，医药营销价值链要传递药品的医学价值。从制药企业到商业公司再到终端（医院、药店、诊所、电商）的相关机构和人员，都要清晰地掌握药品医学知识，包括药品适应症、疗效、不良反应、使用方法、疗程。使用价值的传递将使得药品信息更准确、更广泛地层层传递到价值链每一个环节。

在经济价值方面，医药营销价值链需要有合理的价格和利润。否则，医药企业就不可能长期生存和发展，因为如果没有足够资金进行药品创新，也就不会产生治疗疾病的新一代药物。

### 2.3.2 人流、资金流和物流

“1－3－14”体系中的“3”，旨在回答如何让药品的医学价值在价值链上有效沟通，如何让资金在价值链上高效、安全流动，如何把合适的药品高效送达合适的患者三个问题，也是在回答如何从人流、资金流、物流三个方面来支撑营销价值链。

人流，是指药品从制药公司到商业公司，再到医院、药店、诊所、电商，最终到患者的整个过程中涉及的所有人员，包括营销人员，商业公司的采购、运营人员、开票员，医院和诊所的医生，药店的店员、店长。如何让这些人在药品流动过程中了解药品的医学价值，了解药品的适应症、疗效、不良反应、使用方法、疗程，是这个链条所涉及人员需要掌握的知识，这就需要进行医学推广和培训教育。人流可以传递药品的医学价值。

资金流，是指药品从制药公司到商业公司，再到医院、药店、诊所、电商，最终到患者的整个过程中涉及的经济价值传递。具体来说，包括如何通过设计营销价值链各环节价格利润分配，推动营销各方更有效地参与市场过程，为患者带来更好的感知价值，如何保证营销价值链上账款的安全性等。

物流，是指产品（药品）从制药企业销售到商业公司（渠道），再销售到医院、药店、诊所、电商（终端），最终销售给患者的过程。选择什么样的商业公司能够快速、广泛地覆盖到终端，如何快速地开发医院、药店和诊所等客户，是物流管理的关键。

### 2.3.3　营销价值链上的关键点

“1－3－14”体系中的“14”，旨在回答如何保证营销价值链上的任务有效落地的问题，包括 14 个关键要素：产品、渠道、终端、组织、模式、品牌和广告、推广、考核与激励、招聘与培训、客户、价格、市场准入、财务、数字化。

产品，是营销价值链的起点。产品竞争力体现在两个方面：一是基础竞争力，如药品安全性、有效性、不良反应少、使用方便等。二是创新性竞争力，如抗肿瘤的 PD－1、CAR－T 药物等；又如，因为产品批文独占性或剂型独占性等带来的竞争力。如何提高产品竞争力，进行创新和二次开发，是企业发展的重中之重。

渠道，是从制药企业到最终消费机构或群体的关系总和，是药品从药企到最后面向用药群体的过程，涉及医药商业、医药营销及医药服务等内容，也包含了药品的物流运输、分销、流通渠道等诸多步骤。渠道质量的衡量主要有三个维度：一是覆盖面；二是送达速度；三是服务质量。

终端，指的是药品在送达患者（消费者）之前的地点。具体分为四类：第一终端，指城市公立医院和县级公立医院等，是处方药的主要销售终端。第二终端，包括单体药店、连锁药店、DTP 药房等，以销售 OTC 产品为主。第三终端，包括城市社区卫生中心（站）、乡镇卫生院及诊所等。第四终端，指医药电商。如何通过终端开发、学术推广及促销手段，使得药品销量不断提升，是营销人员肩负的重要使命。

组织，指的是医药企业营销组织设计。企业应根据自身产品特色和数量，设计不同的营销组织形式。例如，有的医药企业拥有较多独家产品，有的主要生产仿制药，需要设计与之匹配的营销组织形式。又如，通过建立营销公司全权销售本公司产品，也有企业采用营销中心模式进行销售，还有企业委托第三方营销公司进行销售，由此产生了不同的组织模式。组织规模也是根据产品数量和销量的不同来制定的，有些公司有自己的销售总公司，如在各省或大区（几个省）建立省级或大区销售公司。再如，由于药品治疗领域不同，销售总公司或中心下属会设立不同事业部，如心血管药物事业部、呼吸系统药物事业部、消化系统药物事业部、妇儿药物事业部等。

模式，主要指药品营销的厂商合作模式设计。由于各制药企业销售基础不同，大型企业更多采取“自营为主+部分代理”模式，中型企业更多采取“自营+代理”的混合模式，小型企业以代理模式为主。

品牌和广告，指药品营销中的非接触式沟通。品牌和广告能使广大患者及商业公司、药店和诊所更多人员了解药品的医学价值、产品质量和企业品牌。通过确立企业品牌和产品品牌、广告定位、制作、渠道分发以及监播和效果评估一系列步骤，对 OTC 产品或企业品牌进行宣传，从而提升企业形象，提升消费者对药品的认知，刺激消费者购买。

推广，指药品营销中的线下沟通，主要包括学术推广和商业推广两种形式。制药企业最重要的推广方式是学术推广。药品既是一种商品，也是具有高科技含量的产品。为了更好地为患者服务，更快地治愈疾病，使药品更广泛被患者使用，需要每一个销售环节所涉及的人员都能够掌握药品的专业知识，包括药品适应症、药理药效试验结果、临床研究结果、药品有效成分含量、疗效、不良反应、疗程和使用方法，通过全国学术会议、城市学术会议、科室会等诸多方式，将药品的最新研究成果和临床应用情况及时提供给医生，使医生了解产品优势，并推荐和指导患者用药，但此种行为不应以直接销售为目的。商业推广是将制药企业的品牌、产品质量和商业利益的信息，传递给从渠道到终端再到患者各环节。商业推广是制药企业向渠道和终端客户提供奖励，促进药品铺货和销售的一种促销方式。这类促销方式适合市场认知度高、市场销量较大的产品，一般会选择终端网络较好的批发商来开展。此外，也可针对批发商的采购员、开票员、销售业务员（简称“三员”）开展激励，促进产品铺货与销售。商业推广也可由制药企业指派销售人员或与零售终端一起向消费者介绍产品知识并提供额外价值的奖励或服务，以促进产品销售，如折扣促销、免费试用、买赠活动等。

考核与激励，决定了营销价值链中销售团队的创新战斗力。建立适合于市场竞争的考核和激励机制，将激发营销人员巨大的创造力和竞争力，实现药品的经济价值和医学价值。

招聘与培训，决定了营销价值链中销售团队的基础战斗力。招聘针对制药企业销售人员。培训针对制药企业营销人员，包括营销技巧和药品知识等培训内容。商业公司和药店、诊所的相关人员培训，包括药品学术知识等内容。

客户，主要是指医药营销中涉及的商业公司、药店、诊所、电商和患者等。满足客户需求是医药营销价值所在。药品首先要满足患者需求，具备质量高、疗效好、不良反应少、方便使用等特征。为了传递产品医学信息，还需要对商业公司、药店、诊所、电商和患者进行培训、学术推广、科普教育。

价格，是指根据产品、市场需求等特征拟定的价格策略。例如，创新药（包括首仿药）和独家产品，由于在医药市场中的独占性和不可替代性，以及较高的研发投入，可以制定较高的价格；仿制药为了以品质和销量取胜，可以制定较低的价格。

市场准入，是指通过各种系统的医学科学分析的应用经济评价方法、市场研究及策略规划来形成及提供证据，并根据所形成的价值证据及市场需求设计出有效的商业谈判机制、病人资助计划，以及全方位的营销策略，最终得到渠道市场认可及进入医保报销目录。主要包括：①省级挂网价格；②医保和国谈；③基本药物目录；④抢救药目录；⑤妇儿药目录；⑥临床指南（卫健委）；⑦保护品种；⑧中药国家保密品种等。有了市场准入，药品就能够获得巨大的发展机会，也更容易进入终端市场。

财务，是指营销价值链中的收益成本结构设计和资金流动风险控制。包括但不限于：价值链中各环节（包括商业公司、药店、诊所、营销人员、代理商、学术推广、商务推广）的成本效益分析和政策制定；资金流动性（包括应收账款、存货）风险预警与控制；广告推广费用预算控制等。需要说明的是，药品是一种特殊商品，涉及医保资金使用和国家相关政策约束，因此既要保证各流通环节合理利润，又要顾及国家医保资金普惠大众的政策初衷。

## 2.4 “1－3－14”体系的宏观应用：医药营销立体战

“1－3－14”体系为医药营销者提供了一个宏观层面的系统思考方法。如何通过价值链的三个载体（人流、资金流、物流）将14个营销要素灵活地组合应用，是打赢一场市场争夺战的关键。

### 2.4.1 医药营销的“陆军”

医药营销的“陆军”是指销售队伍。①“陆军”分为四类。一是企业自己的销售队伍，称为“正规军”；二是合伙推广人（佣金代表），是“加盟军”；三是代理商，算作“雇佣军”；四是商业公司和连锁药店的相关销售人员，是“同盟军”。②目前制药企业大部分是前三类部队的混合编队，只是不同企业的比例不同。一般来说，大型企业以“正规军”为主、“雇佣军”为辅，收编“加盟军”；小型企业是以“雇佣军”为主，因为自己建不起队伍。全靠“雇佣军”打仗，虽然会快速地取得战果，但也会失去战场主动权。③在作战方式上，“陆军”主要通过商业推广和医学推广两条战线将最重磅的武器弹药精准地投放到所要占领的区域。

### 2.4.2 医药营销的“空军”

医药营销的“空军”是指广告。①“空军”的工作是炸开消费者心智防线，让“陆军”能够以更快的速度、更低的成本夺取阵地，取得战果。“陆军”和“空军”组合，战争成本最低。②“空军”的投弹要精准，精确制导的导弹要集中投放在大中城市，引爆主流市场，炸开消费者的心智防线。③需要说明的是，媒体广告投放中，应考虑广告定位、制作、投放渠道和投放后效果评估，它们是一套策略组合。④广告投放对企业品牌和主要产品营销会起到重大作用，尤其是通过空中支援配合地面部队，攻城拔寨，相得益彰。

### 2.4.3　医药营销的“武器”

医药营销的“武器”是指产品，也就是药品。①产品力不同，“武器”威力不同，在战场上取得的效果也不同。例如，“导弹”，尤其是精确制导导弹，特指那些独家、创新、疗效显著的药品，它具有极大的威力。如果多有几枚，战场上将无往不胜。②“飞机大炮”是指类独家和具有一定差异化的产品，是制药企业的中坚力量，多培养和制造“飞机大炮”将扩大占领区，覆盖更广阔的战场。③“常规武器”是指多家制药企业都能生产的同一成分的药品（普药），随着“飞机大炮”投放到已进入的市场。

### 2.4.4　医药营销的“作战地图”

销售的“作战地图”分为三类，分别是客户分布地图、客户开发地图和客户上量地图。①客户分布地图。行军打仗，我们首先要知道战场、阵地在哪里。在地图上，标注我们准备开发的商业公司、医院、药店、诊所的名称，分省、地市、县呈现目标客户的数量、分布。②客户开发地图。我们已攻下多少阵地、据点，覆盖率是多少。在地图上，标注每个省的商业公司、医院、药店、诊所已进入了多少家。已开发了多少品种，已配备多少人，找出没有开发的空白区域、空白客户。代理商开发不了的区域要收回代理权，然后决定选择自营还是寻找代理商去占领这些空白区域。③客户上量地图。我们的销量有多少，分布在哪里。已开发的商业公司、医院、药店、诊所，每家产出多少，平均产出多少，成熟期销量多少，开发期销量多少，分别进行分析。

### 2.4.5 医药营销的“望远镜”

医药营销的“望远镜”是指市场调研。在战场上，用“望远镜”对敌方战场、阵地进行瞭望、观察。在营销中，我们要进行竞争对手分析。研究竞品的营销数据，可以购买行业数据，也可以与竞品企业的相关人员接触，了解竞品企业的招标、市场、广告、学术推广策略和营销模式，知己知彼，百战不殆。

### 2.4.6 医药营销的“侦察机”

医药营销的“侦察机”是指数字化营销工具。通过数字化营销软件，提升信息化手段，了解市场，了解竞争对手，了解营销代表行为规范，了解药品铺货和上量情况，分析药品价值链，了解药品进销存量和资金财务情况。

### 2.4.7 医药营销的“排兵布阵”

医药营销的“排兵布阵”是指对营销价值链进行策略设计和资源配置。①需要回答“我们在哪里，竞争对手在哪里，我们要打一场什么样的仗，我们的战场设在哪里，武器如何配置，空中支援如何支持，地面部队如何跟进，现场如何临敌指挥，后勤如何保证”等问题。这考验我们队伍的战斗力及指挥员的军事素养。要结合企业资源，合理排兵布阵，打赢局部战场，积小胜为大胜，从一个胜利走向一个个的胜利。②需要解决多兵种协同和资源配置问题。商场如战场，打赢一场现代战争的关键是，信息主导、先进武器、空中优势、地面配合、体系支撑、联合制胜。把控好各个环节，利用好各种资源，才能使药品的销售覆盖面广、销售量大，攻城略地，取得胜利。

### 2.4.8 医药营销的“军事培训”

医药营销的“军事培训”包括三个方面内容：①武器使用的培训，即药品专业知识培训。②作战技能培训，即营销方法培训，提升营销人员的销售技巧，以及与对手的差异化竞争技巧。③军官培训，即营销管理的培训，包括信息化培训、财务培训等。

### 2.4.9 医药营销的“后勤运输”

医药营销的“后勤运输”，包括药品信息沟通与产品物料配送。选择好的渠道商、商业公司，将会把“武器”（药品）迅速地、广泛地投送到第一线（终端），做到“多、快、好、省”。“多”是指覆盖区域多；“快”是指全省 24 小时到达；“好”是指能把药品信息充分传递到终端；“省”是指为制药企业节省资金成本。

### 2.4.10 医药营销的“军费”

医药营销的“军费”包括“作战费用”和“军饷”。①“作战费用”包括市场费用、销售费用和部分销售管理费用等。医药企业应根据空白市场和成熟市场之间的差异，分配不同比例的费用。还要按照营销价值链各主体需求来设计各环节的费用比例，费用比例的分配要考虑企业成本、广告费、连锁首推费用、医学推广费、商业推广费等。②“军饷”是指对销售团队的工资和激励。俗话说，“大炮一响，黄金万两”，没有经费支持，没有很好的激励机制，军队是不可能在战场上取胜的。好的激励机制具有三个特点：一是快速占领高地就给奖励；二是攻下一个城市，还能再扩大战果、取得更多的区域覆盖，则给予超值贡献奖；三是不以一场胜败论英雄，综合看 3 年战绩，给予销售大礼包奖励。

### 2.4.11 医药营销的“战法”

医药营销的“战法”是指市场开拓策略。代表性策略主要有：①中心城市突破：如果有创新药品和独家大产品，可以采取从中心城市突破、逐渐向周围县市渗透的战法。②农村包围城市：有较好质量的基药产品，可采取农村包围城市的战法。③空地一体化作战：主要指“广告 + 地面学术推广 + 商业推广”的战法。④空地天一体化联合作战：指“广告 + 地面营

销 + 电商”的战法，这是近 10 年营销界的流行战法。

空地天一体化联合作战的五项基本原则是主动、灵敏、纵深、协调、多能。①主动是指企业自行制定营销规则，可能会改变市场格局或市场条件，强调的是进攻，掌握主动权；②灵敏是指行动要依据信息化数字分析，快速、灵活、避强击弱，根据市场变化随时调整方案；③纵深是指通过商业渠道迅速纵深扩展铺货，与空间力量配合，互相支持；④协调是指对战场上的各种活动、手段和方法，在特定时间和地点运用综合力量占领市场；⑤多能是指部队要满足多种任务要求，如信息分析、快速铺货、精准广告、促销爆破、电商承接、私域转化、团队配合等，在战术、战役、战略三个级别上行动，快速机动，集中优势兵力打赢战争。

## 2.5 “1 –3 –14”体系的中观应用：营销价值链动力机制

### 2.5.1 第一动力：产品力（原动力）

如果药品是个创新的产品，是个在疗效上可以替代老产品的创新药物，尤其是具有特殊疗效的药物，只要进行适当的学术推广，被医生接受，就可以迅速地覆盖市场，获得销售的成功。例如，信达生物 PD –1 10 个月突破 10 亿元。

### 2.5.2 第二动力：价格及市场准入

药品的价格，根据是否创新药物、独家或类独家药物、首仿药、普药以及药品的准入情况来制定，药品是高定价、跟随定价还是低价格策略，不同的价格策略采取不同的营销模式和不同的销售组织进行销售。

药品获得最终渠道市场认可和进入报销目录，是药品营销的关键环节。企业需要通过各种系统的医学科学分析的应用经济评价方法、市场研究及策略规划来形成及提供证据，并根据所形成的价值证据及市场需求设计出有效的商业谈判机制、病人资助计划，以及全方位的营销策略。

### 2.5.3 第三动力：品牌与广告

品牌与广告为企业带来两类动力机制。①基于爆品的动力机制，通过对一个单一产品进行品牌塑造与广告传播，打造一款爆品，从而建立了企业品牌形象，带动了整个产品群进入市场。②基于企业品牌的动力机制，通过企业品牌塑造和形象广告的传播，带动企业产品群的销售推广。目前医药行业已不像20年前那样，可以通过短期内巨额广告投放来迅速建立企业或产品品牌形象。由于目前信息的碎片化和广告投放的多渠道化，分散且减弱了广告的宣传效应，因此需要制作差异化的广告，通过多渠道、立体化的投放方式精准投放、饱和攻击、地面配合，获得较好的效果。

### 2.5.4 OTC 第一推力：连锁首推

连锁首推是非处方药 OTC（Over the Counter）渠道的第一推力。由于我国很多药品既没有独占性，也不是创新药物，缺乏原动力，再加上近年来广告信息的粉末化，使得广告成本越来越高，因此很多制药企业对广告拉动模式的营销采取非常谨慎的态度，转而采用以连锁首推为主的营销方式。在这种模式下，很多制药企业通过与连锁药店合作，将 OTC 药品纳入药店连锁的首推名单。鼓励药店把这些药品作为重点品种，由店员向消费者推荐，极大地促进了药品的销售。当然，连锁药店有多个来自不同厂家的同类产品作为首推产品，那么如何在首推产品名单中成为真正的首推，则是药店营销的“know－how”之一。

### 2.5.5 OTC 第二推力：药品培训

药品培训是 OTC 渠道的第二推力。利用制药企业的药品品牌发布会、与连锁药店开展药品销售战略启动会，以及连锁药店的专门培训会议，对连锁药店的老总、运营总监、采购总监、店长、店员进行药品知识的培训和同类药品差异化优势的培训，使连锁药店的销售人员了解药品疗效和优势，以便更好地推荐给消费者。

### 2.5.6 OTC 第三推力：促销

促销是 OTC 渠道的第三推力。通过买赠、店员奖励、开票员奖励、制药企业与连锁药品战略启动会、爆破月等活动，促进产品销售。促销是销售的必要手段，有临时促销、阶段性促销、全年促销等形式。

### 2.5.7 处方药第一推力：医学推广

医学推广是处方药的第一推力。通过全国学术会议、省市学术会议、科室会、沙龙会对专家和医生进行药品相关知识的培训，使医生能更准确地了解药品疗效、适应症、不良反应、疗程以及与其他同类产品的差异，以便更好地在治疗过程中使用该药品。

### 2.5.8 处方药第二推力：商务推广

商务推广是处方药的第二推力。与商业公司、代理商及相关专业人士合作开发第一终端，提升公立医院覆盖率，扩大患者可及率。具体形式有与商业公司制定开发战略、联合代理商制订开发计划等。

### 2.5.9 销售第一助力：营销培训和激励

营销培训和激励是销售的第一助力。首先要对营销团队进行药品知识、销售技巧以及信息化的培训，对销售管理人员也要进行相关培训。通过制定有吸引力的激励机制，调动营销团队的积极性和创造性，打造一个专业性强、充满活力的销售团队。

### 2.5.10 销售第二助力：代理商

代理商是销售的第二助力。优质代理商具备完善的营销团队、丰富的代理经验、优秀的既往战绩、良好的专家网络和医院的沟通渠道。做好代理商的筛选和评估，找到优质代理商，对其进行精细化管理，可帮助制药企业迅速扩大销售，快速占领空白区域。

## 2.6 “1－3－14”体系的微观应用：营销价值链费用结构设计

“1－3－14”体系也为医药营销者提供了微观层面的操作指导。本节以营销价值链中的费用结构设计为例进行说明。

### 2.6.1 OTC营销价值链费用结构设计

“1－3－14”体系的OTC市场营销价值链中，物流涉及商业公司、连锁药店、单体药店、诊所；人流涉及商务团队、终端推广团队、商业公司开票员、药店店长、店员等。针对最终使用者，通过广告拉力、渠道推力、终端推荐力、促销吸引力等方式与其建立链接。OTC营销模式主要有商销模式、品牌OTC模式、OTC控销团队推广模式。每种模式下的费用结构设计都不同。

#### 2.6.1.1 商销模式价值链费用结构设计

OTC商销模式通过商业深度分销，提升终端铺货率，让消费者能买得到。商销模式适合销量大、定价低的药品。价值链关键节点包括商业配送、渠道促销、销售团队推广、营销后台支持服务（包含市场、财务、人力资源、信息化、物流、服务等）四个方面。在此模式下，出厂价格一般为零售价的85%～90%。按出厂价格计算，商业配送费占3%～10%，渠道促销费占3%～5%，省区销售团队推广费占5%～10%，营销后台支持服务费占2%～3%，上述营销综合费用率占13%～25%。

#### 2.6.1.2 品牌OTC模式价值链费用结构设计

品牌OTC模式通过广告引流、KA连锁推广、中小连锁及单体的广泛覆盖，让消费者愿意买、KA连锁愿意卖、消费者买得到。品牌OTC模式适合产品力强、跟随定价、高定价的药品。价值链关键节点包括连锁合作与推荐、消费者促销、连锁培训与工商互动、患者教育与会员服务、广告、商业配送、销售团队专业化推广、营销后台支持服务八个方面。品牌OTC模式出厂价格一般为零售价的50% ~85%。按出厂价格计算，商业配送费占3% ~5%，连锁培训与工商互动费占2% ~3%，消费者促销费占8% ~10%，患者教育与会员服务费占3% ~5%，广告费占12% ~20%，销售团队推广费占10% ~15%，营销后台支持服务费占2% ~3%，上述营销综合费用率占40% ~50%。

#### 2.6.1.3 OTC控销团队推广模式价值链费用结构设计

OTC控销团队推广模式通过终端促销、连锁首推，让消费者愿意买、店员愿意卖。OTC控销团队推广模式适合跟随定价、高定价、适应症广的药品。价值链关键节点包括连锁合作与推荐、消费者促销、商务推广与培训、商业配送、销售团队专业化推广、营销后台支持服务六个方面。品牌控销团队推广模式出厂价格一般为零售价的50% ~75%。按出厂价格计算，商业配送费占3% ~5%，商务推广与培训占5% ~10%，消费者促销费占8% ~10%，销售团队推广费占30% ~35%，营销后台支持服务费占2% ~3%，上述营销综合费用率占48% ~60%。

上述三类营销价值链费用结构分配具体见表2 -1。

**表2 -1 OTC营销价值链费用结构**

| 营销模式 | 适合产品 | 营销综合费用率占比 |
| --- | --- | --- |
| 商销模式 | 销量大、低定价的药品 | 13% ~25% |
| 品牌OTC模式 | 产品力强、跟随定价、高定价的药品 | 40% ~50% |
| OTC控销团队推广模式 | 跟随定价、高定价、适应症广的药品 | 48% ~60% |

### 2.6.2 处方药营销价值链费用结构设计

在“1 -3 -14”体系中，处方药营销物流包括商业公司、等级医院、基层医疗机构，人流包括商务团队、学术推广团队、商业公司业务员等。通过医学研究、学术推广等方式，传递产品医学价值。处方药营销模式主要有预算制、佣金制、代理制。每种模式下的费用结构设计存在不同。

### 2.6.2.1 处方药预算制价值链费用结构设计

①处方药预算制模式通过自建团队，以商业联合开发进院、医学项目合作、学术推广等方式提升产品医院覆盖率和占有率。处方药预算制模式，适合低定价、跟随定价、高定价的药品，价值链关键节点包括商业配送、医院开发、学术推广、商务推广与培训、销售团队专业化推广、营销后台支持服务六个方面。②对于低定价药品，一般为集采中选品种，处方药预算制模式出厂价格一般为集采中标价的95%左右。按出厂价格计算，学术推广费占5%～10%，销售团队推广费占5%～12%，营销后台支持服务费占2%～3%，上述营销综合费用率占12%～25%。③对于跟随定价、高定价药品，处方药预算制模式出厂价格一般为中标价的90%～95%。按出厂价格计算，商务推广与培训费占2%～5%，医院开发费占2%～5%，学术推广与培训费占15%～25%，销售团队推广费占14%～20%，营销后台支持服务费占2%～3%，上述营销综合费用率占35%～53%。

### 2.6.2.2 处方药佣金制价值链费用结构设计

①处方药佣金制模式通过自建商务团队，实现商业联合开发进院、学术服务外包。处方药佣金制模式，适合跟随定价、高定价药品，价值链关键节点包括商业配送、医院开发、学术推广服务外包、商务推广与培训、销售团队推广、营销后台支持服务六个方面。②处方药佣金制模式出厂价格一般为中标价的90%～95%。按出厂价格计算，商务推广与培训费占2%～5%，医院开发费占2%～5%，学术服务外包费占35%～40%，销售团队费占5%～7%，营销后台支持服务费占2%～3%，上述营销综合费用率占44%～57%。

### 2.6.2.3 处方药代理制价值链费用结构设计

①处方药代理制模式通过自建招商团队，由代理商开发进院，代理商学术推广。处方药代理制模式，适合高定价药品，价值链关键节点包括商

业配送、代理商推广服务、商务推广与培训、招商团队推广、营销后台支持服务五个方面。②处方药代理制模式出厂价格一般为中标价的 90% ~ 95%。按出厂价格计算，商务推广与培训费占 2% ~5%，代理商推广服务费占 45% ~50%，招商团队费占 2% ~5%，营销后台支持服务费占 2% ~ 3%，上述营销综合费用率占 51% ~63%。

上述三类营销价值链费用结构分配具体见表 2 -2。

**表 2 -2　Rx 营销价值链费用结构**

| 营销模式 | 适合产品 | 营销综合费用率 |
| --- | --- | --- |
| 处方药预算制模式 | 低定价药品 | 12% ~25% |
| | 跟随定价、高定价药品 | 35% ~53% |
| 处方药佣金制模式 | 跟随定价、高定价药品 | 44% ~57% |
| 处方药代理制模式 | 高定价药品 | 51% ~63% |

第3章

# 市场调研

最近公司即将推出一款儿童感冒药，营销副总王总把小陈叫到自己的办公室，安排小陈去做这款产品的市场调研，为后期市场推广做好准备。

小陈根据自己的想法，做了一个调研方案，王总看了方案后说："你这个调研方案基本还是不错的，有分析竞争对手，有了解竞品。但是药品是特殊商品，我们还需要做政策、客户等更多方面的调研工作。你再根据药品的特殊属性完善一下方案。"

市场调研，是指有计划地收集并分析与营销决策相关的信息及数据，将其用于制定STP策略、产品定价、竞争策略、市场预测等，是企业制定市场营销策略的基础。

## 3.1 市场调研的内容及方法

### 3.1.1 调研的内容

#### 3.1.1.1 政策调研

政策是影响企业药品营销的重要因素，对于企业来说，政策是不可控的因素。加之近几年国家密集颁布各项医药行业政策，所以企业应进行月度和年度的政策分析和研判。除关注全国性政策法规外，还应关注地方性法规文件，多研究、多分析，及时制定相应的营销策略。医药营销相关的政策类别、制定部门、常见政策类型如表 3 – 1 所示。

**表 3 – 1　与医药营销相关的常见政策类型**

| 政策类别 | 制定部门 | 常见政策类型 |
|---|---|---|
| 医药 | 药监局 | 药品注册、互联网售药、不良反应、代表备案、一致性评价、新药审评指导原则、药品工艺质量变更 |
| 医疗 | 卫健委、中医局 | 医改政策药占比、监控目录、基药目录、诊疗指南、学科建设、急抢救/妇儿目录、中医药政策 |
| 医保 | 医保局 | 医保目录、医保支付、药品集采、招投标 |
| 合规 | 纪检部门、财政部 | 反商业贿赂、财务合规、财税扶持、“两票制” |

### 3.1.1.2　品类调研

品类调研通常是指明确品类市场大小、增长趋势、竞争格局、市场格局等，可用于选择目标市场、预测未来销售。医药行业常用的数据平台有米内网数据、IMS 数据、中康数据、药学会数据等，可以从品类、终端、区域、竞品等方面进行多维度交叉分析。

### 3.1.1.3　竞品调研

竞争产品是相对宽泛的概念，通常指药理、功效、病症相同的一类药物，一般从品牌竞争、同类竞争、预算竞争三个方面进行调研。识别竞品后，需要从竞品的基本信息、目录准入、市场销量及份额、价格（日费用、疗程费用）、产品定位、推广策略、销售模式、销售队伍、专家网络等方面进行调研，了解并分析竞品，找准产品的差异化优势，制定竞争策略。

### 3.1.1.4　产品调研

产品调研是为了找到产品特性和差异化优势，选择有利的目标市场和差异化的产品定位。产品调研应从研发、生产、销售、客户多维度出发，如药物的成分、含量、生产工艺、质量标准、药理药效、作用机制、安全性、有效性、依从性、经济性、创新性、传承性等，同时要向医生、代理商、消费者进行调研。

### 3.1.2　调研的方法

市场调研通常分为一手调研和二手调研。

一手调研是指直接向有关对象进行调研的方式。一手调研包括定性调查和定量调查，常用于了解临床诊疗现状、消费者认知与购买习惯、对同类产品的认知、客户需求调研等。常用的信息来源有公司、同事、同行、商业公司、客户（医生、药师、店长、店员、患者等）、行业论坛、竞争厂家等。

二手调研是指在他人搜集、记录、分析的资料基础上进行二次搜集信息的过程。常用的信息来源有中国卫生统计年鉴、药监局数据、米内网数据、IMS 数据、中康数据、药学会数据、中国知网、万方数据、咨询公司报告等。

## 3.2　客户行为分析

患者是医药市场中的主要消费者。与普通商品不同，药品信息的专业化程度较高，患者需要靠专业人士的介绍与推荐来购买药品。因此，对不同销售市场中患者购买行为的研究是进行营销决策和制定营销策略的基础，是医药市场营销中的一个重要环节。

### 3.2.1　市场分类

#### 3.2.1.1　处方药市场

处方药市场是医药企业、药品中间商、医院及其他医疗机构等组织销售药品的市场。处方药直接面对的人群是医生，由医生开处方给患者使用，医生是主动执行者，患者是被动消费者。因此，处方药的消费主要取决于医生对药品的认可程度。医生对药品的态度类型及行为表现如表 3 -2 所示。

表 3－2　医生对药品的态度类型及行为表现

| 类别 | 行为表现 |
| --- | --- |
| 反对型 | 对药品持反对态度，不承认其优点，也可能由于在前期使用过程中出现过某些问题而不信任药品，因而不会列入处方 |
| 未知型 | 市场上出现新药品，医生不认识或没有使用经验，也未曾获知相关信息，无法对药品形成任何观点，出于谨慎一般不会进行处方 |
| 中立型 | 医生知晓某药品，但态度并不积极，既不反对也不赞成，没有特殊兴趣，会根据以往的使用情况进行少部分使用 |
| 赞同型 | 通过长期的处方实践，医生认同药品在疗效方面的优点，积累了正面经验，对药品持积极态度，从而大多处方此类药品 |
| 支持型 | 医生除赞同药品的优点并坚持处方外，还会鉴于药品的特殊疗效等原因在各种场合帮助宣传和推荐药品 |

在处方药销售中，首先需要通过前期接触了解目标医生对推广药品的态度。若目标客户为学会领导、医院领导、科室主任等，须尽力找出导致反对型和未知型态度的原因，并将其转化为赞同型甚至支持型态度；对于科室内的医生，可规避反对型医生，将未知型、中立型医生培养成赞同型、支持型的 VIP 医生。

#### 3.2.1.2　非处方药市场

近年来，零售市场快速发展，消费者从药店和电商购买非处方药的机会大大增加。医药企业在这一领域获得成功的关键是企业直接向消费者进行营销的能力，因此制定策略前首先需分析购买者行为，具体内容如表 3－3 所示。

表 3－3　非处方药市场的购买行为表现

| 类别 | 行为表现 |
| --- | --- |
| 购买者 | 非处方药的消费者大多为有一定疾病判断能力的成年人，能较为准确地判断疾病的类别和严重程度，有一定的用药经验 |
| 购买原因 | 患者使用非处方药对一些常见病、轻症状疾病进行自我治疗，方便、省时、节约 |
| 购买认知 | 消费者对非处方药的认知主要为，外观、使用、口感等属性；疗效、起效速度、安全性等利益；品牌地位等价值 |

**续表**

| 类别 | 行为表现 |
| --- | --- |
| 购买时间 | 非处方药购买方便、质量稳定、有效期长，消费者一般在疾病发生时，或者方便时购买，以备不时之需 |
| 购买地点 | 关注价格的消费者或需要长期用药的消费者更愿意去平价药房，注重质量的消费者更愿意去大型连锁药店，近年来消费者在网上药店购买的频次增加 |
| 购买参与者 | 患者为发起者，影响者为家人、朋友、医生、药店销售等 |

对于非处方药市场，医药企业需明确推广药品的主要购买者，以及促使产生购买行为的原因有哪些。通常非处方药市场的购买者会有一定的自我药疗认知，企业可以考虑是迎合认知还是进行患者教育，并在最常见的购买时间和地点与购买者进行接触，并尝试联合药店人员等参与。

### 3.2.2　购买行为五步骤

消费者的购买行为可以分为发现需求、收集信息、评价药品、购买决策、购后反馈五个阶段，具体内容如表 3 –4 所示。企业可以加强对各个环节的研究，来开展更有针对性的营销活动。

**表 3 –4　消费者购买行为五步骤**

| 过程 | 企业手段 |
| --- | --- |
| 发现需求 | 通过市场调研，分析促使消费者认识到需要的具体因素，致力于做好发掘消费驱动力与刺激、强化需要 |
| 收集信息 | 设计适当的市场营销组合，尤其是药品品牌广告策略，宣传药品的质量、功能、价格等，以便让医生和患者最终选择本企业品牌 |
| 评价药品 | 首先需提高药品知名度，使其列入被评价的范围内；其次需调研评价药品时所考虑的因素，如功效、安全性、便利性、单价等，并重点进行宣传，为消费者提供选择依据 |
| 购买决策 | 营销应尽可能设法引导决策或减少导致消费者改变购买决定的风险，以推动购买行为达成。例如，在与消费者最直接沟通的医生和药店店员身上做工作 |
| 购后反馈 | 营销人员需跟踪消费者购后满意度、购后使用与处置情况，对使用技术较高的产品进行购买后指导，适时提醒再次购买，如碰到投诉需及时处理 |

## 3.3 竞争对手分析

### 3.3.1 竞争对手选择

竞争产品是相对宽泛的概念，通常指药理、功效、病症相同的一类药物，一般从品牌竞争、同类竞争、预算竞争三个方面进行调研，也是竞品选择的依据。

品牌竞争，是指具有相同的成分、功效或通用名的一类产品。例如，立普妥和阿乐、爱斯妥和健民的雌二醇凝胶、小金片和小金胶囊、血塞通和血栓通。因为产品的同质化特征明显，所以以价格、品牌、服务三个方面的竞争为主。

同类竞争，是指药理、功效相同或相似的一类产品。例如，高血压治疗药中的 ACEI 和钙通道阻滞剂、活血化瘀的丹红注射液和疏血通注射液、化痰止咳的金振口服液和小儿宣肺止咳颗粒。因为产品有一定的差异性，所以以差异化竞争、学术竞争为主。

预算竞争，是指由于患者的医保费用有限，或经济承受能力不足，又或受到医院的单张处方金额限制，所以医生做用药决策时一方面考虑病情需要，另一方面会考虑有限的费用。例如，计划生育的流产包总费用，部分医院限制 80 元或 120 元的单张处方，就得涉及处方预算竞争。

### 3.3.2 竞争产品调研

#### 3.3.2.1 竞品基本信息

竞品的基本信息包括说明书信息、医学信息、价格信息、产品准入、市场信息等，具体内容如表 3 – 5 所示。

表 3－5　竞品基本信息

| 分类 | 内容 |
| --- | --- |
| 说明书信息 | 成分、药效机制、适应症、用法用量，不良反应、禁忌、注意事项、特殊人群，包装规格，有效期 |
| 医学信息 | RCT、机制、安全性研究，共识指南，数量、质量和适应症分布研究 |
| 价格信息 | 主推包装、市场价格、日费用、疗程费用 |
| 产品准入 | 生产家数、基药、医保、国谈、集采、OTC、其他（如急抢救、低价、妇儿） |
| 市场信息 | 销售规模、增长趋势、市场份额、区域格局 |

#### 3.3.2.2　竞品营销信息

了解竞品的基本信息后，还需要进一步深入调研其营销信息，可对公司信息、营销策略、销售政策、销售人员等方面进行分析，竞品营销信息具体内容如表 3－6 所示。

表 3－6　竞品营销信息

| 分类 | 具体内容 |
| --- | --- |
| 公司信息 | 企业品牌、产品结构、产品地位、组织架构 |
| 营销策略 | 产品策略、销售模式、推广活动、促销手段 |
| 销售政策 | 代理政策、促销政策、激励政策、商业政策 |
| 销售人员 | 学术能力、拜访频次、客户服务、客户关系 |

### 3.3.3　竞争策略制定

在对竞品的基本信息和营销信息进行全面分析后，可针对竞品制定有针对性的竞争策略。随着产品和营销同质化趋势越来越明显，中小医药企业要想突围发展，应采用差异化策略、品牌策略来实施有效竞争。

#### 3.3.3.1　差异化策略

差异化策略，是指产品、客户、服务等方面在行业内独树一帜，形成了企业的战略性竞争优势。差异化策略方式如表 3－7 所示。

表 3-7 差异化策略方式

| 分类 | 具体内容 |
|---|---|
| 产品差异化 | 通常从成分、药效、有效性、安全性、依从性、质量、包装等方面选择竞争优势 |
| 客户差异化 | 鉴于中国地大物博，文化习惯、发展水平、报销政策、客户认可的差异，企业也可与竞争对手区隔实现客户差异化 |
| 服务差异化 | 企业通过学术推广、临床支持、促销政策、客户关系、产品配送实现服务差异化 |

### 3.3.3.2 品牌策略

针对生产厂家较多、品类规模较大的药品，因同质化程度较高，可采取与知名企业、知名品牌或者贴牌的方式来销售推广，可以增加产品的附加值，提升产品的认可度和议价能力。

## 3.4 STP 策略

STP 营销是现代市场营销策略的核心，由市场细分（Market Segmenting）、目标市场（Market Targeting）、市场定位（Market Positioning）三要素组成。随着药品种类越来越多，无论是产品本身，还是市场策略，抑或客户服务，都已进入同质化时代。为适应产品和营销同质化竞争的现实，采用差异营销的做法，实施 STP 策略将是医药企业营销的主流。

### 3.4.1 市场细分

市场细分，又称市场区隔、市场区分等。从医药行业来看，几乎所有的医药企业 80% 的销量由 20% 的地区产生，80% 的销量由 20% 的医院产生，80% 的销量由 20% 的科室贡献。医药企业常按照区域、终端、等级、科室、适应症、患者等特定变量，把医药市场细分为不同的市场。市场细分方式如表 3-8 所示。

表 3－8　市场细分方式

| 类别 | 市场分类 | 说明 |
|---|---|---|
| 市场 | 城市、县级、基层 | 按行政区域 |
| 区域 | 按地域、经济、知晓度划分 | 按省 GDP 和医药规模 |
| 终端 | 医院：三级、二级、基层等，公立、民营 | 按医院等级和模式 |
| | 零售：NKA、LKA、小型连锁、单体药店 | 按零售规模和品牌 |
| | 其他：诊所、门诊部 | 第三终端 |
| 科室 | 妇产科、儿科、肾内科、血液科等 | 按疾病领域 |
| 客户 | 从医生、店员、患者的角度进行细分 | 按人群类别 |

### 3.4.2　目标市场

新市场的选择与发掘、客户需求的精准把握、市场区隔的建立，都将给企业带来新机会。目标市场选择应符合以下条件：

可区隔性。对市场区隔需注意差异化，即相同区隔内差异性小，不同区隔内差异性大。例如，一家三级医院和一家二级医院对产品的需求差异性不大，医院区分可能不是一个理想的区隔变量；华东地区对价格不敏感，而西北地区对价格很敏感，经济水平可能就是一个理想的区隔因素。

可获利性。市场潜力大小是产品选择目标市场的先决条件。例如，很多医药企业都将重要市场放在北上广、江浙沪等，而非放在仅有几百万人的西藏、宁夏，因为前者市场潜力更大。又如，医院的外科和康复科都会用到抗生素，但外科用量更大，相比之下建议将其作为主攻科室，从而保证产品获利。

可接近性。指市场进入相对容易，客户接受相对快速，进入成本相对较低。例如，2006 年新上市的清热解毒类某中药注射剂，定位于协同抗感染、退热，但呼吸科认为抗毒、退热对于成人上呼吸道感染没有需求，而同类产品推广的肺炎治疗已经广为接受。于是，企业选择转战急诊科和儿科，匹配度更高，满足了急诊科的退热和儿科的抗病毒、退热需求，从而获得了成功。

### 3.4.3 市场定位

市场定位就是找到目标客户的所有需求，依据产品、企业的特性，满足竞品尚未满足的客户需求，从而在客户头脑中留下一个特定的印象。它的实质是突出产品的特色，从而取得目标市场的竞争优势。产品定位是企业市场营销的重要内容，基本原则如图 3-1 所示。

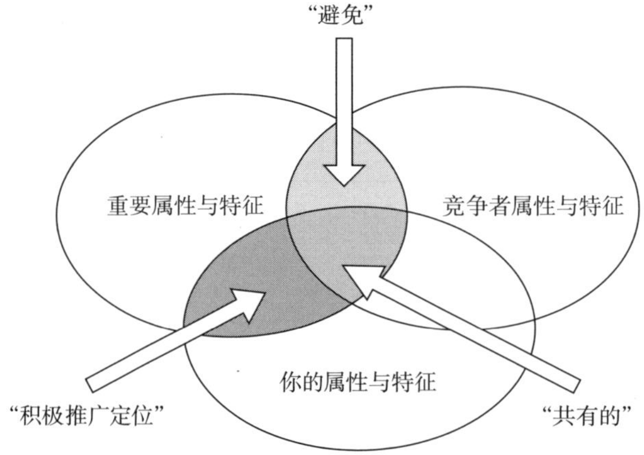


**图 3-1　市场定位的基本原则**

#### 3.4.3.1 产品定位的步骤

第一步是选择竞争对手。要赢得客户，就必须比竞争对手能够更好地满足客户的需求，所以要先确定跟哪些产品竞争。

第二步是识别竞争优势。识别竞争优势是产品定位的关键，通常从五个方面对药品的竞争优势进行研究，具体内容如表 3-9 所示。

**表 3-9　药品竞争优势的五个方面**

| 分类 | 内容 |
|---|---|
| 有效性 | 可根据疗效指标来对比分析，也可通过关注成分、药效、机制寻找优势 |
| 安全性 | 不良反应发生率、严重 ADR 发生率与可接受度，特殊患者禁忌 |
| 依从性 | 如口服与注射，一日一次比一日三次更方便，剂量更精准 |
| 经济性 | 对比日费用、疗程费用、包装费用、成本-疗效，找到相对优势 |
| 其他 | 有可能来源于企业品牌、学术推广、人员服务等 |

第三步是选择竞争优势。识别竞争优势后，就面临优势的取舍问题，因为并不是每一个优势都有意义和价值。因此，选择竞争优势时要注重优势的重要性、差异性和可信性。

#### 3.4.3.2　产品定位的方法

顺势而为：定位点聚焦于已知而未被满足的需求上。例如，儿童补钙通常要求补充足量、好吸收的钙，但小儿常脾胃虚弱，不容易吸收，因此儿童补钙的同时也要调理脾胃，促进吸收。

逆势而为：定位点聚焦于已知但客户存在错误的认知或不强烈的需求上。例如，西医认为乳腺增生通常不需要治疗，但患者存在疼痛症状，也担心引发乳腺癌，所以有些药物可以定位为缓解疼痛、缩小结节。

创造蓝海：定位点聚焦于潜在的未知的需求上。例如，人工流产术后通常采用高效避孕药，但多次流产的女性也需要修复子宫内膜，保存生育能力，而这可能是医生也没有意识到的需求，因此企业可以选择这个产品定位。

**总结**

药品的市场调研，要从政策、市场、竞品、产品四个方面出发，分别调查处方药市场、非处方药市场。充分了解消费者、竞争对手后，在产品、客户、服务、品牌上下功夫，制定差异化竞争策略。做好市场调研，有利于精准选择目标市场、制定正确的营销策略，帮助企业集中人力、物力投入目标市场，提高经济效益。

第4章

# 产品策略

李总刚入职 B 公司任市场总监，公司有超过 100 个批准文号，在销品规模超过 40 个，销售超 2 亿元的品种 1 个，销售 1 亿 ~2 亿元的品种 2 个，其他产品销售规模都不大。公司产能有富余，如何梳理产品资源，制定产品发展规划，是李总进入新公司的第一项功课。

产品策略，是指企业通过向目标市场提供各种满足消费者需求的有形产品和无形服务来实现其营销目标的方式与做法。一个产品能否畅销，关键在于产品的疗效和差异化优势。产品的疗效是基于临床的疗效对照，差异化优势是基于竞争产品的独特优势。

## 4.1 产品力

产品力是产品本身的禀赋，是基于产品安全性、有效性、依从性体现出来的综合实力。产品力是药品营销原动力，是第一推动力。相较于竞争产品，如果安全性更高，临床疗效更好，服用更方便，被收录进临床指南并获得专家肯定，则产品的竞争力无疑会更强大。

### 4.1.1 安全性

药品安全是重大的民生问题。药品安全是指在正确使用药品的过程中或使用后引起的不良反应或严重不良反应的情况。

药品上市前安全性评价包括药品的毒理学评价、禁忌证、注意事项、特殊人群用药、药物相互作用。药品上市后安全性评价包括对上市后产品出现的不良反应和不良事件进行评价。

在药物安全性评价中，也会与同类药品做安全性比较，比较同类药品的安全性差异，进行风险效益评估，从而进行差异化推广。

### 4.1.2 有效性

药品的有效性一般从新药上市前的Ⅰ期、Ⅱ期、Ⅲ期临床研究，以及上市后开展的Ⅳ期临床研究两个方面，来衡量药品在疗效、症状改善、不良反应等方面是否优于对照组，是 me better 还是 me too，这是药品临床价值的核心。

没有经过系统上市前临床试验的药品，如果准备培育成大产品，必须开展上市后临床研究，发现药品的疗效价值。

对于一款药品而言，如果被权威的临床指南收录，或进入某一治疗领域专家共识，这是产品力的重要标志，对于市场推广工作来说，就能事半功倍。

### 4.1.3 药物依从性

药物依从性，是指患者遵从医嘱用药的程度。对于药企而言，可通过优化药物本身等方式，提高患者对药物的依从性。

影响依从性的药物因素：用药次数越多，疗程越长，用药依从性越差；不良反应越大的药物，药物依从性越差；剂型上内服高于外用，内服片剂的依从性最高，其次为胶囊剂、糖浆剂、颗粒剂、丸剂；药品的形状、气味等。

影响依从性的其他因素：患者的年龄及生活背景、心理预期、疾病、文化程度以及医务人员对用药方案的传达等。

## 4.2　药品生产厂家

药品注册后会许可一个或多个厂家生产药品。同一款产品，有多少个生产厂家，不同厂家之间竞争状态如何，影响着产品的市场价值及营销资源的分配。因此，企业市场部应梳理产品文号资源，对独家产品、类独家产品、多家生产产品分别制定不同的市场策略。

### 4.2.1　独家产品

独家产品，是指只许可一家厂家生产的品种。独家产品文号的数量，代表一家药厂的文号资源储备能力，是企业的硬实力。对于化学药、生物药，独家产品相对较少，产品过了专利期就会有大量仿制。对于中成药，不同的组方，其相对独家产品会多一些。

对于独家品种，秉承做大做强的策略，市场部应系统梳理产品技术资料、市场数据，组织销售、市场、研发、生产、财务的同事，讨论制定产品发展规划，包括产品的医学计划、二次开发计划、品质提升计划、目录准入计划、指南共识计划、终端覆盖计划、市场推广计划、销售目标计划等。

每一个独家产品，其文号资源都非常宝贵，企业要有决心聚集各项资源、突破瓶颈、培育产品、做大产品。对于部分在工艺、品质、疗效、安全等方面存在瑕疵的产品，也应积极开展产品的二次开发，改进产品缺陷，并利用政策窗口申报重新上市。

对每一个独家产品，都要根据产品适应症、患者消费场景，讨论制定产品发展策略。选择医疗市场发展，应聚焦医保目录和基药目录准入、专家共识和临床指南进入、医院开发与覆盖、学术推广等关键性工作，同时有计划地开展临床观察、安全性评价，有序地从一个适应症拓展到多个适应症，不断积累临床证据。选择零售市场发展，应聚焦定价及价值链、广告、连锁开发与首推、店员培训、促销推广等关键性工作，同时有计划地开展临床观察、安全性评价。选择多渠道发展，应制定不同的渠道品规、价格策略，并做好市场联动和市场秩序管控。

### 4.2.2 类独家产品

类独家产品通常由2~3家厂家生产。对于类独家产品，不同厂家应联合起来，坚持做大品类、有序发展的原则，逐步开展各项工作。当然，实际操作起来非常困难，而两家企业达成共识的可能性会多一些。如果市场无序竞争，品类自然很难成长，就会白白浪费类独家的产品资源。

从做大品类的角度来看，围绕产品价值提升，可以共同开展产品的临床试验、安全性评价、医保基药目录准入、指南进入等工作，各厂家共同分摊费用。从市场销售的角度来看，各厂家通过协商，可以从不同规格、医疗和零售市场划分、省区划分等方面，有序发展。医疗机构采取“一品两规”，甚至“多规”，不同厂家都可以发展得很好。

### 4.2.3 多家生产产品

多家生产产品通常是指生产厂家超过3家的产品。从药品注册来看，这一类型的药品批文最多。此类型产品的市场竞争相对激烈，各企业选择的营销策略也各不相同。

对于多家生产的产品，首先要评估品类的市场容量、竞争格局，对于品类市场规模较大的产品，如果是医疗销售，属于医保产品，基本都会纳入药品集中带量采购目录，只有入围者才能分享医疗市场的“蛋糕”，未入围者只能瓜分带量采购范围以外的市场。如果是OTC销售，不同品牌采取差异化的定价和推广策略，也可以把市场做得风生水起，可以有一个或多个品牌表现突出。例如健胃消食片，江中制药依靠持之以恒的广告投入、精准的定价卡位、良好的口感品质，多年来在销售市场遥遥领先。又如复方丹参片，广州白云山和记黄埔中药有限公司通过指纹图谱的药材品控、价值链的升级，也曾风靡一时。

对于品类市场规模较小的多家生产产品，大多数厂家选择放弃市场，也有厂家独具慧眼，培育市场。别人都放弃，意味着它就是类独家，可以差异化包装，重塑价值链，通过控销、区域代理等模式，将市场逐步培育起来。

## 4.3　差异化定位

产品定位，是指产品在顾客心目中的位置。现实中产品众多，信息碎片化严重，要想吸引顾客，必须针对细分市场，有一个清晰、锐利的差异化定位，从一个点突破，在同类产品竞争中脱颖而出。

### 4.3.1　疗效更优

疗效更优是药品功能属性最直接的定位。基于临床试验，选择在患者细分、适应症细分领域，去寻找产品优于同类产品的疗效，或能明显改善某些症状，或对某些类型患者疗效更好。通过更好的疗效，满足医生或患者的治疗需求。

如阿托伐他汀（立普妥）、辛伐他汀（舒降之）、瑞舒伐他汀（可定）等都因为具有共同的二羟基庚酸基团而被称为“他汀”。之所以立普妥能够成为众多他汀中的销售冠军，一是因为立普妥快速起效，二是因为立普妥作用时间更长。这两点便是立普妥的差异化优势。

### 4.3.2　质量更高

质量是药品疗效、安全性及品质的间接证明。在有效成分含量、技术标准、配方、原材料产地、中药材 GAP 种植、质量认证体系等方面，具有优于同类产品质量的证据，可提升医生或患者对该产品的认可和信赖。

例如，六味地黄丸生产厂家众多，同仁堂凭借百年老字号、恪守“炮制虽繁必不敢省人工，品味虽贵必不敢减物力”的传统古训，使其成为市场领导者。九芝堂以“三百年历史”为依托，诉求“不含糖”，同样强调品质承诺。面对高度同质化的产品，作为浓缩丸的代表，仲景宛西牌六味地黄丸以“药材好，药才好”的差异化定位，在众多同类产品中脱颖而出。

### 4.3.3 使用方便

使用方便是患者依从性的重要定位。通过用法、用量、便利性、患者体验的对比，产品有优于同类产品的优势，既能满足疾病的治疗需求，也可以进行差异化定位。这也是企业创新和研发新品的快捷途径之一。

例如，产品改为缓释剂型，可以让用法用量从原来的一天三次改为一天一次；有产品通过申报口服液、混悬液等剂型，从而满足了儿童和老人的用药需求；还有预充式胰岛素，可以让患者在家里自行注射使用，提高了患者的依从性。

### 4.3.4 不良反应少

安全性是医生和患者用药最先考虑的因素，因此在疗效相当的情况下，不良反应少能减少医生和消费者的顾虑。例如，在临床上，溶栓治疗可以挽救急性心肌梗死、缺血性脑卒中患者的生命。尿激酶、阿替普酶是临床常用的溶栓药物，可迅速溶解血栓，恢复组织再灌注。二者溶栓效果相当，但阿替普酶出血的不良反应少，因此更容易被认可并使用。又如，雌二醇凝胶，与口服雌二醇制剂相比，经皮给药避免肝脏首过效应，可减少雌激素对凝血功能的影响，静脉血栓栓塞症（VTE）的风险更低，同时对血脂水平无明显不良影响。①

### 4.3.5 成本更低

成本更低是医生、患者、医保部门都会考虑的因素。如果从日常费

---

① 顾向应．人工流产术后促进子宫内膜修复专家共识[J]．中国实用妇科与产科杂志，2021（3）．

用、疗程费用、经济性、报销保障等方面对比，产品具有优于同类产品的优势，同样可以作为细分市场的差异化优势来推广。

例如，阿乐是立普妥的仿制药，二者的本质是都含有羟甲基戊二酸成分，疗效差别并不大，但阿乐通过采取差异化的竞争路线，使其价格比立普妥便宜1/3，同时运用低价竞争的策略定位中低端市场，并向基层渗透，最终获得了不少市场份额。

由于医保支付方式的改革，药物经济性也成为目前医院和医保部门选择用药的考虑因素，如果药物成本—疗效比更具优势，就成为产品差异化定位和推广的选择。

## 4.4　产品包装

药品包装包括内包装和外包装，有些药品还有中包装。内包装包括直接接触药品的包装材料和容器。内包装的形式、材质、规格，影响着患者的使用体验。外包装的图案、尺寸、文字、材质，影响着产品的第一印象和终端陈列。

### 4.4.1　产品包装设计

国家市场监督管理总局对药品包装设计有明确的规定和要求，《药品说明书和标签管理规定》（国家食品药品监督管理局令第 24 号），又称“24 号令”，规定药品包装、标签内容印制的文字不得超出批准的药品说明书所限定的内容。

药品包装设计的主要功能是让药剂师、消费者更好地选择药品，药品外观设计要清晰地传递产品信息，在图案、色彩、文字等方面进行创作设计，区分同质化产品，让药品包装风格可以更好地凸显。在市场上，好的包装会说话，好的包装设计更能吸引消费者。

### 4.4.2 医疗包装

医疗包装设计风格一般简洁、雅致、低调。正面主要凸显商标、品名、商品名、规格、生产厂家，侧面一般表述功能主治、成分、用法用量、不良反应等，能够清晰传递产品信息。

在医疗包装外观设计中，多数产品一般采用系列化设计风格，以主要图形、颜色来统一企业品牌，通常应注意以下事项：①系列化设计风格，以品牌商标、企业名称或其他品牌标识统一所有产品外观风格和关键性文字的设计；②通过不同的二级辅助图形区别不同类别的产品，大类产品之间既有统一性，又有自身独有的个性特点；③每个系列内的不同产品的剂型规格用不同的颜色再进行区分，既有统一又有变化。

### 4.4.3 非处方药包装

非处方药通常陈列在药店货架上，供消费者自行选择购买。非处方药药品外包装设计要能从一众竞品中跳脱出来，吸引消费者眼球，展现包装的个性、视觉上的冲击力，以及在同类产品中有较为可信的外观品质，起到“无声售货员”的作用。

非处方药药品包装外观是消费者接触药品的第一体验，设计上须把握以下原则：①盒子大，陈列效果好；②字醒目，每个陈列都能见到产品名称；③功能主治清晰，方便消费者选购；④运用先进包装技术，创新包装形式。

### 4.4.4 疗程和联用包装

当产品需要以组合装售卖时，上架后可采用丝带、玻璃纸绑扎陈列。疗程装的设计主要考虑疗程组合的合理性，组合售卖盒数正好能满足患者的疗程需求，方便患者按疗程购买。也有将组合装设计成礼盒样式的，不过药品作为特殊商品，并不经常用于送礼场景，所以过度包装并不合适，消费者也不愿为礼盒支付更高的购买费用。

# 4.5　产品组合管理

产品组合经营会降低企业风险，提高业务安全性。当然，并不是经营的药品越多越好，一家医药企业应该生产和经营哪些产品才是有利的？这些产品之间应该有什么关联关系？对这些问题的处理就是产品组合管理。

## 4.5.1　产品线

产品线，是指功能、目标群体或销售渠道相似的一类相关产品。从功能相似的角度划分，有感咳产品线、抗感染产品线、皮肤外用产品线等。从同一顾客群角度划分，有儿童用药产品线、老年用药产品线、序贯疗法的各项产品组合、肿瘤术后的各项产品组合等。从销售渠道角度划分，有商销产品线、控销产品线、重要客户（KA）产品线等。

## 4.5.2　产品组合

产品组合，是指一家企业生产或经营的产品线、产品品种的组合方式，其形成过程是企业为了满足日益细分的市场差异化需求，用一个组合来覆盖企业想要的所有细分市场。

增加产品组合中的产品线，可以扩大经营范围，充分利用企业资源，提高盈利；增加产品组合中每条产品线所包含的产品品种，可使药品线更加丰富，从而满足不同的市场需求；增加产品组合的关联性，充分发挥协同效应，可以提升市场竞争力。

产品组合的关联性，是指一家企业产品组合中产品线与产品线之间在最终用途、生产条件、分销渠道等方面相互关联的程度。产品组合的广度、宽度、深度和关联性在市场营销战略中具有重要意义。

产品组合策略，是针对市场的变化，调整现有产品结构，从而寻求和保持产品组合最优化。在市场推广中，从患者利益的角度考虑，单一药物不能达到较好的临床治疗效果，可通过药物联合提高治疗的协同作用，如高血压的三联疗法等。从企业角度考虑产品推广投放的集中性，会针对同一疾病领域的产品进行组合推广，如诺和诺德的糖尿病治疗药物。

### 4.5.3 波士顿矩阵

波士顿矩阵（BCG Matrix）又称“四象限分析法”，其实质是通过优化业务组合实现企业的现金流量平衡。它通过计算不同产品的销售增长率、相对市场占有率，确定四种类型的产品，如图4－1所示。

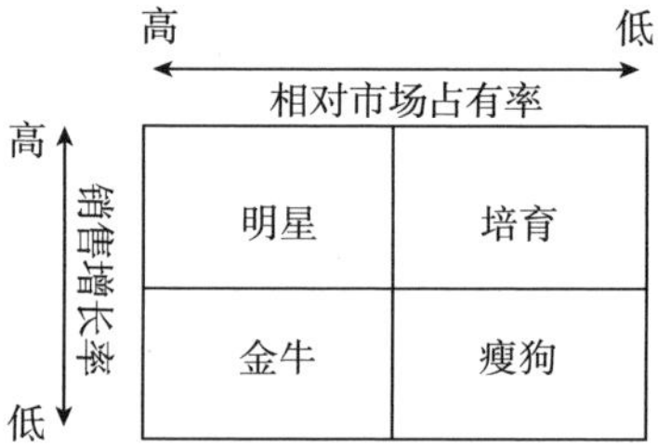


**图4－1　波士顿矩阵中的四种产品类型**

对于不同类型的产品，应制定不同的产品策略。例如，某公司通过J－BCG分析，制定了差异化产品策略，如图4－2所示。

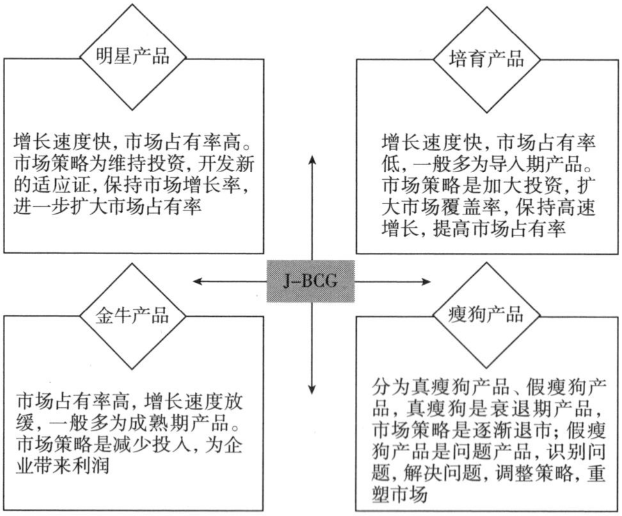


**图4－2　某公司差异化产品策略**

## 4.6　产品医学研究

产品医学研究，可以为临床提供更多的循证证据，可以帮助企业更好地推广产品。医学研究的主要工作包括医学文献检索、医学研究策划、医学临床研究等。

### 4.6.1　医学文献检索

进行医学文献检索时，首先要明确检索的主题、内容、目的，根据需求的不同，在查全与查准之间进行取舍。查阅文献的步骤为先看题目，后看主题词和摘要，如有价值再下载、详读。通过目标文献中的参考文献找到原始的研究论文，也是进一步检索文献的途径。

常用的医学文献平台：中文数据库有中国知网、万方数据、维普、百度学术等，外文数据库有 PubMed、Sci－Hub、ScienceDirect、Wiley、SpringerLink 等。除此之外，高校图书馆资源也是检索文献的途径之一。

### 4.6.2　医学研究策划

医学研究策划就是在市场调研、医学文献梳理的基础上进行整合，创造医生处方理由，改变竞争框架。它是一切学术推广活动的核心和基础。例如，有些产品临床证据很少，首先应补充当前主要推广方向的基础或临床试验研究；有些产品需要做患者教育，比较适合真实世界研究；有些产品需要跟专家建立长期、深度合作关系，医学项目更容易打开局面。医学研究策划的具体步骤如图 4－3 所示。

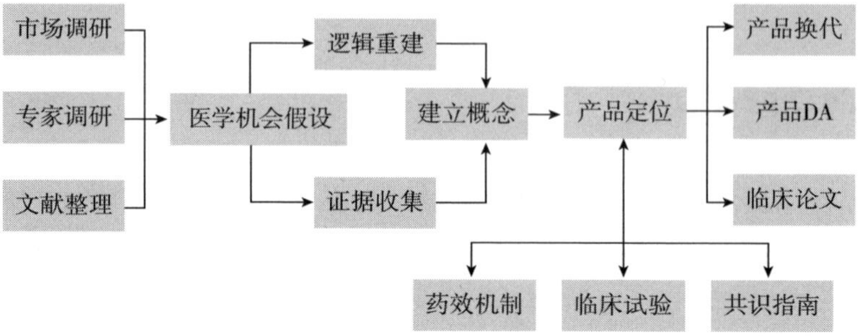


**图 4－3　医学研究策划的具体步骤**

## 4.6.3　医学临床研究

### 4.6.3.1　临床研究类型

临床研究包括规范性临床试验和促销性临床试验。规范性临床试验的目的是推出新理念、拓展适应症、建立高端专家关系，进入指南共识；促销性临床试验的目的是培养处方习惯，促进销量提升。医学临床试验分类如表 4－1 所示。

**表 4－1　医学临床试验分类**

| 分类 | | 设计方案 |
|---|---|---|
| 荟萃分析 | | 系统 Meta 分析 |
| 试验性研究 | | 随机对照研究 |
| | | 交叉对照研究 |
| | | 前－后对照研究 |
| 观察性研究 | 分析性研究 | 队列研究（前瞻性、回顾性） |
| | | 病例对照研究 |
| | 描述性研究 | 个案报告 |
| | | 病例系列 |
| 动物试验 | | 药效、机制研究，急毒、长毒试验，生殖毒理试验 |
| 体外试验 | | 活生物体之外的环境中的操作，药物对病毒感染细胞抗病毒作用研究、人工授精等 |

#### 4.6.3.2　临床研究设计与管理

临床研究是一项复杂有序的科研工作。撰写临床研究方案前，首先要了解临床和市场需求，是提高诊断率、治疗率、处方率，还是拓展适应症，抑或建立专家网络。明确之后，要进行大量医学文献收集，构建医学机会假设，做好研究设计。

临床研究方案的基础内容包括研究概述与背景、研究目的、研究设计、病例选择、治疗方案、观察项目、疗效判定、安全性评价标准、研究记录方法、不良反应的记录与报告、数据管理、统计分析、质量控制与保证、伦理学原则、资料保存与总结、任务分配与预期进度。

临床研究的实施管理一般分为组织专家、启动会、病例分配、资料收集、中期协调会、完成入组、病例录入、统计总结、结题会议等，整个过程要进行质量控制与保障。

#### 4.6.3.3　临床研究成果发布与应用

临床研究成果的发布与应用对药品的营销推广非常有价值。常见的方式有以下几种：

进入指南共识。临床研究成果发布后，要积极沟通，推进共识和指南的修订，将产品列入推荐。

发表学术论文。临床研究完成后，撰写论文，选择核心期刊投稿，见刊后可做成抽印本，送给医生。

开展学术推广。在全国学术年会中发布科研成果，快速引起业内专家关注并获得认可，或自主办发布会，或在科室中推广。

新闻媒体报告。可以通过央视、科技报和专业媒体发布临床科研成果，提升产品和品牌影响力。

# 4.7 产品二次开发

随着仿制药的快速上市，国家对多家仿制药和量大的中成药进行集采降价，导致产品生命周期越来越短。为了迎合市场需求的变化，企业就要不断推陈出新。药品是特殊的产品，医药企业在新药开发上难度极大。所以，二次开发也是药企新品上市的主要途径。药品二次开发具有成功率高、收益高、风险较低等特点。产品突破性发展方式与措施如图 4 –4 所示。

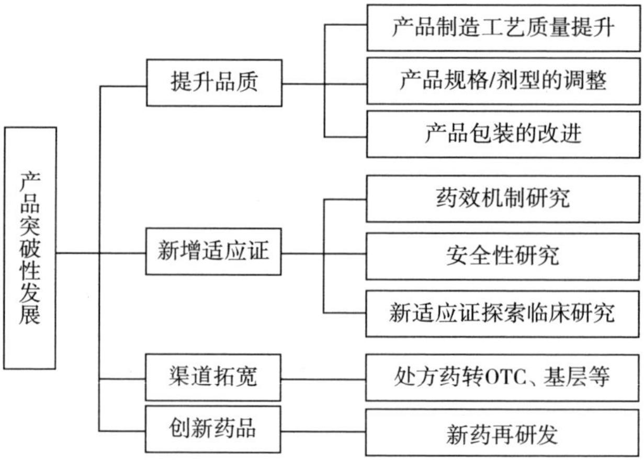


**图 4 –4 产品突破性发展方式与措施**

## 4.7.1 工艺质量

以制药工艺优化、质量标准提升为导向的药品开发，是通过以保证有效性和安全性为目标，从而实现差异化来提高市场竞争力的。工艺质量提升的三大方向如表 4 –2 所示。

**表 4 –2 工艺质量提升的三大方向**

| 方向 | 具体内容 |
|---|---|
| 新药上市 | 利用中药工艺、质量变更的窗口期，对一些无法生产的独家产品进行工艺和质量研究，然后进行质量标准申报，重新上市。如拔毒生肌散，对质量标准进行改进后得以再上市 |

续表

| 方向 | 具体内容 |
| --- | --- |
| 增强差异化 | 利用新制药技术提升产品的质量标准，使“企业标准”高于国家标准。如热毒宁注射液，通过明确成分含量、保证各批次的一致性，在鱼腥草事件的背景下获得了临床认可，得以顺利上市 |
| 提供额外的专利保护 | 开发新的生产工艺以替代传统工艺，减少成品中的杂质，能为品牌带来有价值的次级专利保护，并提高竞争门槛。如以岭药业的通心络胶囊，对其动物成分不断提供专利保护，延长生命周期 |

### 4.7.2　产品规格变更

产品规格变更，一方面应遵循方便临床用药的原则，另一方面应使变更后的规格挂网准入、患者服用方面的竞争力应显著提升。变更产品规格主要有三种方式，如表 4－3 所示。

**表 4－3　产品规格变更的主要方式**

| 变更事项 | 具体内容 |
| --- | --- |
| 单位制剂规格变更 | 单位制剂规格变更一般应在其临床使用的用法用量范围内，变更单位制剂规格应从方便临床用药、满足临床需求方面考虑，且变更的规格应为常规规格。如拔毒生肌散单位制剂由 3 克变为 0.3 克，提高了安全性与临床便利性 |
| 单盒包装规格变更 | 包装规格是指单盒中药品单位制剂的数量，通过增大包装规格，提高医生疗程处方及患者疗程服药的便利性，进而达到提高产品应用性与竞争力的目的。如产品用量包装从 3 天提升到 7 天或 15 天 |
| 改为无糖或减糖 | 无糖制剂相较于有糖制剂受众面更广，企业可通过增加无糖制剂规格，将药品适用人群拓展至糖尿病患者及更多特殊群体。如很多药品分为有糖型和无糖型 |

### 4.7.3　产品有效期的变更

产品有效期的变更包括延长有效期、缩短有效期两种情况，多数申请为延长有效期。延长药品有效期需要做稳定性长期留样试验。产品有效期的延长有助于提升客户对产品的接受度，主要体现在以下两个方面：

一方面，提高医生及患者的认可度。与同一治疗领域的其他药品相比，更长的有效期，说明该产品具有更好的品质和应用保障，对开发进院成功率、医生处方选择率和患者接纳性都具有显著提升作用。例如，同仁堂安宫牛黄丸有效期为60个月，比其他大多数厂家的安宫牛黄丸有效期更长，销量更好。

另一方面，延长药品流转周期。当前医院药品销售绝大多数仍采取“两票制”方式，无论是医院还是商业公司，仅接收、存放有效期为1年以上的药品。通过二次开发延长药品的有效期，可以有效减少由于滞销而导致医院、商业公司退货、拒收等情况的发生。

### 4.7.4 药效研究

通过开展系统的细胞及分子水平研究、有效成分研究等，确定主要药效物质和作用机理，从而明确产品定位，拓展新的适应症。

例如，某中药企业通过对儿童感冒药进行抗病毒研究，发现其对流感病毒和副流感病毒有抑制作用，随即将其定位为抗病毒的儿童药物，并开展了治疗儿童流感的临床研究。

### 4.7.5 安全性研究

安全性研究主要包括上市后安全性再评价和产品安全性改善。

上市后安全性再评价。首先，对临床试验安全性监测报告系统、临床用药反馈等数据进行信息汇总，分析不良反应的类型及特点。例如，某中药注射剂上市后在江苏省开展了1万例临床试验监测观察，结果表明不良反应发生率低于抗生素，提高了临床安全可信度。

产品安全性改善。通过多维度分析不良反应的病例特点、开展相应的毒理药理研究、明确个体用药差异化、改进制造工艺、提高内控质量标准等方式，降低药品安全风险。例如，小金胶囊，对木鳖子等药材采用了特殊制药技术，降低了其中致敏成分等的含量，从而提高了产品安全性。

### 4.7.6 适应症拓展

适应症拓展是有效的药品生命周期管理方法，新增适应症将为药品带来销售增量。在临床上，拓展新适应症可以通过以下三种途径实现：

开展相关临床试验：在具有药理药效的基础上，开展相关适应症临床研究，研究完成后在核心期刊发表。例如，以岭药业连花清瘟胶囊，通过开展药理及临床研究增加了抗新型冠状病毒的应用。

制定应用指南/获得专家共识：利用高质量的临床研究，通过中华医学下属分会或权威分会合作将产品纳入相关应用指南/获得专家共识。例如，雌二醇凝胶，通过《人工流产术后促进子宫内膜修复专家共识》一文的发表，增加了人流术后修复子宫内膜的应用。

修订说明书：向国家食品药品监督管理总局药品审评中心（CDE）申请增加适应症，要达到规定的技术要求标准：充分的立项依据、药效学和毒理试验支持以及临床研究最终确证。

### 4.7.7　增加产品剂型

给药品增加新剂型是最常用的生命周期管理策略，这一策略被广泛用于成长期、成熟期和衰退期的各种药品。大多数剂型改变的目的是降低服药次数，或者改变给药途径，扩大应用人群，从而提高产品竞争力、安全性。

例如，雌二醇在口服制剂基础上又新增凝胶剂型，提升了产品的安全性。氨溴索的口服、针剂、雾化、滴剂四种剂型，满足了不同类型患者的治疗需求。紫杉醇从普通针剂开发为脂质体、白蛋白剂型，在降低不良反应的同时提升了靶向性。

### 4.7.8　包装材质变更

包装材质变更，首先，要结合产品特点，对变更前后包装材质的相关特性进行对比分析。其次，要结合变更目的及药品特性，进行全面的稳定性研究。

包装材质变更一般发生在需要更换主形象或现有材质包装需要改进的情况下，更改包装材质应以提高临床使用度、精准性、便利性为目标。例如，胰岛素增加给药器、小儿氨酚黄那敏颗粒通过包装袋的不同剪法来提高剂量的准确性。

### 4.7.9 非处方药转换

非处方药转换是渠道扩张的一种方法。非处方药的产品主要针对那些能自我诊断、自我治疗并自我检测的疾病，最常见的药物类别包括止痛药、抗过敏药、消化系统疾病药等。一旦转换成功，产品的销售渠道将会得到极大的拓展。例如，金水宝拓展了非处方药渠道后在临床试验的带动下获得了更大的市场。

### 4.7.10 扩大治疗疾病谱

当通过药理研究或者临床试验发现原产品与其他药物成分联用时可提高治疗的有效性或者扩大治疗疾病谱时，便可以探讨组合药物成分的制备可能性，从而通过此类途径提升原产品的临床竞争力。例如，依那普利与叶酸组合成为H型高血压人群的治疗药物首选；奥美拉唑碳酸氢钠用来治疗胃食管反流病。

通过上述十种方式，可以延长产品的生命周期，提升产品的市场竞争能力。

**总结**

李总全面梳理了公司所有批准文号，通过产品力的分析挑选出可发展的品种；然后运用波士顿矩阵评价目前在销产品，优化产品组合；针对明星产品和培育产品制订市场推广计划、医学研究计划和二次开发计划等，顺利完成了上任后的第一项工作。

第5章

# 品牌和广告策略

两年前A公司推出一款补血颗粒，投入了大量的人力、物力进行推广，这款产品价格具有竞争力，疗效也不错，但是销量并没有达到预期。某药店老板反馈："这款产品的包装不吸引眼球，很少见到广告，患者不了解品牌，就不会买这款产品。"由此A公司安排品牌总监李总来策划该产品的品牌形象和广告。

## 5.1 药企品牌形象策划和视觉表现

### 5.1.1 药企品牌形象视觉识别

品牌形象塑造是企业理念系统（MI）、企业行为系统（BI）和企业视觉识别系统（VI）三者的统一。企业的品牌视觉形象，是要将企业的使命、理念、价值观、历史传承、科技创新等软实力信息，演绎为视觉符号，使公众能快速了解企业信息，产生认同感。企业系统化、标准化的品牌视觉呈现，可以增加品牌识别度，使公众对企业产品有认知，并对企业建立良好印象。

企业视觉形象的主要功能是识别功能和传播功能，所以视觉形象主要包括基本要素和应用要素两个方面。基本要素主要包括企业标志（标识、Logo）、药厂名称、广告语、口号、标准字体、标准色彩系统、统一VI形象设计等。应用要素包括内外两个方面，企业内部办公用品，如徽章、员工工牌、名片、信封、信笺、药企的招牌、标识、旗帜、主背景墙、员工制服等，以及企业面向大众传播的宣传设计。

### 5.1.2 药企视觉策划四原则

药企在进行视觉策划时，应遵循以下四个原则：

表达理念：视觉形象系统的设计应以理念为中心，充分完整地传达企业的精神理念，在传播中，向社会公众传达形象设计与企业理念之间的关系，使公众理解记忆。

文化认同：在语言、文字、审美、色彩、图形等方面，符合社会大众的文化认同。

个性化：企业的视觉形象应有独特性、唯一性，与其他企业有明显的区别，不易被混淆。

标准化：企业的视觉形象要使用标准统一的字体和颜色，目的是让公众能一眼识别，过目不忘。例如，可口可乐的飘带字体设计和红罐标准色，已经成为识别可口可乐的主要视觉信息。在设计标准字体时，一定要注意字体版权，如果使用的是版权字体，要向版权方购买版权，否则面临知识产权法律风险。字体版权的风险，还包括企业所有对外发布的应用，包括官网官微、广告应用等。标准色应与其他药企有差异性。

### 5.1.3 药企 VI 设计四部分

一套完整的 VI 设计包括以下四个部分：

标志设计：以图形符号为主体/以文字为主体/图文结合，具有独特性、辨识度、延展性、简洁性等特点。

字体设计：中药企业体现传承，化药企业体现创新，重点注意字间距离/线条的粗细、排版方式、统一的造型等方面。

专用色彩设计：特定的色彩或色彩系统，由于宣传载体不能使用标识标准色，或在难以表现的情况下，可以使用辅助色。

辅助图形：在实际应用中的各个方面增加标志设计中其他要素，如产品包装盒外观设计的统一形象。在宣传媒介中上有助于丰富整体内容、强化品牌形象。

## 5.2　品牌管理

### 5.2.1　品牌管理的意义

品牌管理的目的是培育和提升品牌价值。品牌价值是指消费者在脑海中建立起对该品牌的认知，包括品牌的知名度、品牌的忠诚度、对质量的感知和品牌美誉度等。

药品是特殊商品，关系群众的健康和生命安全。与其他消费品不同，药品注册、审批、生产、销售、宣传和售后服务等方面都受到政府严格的监管和制约。同时由于消费者缺乏医药知识，对药品的选择和购买在很大程度上会受到广告、周围人群及医疗机构从业者的影响，因此品牌管理在医药产品销售中的作用尤为重要。强大的品牌价值，可以为药企带来诸多直接和潜在利益。

#### 5.2.1.1　获得公众信任

企业被行业主管部门、处方医生、专业人士和患者认为是知名品牌，其在市场竞争中便处于有利地位。因此，品牌企业的产品容易获得消费者的好感，有助于企业与消费者建立信任关系。

#### 5.2.1.2　获得竞争优势

强势品牌的生命周期往往较长，尤其是在药品专利保护过期以后。原研药的商品名使消费者容易区分原研药品和仿制药品，并形成品牌药品性能更优的信念，愿意支付较高的价格，从而使药企获得竞争优势和较大的利益回报。

#### 5.2.1.3 影响消费者行为和态度

随着消费者对健康关注度的提升，越来越多的消费者更愿意了解有关疾病和药品的知识。企业品牌力的提升，可以直接影响消费者对疾病和治疗的正确认知，有利于提高患者疾病治疗的配合度。例如，很多处方药企业不仅对医生药师专业人士做学术推广，也会坚持不懈地进行患者教育，影响消费者对疾病的看法和对药品的态度，既提高了医生用药的依从性，也激发了购买端的主动性。

#### 5.2.1.4 提高消费者的忠诚度

品牌代表着产品的特点和产品的效益，在处方医生、药师和消费者的心目中树立品牌形象，能够提升消费者的忠诚度，为药企创造更多的利润。

药品是特殊商品，药品质量是医药企业的生命，只有合格、有效、安全的药品才能造就高价值的药品品牌，因此药企品牌的核心是药品的产品力和质量。品牌价值建立的过程包括品牌规划（品牌战略、品牌理念）、传播（品牌视觉形象、品牌推广）、提升（品牌的声誉口碑、危机公关）、评估（品牌资产量化）。品牌可以帮助消费者快速识别自己需要的药品，从而使品牌产品在竞争中脱颖而出，帮助药企获得更大的经济利益。

### 5.2.2 品牌（指数）量化模型

品牌（指数）量化模型是指将消费人群按是否知晓品牌和是否购买产品，细分为 G1 ~ G7 共 7 个群体，并根据每个群体的占比进行量化打分，最终得到品牌态度的量化分值。企业可以借用这套工具，按周期委托第三方市场调研机构，对消费者的品牌态度进行调研和量化评估，并根据结果，针对现阶段品牌存在的问题进行改进。品牌（指数）量化模型如图 5 - 1所示，7 个细分群体如表 5 - 1 所示。

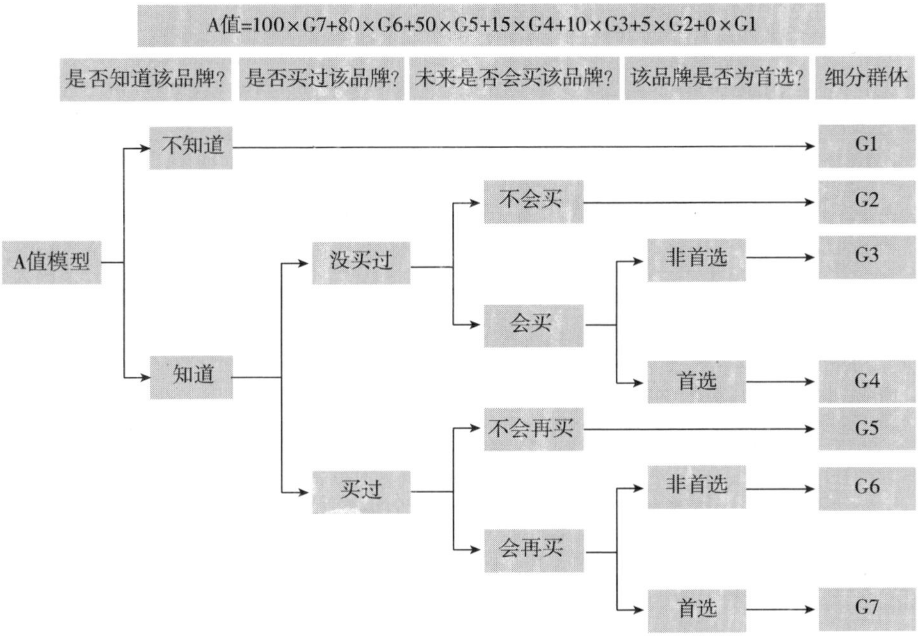


**图 5－1　品牌（指数）量化模型**

**表 5－1　7 个细分群体**

| 组别 | 消费者分组 | 主要存在的问题 | 相应的市场策略 |
|---|---|---|---|
| G1 | 不知道品牌 | 媒体计划 | 修改媒体计划 |
| G2 | 知道品牌，不在选择意向中，没有尝试 | 品牌定位，品牌形象 | 修改广告创意方案 |
| G3 | 知道品牌，在选择意向中，不是第一选择 | 与竞争对手的差别 | 有针对性地修改广告 |
| G4 | 知道品牌，是第一选择，没有尝试 | 销售渠道，促销，价格 | 加强促销、铺货 |
| G5 | 尝试过，不再选择 | 产品价格/包装/质量 | 改进产品 |
| G6 | 尝试过，再选择，不是第一选择 | 与竞品相比的价值感 | 改进提升产品价值、性价比，加强品牌形象建设 |
| G7 | 尝试过，再选择，是第一选择 | 品牌忠诚度 | 找出维系并提高消费者忠诚度的原因 |

# 5.3 品牌维护

## 5.3.1 品牌舆情日常监测

监测方式：主要通过在互联网上对品牌关键词进行搜索，并对品牌负面信息及时汇报及处理。

搜索平台包括主选百度、微信、抖音、微博，辅选垂直论坛、知乎、小红书等 App。

舆情搜索关键词包括企业品牌关键词、产品品牌关键词。

搜索操作执行包括由品牌部媒介人员每日监测，并将当日搜索结果形成《舆情日报表》，报相关领导。《舆情日报表》模板如表 5－2 所示。

**表 5－2 《舆情日报表》模板**

<table>
<tr><td colspan="4">搜索结果统计</td></tr>
<tr><td>搜索平台</td><td>正面（个）</td><td>中性（个）</td><td>负面（个）</td></tr>
<tr><td>百度新闻</td><td></td><td></td><td></td></tr>
<tr><td>新浪微博</td><td></td><td></td><td></td></tr>
<tr><td>微信搜一搜</td><td></td><td></td><td></td></tr>
<tr><td>抖音</td><td></td><td></td><td></td></tr>
<tr><td colspan="2">负面标题</td><td colspan="2">链接地址</td></tr>
<tr><td colspan="2"></td><td colspan="2"></td></tr>
<tr><td colspan="2"></td><td colspan="2"></td></tr>
<tr><td colspan="2">正面标题</td><td colspan="2">链接地址</td></tr>
<tr><td colspan="2"></td><td colspan="2"></td></tr>
<tr><td colspan="2"></td><td colspan="2"></td></tr>
<tr><td colspan="2">中性标题</td><td colspan="2">链接地址</td></tr>
<tr><td colspan="2"></td><td colspan="2"></td></tr>
<tr><td colspan="2"></td><td colspan="2"></td></tr>
<tr><td colspan="2"></td><td colspan="2"></td></tr>
</table>

### 5.3.2　品牌商标保护

注册申请：根据商标检索结果或者后续修改结果，作出注册商标的初步决定，由商标申请部门按要求填写《商标注册申请表》。《商标注册申请表》应包括需要注册的文字、图形、所应用的产品或者服务类别，并提交图样。

保护类别：基于《商标注册用商品和服务国际分类表》（也称“尼斯分类”）最新版，一般用于药品的商标需申请第五类进行注册，具体组别和单项可根据产品实际所属项目进行选择。

【0501 组】药品，消毒剂，中药药材，药酒

【0502 组】医用营养品，人用膳食补充剂，婴儿食品

【0503 组】净化制剂

【0504 组】兽药，动物用膳食补充剂

【0505 组】杀虫剂，除莠剂，农药

【0506 组】卫生用品，绷敷材料，医用保健袋

【0507 组】填塞牙孔用料，牙科用蜡

【0508 组】单一商品

【注释】第五类主要包括药品和其他医用或兽医用制剂。

本类尤其包括化妆品除外的个人保健用卫生制剂；非人用、非动物用除臭剂；膳食补充剂，为正常饮食提供补充或为健康目的；医用或兽医用代餐物、营养食物和饮料；不含烟草的医用卷烟。

本类尤其不包括化妆用卫生制剂（第三类）；人用或动物用除臭剂（第三类）；矫形用绷带（第十类）；非医用、非兽医用的代餐物、营养食物和饮料（第二十九类、第三十类、第三十一类或第三十二类）。

## 5.4 广告投放选品四原则

广告投放是根据广告主和广告内容，选择特定的目标用户和区域，采用文字、图片或音视频形式，将广告精准地传递给用户。选品是广告投放成功的前提条件，广告产品至少要具备以下条件：

产品力是成功的基础，产品疗效确切，经过临床验证，有循证医学作证据支持。

独家、类独家是必要条件，文号的稀缺性是获得定价权的先决条件，能避免为他人作嫁衣或陷入价格战。

市场潜力规模大是成功与否的机会，大市场里才有大机会，通过差异化定位与其他产品建立区隔。避免单独教育市场，孤儿药、小病种很难在 OTC 上有大作为。

产品价值链设计是保障，要能支持广告投入。广告费用连连上涨，广告投入短期基本很难见效，新产品要有坚持 3 年广告投入的打算，尽可能前期作充分的市场调查，控制好产品成本、各项费用，广告费在价值链中所占的比例一定要预算充足。

## 5.5 广告策划与制作

### 5.5.1 医药广告策划原则及法律要求

#### 5.5.1.1 策划原则

以产品为着眼点展开，对产品进行细分，围绕产品定位、目标人群、概念、机理、价格策略、渠道策略等进行广告策划。以消费者为核心，要把握消费者心理，找准消费者的需求“痛点”，针对不同的受众特性进行广告策划。根据不同媒体的传播特性，策划适合该种媒体传播的广告内容。恰当运用感性诉求，增加受众的情感共鸣，加深受众对品牌的认同。还可通过软硬结合的广告形式进行整合传播，例如，借助硬广、软文、口碑种草、电台讲座、电视专题片、终端 POP、售后服务热线等方式的配合，形成立体式传播效应，达到更好的广告传播效果。

#### 5.5.1.2　法律要求

《广告法》第十六条明确指出医疗、药品、医疗器械广告不得含有下列内容：表示功效、安全性的断言或者保证；说明治愈率或者有效率；与其他药品、医疗器械的功效和安全性或者其他医疗机构比较；利用广告代言人作推荐、证明；法律、行政法规规定禁止的其他内容。药品广告的内容不得与国务院药品监督管理部门批准的说明书不一致，并应当显著标明禁忌、不良反应。处方药广告应当显著标明“本广告仅供医学药学专业人士阅读”，非处方药广告应当显著标明“请按药品说明书或者在药师指导下购买和使用”。

《广告法》第九条明确指出广告不得有下列情形：使用或者变相使用中华人民共和国的国旗、国歌、国徽，军旗、军歌、军徽；使用或者变相使用国家机关、国家机关工作人员的名义或者形象；使用“国家级”“最高级”“最佳”等用语；损害国家的尊严或者利益，泄露国家秘密；妨碍社会安定，损害社会公共利益；危害人身、财产安全，泄露个人隐私；妨碍社会公共秩序或者违背社会良好风尚；含有淫秽、色情、赌博、迷信、恐怖、暴力的内容；含有民族、种族、宗教、性别歧视的内容；妨碍环境、自然资源或者文化遗产保护；法律、行政法规规定禁止的其他情形。

《广告法》第十二条明确指出：广告中涉及专利产品或者专利方法的，应当标明专利号和专利种类。未取得专利权的，不得在广告中谎称取得专利权。禁止使用未授予专利权的专利申请和已经终止、撤销、无效的专利作广告。

### 5.5.2 视频广告表现重点及法规要求

#### 5.5.2.1 表现重点

整体颜色搭配协调美观，画面文字醒目，配音语速适中，吐字清晰；产品包装盒清晰醒目，产品名须重点提及；核心广告语简单明了，朗朗上口，容易记忆；产品功效描述精准，广告诉求不贪大求全，避免内容过多，重点不突出。

#### 5.5.2.2 法规要求

必标项目在广告视频中须全程连续出现（片尾 Logo 标版不用出现）。必标项目包括药品广告批准文号：×药广审（视）第×××号；药品批准文号，如国药准字 Z42021662；禁忌、不良反应；非处方药标识（OTC）和“请按药品说明书或者在药师指导下购买和使用”。

### 5.5.3 平面广告表现重点及法规要求

#### 5.5.3.1 表现重点

整体颜色搭配协调美观；产品包装盒和核心广告语清晰醒目；主要的产品功效需要列明；画面设计有创意，视觉冲击力强。

#### 5.5.3.2 法规要求

平面广告必标项目包括药品广告批准文号：鄂药广审（文）第×××号；药品批准文号，如国药准字 Z42021662；禁忌、不良反应；非处方药标识（OTC）和“请按药品说明书或者在药师指导下购买和使用”。

### 5.5.4 广告质量评价

广告投放费用高，投放效果除了与媒体选择有关外，广告创意内容是否能打动人也很关键。可以运用广告质量评价模型，如表 5-3 所示，对广告内容、质量、效果进行评估。

表 5－3　广告质量评价模型

| 评价项目 | 评价依据 | 加权系数 | 得分 |
| --- | --- | --- | --- |
| 注意力 | 广告信息是否单纯 | 5% | |
| | 吸引注意力的程度（视觉形象与听觉感应） | 10% | |
| 记忆力 | 品牌名称是否易于记住 | 10% | |
| | 对产品定位主要功能是否描述清楚 | 15% | |
| 说服力 | 广告引起的兴趣如何 | 10% | |
| | 对产品的喜好程度 | 10% | |
| 行动力 | 由广告产生的购买行为 | 15% | |
| | 广告唤起的购买欲望 | 10% | |
| 传播力 | 由广告创意引起的传播程度 | 7% | |
| 综合评价 | 广告的整体效果 | 8% | |
| 评分 | | | |

说明：佳：80～100 分；优：60～80 分；中：40～60 分；下：20～40 分；差：0～20 分。

邀请至少 100 人评价，每人独立评分，求出和值后再取平均值，即所测评的广告片的质量评价值。

## 5.6　医药广告投放

### 5.6.1　媒体分析

媒体分析模板如表 5－4 所示。

**表 5－4　媒体分析模板**

| 媒体平台 | 主要广告形式 | 最大覆盖范围 | 人群定向 | 控频 | 评估数据完整度 | 可否第三方监测 | 可否主动跳过 | 最短投放周期 |
|---|---|---|---|---|---|---|---|---|
| 电视 | 硬广 | 全国覆盖 | 不可 | 不可 | 样本点抽样推及全体 | 可 | 不可 | 按天投放 |
| | IP 身份 | | 不可 | 不可 | 无 | 不可 | 不可 | 按栏目周期投放 |
| 网络长视频 | 会员可见 | 全国覆盖 | 不可 | 不可 | 无 | 不可 | 不可 | 按点位数投放 |
| | 非会员可见 | | 可 | 可 | 完整监测数据 | 可 | 不可 | 按天投放 |
| OTT | 开机广告 | 全国覆盖 | 可 | 可 | 完整监测数据 | 可 | 不可 | 按天投放 |
| 梯媒 | 海报 | 全国覆盖，主要覆盖一、二线城市 | 不可 | 不可 | 无 | 可 | 不可 | 按周投放 |
| | LCD、智能屏 | | 不可 | 不可 | 无 | 可 | 不可 | 按周投放 |
| 影院 | 贴片 | 全国覆盖，主要覆盖一、二线城市 | 不可 | 不可 | 无 | 可 | 不可 | 按项目周期投放 |
| 广播 | 硬广 | 全国覆盖 | 不可 | 不可 | 样本点抽样推及全体 | 可 | 不可 | 按天投放 |
| 百度 | 品专 | 全国覆盖 | 不可 | 不可 | 后台完整数据 | 不可 | 不可 | 按月投放 |
| | 关键词竞价 | 全国覆盖 | 不可 | 不可 | 后台完整数据 | 不可 | 不可 | 按天投放 |
| App | 信息流广告 | 全国覆盖 | 可 | 可 | 完整监测数据 | 可 | 可 | 按天投放 |
| | 开机广告 | 全国覆盖 | 可 | 可 | 完整监测数据 | 可 | 可 | 按天投放 |

## 5.6.2 媒体广告排期模板

媒体广告排期有3种类型，分别是电视排期、网络视频排期、梯媒排期。本节为读者提供三种媒体广告排期模板，如表5－5、表5－6、表5－7所示。

**表5－5 电视广告排期**

| 频道 | 栏目 | 播出内容 | 播出时间 | 产品版本 | 六 | 日 | 一 | 二 | 三 | 四 | 五 | 六 | 日 | 一 | 二 | 三 | 四 | 五 | 六 | 日 | 一 | 二 | 三 | 四 | 五 | 六 | 日 | 一 | 二 | 三 | 四 | 五 | 六 | 日 | 一 | 总频次 |
|---|---|---|---|---|---|---|---|---|---|---|---|---|---|---|---|---|---|---|---|---|---|---|---|---|---|---|---|---|---|---|---|---|---|---|---|---|
| | | | | | 1 | 2 | 3 | 4 | 5 | 6 | 7 | 8 | 9 | 10 | 11 | 12 | 13 | 14 | 15 | 16 | 17 | 18 | 19 | 20 | 21 | 22 | 23 | 24 | 25 | 26 | 27 | 28 | 29 | 30 | 31 | |
| CCTV－1 | 黄金强档下集预告冠名 | 第一集下集预告前033 | 周一至周日约20：00—20：30 | 5秒标版 | | | | | | | | | | | | | | | | 1 | 1 | 1 | 1 | 1 | 1 | 1 | 1 | 1 | 1 | 1 | 1 | 1 | 1 | 1 | 1 | 16 |
| | | 第二集下集预告前037 | 周一至周日约21：05—21：35 | 5秒标版 | | | | | | | | | | | | | | | | 1 | 1 | 1 | 1 | 1 | 1 | 1 | 1 | 1 | 1 | 1 | 1 | 1 | 1 | 1 | 1 | 16 |
| | | 第三集下集预告前041 | 周一至周日约22：08—22：38 | 5秒标版 | | | | | | | | | | | | | | | | 1 | 1 | 1 | 1 | 1 | 1 | 1 | 1 | 1 | 1 | 1 | 1 | 1 | 1 | 1 | 1 | 16 |
| | | 第二集下集预告前037 | 周一至周日约21：05—21：35 | 15秒广告 | 1 | 1 | 1 | 1 | 1 | 1 | 1 | 1 | 1 | 1 | 1 | 1 | 1 | 1 | 1 | 11 | 1 | 1 | 1 | 1 | 1 | 1 | 1 | 1 | 1 | 1 | 1 | 1 | 1 | 1 | 1 | 31 |
| | | 第三集下集预告前041 | 周一至周日约20：08—22：38 | 15秒广告 | 1 | 1 | 1 | 1 | 1 | 1 | 1 | 1 | 1 | 1 | 1 | 1 | 1 | 1 | 1 | 1 | 1 | 1 | 1 | 1 | 1 | 1 | 1 | 1 | 1 | 1 | 1 | 1 | 1 | 1 | 1 | 31 |
| | 软广 | 提示字幕 | 周一至周日约20：11—22：58 | 10秒 | | | | | | | | | | | | | | | | 3 | 3 | 4 | 4 | 4 | 4 | 4 | 4 | 4 | 4 | 4 | 4 | 4 | 4 | 4 | 4 | 62 |
| 合计 | | | | | 2 | 2 | 2 | 2 | 2 | 2 | 2 | 2 | 2 | 2 | 2 | 2 | 2 | 2 | 2 | 8 | 8 | 9 | 9 | 9 | 9 | 9 | 9 | 9 | 9 | 9 | 9 | 9 | 9 | 9 | 9 | 172 |

**表 5－6　网络视频广告排期**

| 媒体 | 形式 | 可否监测 | | 数量/保底量 | 单位 | 上线日期排期 | 月 | 2022 年 3 月 | | | | | | | | | | | | | |
|---|---|---|---|---|---|---|---|---|---|---|---|---|---|---|---|---|---|---|---|---|---|
| | | 曝光 | 点击 | | | | 星期 | F | S | S | M | T | W | T | F | S | S | M | T | W | T |
| | | | | | | | 日 | 18 | 19 | 20 | 21 | 22 | 23 | 24 | 25 | 26 | 27 | 28 | 29 | 30 | 31 |
| 爱奇艺 | 包剧《心居》中插 3－1 sov100% | Y | Y | 140000 | CPM | 3. 18—4. 21 | 4000 | 4000 | 4000 | 4000 | 4000 | 4000 | 4000 | 4000 | 4000 | 4000 | 4000 | 4000 | 4000 | 4000 | 4000 |

**表 5 – 7　电梯广告排期**

| 城市 | 媒体类型 | 广告时长（秒/次） | 日发布频次（次/天） | 总发布数量（次/周） | 发布周期 | | | |
|---|---|---|---|---|---|---|---|---|
| | | | | | 周数 | | 开始日期 | 结束日期 |
| 成都市 | 智能屏 | 15 | 300 | 28800 | 1 | 周 | 2022/8/8 | 2022/8/14 |
| 大连市 | 智能屏 | 15 | 300 | 4000 | 1 | 周 | 2022/8/8 | 2022/8/14 |
| 福州市 | 智能屏 | 15 | 300 | 504 | 1 | 周 | 2022/8/8 | 2022/8/14 |
| 广州市 | 智能屏 | 15 | 300 | 15200 | 1 | 周 | 2022/8/8 | 2022/8/14 |
| 南昌市 | 智能屏 | 15 | 300 | 673 | 1 | 周 | 2022/8/8 | 2022/8/14 |
| 南宁市 | 智能屏 | 15 | 300 | 705 | 1 | 周 | 2022/8/8 | 2022/8/14 |
| 长沙市 | 智能屏 | 15 | 300 | 11200 | 1 | 周 | 2022/8/8 | 2022/8/14 |
| 郑州市 | 智能屏 | 15 | 300 | 8800 | 1 | 周 | 2022/8/8 | 2022/8/14 |
| 重庆市 | 智能屏 | 15 | 300 | 17600 | 1 | 周 | 2022/8/8 | 2022/8/14 |
| 合肥市 | 智能屏 | 15 | 300 | 5600 | 1 | 周 | 2022/8/8 | 2022/8/14 |
| 汇总 | | | | 93082 | | | 发布时间：周一至周日 | |

## 5.6.3　广告合同关键条款

### 5.6.3.1　通用关键条款

明确约定广告发布的详细信息，包括：发布产品或品牌、媒体、排期、点位、频次、位序、定向规则等。明确约定合同含税金额及付款方式：原则上要求广告发布完，乙方提供第三方监播报告、结案报告和增值税专用发票后，甲方以不超过×个月的银行承兑汇票进行支付。明确约定对方指定收款账户，包括户名、开户行、账号。明确约定双方的权利义务、保密条款、知识产权条款、违约责任、合同中止和终止条款、免责条款、争议解决条款和阳光廉洁条款。

### 5.6.3.2　电视广告合同关键条款

乙方须向甲方提供周报、月报、结案报告和央视市场研究股份有限公司（CTR）的第三方监测报告。明确约定广告所在时段栏目临时调整的处理方式：因不可抗力、国家政策调整、媒体方重大特殊活动等双方无法预知的客观情况导致节目或广告编排调整属正常变动，原则上乙方应提前向甲方提供媒体方盖章的播出调整函，如确因时间紧急，可由乙方事后补充提供媒体方盖章的播出调整函。相关广告按照以下方式播出的，视为相关广告已经按照本合同约定播出：

①相关广告调整到邻近的等价时间点位播出。

②相关广告调整到特别节目或季播节目前后播出。

③相关广告调整到其他日期同时间或同价值段位播出。

如上述补播方式无法实现，双方协商确定其他补播方式。明确错漏播处理方式：错播是指广告已播，但播出时间漂移 60 分钟（含）以上且造成广告价值下降，或者指定播出位置错误且造成广告价值下降或由于乙方原因导致的播出版本错误。广告漏播是指广告未播出。错漏播按照错一补一、漏一补一、价值对等原则安排补播。

#### 5.6.3.3 网络长视频、OTT 广告合同关键条款

乙方须向甲方提供周报、月报、结案报告和秒针信息技术有限公司的第三方监测报告。明确约定曝光量不足情况下的补量方式：若出现曝光量不足的情况，由乙方负责与发布媒体协调，乙方应按甲方书面同意的日期和相应时间安排补量，具体按照剧目情况沟通同等补量。如未能补量，双方则按照实际执行费用结算。

#### 5.6.3.4 梯媒、影院媒体广告合同关键条款

发布方须向甲方提供结案报告和秒针信息技术有限公司的第三方监测报告。明确错漏播处理方式。

梯媒：发布方在经甲方确认过的发布计划（包括数量和点位）上作出的调整，均需甲方重新确认方为有效，未经甲方重新确认的数量和点位变动，按错刊、漏刊处理（错一补一、漏一补一）。若超过 10%，发布方需根据超过 10% 的变动数量对甲方进行发布数量上的双倍补偿。

影院媒体：发布方未按照本合同约定的发布内容、发布电影、发布场次、发布位置和发布时长发布广告的，应承担违约责任，按对应广告进行

双倍补播补偿甲方。

#### 5.6.3.5　种草类、公关类广告合同关键条款

发布方须向甲方提供结案报告。明确约定 KPI 未达成情况下的处理方式，发布方保证按照约定达成 KPI，若 KPI 未达成，首先双方协商在合同期内进行补量，若补量后依然未达成 KPI，则按以下方式在项目款中扣减相应费用：

①若单一账号 KPI 完成率低于 70%（不包含 70%）（指转发量或阅读量任一指标低于 70%，下同），扣减 100% 的费用；

②若单一账号 KPI 完成率为 70% ~80%（不包含 80%，含 70%），扣减 50% 的费用；

③若单一账号 KPI 完成率为 80% ~90%（不包含 90%，含 80%），扣减 30% 的费用；

④若单一账号 KPI 完成率超过 90%（包含 90%，不足 100%），扣减 20% 的费用。

### 5.6.4　影视剧贴片广告投放

影视剧贴片广告的红利来自超过保底流量后的溢出。投大剧和综艺，与赌博相似，赌到一部爆款，就可能赚到大幅溢出。但是专业化投放，不能总是靠赌，通过几年的摸索，笔者所在企业建立了一套综艺和大剧综合评价体系。影视剧贴片广告评估内容如表 5－8 所示。

**表 5－8　影视剧贴片广告评估**

| 维度及权重 | | | 影响因素 | 打分 | 评分标准 | | | | |
|---|---|---|---|---|---|---|---|---|---|
| | | | | | 10 分 | 8 分 | 6 分 | 4 分 | 2 分 |
| 题材 IP（25%） | 话题热度 | 10% | 社会话题、社会热点强弱 | 10 | | | | | |
| | 题材热度 | 10% | 题材标签 | 10 | | | | | |
| | IP 热度 | 5% | 是否有原著 IP 及 IP 质量高低 | 10 | | | | | |

续表

| 维度及权重 | | | 影响因素 | 打分 | 评分标准 | | | | |
|---|---|---|---|---|---|---|---|---|---|
| | | | | | 10 分 | 8 分 | 6 分 | 4 分 | 2 分 |
| 演员（20%） | 演员实力 | 10% | 主演获奖情况（以获得的最高奖为准） | 10 | | | | | |
| | 近期作品表现 | 10% | 多个主演最新播出电视剧豆瓣评分平均分 | 10 | | | | | |
| 主创（35%） | 编剧 | 15% | 近三部剧豆瓣评分平均分 | 10 | | | | | |
| | 导演 | 15% | 近三部剧豆瓣评分平均分 | 10 | | | | | |
| | 出品公司 | 5% | 近三部剧豆瓣评分平均分 | 10 | | | | | |
| 播出平台 | | 10% | 播出平台影响力及流量集中度 | 10 | | | | | |
| 播前关注度 | | 10% | 微博超话关注度 | 10 | | | | | |
| 合计权重 | | 100% | 总评分 | 100 | | | | | |

注：①打分说明：每个维度单一打分为 1 ~ 10 分，综合总分为各维度打分乘以各维度权重占比分值。②投放说明：8（含）~10 分推荐投放；7.5（含）~8 分可投放，列入备选；0 ~ 7.5 分不建议投放。

### 5.6.5 综艺节目广告投放

现在综艺节目较多，播放量及效果非常好，投放综艺节目广告也越来越普遍，综艺节目综合评价表如表 5 –9 所示。

**表 5 –9 综艺节目综合评价**

| 评估维度 | 细分项目 | 权重 | 打分分值（10 分制） | | | | | | 评估维度说明 |
|---|---|---|---|---|---|---|---|---|---|
| | | | 10 分 | 8 分 | 6 分 | 4 分 | 2 分 | 0 分 | |
| 收视 | 平均收视率和均集播放量 | 20% | | | | | | | |
| 平台价值 | 制作播出平台 | 20% | | | | | | | |
| TA 占比 | F25 ~ 40 观众占比 | 15% | | | | | | | |
| 话题性 | 话题预设 | 15% | | | | | | | |
| 宣推力度 | 网综：平台推广级别 | 10% | | | | | | | |
| | 台综：播出时间 | | | | | | | | |

续表

| 评估维度 | 细分项目 | 权重 | 打分分值（10 分制） | | | | | | 评估维度说明 |
|---|---|---|---|---|---|---|---|---|---|
| | | | 10 分 | 8 分 | 6 分 | 4 分 | 2 分 | 0 分 | |
| 明星情况 | 明星影响力 | 10% | | | | | | | |
| 节目制作团队 | 团队过往经验 | 10% | | | | | | | |
| 备注：加权后满分为 100 分。 | | | | | | | | | |

## 5.7 广告监播及效果评估

### 5.7.1 电视广告监播

监测方式：由央视市场研究股份有限公司（CTR）对每一次电视广告曝光提供完整的第三方监测报告。

监测指标：主要包括毛评点、收视时长、平均暴露频次、有效到达率、累计接触度等数据。

毛评点即总收视点（Gross Rating Point，GRP），是指在广告媒介计划中，特定时期内某一广告数次播放的收视率之和。

平均暴露频次（OTS），是指在广告排期中每条广告被观众平均收看的次数。常用于广告计划到达深度的评估。

有效到达率（EFFRch），也称覆盖率，对于一项广告计划而言，看过一次广告就算达到（覆盖）。但是在实际的广告投放效果评估中，通常认为观众如果只看 1 次广告，并不能形成有效的认识和印象。因此提出了有效到达的概念，表示为“n + 到达率”，指至少看过 n 次广告的目标观众的百分比（或千人）。

累积接触度［AcCont（000）］，是指多项广告计划所到达的总人次，以千人表示，也是多个广告计划接触度之和。

人均收视总时长（观众）［TMins（View）］，是指观众的总收视时长（分钟）与日平均收视人口（平均到达率）的比值。可以简单理解为，平均每个看过节目的观众，看了多长时间；时间越长，证明受众越愿意看，黏合度越高。

监测要点：广告播出的日期、时间节点、前后播出主题、时长、位序。

但是，电视监测技术与30年前没有区别，仍采用日记卡加测量仪的数据采集形式。监测公司在监测城市选择样本家庭发放日记卡和测量仪。家庭成员每日对收看行为进行记录，测量仪则用于区分家庭成员，不同家庭成员在测量仪上有对应编号，测量仪根据编号记录收视对象的性别、年龄、收视时长等信息。CTR共在29个省101个城市布置了10400户样本，据此推算12.8亿4岁以上人口的收视数据。

### 5.7.2 视频广告监播

视频广告监测有互联网技术加持，可以监测的颗粒度更细，准确度也更高。

监测方式：对于可加监测代码的长视频平台广告形式，由秒针信息技术有限公司对每次广告曝光提供完整的第三方监测报告。

监测指标：互联网广告监测一般分为三种：①曝光监测：也称“展示监测”，监测代码一般以URL形式出现。②点击监测：监测代码一般以URL形式出现。③站内监测：电商广告主除了基础的PV、UV、App下载/激活/注册，还需要统计加入购物车、分享、购买等用户行为。

监测要点：广告播出的日期、播放量PV、覆盖设备数UV。

但是在长视频广告中，行业不接受对压片广告形式的监测，是对互联网广告可信度的损害。长视频平台都向广告主推荐标板等压片广告形式，号称无损流量全员可见，但又不接受广告监测，使人不得不怀疑其真实的流量水平。

### 5.7.3 梯媒广告监测

监测方式：由央视市场研究股份有限公司（CTR）提供抽样的第三方监测报告。

监测要点：广告发布日期、品牌、城市、规格时长、点位数量、日曝光频次、广告主题、上刊情况。

### 5.7.4　电影贴片广告监测

监测方式：由央视市场研究股份有限公司（CTR）提供抽样的第三方监测报告。

监测要点：城市、影院名称、影院地址、监测影厅、发布日期、时间、影片名称、广告主题、时长。

### 5.7.5　广告效果的第三方评估工具

云合数据：由北京云合文化传媒有限公司运营，是对各长视频平台、各频道节目播放数据进行统计分析的数据平台。云合数据微信公众号如图 5 –2所示，数据统计结果示例如图 5 –3 所示。

**图 5 –2　云合数据微信公众号**

**全网连续剧正片有效播放·霸屏榜**　　月榜 2022/10

| 排名 | 剧集名称 | 正片有效播放 | 上线日期 | 统计天数 | 播出平台 |
|---|---|---|---|---|---|
| 1 | 唐朝诡事录 | 11.9亿 | 2022/9/27 | 31 | 爱奇艺 |
| 2 | 底线(2022) | 10.0亿 | 2022/9/19 | 31 | 爱/芒 |
| 3 | 请君 | 6.9亿 | 2022/9/15 | 31 | 爱奇艺 |
| 4 | 两个人的小森林 | 4.1亿 | 2022/9/15 | 31 | 优酷 |
| 5 | 大考 | 3.8亿 | 2022/9/21 | 31 | 爱/芒/腾/优 |
| 6 | 我们这十年 | 3.7亿 | 2022/10/10 | 22 | 爱/芒/腾/优 |
| 7 | 昆仑神宫 | 3.4亿 | 2022/9/20 | 31 | 腾讯视频 |
| 8 | 罚罪 | 3.4亿 | 2022/8/25 | 31 | 爱奇艺 |
| 9 | 只道 | 2.8亿 | 2022/9/29 | 31 | 优酷 |
| 10 | 沸腾人生 | 2.4亿 | 2022/9/26 | 31 | 爱/腾/优/搜狐 |

统计范围：全网剧集，单集时长20min以上；统计时间：2022.10.1-2022.10.31；数据来源：云合-四象分析系统（EVA）

正片有效播放：综合有效点击与受众观看时长，去除异常点击量，并排除花絮、预告片、特辑等干扰，真实反映影视剧的市场表现及受欢迎程度，网播全端覆盖PC端、移动端及OTT端。

**图 5 –3　云合数据统计结果**

酷云互动：由北京酷云互动科技有限公司运营，监测家庭联网终端，包括智能电视机和机顶盒，数据来源于终端的实时数据回传，终端包括智能电视机、机顶盒和有线运营商的数据，用于分析中国电视屏用户触媒行为及用户肖像、消费数据。微信小程序地址：#小程序：酷云 EYE，数据统计示例如图 5 –4 所示。

骨朵数据：由北京金骨朵文化传播有限公司运营，专注于提供新媒体电视剧、网络电视剧的数据挖掘与评估、媒体资讯。微信小程序地址：#

小程序：骨朵影视数据神器，数据统计结果示例如图 5－5 所示。

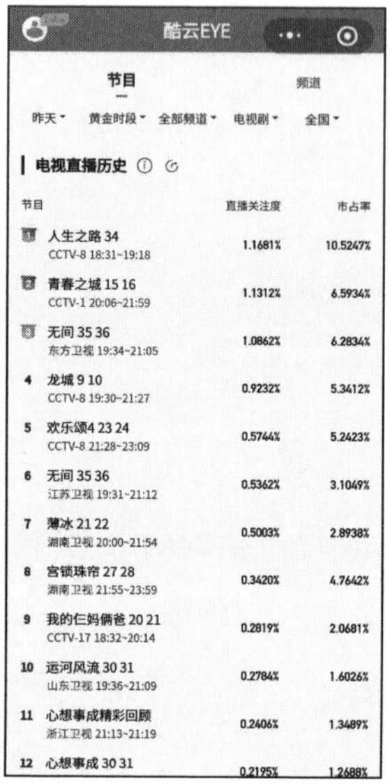


图 5－4　酷云 EYE 数据统计结果

图 5－5　骨朵数据统计结果

猫眼专业版：由猫眼电影出品，提供电影票房和观影人数、电视剧集实时热度、综艺栏目实时热度等播放数据。PC 端网址：https：//piaofang. maoyan. com/dashboard，数据统计示例如图 5－6 所示。

图 5－6　猫眼专业版数据统计

## 5.7.6　广告项目执行及效果周/月报

广告项目执行效果周/月报模板如表 5－10 所示。

**表 5－10　广告项目执行效果周/月报模板**

**一、广告发布情况**

·网络视频大剧（周榜及秒针数据截至__月__日）

（__月__周）骨朵全部剧集周榜前十名分别为：

投放资源：____平台、____项目、____投放资源位置（如爱奇艺《请君》5 秒片头标版 10 集（第 25～34 集）标一）该剧热播期为__月__日—__月__日，月日进入长尾期。

热度排名：骨朵热度指数排行榜，全部剧集周榜（__月__周），该剧排名__。

广告效果：投放广告资源已全部上线，投放数据表现__。投放广告将于__月__日下线。

·电视剧场广告

| 央/卫视频道 | 热播剧目 | 周酷云平均直播关注度（__月__日—__月__日） |
|---|---|---|
| 央视八套 | | |
| 央视一套 | | |
| 湖南卫视 | | |
| 北京卫视 | | |
| 浙江卫视 | | |
| 东方卫视 | | |
| 江苏卫视 | | |

央/卫视各频道本周剧目开播完播更新情况汇报：

央视一套《__》本周播完，开播《__》。

截至__月__日，央视硬广（含口播标版）播出__次，广告累计覆盖人数__亿人；卫视硬广（含口播标版）播出__次，广告累计覆盖人数__亿人。

**二、广告费用执行情况**

本周执行金额：××产品执行__万元；××产品执行__万元

年度预算执行：×产品累计执行__万元，×产品累计执行__万元，合计执行__万元，占年度预算__%。

**三、本周/月百度指数、抖音指数统计**

| 周/月平均指数 | 上周__月__日—__月__日 | 本周__月__日—__月__日 | 环比变化 |
|---|---|---|---|
| 百度指数 | | | |
| 抖音指数 | | | |

**四、广告效果指数**

## 5.7.7 广告效果的模糊定性法

如果主要投放形式是品牌广告，并且媒介选择偏传统、户外等不易实现监测统计的广告形式，则很难用量化数据去回答效果问题。这时可以用模糊定性的方式，结合短中长三个时间维度去评估。广告效果评估层次如图5-7所示。

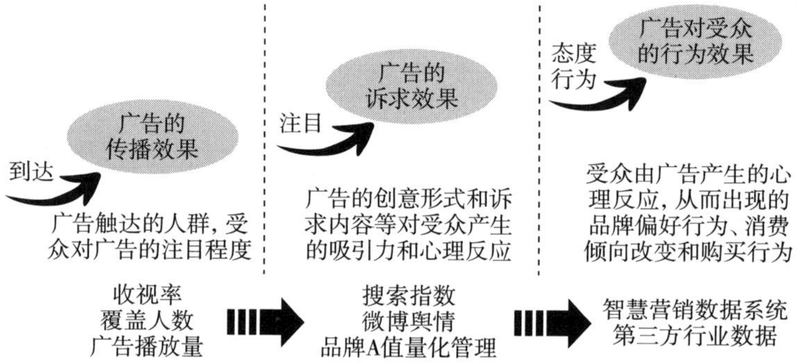


**图5-7 广告效果评估层次**

短期，关注广告到达层面。通过第三方提供的收视率、覆盖人数、广告播放量等指标，衡量广告触达到的人群、受众对广告的注目程度及评估广告的传播效果。

中期，关注广告注目层面。通过搜索指数、微博舆情、品牌调研等，衡量广告的创意形式和诉求内容等对受众产生的吸引力和心理反应，评估广告的诉求效果。

长期，关注态度和行为层面。受众由广告产生的心理反应而导致的品牌偏好行为，最终会转化为消费倾向改变和购买行为，通过观察总部和终端监测点销售数据的变化，可以评估广告的销售拉动效果。

## 5.7.8 量效关系多维指数法

产品销售的增减快慢，受多方面因素叠加影响，包括促销、渠道价格政策、终端首推级别、人员、新冠肺炎疫情、市场竞争事态等，广告只是众多影响因素之一。并且广告效果常常有滞后性，所以品牌广告效果的评价宜以较长时间维度观察。广告投放后，要想从销售层面看到趋势性效果，需要半年左右，半年左右在电商平台上能看到搜索和成交人数有明显上升趋势；线上门店的纯销因为缺乏有效统计手段，往往只能观察从二级到终端的发货流速变化。但如果数据统计的颗粒度不够细，也很难有准确判断。如果以年为时间跨度来看，品牌广告对销售的促进作用还是很明显的。多维指数法通过对广告落地量、直观反映消费者态度的搜索指数、终端购进量等指标综合设定系数，建立指数，动态反映广告对消费者态度和销量的影响。具体评分方法如表 5－12 所示。

**表 5－12　多维指数法评分**

| 分项指标 | | 权重分值 | 2022 年 | | | | |
|---|---|---|---|---|---|---|---|
| | | | 1 月 | 2 月 | 3 月 | 4 月 | …… |
| 销量指标 | 电商 | 10 | | | | | |
| | 小连锁 | 30 | | | | | |
| | 大连锁 | 10 | | | | | |
| 态度指标 | 百度品专展现（次） | 5 | | | | | |
| | 百度指数 | 5 | | | | | |
| | 淘宝搜索人数（人） | 5 | | | | | |
| 媒介指标 | 电视广告当月累计接触度（万次） | 10 | | | | | |
| | 网络广告当月 PV（万次） | 25 | | | | | |
| 广告效果指数 | | 100 | | | | | |
| 广告金额（万元） | | — | | | | | |
| 广告性价比指数 | | — | | | | | |

注：

①将每个指标设置权重分数，合计 100 分；

②将每个指标 3 个月移动平均最高值作为基准，将每项指标 3 个月移动平均数据除以基准值的比值，乘以该项指标权重分值，即该指标当月分值；

③将所有指标当月分值相加，即当月广告效果指数，数值越高说明广告效果越好；

④也可以分别设置销量指数和声量指数，当积累较长时间的数据时，就可以观察到销量指数和声量指数的变动关系。

**总结**

品牌和广告是企业营销的理想归宿和累积无形资本的重要手段，是获得市场竞争优势，赢得持续优效和长效竞争力的必然选择。品牌是营销的终极目标，广告是营销的具体手段。现代企业营销就是借助广告寻求品牌化目标的过程。

企业制定品牌和广告策略，需要有标准化、系统化的品牌视觉呈现，增强辨识度，使公众对企业产品形成认知并建立良好印象。药品是特殊商品，药品注册、审批、生产、销售和宣传、售后服务等方面都受到政府严格的监管和制约，药企的广告策略必须符合国家法律法规及政策要求。医药广告的制作形式主要是视频广告和平面广告，投放的主要渠道为电视、网络视频、电梯媒体、影院媒体及种草类、公关类媒体。

第6章

# 价格策略

黄总是A公司市场总监，9月下旬，公司将要启动年度营销计划。公司今年刚获批一种新药，有一个产品进入了集采目录，有两个在销产品成本上涨超过10%。如何制定新药、集采产品的价格？如何评估现有经营产品的价格策略？对此黄总陷入了深深的思考……

药品定价及价格体系设计，是企业营销的核心话题。既要考虑药品的生产成本、营销价值链各环节的费用、企业的合理利润，也要兼顾患者可接受价格、招标限价的“天花板”、同类产品的价格带。药品的价格策略关系到医学价值的传递、患者可及性，关系到企业的发展与持续经营。

## 6.1 药品价格的形成机制

药品是特殊商品，药品价格政策是医改政策体系的重要组成部分，是关乎医药卫生事业和医药行业发展的重要问题之一。党的十八大以来，国家相继推出药品价格大规模放开、药品价格谈判、集中采购、全面取消公立医院药品加成、带量采购等一系列措施，各类药价政策以“组合拳”的形式，对药品价格形成机制发挥了显著作用。

2015年5月，国家发展改革委等七部门下发《关于印发推进药品价格改革意见的通知》，决定从2015年6月1日起，除麻醉药品和第一类精神药品外，对市场上绝大多数药品正式取消政府定价。[①]

2018 年，国家医疗保障局成立，整合了之前配置于不同部门中的医疗保障、药价监管等职能，负责组织制定药品、医用耗材价格和医疗服务项目、医疗服务设施收费等政策。国家医疗保障局成立后，为加强医保控费、医保药品价格管理，分批次采取带量采购，大幅降低药品价格。对新进入医保产品，通过药物经济学评价、药经测算、医保谈判，使其在现有中标价基础上较大幅度降价。

不同时间段药品价格形成机制变革见表 6－1。

**表 6－1　药品价格形成机制的变革**

| 时间段 | 价格类型 | 适用范围 |
|---|---|---|
| 2015 年 6 月之前 | 政府定价 | 麻醉药品、精神药品、国家医保目录中的处方药 |
| | 政府指导价 | 国家医保目录中的非处方药、地方医保增补品种 |
| | 企业自主定价 | 政府定价、政府指导价以外的药品 |
| 2015 年 6 月 1 日起 | 政府定价 | 麻醉药品、一类精神药品 |
| | 医保谈判定价 | 独家药品 |
| | 医保准入竞价 | 其他非独家药品 |
| | 集中采购市场竞争定价 | 集采非独家药品 |
| | 非集采省级招标定价 | 非集采药品 |
| | 企业自主定价 | 院外市场销售的药品 |

### 6.1.1　省级招标挂网价格

省级招标挂网价格确定流程如图 6－1 所示。

① 许光建，苏泠然．新时代药价形成机制研究[J]．价格理论与实践，2021.

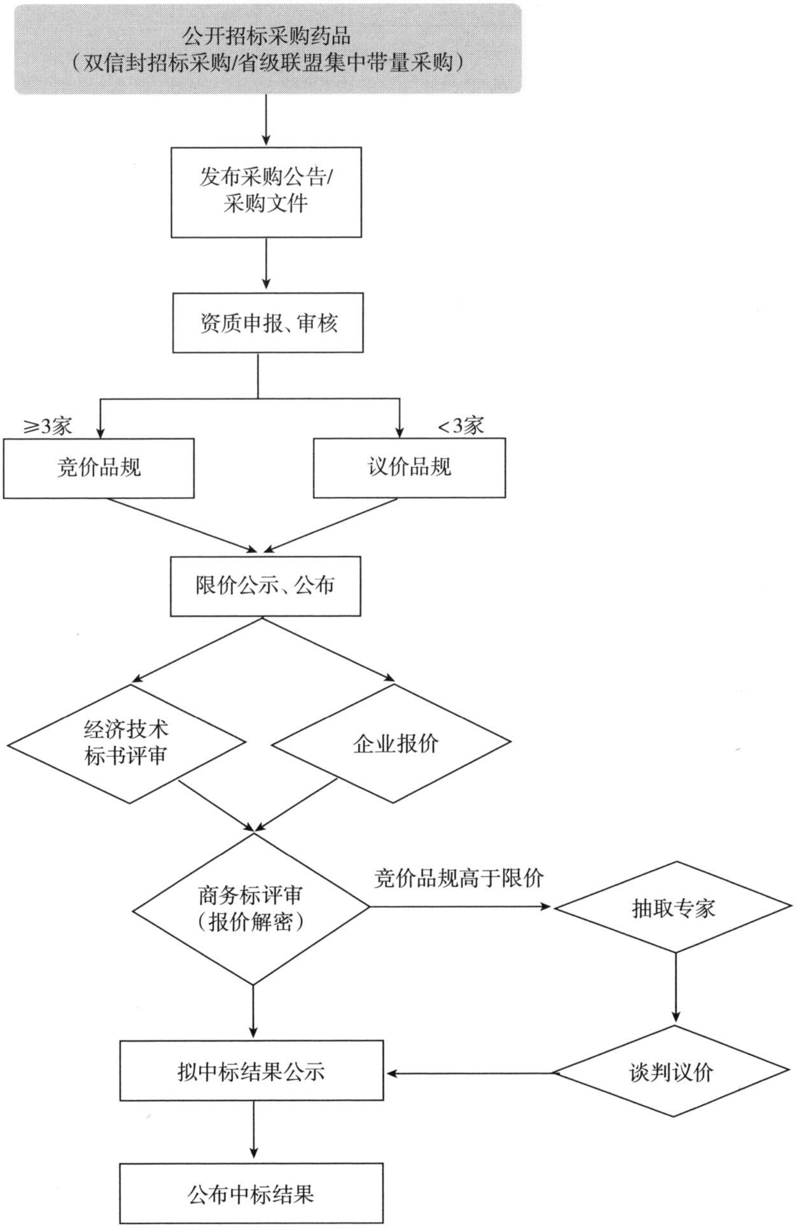


**图 6－1　省级招标挂网价格确定流程**

### 6.1.2　国家医保谈判价格

国家医保谈判价格确定流程如图 6－2 所示。

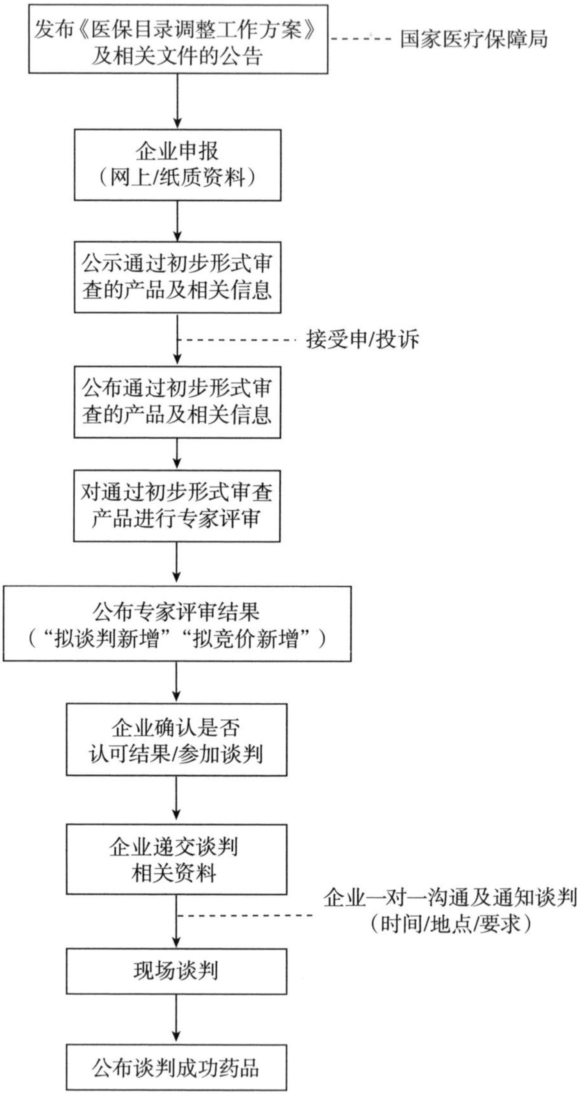


**图 6－2　国家医保谈判价格确定流程**

### 6.1.3　国家集中带量采购价格

国家集中带量采购价格确定流程如图 6－3 所示。

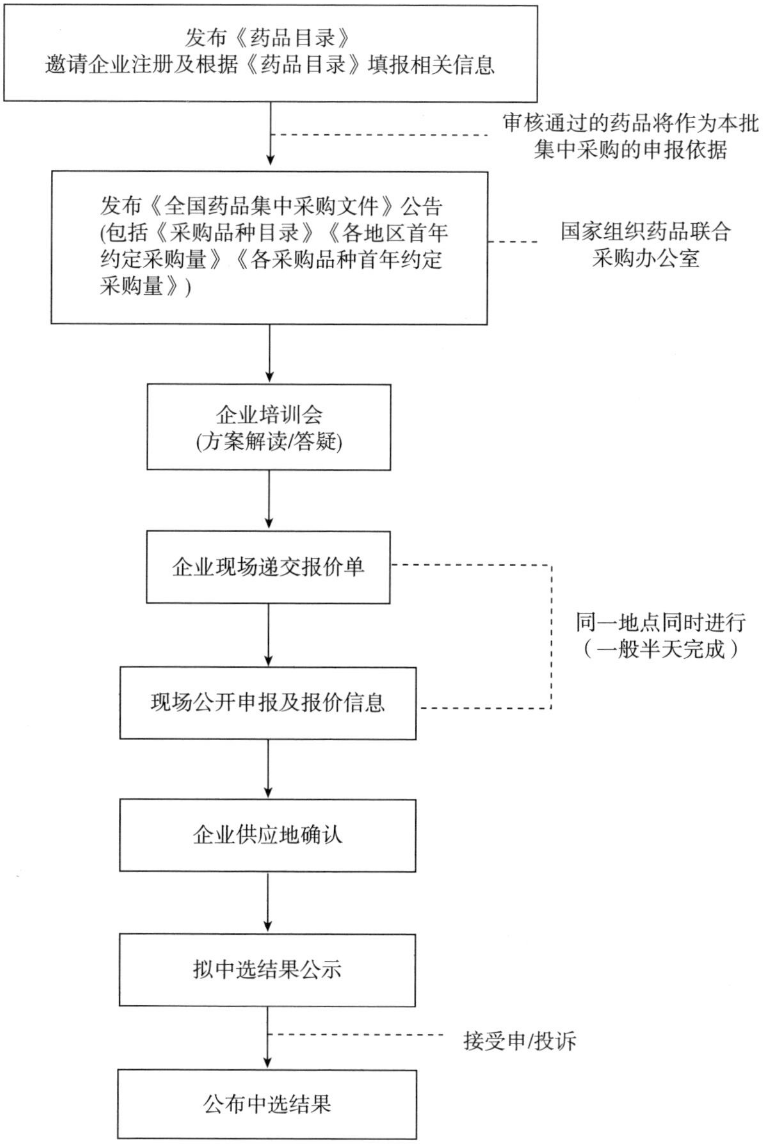


**图 6－3　国家集中带量采购价格确定流程**

## 6.2 药品价格影响因素

影响药品价格的因素有很多，主要包括患者价值、药品供需关系、药品竞争格局、药品成本、价格可接受度等，患者价值、药品成本是药品定价的基础。药品供需关系、药品竞争格局、价格可接受度等要素，通过院内市场、院外市场的竞争机制，实现价格的竞争性调整，五要素与药品价格的关系如图 6 –4 所示。

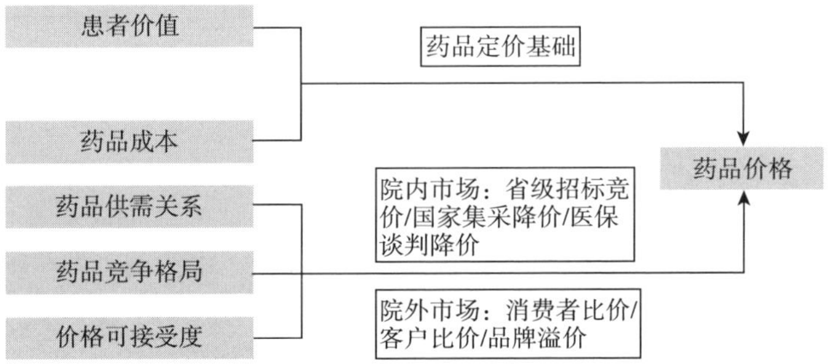


**图 6 –4　五要素与药品价格的关系**

### 6.2.1　患者价值

药品的患者价值，就是患者愿意为产品的临床疗效所付出的价值。不同的适应症、不同的疗效，带来的患者价值是大不相同的。对于肿瘤患者，某一款靶向药，能杀死癌细胞，明显改善症状，患者愿意付出的代价就很高。对于青少年，如果某一种生长激素能促进长高，患者就愿意支付费用。例如，近期 CAR – T 疗法发展火热，药明巨诺的瑞基奥仑赛注射液（倍诺达）的价格是 129 万元/针，某生物制药聚乙二醇重组人生长激素注射液疗程费用不菲。相反，如果是临床辅助用药，产品适用范围很广，但临床疗效不明确，产品的患者价值就会很低。

### 6.2.2　药品成本

对于新药，除生产成本外，要充分考虑研发成本和商业化成本。对于普通药品，其生产成本包括原材料成本、包装成本、动力能源费用、人工制造费用、固定资产摊销费用等项目。生产成本与供应链的议价能力、生产制造效率密切相关。

### 6.2.3　药品供需关系

药品的需求可以从该适应症流行病学发病率推算患者数量，通过治疗周期基本可以推算药品需求。药品的供给可以通过现有批准文号的数量以及现有药企的产能来推算。

如果供大于求，生产厂家相互竞争客户，药品的价格自然可以下降。例如，通过带量采购，产能供给相对丰富的多款常用药品价格降幅明显，北京嘉林的阿托伐他汀口服常释剂型（20mg ×7）6.60 元，深圳信立泰的氯吡格雷口服常释剂型（20mg ×7）22.26 元，山东鲁抗的阿莫西林胶囊（0.25g ×48）3.19 元。

如果需求大于供给，在一定时期内，药品主动降价的可能性较小。例如，有些药品因为原材料稀缺，或中药材资源逐步枯竭，造成产品供给不足，其价格可能会上涨。例如，安宫牛黄丸 860 元/丸、片仔癀 530 元/锭。

此外，临床上的一些罕见病，发病率很低，市场上也很少有明确治疗的药物，一经开发上市，往往定价非常高。例如，美国 FDA 批准的澳大利亚制药公司 CSL 治疗血友病的一次性基因疗法 Hemgenix，定价 350 万美元，刷新了全球最贵药物纪录。①

### 6.2.4　药品竞争格局

在药品市场中，一般同一适应症竞争的品种比较多，有不同药品之间

---

①　陈泽生. 全球最贵药物记录再次被刷新！350 万美元“天价”基因疗法获批！[N]. 医药经济报，2022.

的竞争，也有同一品名不同厂家的竞争。通过市场竞争，逐步形成头部品牌、腰部品牌、尾部品牌。处在不同竞争序列的药品，其议价能力大相径庭。例如，抗肿瘤的 PD－1 市场，4 个进口、3 个国产品种参与国家医保谈判，信达药业、君实生物、恒瑞医药降幅超过 60%，成功入选医保目录，原研的 O 药、K 药，依然价格坚挺。又如，中成药六味地黄丸、板蓝根颗粒、复方丹参片，生产厂家众多，头部品牌药企价格引领。

企业在制定药品价格时，通常会参考同类竞品的价格情况。市场部确定调研的竞品品种，包括同品同规、同品不同规、同类异品等。处方药主要调研竞品的中标价、医院覆盖、销售数量等。OTC 主要调研竞品的商业供货价、连锁供货价、药店零售价、销售数量等。

### 6.2.5 价格可接受度

药品价格可接受度包含患者价格可接受度和支付方价格可接受度，这是制定药品价格需要重点考量的要素。处方药产品涉及医保支付、商业保险支付。抗肿瘤药品、罕见病用药，往往定价比较高，患者难以接受。如果医保方进行价格谈判，厂家合理降价，通过医保部分支付，患者可接受度、支付方可接受度明显改善，销量会大幅增长。

例如，罗氏制药治疗乳腺癌的赫赛汀（440mg/20ml），通过医保谈判，价格从 22566 元降至 7600 元，通过医保续约，价格再次降至 5500 元。又如，罕见病用药诺西那生钠注射液，通过医保谈判，每支价格从 70 万元降至 3.3 万元，降幅超过 95%，极大地降低了治疗费用，提升了药品价格可接受度。

## 6.3 基本定价策略

不同产品力、不同生命周期、不同竞争格局、不同品牌、不同销售模式的产品，其定价策略是不同的，企业应建立不同的产品定价策略。药品基本定价策略与适合品种如表 6－2 所示。

**表 6 – 2　药品基本定价策略及适合品种**

| 定价策略 | 适合品种 |
|---|---|
| 低价策略（渗透定价策略） | 市场需求量大、市场竞争逐步充分、生命周期从成长期迈向成熟期、成本优势明显的药品 |
| 次高价策略（跟随定价策略） | 首仿药品、类独家药品、腰部品牌药品、处在竞争第二梯队的药品 |
| 高价策略（撇脂定价策略） | 原研药品、独家药品、头部品牌药品，处在竞争第一梯队的药品 |
| 疗程定价策略 | 慢性病用药、肿瘤用药等需要长周期、疗程使用的药品 |
| OTC/Rx 双跨定价策略 | OTC/Rx 双渠道运作的药品 |

### 6.3.1　低价策略（渗透定价策略）

医药是民生工程，药品降价是主旋律，以价换量是主流策略。对于市场需求量大、市场竞争逐步充分、生命周期从成长期迈向成熟期、成本优势明显的药品，可以采取低价定价策略。通过化学药、中成药的集中带量采购，许多市场需求量大、竞争相对充分的药品，纷纷采取低价定价策略，价格大幅下降。例如，阿托伐他汀、瑞舒伐他汀、氯吡格雷等带量采购品种，通过低价策略，减轻慢病患者经济压力。阿莫西林、阿奇霉素、二甲双胍等带量采购品种，通过低价策略，甚至“地板价”，普惠大众。又如，中成药血塞通、银杏叶制剂、小金胶囊等带量采购中选品种，通过低价策略，提高患者可及性。

### 6.3.2　次高价策略（跟随定价策略）

对于首仿药品、类独家药品、腰部品牌药品、处在竞争第二梯队的药品，可以采取次高价定价策略。首仿药品因进入市场相对较早，市场竞争还不充分，可以通过制定比原研药品略低的价格去抢占市场。类独家药品，如果不是处于头部竞争，其价格可以比头部药品价格略低。某些品类，市场已经形成了头部产品，后续的厂家投放市场，如果差异化优势不明显，一般会选择次高价策略。在 PD – 1 市场，除了原研的 K 药、O 药，大部分厂家采取的都是次高价策略。例如在安宫牛黄丸市场，除了同仁堂、广誉远等头部品牌外，其他厂家大多采取次高价策略。

### 6.3.3 高价策略（撇脂定价策略）

对于原研药品、独家药品、头部品牌药品，处在竞争第一梯队的药品，可以采取高价策略，在同类竞品中处于高价格带。原研药品，在专利期内，因分摊高额研发成本，产品竞争力强，因此可以高定价。患者基于明确的治疗效果，可以接受高定价。独家药品，因产品文号唯一的属性，如果疗效确切、安全性好，患者也可以接受高定价。

对于头部品牌厂家的药品，或在某一类别中处于第一梯队的药品，基于品牌溢价、对品质疗效的信任，可以比同类药品有更高的定价。例如，原研药品帕博利珠单抗（K 药）17918 元/支（100mg/4ml），年治疗费用为 28.7 万元；原研药品纳武利尤单抗（O 药），每支（100mg/10ml）价格为 9260 元；原研药品立普妥，引领阿托伐他汀市场价格；独家产品片仔癀，不断小幅调价，产品零售价一路攀升。

### 6.3.4 疗程定价策略

部分药品，因治疗周期因素，需要按疗程用药，方能获得较好的治疗效果，通常采取组合包装，按疗程定价。

疗程定价，需要考量治疗方案的疗效、顺应性、周期、患者可接受度等因素进行合理定价。例如，肿瘤药品定价较高，服用周期长，经济负担重，通过慈善赠药，按疗程服用，较好地降低了患者的经济成本。

在 OTC 市场，为了方便患者按疗程用药，可以设计疗程装、大包装，比单小盒价格略低，让利消费者。

### 6.3.5 OTC/Rx 双跨定价策略

药品如果采取 OTC/Rx 双渠道运作，通常分渠道以不同规格经营，按零售价格进行差比，通过处方带动零售。有些一直做 Rx 产品的药企，销售达到一定规模后，转战院外市场，通常在零售端采取大包装、差比略低的价格，更好地惠及患者。如果产品力强，处方无法覆盖更多的患者，则零售端需要采取更大力度的推广，或需要投放广告，可以采取零售端差比略高的定价，通过零售推广，将药品传递给更多有需求的患者。

**总结**

通过对药品价格策略进行梳理，黄总初步形成了价格报告，按高价策略对新药进行定价，按低价策略对拟集采品种进行定价。对于成本上涨的 2 个品种进行差异化处理，对短期成本可以回调的品种要保持价格稳定，对价格持续上涨的品种调整供货价。同时，因原材料价格波动，产品成本也会出现变化。如果价格波动比较大，就需要对价格趋势进行研判。如果只是短期内价格小幅波动，企业就需要阶段性消化增加的成本。如果未来一段时期价格涨幅明显，那么成本的变化将会传导至销售价格的上涨上。

第7章

# 营销组织与营销模式

A先生新到一家医药生产企业担任营销老总，他首先研究了企业的产品和市场的基本情况，然后就如何通过搭建营销组织架构和组织模式，实现营销的突破，进行了系统性思考，期望制定出一套具体方案。本章节内容为他提供了系统性思考方法与参考方案。

## 7.1 营销组织架构

### 7.1.1 医药企业的营销组织架构

不同医药企业的营销组织架构是不同的，但从总体来看，医药企业通常会设置营销部或者营销中心，下面再增设二级部门，各部门中会划分具体的销售组别，再延伸到各个终端。常见的营销组织架构，主要分为直线职能制、事业部制、直线职能制与事业部制混合制三种模式。下面对这三种模式分别进行介绍。

#### 7.1.1.1 直线职能制

直线职能制是较为传统的营销组织架构形式，以垂直的管理方式，按照不同的职能，设置相应的部门，由营销部/营销中心统筹公司全部产品销售及策划。这种组织架构较为简单，管理成本不高，各部门都有清晰的定位，功能相对独立，没有因工作重叠产生的资源浪费。医药企业的直线职能制组织架构如图7-1所示。从图中可以看出，该医药生产企业为了扩大经济规模、建立品牌效应、逐步做强大单品的市场份额，从原来基本依靠代理商的模式，转变为自营销售队伍的模式，以扩大医院和OTC终端的销售。

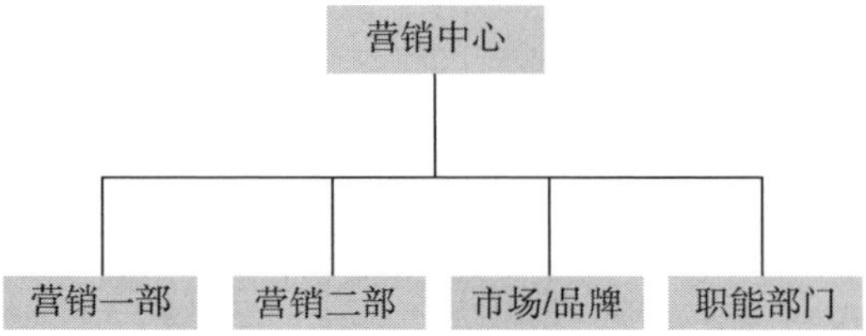


**图7-1　医药企业的直线职能制组织架构**

### 7.1.1.2　事业部制

事业部制最早起源于美国，是在产品分管化或区域部门化的基础上产生的。一般来说，事业部包含营销板块和业务支持板块，每一个事业部都有产品生产制造部门、营销部门和职能部门，进行独立核算，负有独立的责任并享有利益。事业部制适合规模较大、分公司众多、产品品种多、经营范围广的大中型企业。在一定时期内，这种模式有其优势，但从长期来看，在资源的协同效率上存在先天缺陷。

一般来讲，事业部制的组织架构会按照产品分类或区域划分的逻辑进行搭建，具体组织架构如图7-2所示。

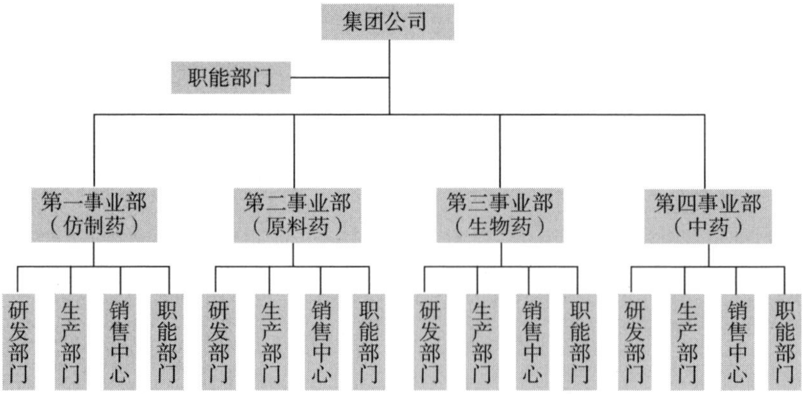


**图7-2　医药企业的事业部制组织架构**

从图7－2可以看出，事业部制组织架构通常是将一组相关产品（或一个大单品）划归同一事业部进行销售管理。这种方式适合产品品类较多、产品差异性较大的医药企业。在这种模式下，销售活动专业性较强、能够充分针对各产品特性制定并执行销售方案。但是在工作设置上，事业部制可能会出现区域市场重叠，造成营销工作重复，导致资源浪费。

例如，某大型医药集团企业近10年来发展迅猛，产品涉及高端仿制药、基础化工原料药、生物医药、中成药等领域。该企业规模不断壮大、产品品种越来越多、分公司相继增多，于是对组织进行了事业部制的改造，形成若干个事业部（二级集团），促进了企业的专业化管理。

#### 7.1.1.3　直线职能制与事业部制混合制

在我国，也有很多医药企业在营销系统的直线职能制基础上增加了事业部制。在这种模式下，医药企业可以将一些共用的职能进行集中。例如，根据经营的产品和营销区域的不同，设置较为独立的事业部单元，在销售工作上由营销中心集中管理，协调各事业部的产品，做到资源共享。在此模式下，企业的研发中心、营销中心对事业部进行开放。直线职能制与事业部制混合制组织架构如图7－3所示。

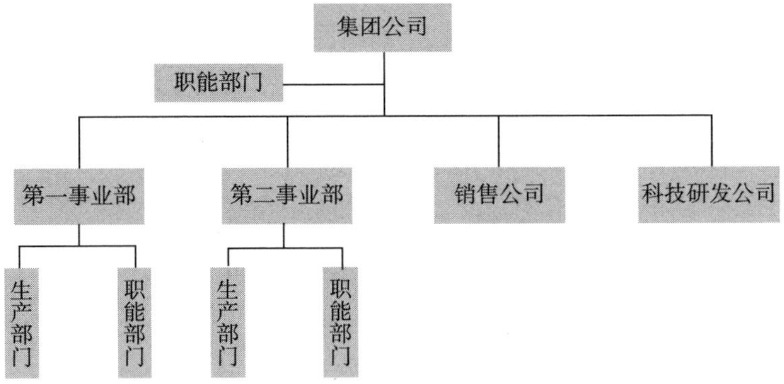


**图7－3　直线职能制与事业部制混合制组织架构**

例如，某医药集团旗下子公司众多，产品品类也多，部分子公司只负责生产制造产品，不涉及产品的研发及营销，所生产出来的产品均交给集团旗下销售公司进行销售。这种做法有效防止了资源的重复投入，节省了成本。

### 7.1.2 组织架构图的主要职能

在一个高效运行的营销组织中，不仅架构要清晰，各层级岗位的分工也要明确，同时权责要对等，这样才可以减少组织中职责重复、相互推诿等情况的发生。一般情况下，医药企业的组织模式虽各有差异，但营销系统的职能大多有相似之处。比较常见的是将营销部/营销中心分为业务职能和支持职能两个方面。

#### 7.1.2.1 业务职能

业务职能包括市场部、销售部、品牌广告部和准入部四个部门的职能。

市场部：负责产品市场规划、市场调研、营销策划、产品规划、价格策略、市场和学术推广活动的策划与督导执行。

销售部：负责产品的销售推广工作，完成公司下达的业绩指标。

品牌广告部：负责品牌管理，制定公司品牌策略，进行公司品牌战略规划、品牌形象管理及品牌体系建设；负责年度广告策划、大型品牌活动策划及实施；媒体宣传、自媒体运营、平面设计等。

准入部：根据公司营销战略，负责产品投标策略和市场准入工作。

#### 7.1.2.2 支持职能

支持职能包括运营部、财务部、人力资源部、综合管理部四个部门的职能。

运营部：负责运营数据管理、市场监察、销售数据信息化、业绩统计与呈现及广告监播。

财务部：负责营销预算控制、财务分析、费用管理、应收账款、客户信用、内控管理、产成品存货等财务管理工作。

人力资源部：负责营销招聘和人才配置、关键岗位人才的培训与培养、考核与激励机制的制定与实施，以及人员异动与薪酬、员工关系等人力资源管理工作。

综合管理部：负责行政管理、客户管理、产销协调等管理工作。

## 7.2　营销商业模式

### 7.2.1　商业分销模式

商业分销多数应用于市场认知度高、同质化严重、价格透明、溢价能力有限的产品上，重点在于商业渠道争夺和终端促销。所以，在采用商业分销模式之前，第一，要做好产品定位，通过与同类产品对比，在企业、品牌、工艺、产品疗效等方面，挖掘独特的卖点，便于宣传推广。若市场有同类领先品牌产品，可采用价格跟随策略，抢夺市场份额。第二，要做好渠道规划，在代理商合作模式、纯销商业直供模式和多层级商业分销模式之间作出选择。第三，要充分激活渠道，给商业伙伴留出合理的毛利空间。第四，重在执行，对目标落实、政策宣贯、活动效果跟进等方面进行干预，确保各环节完成目标。

### 7.2.2　控销模式

控销模式是通过推广药品或药品群，对渠道、终端、价格、覆盖面、促销活动、销售人员行为等方面进行可控性营销，从而稳定市场价格、加大终端销售热情、提高药品销售额，避免终端低价倾销、窜货、乱价等行为发生的一种营销模式。控销模式是一种精细化的营销模式，关键是医药企业必须有产品战略规划，做好产品布局，才能有针对性地开展控销活动。

### 7.2.3　广告拉动的控销模式

广告拉动的控销模式，是指以品牌广告投放为驱动，以保障利益相关者收益为基础，由企业建立品牌与市场核心策略，通过控销管理模式，最大化提升终端营销能力的方式。

在品牌广告投放上，根据目标消费人群特性，展开广告投放，树立品牌形象。在运营管理中，不断提升 KA 服务团队和 KA 连锁的能力。同时开展专业培训，进行门店引流和患者教育等。严格控制价格体系，保障客户合理利益，快速完成铺货。

### 7.2.4 学术营销

学术营销，是指根据药品的主治功能、临床数据、关键作用、诊疗机理等因素，与医生或者患者进行沟通，让其认可药品，从而形成销售的营销模式。学术营销可以帮助制药企业构建一个高效、权威、系统的营销模式，整合国内专业学术带头人、研发、产品和市场等资源，让制药企业的产品从诸多竞品中脱颖而出。学术营销形式多种多样，如可以利用医疗媒体资源、专科会议、医疗界会议或院内学术会议等方式开展。

医药行业营销模式非常多，但效果因情况而异，没有最好的营销模式，只有充分了解企业发展现状、优势与劣势和市场环境，并结合各种营销模式优缺点，选择适合自身发展的营销模式，才能得到最佳的营销效果。

## 7.3 营销运营模式

### 7.3.1 自营模式

自营模式是药品销售的主流模式，是由企业建立自己的营销团队来开发终端，展开学术推广的一种方式。总部对省区和地办设定销售预算，并以费用的形式支付给当地办事处，适用于有一定影响力的大单品、创新药、独家/类独家特异性产品。自营模式的优势是医药企业建立省区和地办团队，员工有更强的归属感，有利于企业对销售的控制。但自营队伍的建设投入大、成本高、管理难度大，是企业必须要面对的问题。

### 7.3.2 代理商模式

代理商模式，是指代理人或组织受医药企业委托，在一定区域内以医药企业的名义进行商业活动的模式。这种模式的优点是医药企业可以充分利用代理商资源快速开发市场，能够有效解决市场前期投入大、成本高的问题，快速将产品推向市场。其缺点是会使公司难以深度地管理市场，在进行专业推广时会受制于代理商，企业品牌在市场较难得到有效整合传播。采用代理商模式就需要有效地选择和管理代理商。

#### 7.3.2.1　代理商的选择

选择代理商应充分考虑代理商的经营理念、资金实力、管理专业能力、团队人员数量与素质、推广专业能力、推广领域等因素。

因此，选择代理商可从以下六个方面进行评估：①政府事务能力；②资金匹配能力；③市场开发能力；④团队承接能力；⑤学术推广能力；⑥合作配合程度。

#### 7.3.2.2　代理商的管理

在代理商的管理上可以借鉴戴明环（PDCA）的工具方法。PDCA 的四个英文字母分别代表 Plan（计划）、Do（执行）、Check（检查）和 Act（行动和改进）。首先，根据产品特性给代理商做好产品销售规划，设定销售指标和市场活动目标，让代理商根据规划销售产品。其次，定期督导代理商进度和完成情况并考核代理商。最后，针对代理过程中出现的问题与代理商充分沟通，调整目标与计划。

#### 7.3.2.3　CSO 模式

CSO 模式即医药合同销售组织外包，即制药企业将药品营销外包，自己只做最擅长的部分，是一种新型的代理商模式。这种模式可以让制药企业不再把更多精力放在营销上，而是外包给 CSO 企业，由它来负责企业所有的营销工作，制药企业只需要做好生产即可。

#### 7.3.2.4　BOSS 模式

BOSS 模式也是一种代理商模式，是指制药企业把某个区域的全部或者部分产品，承包给当地有销售资源的个人或小型商业组织，由他们全权负责这片区域的销售。承包者需要先缴纳市场保证金，签署协议并支付货款或者以分批结算的方式来销售产品。

### 7.3.3 合伙推广人模式（佣金模式）

合伙推广人模式，即佣金模式，是指在药品的销售环节，以佣金结算的方式，依靠外部销售人员进行销售的模式。这种模式相对灵活，让企业管理行为更有效地触及市场一线，能较好地解决市场推广的效果问题，也能有效降低企业在药品销售过程中的风险。但是由于佣金类销售代表数量巨大，管理起来有难度，销售代表之间相互连接不紧密，信息沟通效率不高，所以佣金模式对医药企业的管理能力要求较高。对销售代表的管理要做到非常细化，如明确佣金代表的市场范围和销售目标，定期召开检视会、培训与考核等。

### 7.3.4 混合模式

当采用单一营销模式不能满足企业市场发展需求时，医药生产企业需要运用多种营销模式来进行补充，这种优势互补的营销模式就是混合模式，即自营和代理商模式的混合。混合模式是目前大多数医药生产企业常用的营销方式，具有极强的灵活性，既能增强企业抗风险的能力，也能为企业营销管理创新提供有利条件。混合模式相对复杂，需要企业储备或培养相应的人才，也要求各部门之间必须高效协同，所以门槛较高。

**总结**

本章详细介绍了营销组织架构、关键部门职责，以及在此基础上建立的营销组织架构体系。总结了营销四大商业模式、四大运营模式，供读者借鉴参考。

# 第8章

# 渠道策略

在营销部门中高层会议上，营销一部总监王总说："我们现在的业务线条有点乱，内部出现了撞车的情况，在大家的工作汇报中，我发现很多事业部在做同一件事情，争抢同一个渠道，这样不利于长期发展，并且浪费资源。我们该怎么解决这个问题呢?"

营销二部总监张总说："我们还是得从产品以及当前医药市场渠道现状出发，根据自身产品特点、各个渠道的类型和功能，设计更适合的渠道组合，实现不同渠道的有效合作，提升企业运营效率。"

## 8.1 渠道类型

医药产品的营销渠道是指医药产品从制药企业流通转向最终消费者手里的所有经营环节或经营机构，具体内容如图 8－1 所示。

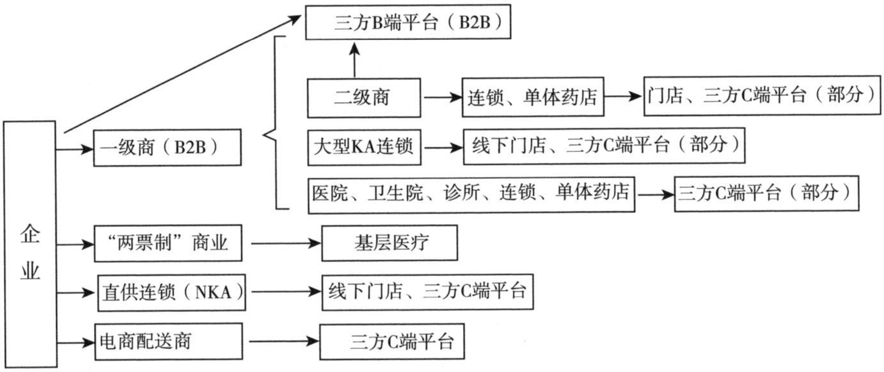


**图 8－1　医药产品营销渠道**

按照药品流通中间环节的多少，营销渠道可以分为长渠道、短渠道两大类，下面我们分别介绍一下这两类渠道。

### 8.1.1 长渠道

长渠道，主要以分销为主，销售环节至少有两个，多指传统型的商业渠道。通常先选择一级经销商（或称商业公司）作为销售的起点，然后由一级经销商发展二级分销商，特殊偏远地区还可能考虑选择三级分销商。通过这些经销商层层分级销售给医院、卫生院、诊所、连锁、单体药店等，最终流通到患者手上。

长渠道的优点是产品的覆盖面广且深。对于企业来说，在全国或者每个省，选择几家或者一家一级经销商就可以解决发货及回款的问题，经营风险相对可控。但是长渠道多数以商业调拨为主，追求快速周转，缺乏主动推广能力。

长渠道还涉及一些棘手的问题，如果一、二级经销商选择不够，就会影响市场覆盖率；选择过多又容易引起经销商之间的恶性竞争，导致产品价格体系和价值链混乱。同时企业在管理上需要投入更多的人力去实现价格管控，也会增加相应的销售成本。

### 8.1.2 短渠道

短渠道一般是指经过一个商业环节就可以将药品销售到医院、诊所、卫生院、药房，最终到达患者，它的主要功能是分销及推广。

短渠道的优势很明显，就是企业能最快地将产品销售到医院、卫生院、诊所、连锁和单体药店，并快速流通到消费者手上。此时，企业可以将更多的精力聚焦到产品推广工作上。在短渠道模式下，经销商产品推广的主动性相对要强一点，也符合国家“两票制”关于减少中间环节的政策导向。

短渠道也有缺点，会导致企业开设更多的商业户头，不仅增加了物流成本、管理成本、人员成本，也增加了货款的风险点。短渠道会涉及很多地市级的医院配送商、各级省市县的优势连锁总部，还有形形色色的 B2B、B2C 电商平台。

## 8.2　渠道选择

任何渠道都有利弊，企业在选择渠道前，首先要充分研究自身产品属性和特点，同时销售目标要清晰，对市场、人群定位要精准，同时还要考虑到自身管理能力和团队现状。以下是几种常见的药品渠道选择方式。

### 8.2.1　以医院销售为主的渠道选择

选择以医院销售为主的商业渠道，首先，考虑资金雄厚、同行评价很高、与当地政府联系密切、对行业政策熟悉和理解透彻的全国大型头部商业公司。这类商业分（子）公司多，可帮助药企在经营业务过程中更好地执行“两票制”政策，并且能帮助企业开发医院，具备学术支持和客户推荐优势，能做到数据直连。其次，考虑选择地市级有一定医院、卫生院资源的中小型商业公司。

### 8.2.2　以商业分销为主的渠道选择

以商业分销为主的渠道，侧重于选择商业分销、连锁分销的商业公司，首先是选择资金雄厚、同行评价高的全国大型商业公司，这类公司分（子）公司多，物流硬件与软件实力雄厚，配送相对及时，数据能够直连，近几年也在逐步增加新的服务功能，能够对下游连锁药店提供店员培训、患者教育等增值服务。其次是渠道补缺。有些当地的优势商业公司，常年服务当地的医院、连锁等终端客户，客户信任度高，服务也能基本满足企业要求，符合国家 GSP 标准，最关键的是还能得到当地政府的支持。

### 8.2.3　以三方 B 端平台为主的渠道选择

目前的大中型商业公司都建立了属于自己的 B2B 销售网络，但是近几年，也新生了一种专门从事三方平台销售的互联网医药销售公司，它不仅自己开展 B2B 业务，同时还为其他商业公司提供平台和物流服务。目前，典型的代表如药师帮、小药药等。这类商业公司多半属于轻资产运营，主要凭借先进的信息化优势和价格优势在发展。当前，上游企业开户量暂时没有传统型商业公司多，部分产品从传统型的商业公司购进，同时也在寻求与更多制药企业的独家或者直接合作。这类商业公司发展很快，对企业来说，要密切关注其发展。

### 8.2.4 以 C 端平台为主的渠道选择

这类三方销售平台，直接面对消费者，不仅自己有线上店铺，也提供平台供社会连锁来进行销售，主要包括京东健康、天猫医药馆、拼多多等，是当前发展最快的一种销售渠道。它们基于大数据和网络流量的优势，可以对消费者精准画像，使覆盖面更广、速度更快。虽然当前在一定程度上受国家政策限制，暂时没有打通医保支付，但是此类销售渠道的发展趋势不容忽视。企业在选择这类商业公司时，必须提前对产品的品种、规格、价格做好顶层设计，避免当前阶段与线下商业公司和连锁出现内耗现象。

### 8.2.5 大型连锁上市公司的渠道选择

目前随着益丰大药房、老百姓大药房、一心堂大药房等大型连锁公司的上市，大型连锁也在向集中化、规模化发展，如果企业的产品以零售药店为主，在通过商业公司供货的同时，也可以考虑直接与这类连锁公司开展合作。直接与连锁合作，可以更好地增强连锁对产品的重视度，毕竟线下连锁门店直接面对消费者，线下服务更有温度，所以整个全国零售线下市场还是占据主导地位。但是它的缺点是，需要投入大量人力、物力在线下支持连锁门店的共建，合作的成本很高且在不断增加，考验着企业的承受能力。

表 8－1 是根据不同产品定位选择不同渠道的建议和参考。

**表 8－1　产品选择渠道的建议**

| 产品类型 | 渠道建议 |
| --- | --- |
| Rx 处方药 | 侧重于选择以医院销售为主的大型全国性商业公司为主、地市级头部商业公司为辅 |
| OTC 药品 | 侧重于选择以连锁分销为主的大型全国性商业公司为主、地市级头部商业公司为辅 |
| 品牌企业独家类独家 OTC 产品 | 以大型全国性商业公司为主、地市级头部商业公司为辅，头部连锁 |
| 品牌企业同质化 OTC 产品 | 以大型全国性商业公司为主、地市级头部商业公司为辅，头部连锁 |
| 无品牌自带流量独家类独家 OTC 产品 | 以大型全国性商业公司为主、地市级头部商业公司为辅，头部连锁 |
| 无品牌有流量同质化 OTC 产品 | 以大型全国性商业公司为主、地市级头部商业公司为辅，中小连锁 |
| 无品牌、无流量产品 | 适合 OTC 短渠道，B2B 三方平台、B2C 三方平台，中小连锁 |

此外，行业内知名医药商业和连锁企业也是渠道资源。本书整理了相关渠道资源，详见附录 1 至附录 4。

### 8.2.6　渠道合作

在选择适合自身产品的销售渠道后，企业应围绕销售目标制订合作计划，对每个销售环节进行适度的激励和约束，以防止偏离年度销售方案的预期。渠道合作主要包括以下内容：

签订年度协议：在每年合作初期，首要工作就是签订年度销售协议，明确全年销售工作内容，包括年度目标、客户开发、促销计划、价格策略、销售激励、结款方式或资信方式、违规处罚、数据直连等，以及一般商业合同中规定的退换货及司法条款。

日常发货回款：商业公司和企业都会根据进销存和季节变化的一般规律提前告知产品计划，由企业销售人员负责签订购销合同，按照合同约定发货回款。如涉及产品调价，企业需提前书面通知商业公司，如涉及因季节变化导致需求的增减，也需要双方协商解决。

产品知识及促销政策培训：不定期地对商业公司销售人员开展产品知

识培训，尽可能让销售人员熟悉企业的产品特点和推广技巧，同时可以在培训中穿插阶段性的促销活动政策宣贯。

数据分析：企业通过数据直连，定期抓取商业公司的销售数据，每月对销售数据进行分析，及时发现销售中存在的问题和机会，提前制定策略。如发现商业公司在销售中出现违规行为，需要及时制止、纠偏。

市场管理：市场管理工作的核心是围绕产品的纯销铺货和上量进行考核和监控。针对医疗线的商业公司，主要考核医院的开发进度；针对 OTC 产品线为主的渠道，主要管理渠道中的价值链和价格体系是否正常，鼓励商业公司纯销，禁止一、二级商业公司二次调拨；同时对于重点产品，绝对禁止一、二级商业公司在三方 B 端平台进行销售，禁止协议连锁重点产品在 C 端三方平台挂网销售。如发现低价倾销、恶意窜货等违规行为，将按照约定进行处罚，情节严重者，取消合作资格。

定期生意回顾会：按月度或者季度召开商业生意回顾会议，分析销售指标达成进度，分析销售中存在的问题，研究改进措施。

定期对账：一般情况每 6 个月或 12 个月与一级商业公司核对一次往来账务，确保账务清晰，防止出现坏账损失。如发现潜在风险，则需要及时重视，如遇特殊情况则需要提交公司法务部，采取法律手段进行干预。

工商互动：有条件的企业可以组织一些项目，定期开展工商互动，加强高层、中层及销售团队的互动，与渠道商增进了解。

## 8.3 渠道评估与优化

渠道的评估、激励、调整是企业优化渠道的一项重点工作。销量的增长一定不是简单地靠增加政策实现的，靠的是创新、借鉴、摸索出一套适合自己的渠道和销售模式。商业渠道的评估与优化包括以下几个方面。

### 8.3.1 资金回款

大部分商业公司会出现回款问题，为避免此类问题，一般以预付款的形式进行合作，特殊的产品会提前约定账期和资信方式。但是商业公司必须按照约定的方式及时回款，如发现有资金拖欠现象，就要及时重视，充分评估商业公司的合作能力。如遇到涉及资金风险的商业公司，就需要提前做好更换合作方的准备。

### 8.3.2　产品覆盖

产品覆盖涉及商业公司分销和终端覆盖，通过销售地图分析商业渠道是否正常对下游商业全覆盖，区域内连锁、单体是否达到要求的覆盖率。如商业公司分销不足或终端覆盖不足，就需要及时调整，调整的策略是增减或者更换商业渠道。

### 8.3.3　市场管控

对于合作的渠道商业公司，要评估它们是否按市场管控要求进行销售，是否存在渠道违规、价格违规等行为，以及是否及时纠偏改正。如果商业公司对以上问题没有重视或解决，为规避风险，就需要对这类商业渠道进行及时更换。

### 8.3.4　销售服务

对于合作的渠道商业公司，要评估它们是否定期做生意回顾，是否配合企业各项培训、促销等带有目标性的销售工作，包括与其下游客户的合作是否顺畅、是否存在经常断货的现象等。如经常发现配送不及时等现象，就需要考虑更换或调整。

### 8.3.5　渠道数量

渠道商业公司的数量不是越多越好，也不是越少越好，而是要在实际销售过程中动态调整。如发现渠道与渠道之间存在严重的冲突，就必须进行取舍，关闭部分重叠渠道，防止冲突升级，导致渠道乱象。反之当渠道空虚、覆盖不足时，就需要细致研究通过何种方式补充一定数量的渠道了。

为了帮助大家能在业务实操中做好渠道开发，并规避风险，我们列出了针对一级商业公司的主要销售要求条款：

甲方：企业

乙方：一级商业公司

（1）乙方在协议期内不得从除甲方以外的渠道购进甲方协议内产品，如乙方擅自购进，甲方有权终止本协议。

（2）禁止乙方在三方B2B平台销售甲方产品，否则甲方有权取消其经销商资格。

（3）禁止乙方将甲方协议内产品销售到非协议规定的区域，否则视同串货，甲方有权追究乙方责任，有权终止合作。

（4）乙方的分（子）公司代母公司配送甲方签约的协议连锁的销售部分，分（子）公司不享受任何奖励政策。

（5）禁止乙方将甲方产品销售给任何非甲方签约的协议商业及带批发性质的连锁公司，如发现违规，甲方有权终止合作。

（6）未经甲方书面允许，乙方不得擅自对甲方协议内产品加价销售，否则视同违规，甲方有权取消乙方经销权。

（7）乙方承诺确保甲方产品安全库存，不得出现因断货导致下游客户断货现象，否则甲方有权依照本合同规定追究乙方违约责任。

（8）乙方每次购进甲方产品，双方需签订《×××集团股份有限公司销售合同》，简称《销售合同》。

（9）非甲方产品质量问题或甲方发货的产品品种、规格不符合《销售合同》约定的，乙方不得向甲方要求退货、换货。

经甲方书面盖章同意的退换货，甲方有权按一定比例折算由此产生的损失（甲方同意退换货前，双方约定折算比例），由乙方一并承担由此产生的运输、搬运、装卸及甲方损失等费用。

（10）乙方未取得甲方书面同意，以任何理由擅自向甲方发回货物的行为，均不视为甲方接受退货，乙方仍应承担全部付款义务，同时承担其违约退货的全部风险和责任。

**总结**

王总根据张总的意见，从产品类型及特点出发，重新选择与不同产品相匹配的不同渠道，根据不同渠道的特点，确定了不同的合作方案，并制定了渠道的优化和评估标准。在这个过程中他体会到，中国的医药市场人口总量大，城市与城市、城市与农村之间在人口、经济、消费习惯等方面存在显著差异，国家医药政策也在不断调整变化，同时商业、连锁公司数量庞大且良莠不齐，所以对于企业来说，没有固定不变的渠道模式，唯有把握国家政策方向，因地制宜，不断实践，不断优化，不断加强内部管理和创新，才能实现合理利润及社会责任的目标。

第9章

# 医疗终端（第一终端）

A公司医院业务中心湖南省区这几年发展良好，销售规模快速增长，业务人员也不断增加。新员工如何快速了解医院业务？业务人员如何招商？如何快速开发？如何快速上量？新人如何从小白成长为合格的医院业务销售人员？对此，湖南省区张总监焦头烂额，如果亲自带团队，没有那么多时间；不亲自带教，新员工又无法快速适应工作并产生效益。为了一劳永逸，张总监与团队的核心成员一起整理了一套独门秘籍。

## 9.1 医疗终端分类与分级

### 9.1.1 医疗终端分类

医疗终端是依法定程序设立的从事疾病诊断、治疗活动的卫生机构的总称。我国的医疗卫生机构分为四大类，具体内容如图9-1所示，各类医疗卫生机构分类情况如表9-1所示。

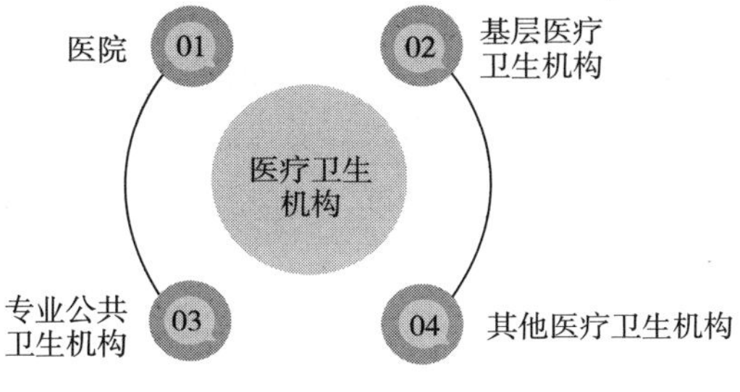


**图9-1　我国医疗卫生机构分类**

表 9 -1 各类医疗卫生机构分类情况

| 类别 | 具体类别 |
|---|---|
| 医院 | 综合医院、中医医院、中西医结合医院、民族医院、各类专科医院和护理院 |
| 基层医疗卫生机构 | 社区卫生服务中心（站）、乡镇（街道）卫生院、村卫生室、门诊部、诊所（医务室） |
| 专业公共卫生机构 | 疾病预防控制中心、专科疾病防治机构、健康教育机构、妇幼保健机构、急救中心（站）、采供血机构、卫生监督机构、计划生育技术服务机构 |
| 其他医疗卫生机构 | 疗养院、医学科研机构、医学在职教育机构、医学考试中心、人才交流中心、统计信息中心等卫生健康事业单位 |

医疗终端主要集中在医院和基层医疗卫生机构。截至 2020 年底，我国现有医疗卫生机构 1022922 家。其中，医院 35394 家，包括综合医院 20133 家，中医医院 4426 家，中西医结合医院 732 家，民族医院 324 家，专科医院 9021 家，护理院 758 家。

现有基层医疗卫生机构 970036 家，包括社区卫生服务中心 9826 家，社区卫生服务站 25539 家，街道卫生院 539 家，乡镇卫生院 35762 家，村卫生室 608828 家，门诊部 29709 家，诊所（医务室、护理站）259833 家。①

## 9.1.2 医疗终端分级

我国将医院规模、科研方向、人才技术力量、医疗硬件设备等作为医院资质评定指标，全国统一，不分医院背景、所有性质等。按照《综合医院分级管理标准》，医院经过评审，确定为三级，分为三级医院、二级医院和一级医院三大类。每级再划分为甲、乙、丙三等，其中，三级医院增设特等级别，因此医院共分三级十等，具体内容如表 9 -2 所示。

表 9 -2 医院等级划分

| 医院级别 | 甲等等级 | 乙等等级 | 丙等等级 |
|---|---|---|---|
| 三级医院 | 三级甲等 | 三级乙等 | 三级丙等 |

① 资料来源：国家卫生健康委员会，http://www.nhc.gov.cn.

**续表**

| 医院级别 | 甲等等级 | 乙等等级 | 丙等等级 |
| --- | --- | --- | --- |
| 二级医院 | 二级甲等 | 二级乙等 | 二级丙等 |
| 一级医院 | 一级甲等 | 一级乙等 | 一级丙等 |

一、二、三级医院的划定、布局与设置，由区域（市县的行政区划）卫生主管部门根据人群的医疗卫生服务需求统一规划并决定。医院的级别相对稳定，以保持三级医疗预防体系的完整和合理运行。各级医院的功能及特点如表 9－3 所示。

**表 9－3　各级医院的功能及特点**

| 项目 | 三级医院 | 二级医院 | 一级医院 |
| --- | --- | --- | --- |
| 服务范围 | 跨地区、省、市以及向全国范围提供医疗卫生服务 | 跨多个社区提供医疗卫生服务 | 为社区和乡镇提供医疗、预防、康复、保健综合服务 |
| 技术水平 | 具有全面医疗、教学、科研能力的医疗预防技术中心 | 地区性医疗预防技术中心 | 初级卫生保健机构 |
| 主要功能 | 提供专科（包括特殊专科）医疗服务，解决危重疑难病症，接受二级转诊，对下级医院进行业务技术指导和人才培训；完成培养各种高级医疗专业人才的教学，承担省级以上科研项目的任务；参与和指导一、二级医院预防工作 | 参与指导对高危人群的监测，接受一级转诊，对一级医院进行业务技术指导，并能进行一定程度的教学和科研 | 直接对人群提供一级预防，在社区管理多发病、常见病病人并对疑难重症做好正确转诊，协助高层次医院搞好中间或院后服务，合理分流病人 |
| 分布 | 分布在直辖市、省会城市和地级市，以省级、地市级人民医院、中医院、妇幼保健院为主，还有各类大中专院校医学院附属医院 | 分布在直辖市、省会城市和地县级市，包括各级城市的区级、县级医院、中医院、妇幼保健院等，还有部分工矿企事业单位职工医院 | 主要分布在城市和乡镇，包括部分规模较小的医院和城市社区卫生服务中心、乡镇卫生院 |
| 数量 | 2966 家 | 10404 家 | 一级医院 12252 家，未定级医院 9742 家，社区卫生服务中心（站）35365 家，卫生院 36301 家 |

数据来源：国家卫生健康委员会，统计时间为 2021 年。

全国还有相当大数量的诊所，包括城市诊所和农村卫生室，是为社区和村民提供家门口服务的最小单元医疗机构。截至2020年，全国共有农村卫生室608828家，城市诊所289542家。

## 9.2 医疗终端市场操作简要策略

### 9.2.1 三级医院操作策略

三级医院具有医疗水平和科研学术地位高、规模大、科室设置全、门诊量大等特点，是处方药销售的战略市场。针对此类市场，需要寻求高素质的学术代表跟进，通过各类学术活动传递学术观点，以实现凭借优质产品为医生和患者提供更多、更好解决方案的目的。

推广模式：三级医院的推广模式最好采取自营/类自营模式。自营/类自营代表拥有更专业的学术推广水平和更强的执行力。同时，招商代理模式也可以作为补充。如果采取招商代理模式，就需要由跟进目标医院、目标科室时间较长、有丰富经验的佣金制代表负责。

推广方式：通过各种形式的学术推广活动传递学术观点，促进产品进入治疗方案。推广方式包括邀请目标客户参加各级学术会议（国际级、国家级、省级、地县级），参加主委、副主委所在学会合作组织会议、合作科研项目，邀请参与指南/共识编撰、病例收集，聘请专家顾问，妇幼关爱基金会合作组织巡讲会，科室会，代表跟进推广等。

### 9.2.2 二级医院操作策略

二级医院是跨多个社区提供医疗卫生服务的地区性医院，是地区性医疗预防的技术中心，很多县级、区级人民医院和中医院都是二级医院。此类市场是等级医院重要的一环，特别是在国家加快推进县级医院建设，在一般疾病都能在区域医院解决的情况下，二级医院成为处方药销售的重要市场。针对此类市场，需要寻求有一定专业能力的代表进行学术推广，传递学术观点，促进产品销售。

推广模式：二级医院推广模式可采用自营/类自营、招商代理的模式。二级医院有一定的学术需求和医疗技术提升需求，对自营代表或佣金制代表的专业要求，虽达不到三级医院的水平，但也要保持较高水准。

推广方式：邀请目标客户参加各级学术会议（国家级、省级、地县级），参加主委、副主委所在学会合作组织会议，病例收集，妇幼关爱基金会合作组织巡讲会，科室会，代表跟进推广等。此外，寻求三级医院医生对目标医院进行技术培训、人员代表培训、对口转运患者也是较好的方式。

### 9.2.3　基层医院操作策略

一级医院是直接为社区和乡镇提供医疗、预防、康复、保健综合服务的基层医院，是初级卫生保健机构，是老百姓家门口的医院。一般基础性疾病都在此类医院中解决，此外，一级医院还承担着一部分药房的职能。一级医院特别是乡镇卫生院分布范围广泛，销售代表很难一一拜访到。

推广模式：此类医院由于分布范围广，单家企业很难组织团队进行推广，一般都由代理商或者商业客户操作。

推广方式：举办妇幼关爱基金县级宣讲会、商业合作开发、专线代理商跟进推广。此类医院也可以与县级卫健委合作进行基层医院培训工作，在提升基层医生业务水平的同时，也能为他们提供包括公司产品在内的疾病治疗方案。

### 9.2.4　诊所操作策略

诊所具有分布范围广、单家体量小的特点，很多企业将其视为第三终端进行管理。如果没有第三终端团队，一般就会寻求代理商或者商业客户合作进行产品推广，具体包括商业合作开发铺货、购进奖励、推广订货会、线上教育等。

## 9.3 医疗终端快速开发

医疗市场开发，是指通过与终端机构的相关人员进行充分沟通、介绍产品相关信息后，获得产品在该终端机构处方权或推广权，并将货物配送至该终端机构，录入信息系统的过程，也称为医院开发或处方药开发。

### 9.3.1 处方药开发方式与步骤

#### 9.3.1.1 处方药开发四大方式

通常处方药进院方式有常规进院、特批进院、临时采购、院内药房进院。

第一种方式：常规进院。这是指通过产品介绍、召开药事会等流程进院。

第二种方式：特批进院。得到院级领导认可的产品，由领导特批进院，此种进院一般为正式进院，可缩短进院时间，有效避开长时间不召开药事会的障碍。

第三种方式：临时采购。因临床病人临时治疗需要，而由主任提出临时采购少量药品。程序简单、基本不受时间限制、可多次。

第四种方式：院内药房进院。受药占比、药品数量因素影响，部分医院开设院内药房，其与院内处方系统连接，患者凭借处方在院内药房正常取药。主要沟通临床主任、药房管理者，同意后可纳入药房目录。部分医院也会召开相关的药事会，但总体程序相对简单、难度较小。

#### 9.3.1.2 处方药开发六大步骤

处方药进院通常有以下六步：

第一步：产品介绍。由业务人员向相关临床主任介绍产品，讲清产品作用机制、药理、病理，安全性、疗效及满足的临床需要。产品介绍可借助公司制作的产品宣传 DA、实物样品、临床研究资料、产品 PPT，可通过组织进院前科室会等方式来向对应专家进行讲解。

第二步：临床提单。主任认可产品安全性和有效性后，根据本科室临床需求，填写临床用药申请单并提交至药剂科。

第三步：产品初选。药剂科汇总临床科室填写的品种，进行初选，删除不符合条件、要求的品种，余下部分提交药事会讨论。

第四步：新品讨论。临床提单的产品经过药剂科初选后，会根据分管领导和药事会的安排，组织召开新品讨论会。早期一般是定期举行，周期为一个季度或半年，现在的药事会召开次数减少，基本上没有固定的召开时间。

第五步：投票通过。在药事会上，产品一般由药剂科人员介绍，特殊情况可由相关专家作一定补充，之后由参会人员匿名投票，超过规定票数即可视为通过。

第六步：系统上线。药品正式通过会议后，需要沟通药剂和信息人员，将药品信息输入计算机系统。

通过以上六步，处方药开发进院流程就基本完成。

### 9.3.2　医疗开发四大主体

医疗开发按工作推进主体分为学术代表、代理商、商业公司、专家。

第一大主体，学术代表。学术代表一般是指采用自营队伍营销模式的企业，其市场开发工作完全由自营人员来推动和完成。

第二大主体，代理商。代理商是指营销模式采用代理制，其市场开发工作由企业的合作代理商来推动和完成，在这个过程中，企业招商经理的职责主要是协助和督导代理商推进开发的相关工作。

第三大主体，商业公司。商业公司是指厂家提供相关产品资料与费用，充分利用商业公司既有资源，与商业公司合作。开发工作的推动以商业公司为主。

第四大主体，专家。在专家充分了解、认可产品的基础上，运用专家在专业领域的影响力来开发市场，进院核心工作由专家完成。表现形式一般为特批、临采等。

### 9.3.3 影响因素

处方药的开发进度，除了产品本身疗效、治疗领域、产品属性等因素外，还取决于众多非产品因素，主要包括：

#### 9.3.3.1 八大外部影响因素

医院长时间不召开药事会。医院开会不定时，且周期很长，甚至几年不召开药事会。

临床主任提单名额有限。经过多年的发展，院内品种数量基本满足临床的需求，为控制药品数量，多数医院限制临床主任提单的数量(2～3个)。

涉及人员多。药事会成员人数多，沟通难度大。

竞品众多。开会周期变长，每次开会相对竞品变多，成功率变低。

品种限制。不考虑中成药、非基药。

招标降价。推广费用降低，降低开发动力、积极性。

突然开会无准备时间。临时要求开会，无法有效组织沟通，降低成功率，人力、财力成本高。

回报周期长。开发积极性降低。

#### 9.3.3.2 六大内部影响因素

招商人员数量。大多数招商人员本身并不直接开发医院，主要是通过招商人员的工作找到更多的代理商和佣金代表，再通过其找到的合作伙伴来提高开发数量和覆盖率。因此，适当数量的招商人员也是开发提升的重要保障。

代理商数量和质量。代理商作为市场开发重要的力量，质量越高、数量越多，开发效率就越高。

佣金代表的数量。佣金代表在开发方面的功能类似于代理商，只是其负责的区域较小，但数量众多的佣金代表是开发结果的重要保证。

专家网络的建立。由于专家的权威性，其对产品认可、代言，必将促进在其所在医院和其所能影响的医院的开发进程。因此，建立认可产品的专家网络，同样会有效提升产品覆盖率和品牌影响力。

商业公司开发能力。商业公司作为公司经营的重要合作伙伴，一般在当地拥有良好的医药领域的行业资源，除了配送功能外，大多数商业公司还具有部分医院直接开发能力，或者具有较好的自然人资源，均能有效地协助企业加快开发进度和效率。

开发费用支持。市场开发需要大量的投入，提供适当的开发费用支持与开发奖励，将有助于提升各级人员或合作伙伴的积极性和主观能动性。尤其是在市场启动初期，开发费用的支持可以打消合作客户相当一部分的顾虑，为市场开发提供良好的推力。

### 9.3.4　Rx 市场开发“三把刀”

Rx 市场开发有三大核心关键因素，我们也称之为“三把刀”，根据医院业务开发的特点，在实际工作中需要从营销团队、激励机制、代理商管理人员三个方面重点下功夫。

#### 9.3.4.1　第一把刀——加人，增加招商与开发人员

（1）人员数量的确定

在所辖市场内布局合理数量的业务人员，才能保证医院业务开发的高效。因此，我们首先应根据市场和产品的具体情况，确定以下几类人员的数量。招商人员数量，根据区域和产品，确定合适的招商人员数量。例如，1 人负责 2 个地市，本省有 20 个地市，那招商人员数量应为 10 人左右，之后可根据现有人员情况进行补充调整。代理商数量，根据代理商团队的覆盖能力确定合适的代理商数量及布局，以保证市场有人管理。佣金代表数量，根据市场空白情况，补充相应数量的佣金代表。代理商数量和

佣金代表数量确定后，招商人员就应围绕这些目标开展工作，制订详细的客户发展计划，以达到扩展开发数量的功效。

（2）找到合适的人

招聘、招商信息的及时准确发布。发布路径可以是正规的招聘招商渠道、专业招商招聘群、商业公司广告栏、朋友圈、专业平台招商会、自行组织招商会（线上、线下）等。选择与评估。按照所需要的“招商经理、代理商、佣金代表”的条件，严格、逐条进行评估。选择符合条件的人员/团队，原则上宁缺毋滥。提供有竞争力的待遇或合作条件、成长空间。

（3）人员管理

按公司相关要求对招商经理进行相应的培训并使其过关，日常工作执行按招商人员运营管理规范相关内容进行，核心是客户开发、市场开发的管理督导。客户发展管理表如表9－4所示，地区经理管理表如表9－5所示。

**表9－4　客户发展管理表**

| 省区 | 地区经理 | 客户姓名 | 客户类型 | 合作品种 | 等级开发目标（家） | 基层开发目标（家） |
|---|---|---|---|---|---|---|
| | | | | | | |
| | | | | | | |
| | | | | | | |

**表9－5　地区经理管理表**

| 销售公司 | 省区 | 地区经理姓名 | 负责区域 | 负责市场（全部/等级/基层/其他） | 负责产品 | 工作职责（招商/开发/客户管理/商业管理） | 2022年8—12月 | | | 2022年在职月份 |
|---|---|---|---|---|---|---|---|---|---|---|
| | | | | | | | 客户发展数量（人） | 等级开发目标（家） | 基层开发目标（家） | |
| | | | | | | | | | | |
| | | | | | | | | | | |
| | | | | | | | | | | |

### 9.3.4.2 第二把刀——加钱，增加开发支持及奖励

开发激励。适当的开发费用支持及开发奖励，有助于提升各级人员、合作伙伴的积极性，目的是快速开发、提升覆盖率。

开发支持是指对开发过程给予一定的费用支持，不一定是开发费用的全部。因此，需要明确开发支持标准、范围、时限等核心要素，并落实到位。开发支持标准可采用定额制，即按医院等级及开发难度来定额支持；也可采用比例制，即按开发市场的产出比给予支持，按推广费用的一定比例进行奖励。开发支持的支付条件要尽量简约，鼓励开发成功立即支持，后续加强管理。

超目标奖励。在完成既定目标情况下对开发相关人员追加奖励，奖励对象可以是内部人员，也可以是外部人员，目的是使营销团队目标一致、通力合作，超目标完成任务。

阶段性费用支持奖励。企业为实现阶段性突破，促进新产品、高利润产品、开发进度缓慢产品较快地实现市场突破，实行的激励政策。阶段性费用的承担方式，可由公司本部、省区平台、代理商等全部或部分承担，费用的额度可根据各种因素综合确定。阶段性费用支持方案宜简单、可操作性强。

费用支持的进度管理，有明确方案和标准的，严格按方案和标准执行；没有详细方案的，需要提前沟通支持进度，可按节点、开发完成进度进行管理。

### 9.3.4.3 第三把刀——考核，严格开发考核与管理

指标协议与约定。根据协议条款对代理商进行考核，考核方案包括开发单项的奖惩考核、对相应的佣金政策考核、代理商综合能力的评估。代理商考核表如表9－6所示。

表 9－6　代理商考核表

| 类别 | 可开发市场 | 已覆盖数 | 覆盖提升目标 | 年目标数 | 第一季度（15%） | 第二季度（40%） | 第三季度（75%） | 第四季度（100%） | 合计 |
|---|---|---|---|---|---|---|---|---|---|
| 三级 | 100 | 30 | 15% | 15 | 2 | 4 | 5 | 4 | 15 |
| 二级 | | | | | | | | | |
| 基层 | | | | | | | | | |
| 合计 | | | | | | | | | |

代理商区域品种的调整。根据代理商管理制度，定期对代理商进行评估，对评估不合格的代理商，可调减市场或品种，也可取消合作，对评估优秀的代理商则可增加市场或品种。代理商评价表如表 9－7 所示。

表 9－7　代理商评价表

| 评估项目 | 评价情况 | 权重 | 得分 |
|---|---|---|---|
| 指标达成率 | | 30% | |
| 市场覆盖率 | | 30% | |
| 分销终端价值链合理性 | | 20% | |
| 已开发终端达标率 | | 10% | |
| 与公司配合情况（学术、培训、流向收集等） | | 10% | |
| 合计 | | 100% | |

## 9.4　医疗终端上量

医疗终端上量是为了满足更多临床患者需求，以下十大方法能有效促进上量。

### 9.4.1　学术推广

学术推广包括科室会、沙龙会、学术会议（国家级、省级、市级等）、专题学术交流（回司）等多种形式。

学术推广的目的在于传递产品医学价值和增进客情关系。

科室会是最基本、最高效的学术活动。相较于平日的一对一拜访，科室会是一对多推广的机会。科室会可以传达产品卖点、适应症资料，对客户提出的临床疑问进行解答。

回司学术交流能提高企业文化、产品文化在客户心目中的认知度，赢得客户的信赖和尊重，其效果是常规活动不能比拟的。

### 9.4.2　科室拓展

满足不同科室患者的需求，新科室拓展能有效促进上量。

例如治疗缺铁性贫血药品，销量往往集中在妇产科，因为妊娠贫血非常常见。实际上在肾内科，肾性贫血患者也很多，尤其是那些长期做透析的患者。另外，肿瘤科、肝病科、老年科、骨科等科室，贫血的患者也不少，通过科室的拓展，能够增加产品的销量。

### 9.4.3　适应症拓展

适应症拓展需有所依据，依据主要来源于三个方面：药品说明书，临床指南、专家共识，其中最权威的是说明书。药品说明书是载明药品重要信息的法定文件，是选用药品的法定指南。

药品说明书的内容包括药品的品名、规格、生产企业、药品批准文号、产品批号、有效期、主要成分、适应症或功能主治、用法、用量、禁忌、不良反应和注意事项，中药制剂说明书还应包括主要药味（成分）性状、药理作用、贮藏等。

临床指南是基于系统评价的证据，平衡了不同干预措施的利弊，在此基础上形成的能够为患者提供最佳保健服务的推荐意见集合。临床指南是对现有资料和证据的全面客观总结。在指南的制定过程中，临床医生根据循证医学的原则，对检索得到的相关文献进行评估分级，然后依据不同级别文献的结论给出适当的推荐意见。按照上述程序制定的临床指南，应当是特定临床问题的最佳医疗实践的总结，理应成为临床医生实际工作中的重要指导。

专家共识强调专家经验在临床指南制定过程中发挥的作用，其专家经验主要来源于多学科专家代表组成的团队针对具体临床问题的诊疗方案进行公示的结果。

## 案例分析

**某雌激素说明书、临床指南、专家共识涉及的不同适应症**

说明书：绝经期综合症如潮热、出汗、失眠、急躁等症状（自然绝经、手术或药物绝经）；各种原因所致卵巢功能失调，雌激素水平低落；对雌激素水平下降的妇女有预防尿钙丢失、保护骨量、减少骨质疏松发生和降低骨折率。说明书里还特别强调了妊娠期禁用。

临床指南：雌激素在辅助生殖领域的应用非常广泛，依据为《临床诊疗指南：辅助生殖技术与精子库分册》，该指南于2009年由中华医学会主编，书中明确提到了激素替代周期。

专家共识：《山东省超药品说明书用药专家共识（2022年版)》推荐某雌激素用于胚胎移植周期准备内膜、改善内膜。

正是临床指南、专家共识，使雌激素在辅助生殖领域能造福更多的患者。

适应症的拓展，实际上拓宽了产品的治疗范围，推动了产品在不同科室的应用，进而提高了产品销量，延长了产品生命周期。

需要指出的是，修改说明书难度较大，需要足够多的循证医学证据支持，而修改制定临床指南、专家共识相对容易。

### 9.4.4 专家体系

处方药领域要注重专家体系的搭建，因为专家在发掘产品医学价值方面，能够更好地找到满足临床需求的产品，同时他们在临床中使用的经验非常具有代表性和教育性。尤其是那些来自大型的学术型、带教型的医疗机构的专家，经常被邀请牵头参与学术活动，这可以帮助其他医生提升专业技能水平，熟悉产品医学价值，进而提升销量。

### 9.4.5 增加医生数量

通常情况下，销售代表覆盖的医生数量要达到 80 人。找到客户最简单、最有效的办法是分析竞品的处方数据，从而找到目标处方医生。二八定律告诉我们，80% 的产品销量往往来自 20% 的客户，因此，销售代表要分配更多的时间和精力用于重点客户的挖掘与维护，针对重点客户制定不同的服务方案，因为这些客户能创造更高的销量。

### 9.4.6 商务推广会议

与传统的学术推广会议不同，商务推广会议侧重于商务方面的往来，通过联谊、交流等，加强与客户的客情关系。

### 9.4.7 增加销售人员

增加销售人员的目的在于提升科室覆盖率，增加处方客户，尤其是一些大型的医疗机构，在产品覆盖科室多的情况下，可以通过增加销售人员数量提升销量。增加的销售人员可以按客户、科室分配，这样才不会影响原有销售人员的市场。

### 9.4.8 增加拜访、随访次数

不同层级的客户，拜访次数和跟进的频率也不一样。好的销售人员，会对客户进行 A、B、C 分级管理。拜访、随访的目的在于发现问题，解决问题；发现需求，解决需求。通过客情关系的递进，增加客户的信赖，进而促进其了解、接受、熟悉产品，遇到对症的疾病时，会积极处方。

#### 9.4.8.1 选择适当的时间

早上：7：30—8：10，医生出诊之前。

午前：11：20—11：40，上午门诊后，此时可询问上午的处方情况。

午后：12：50—13：30，下午出诊前，如果医生有午睡的习惯，就不要打搅。

下班前：16：00—17：00，可以和医生就某些问题进行交流。

夜访：19：30—22：00，交流机会较多。

#### 9. 4. 8. 2 拜访频率与时间管理建议

为了防止医生的“正常遗忘”，对医生的拜访必须保持一定的频率，但是也不能太频繁，会导致对方厌烦。

对高潜力高贡献客户，每周拜访 4 次；对高贡献低潜力客户、低贡献高潜力且近期准备开发的客户，每周拜访 1 ~ 2 次；对低贡献高潜力且近期不准备开发的客户，每月拜访 2 次；对低贡献低潜力客户，每月拜访 1 次。

### 9. 4. 9 销售团队激励

重赏之下，必有勇夫。对于销售激励，可以设置阶段性奖励刺激；完成基本推广任务后，增量部分的利润用于奖励销售，将有利于销售上量。

### 9. 4. 10 调整价值链

满足销售链条上每个环节既得利益者的需要是上量的前提，而且满足需要一定要及时。

新品或者新规格上市前的招标价格设定，要确保价值链的空间是足够的，否则很难带来销量，甚至连研发成本都很难收回。

在现有规格招标价格确定的情况下，调整价值链就显得很重要，价值链的调整有两种方式。

#### 9. 4. 10. 1 大包装

例如治疗贫血的药物，单疗程需 4 周及以上，单盒装如果仅 1 天量，需要处方 30 盒；而按周疗程为一包装，仅 4 盒就能满足临床需求。

大包装有利于减少患者就诊次数，确保疗程用药，保障疗效，同时减轻医患双方的心理负担，提高处方效率。

#### 9. 4. 10. 2 模式调整扁平化

在药品流通环节中，如果对省级代理、区域代理等各环节进行价值链分配后，终端市场的推广价值较小，就需要减少中间的层级，将更多的经费用于推广和学术。

## 9.5　代理商管理

### 9.5.1　定义与分类

#### 9.5.1.1　代理商定义

代理商，是指在约定区域内，负责公司一个或多个产品市场推广的合作伙伴。在授权区域内，代理商负责产品的市场开发、学术推广、信息收集，提升公司产品在该区域的市场覆盖率，完成公司约定的各项目标。

#### 9.5.1.2　分类与特征

按代理区域划分，代理商分为全国总代、省级代理、区域代理、个人代理。

全国总代：负责全国市场的销售。很多进口药品，其生产厂家都在国外，因此其代理商很多是国内总代。例如，黛力新生产厂家为丹麦灵北公司，中国代理商为康哲药业。

省级代理：负责全省范围内的销售。

区域代理：指除全国总代、省级代理和个人代理以外的代理商，负责某区域市场的销售。

个人代理：指负责 10 家以内医院或 5 个以下县（市）基层医疗机构学术推广的合作客户。

### 9.5.2　代理商确定

对代理商的确定，公司要有标准评价流程、形式和内容，主要是为了公平、公正、公开地确定优质代理商。

#### 9.5.2.1 评价流程

针对各类型代理商，调研负责人按评价表要求填报内容后，由召集人发起，组织代理商评价委员会进行评价，由审批人审决确定。具体评价流程如表 9－8 所示。

**表 9－8 代理商确定的评价流程**

| 评估对象 | 调研负责人 | 召集人 | 代理商评价委员会成员 | 审决人 |
|---|---|---|---|---|
| 全国总代、省级代理 | 省区总监 | 营销中心副总经理 | 集团总裁<br>营销中心总经理<br>营销中心副总经理<br>销售公司总经理<br>市场部总监 | 集团总裁 |
| 区域代理 | 地区经理 | 销售公司总经理 | 营销中心副总经理<br>销售公司总经理<br>省区总监、学术经理 | 营销中心副总经理 |
| 个人代理 | 地区经理 | 省区总监 | 销售公司总经理<br>省区总监<br>地区经理、学术经理 | 销售公司总经理 |

以上流程仅供参考，各公司可根据营销部门的实际岗位设置予以调整。

#### 9.5.2.2 评价形式

由销售公司根据市场实际，定期组织各级代理商评价会议，评价会议形式可为现场评价，评价结果通过 OA 流程串联报代理商评价委员会成员逐级审批。

#### 9.5.2.3 评价内容

代理商确定的评价内容如表 9－9 所示。

**表9－9　代理商确定的评价内容**

| 基础信息 | | | |
|---|---|---|---|
| 代理商公司名称 | | 公司地址/电话 | |
| 注册资金 | | 年销售规模 | |
| 拟合作省市（区域） | | 合作业务负责人 | |
| 评估日期 | | 评估人员 | |
| 评价表 | | | |
| 评估项目 | 调研情况 | 评价委员会意见 | 备注 |
| 1. 政府事务能力 | | 具备/不具备代理资质 | |
| 2. 团队承接能力 | | 具备/不具备代理资质 | |
| 3. 市场开发能力 | | 具备/不具备代理资质 | |
| 4. 资金匹配能力 | | 具备/不具备代理资质 | |
| 5. 学术推广能力 | | 具备/不具备代理资质 | |
| 6. 合作配合程度 | | 具备/不具备代理资质 | |
| 综合评价 | | 同意/不同意 | |

### 9.5.3　保证金缴纳与管理

#### 9.5.3.1　保证金分类

保证金分为开发保证金和市场保证金。

开发保证金是对医疗机构开发的数量、时间进度进行的约定；市场保证金是对销售任务、市场管理进行的约定。

#### 9.5.3.2　保证金标准

保证金根据品种属性、市场潜力大小进行收取。

品种属性指的是基药、医保、创新药、独家或多家等。

市场潜力指的是按代理商分类，原则上所负责的市场越大，缴纳的保证金标准越高，其中个人代理保证金可按医院数量计算。保证金标准参考如下：

（1）医保独家或2家品种，基药独家或2家品种

省级代理：一类地区25万～50万元、二类地区15万～30万元、三类

地区 8 万～15 万元。

区域代理：一类地区 3 万～5 万元、二类地区 2 万～3 万元、三类地区 1 万～2 万元。

佣金客户：一类地区 1 万元、二类地区 0.6 万元、三类地区 0.3 万元（佣金客户保证金按医院数量计算）。

（2）其他医疗品种

省级代理：一类地区 10 万～20 万元、二类地区 5 万～10 万元、三类地区2 万～5万元。

区域代理：一类地区 2 万～3 万元、二类地区 1 万～2 万元、三类地区 0.5 万～1万元。

佣金客户：一类地区 0.3 万元、二类地区 0.3 万元、三类地区 0.2 万元（佣金客户保证金按医院数量计算）。

（3）地区分类

一类地区：北京、上海、广东、江苏、浙江、山东、四川、河南。

二类地区：河北、湖北、安徽、湖南、福建、重庆。

三类地区：江西、陕西、广西、辽宁、天津、云南。

四类地区：黑龙江、吉林、山西、内蒙古、甘肃、新疆、贵州。

其他省区：海南、宁夏、青海、西藏。

#### 9.5.3.3 保证金缴纳与日常管理

保证金应缴纳到公司对公账户，严禁私下收取。因各种原因被处罚后的保证金差额，应在规定时限补齐，否则可视为放弃代理权。

### 9.5.4 运营管理

#### 9.5.4.1 代理商日常管理

（1）会议管理

定期召开会议有利于发现市场中存在的问题，并解决问题；还有利于发现亮点，总结经验。建议以书面形式对代理商月度工作目标完成情况进行沟通。省区和代理商每季度召开不少于一次正式的面对面（PPT及书面形式）沟通会，销售公司总经理应参加季度会，以示重视。会议应有会议纪要，会议纪要应明确问题、责任人、解决时限。

（2）服务管理

省区对代理商市场出现的问题，须及时处理与反馈。对重点医院和客户进行协访。

（3）价值链分配管理

省区应对代理商价值链分配的及时性与合理性进行监督抽查，这是代理商评估项目中的重要内容，因为直接影响到开发及上量。

#### 9.5.4.2　代理商的考核、评价与结果

考核频率：按季度或者半年度进行评估考核调整。代理商评价评分表如表9－10所示。

**表9－10　代理商评价评分表**

| 评估项目 | 审评情况 | 权重 | 评分 |
|---|---|---|---|
| 1. 指标达成率 | | 30% | |
| 2. 市场覆盖率（是否有重点医院开发能力） | | 20% | |
| 3. 分销终端价值链合理性 | | 20% | |
| 4. 已开发终端达标率 | | 10% | |
| 5. 人员投入比例 | | 10% | |
| 6. 学术资源匹配能力 | | 5% | |
| 7. 专家网络建设能力 | | 5% | |
| 合计 | | 100% | |

对于刚开始合作的代理商，原则上应该把市场覆盖率放在评估首位，提高评价权重，因为根据产品属性，有些产品的销售与推广需要一个爬坡的过程。对于个人代理，市场覆盖率指战略科室覆盖率。

根据评分表及相关管理制度，代理商评估结果的运用分为全部调整、调整区域（缩小或扩大）、调整品种，具体如表9－11所示。

表 9 - 11　代理商评估结果运用及具体要求

| 结果运用 | 具体要求 |
| --- | --- |
| 全部调整——解除合作 | 评分 <60 分 |
| | 一年内出现 2 次及以上串货的情况，视情节轻重给予调整 |
| | 价值链分配不及时，超过 3 个月 |
| 调整区域——缩小 | 评分为 60 ~ 80 分 |
| | 发生 1 次及以上串货的情况，视情节轻重给予调整 |
| 调整区域——扩大 | 评分 >80 分 |
| | 公共事务取得突破 |
| 调整品种——调出品种 | 评分 <60 分 |
| | 该品种一年内出现 2 次及以上串货情况，视情节轻重给予调整 |

为了方便大家在业务实操中做好代理商管理工作，我们特附上《销售合作协议书》，供各位读者参考，详见本书附录 5。

## 9.6　学术会议推广

学术会议是最高效的专业化推广方式。随着中国创新药的上市，以及医药政策管控和合规要求，学术会议变得越来越重要。学术会议在市场营销中具有快速传递产品信息、指导临床合理用药、建立产品品牌概念、提升公司学术形象的作用。

### 9.6.1　常见学术会议形式

#### 9.6.1.1　处方药会议（见表 9 - 12）

表 9 - 12　处方药会议形式

| 项目 | 导入期 | 成长期 | 成熟期 | 新卖点 |
| --- | --- | --- | --- | --- |
| | 进药 1 ~ 3 个月 | 进药 3 ~ 12 个月 | 进药 1 年以上 | 新适应症/新证据 |
| 会议形式 | 科室会议<br>圆桌会议<br>全国年会 | 沙龙会议<br>城市巡讲 | 服务推广<br>品牌推广 | 科室会议<br>城市巡讲<br>全国年会 |

续表

| 项目 | 导入期 | 成长期 | 成熟期 | 新卖点 |
|---|---|---|---|---|
| | 进药 1～3 个月 | 进药 3～12 个月 | 进药 1 年以上 | 新适应症/新证据 |
| 活动关键 | 传递产品信息，指导合理用药 | 加强客情关系，维护重点客户 | 巩固产品地位，树立品牌形象 | 开拓新市场，传递产品新特性 |

#### 9.6.1.2　数字化营销

数字化营销是借助互联网、电脑通信技术和数字交互式媒体来开展药品推广的一种营销方式，如线上学术会、大 V 直播、线上培训、线上病例研讨会等。随着数字化能力的提升，数字化营销越来越普遍。

### 9.6.2　学术会议详解

#### 9.6.2.1　常见学术会议

常见学术会议有科室会议、学术联谊、沙龙会议和城市会议，具体如表 9－13～表 9－16 所示。

表 9－13　科室会议

| | | | | |
|---|---|---|---|---|
| 会议目的 | □新药进科室 | □推广新卖点 | □开发新医生 | □解决产品疑问 |
| 会议时间 | □早会 | □午餐会 | | □下午会 |
| 会议地点 | □科室办公室 | □医院会议室 | | □示教室 |
| 主持人 | 科主任 | 会议人数 | | 8～30 |
| 会议物料 | 演讲三件套：□电脑　□投影　□激光笔<br>资料三件套：□折页　□样品　□物料 | | | |
| 会议流程 | 提前 1 周与科主任预约，并邀请参会医生；<br>会前 1 天与科主任再次确定；<br>会议当天提前 1 小时以上到场，准备幻灯片、资料等；<br>会前和科主任沟通内容，获得支持；<br>介绍企业和产品（10～30 分钟），解答科室疑问；<br>会后 3 天内回访科室，了解会议效果及产品疑问是否得到解决 | | | |
| 注意事项 | 会前和科主任沟通，获得科主任的支持；<br>会前拜访，了解客户理念、竞品情况、产品疑问，客观而有重点地介绍产品；<br>掌握会议时间，突出重点，避免拖沓 | | | |

**表 9－14　学术联谊**

| | | | |
|---|---|---|---|
| 会议目的 | □深化传递产品信息　□维护升级原有客户 | | |
| 会议时间 | □晚上　□周末白天 | | |
| 主持人 | 科主任 | 会议人数 | 5～20 |
| 会议物料 | 演讲三件套：□电脑　□投影　□激光笔<br>资料三件套：□折页　□样品　□物料 | | |
| 会议流程 | 提前 2 周以上和科主任沟通，确定活动形式、时间、地点、参加人员，派专人去活动场地踩点；<br>活动前 3 天每天和科主任确定一次；<br>活动当天提前 1 小时以上到场，准备幻灯片、资料、样品等；<br>科主任由专人陪同到达活动现场；<br>介绍企业和产品（10～30 分钟）；<br>会后 3 天内回访科室，了解会议效果 | | |
| 注意事项 | 活动前和科主任沟通，获得科主任的支持，并让其维持会议现场秩序；<br>活动前踩点非常重要；<br>活动要有特色 | | |

**表 9－15　沙龙会议**

| | | | |
|---|---|---|---|
| 会议目的 | □加强学术交流　□维护高端客户　□深入了解公司及产品 | | |
| 会议时间 | □周末半天（通常是下午） | | □工作日晚上 18：00—21：00 |
| 会议地点 | □酒店会议室 | | □医院会议室 |
| 主席 | 当地主委/学术带头人/大医院科主任 | 讲者 | 科主任/医生 |
| 会议人数 | 10～40 | | |
| 会议物料 | 会议室内：易拉宝（产品、公司、会议介绍）、横幅、专家台卡、产品资料<br>会议室桌上：会议议程、指南/专家共识、产品折页、纸笔<br>会议室外：会议易拉宝、指示牌、会议资料、产品样品 | | |
| 会议流程 | **◆会前**<br>**提前 1 个月**<br>做会议方案，明确会议目标、会议形式、会议预算；<br>邀请大会主席，确定会议时间、地点、参会人员；<br>确定会议讲者，沟通授课内容（学术主题 1～2 个、病例分享 1～2 个）；<br>制作邀请函，邀约目标客户参会；<br>预订酒店，考察会议室硬件设施（投影、话筒、音响、灯光、环境等），考察房间及餐厅 | | |

**续表**

<table>
<tr><td>会议流程</td><td colspan="4">提前 1 周<br>召开会前会，明确人员分工；<br>与大会主席沟通会议议程、会议要点等；<br>与讲者再次沟通授课内容<br>提前 1 ~ 3 天<br>撰写大会主席讲稿、串词稿；<br>再次邀请目标客户，提醒客户会议时间、地点、天气等；<br>会议室布置、资料摆放，要从外到内按客户路线检查<br>◆会中<br>提前 1 ~ 2 小时到达会场，检查各环节是否准备妥当，播放企业宣传视频；<br>提前半小时签到，提醒会场保持安静（手机调至静音/震动）；<br>主持人致辞并介绍与会讲者和嘉宾，正式开始会议环节<br>◆会后<br>召开会议总结会，总结会议的亮点与不足；<br>会后 1 ~ 2 天在公众号/媒体平台发布新闻稿；<br>会后 3 天内对所有目标客户进行回访，评估会议效果</td></tr>
<tr><td rowspan="10">会议议程</td><td>时间</td><td>内容</td><td>讲者</td><td>主持</td></tr>
<tr><td>13：30—14：00</td><td>签到、播放宣传片</td><td>—</td><td>—</td></tr>
<tr><td>14：00—14：10</td><td>大会致辞、介绍参会人员</td><td>主席</td><td>—</td></tr>
<tr><td>14：10—14：50</td><td>议题一</td><td>讲者 1</td><td>主席</td></tr>
<tr><td>14：50—15：30</td><td>议题二</td><td>讲者 2</td><td>主席</td></tr>
<tr><td>15：30—15：45</td><td>茶歇</td><td>—</td><td>主席</td></tr>
<tr><td>15：45—16：05</td><td>病例分享 1</td><td>讲者 3</td><td>主席</td></tr>
<tr><td>16：05—16：25</td><td>病例分享 2</td><td>讲者 4</td><td>主席</td></tr>
<tr><td>16：25—16：50</td><td>讨论、答疑</td><td>—</td><td>主席</td></tr>
<tr><td>16：50—17：00</td><td>大会总结</td><td>主席</td><td>—</td></tr>
</table>

**表 9 – 16　城市会议**

<table>
<tr><td>会议目的</td><td colspan="3">□加强学术交流　□建立维护专家关系<br>□开发与上量　□企业及品牌传播</td></tr>
<tr><td>会议时间</td><td colspan="3">□周末半天（通常是下午）</td></tr>
<tr><td>会议地点</td><td colspan="3">□酒店会议室</td></tr>
<tr><td>主席</td><td>当地主委/学术带头人/<br>大医院科主任</td><td>讲者</td><td>科主任/医生（对产品认可度高）</td></tr>
<tr><td>会议人数</td><td colspan="3">60 ~ 120</td></tr>
</table>

续表

<table>
<tr><td>会议物料</td><td colspan="4">会议室内：易拉宝（产品、公司、会议介绍）、横幅、专家台卡、产品资料<br>会议室桌上：会议议程、指南/专家共识、产品折页、纸笔<br>会议室外：会议易拉宝、指示牌、会议资料、产品样品</td></tr>
<tr><td>会议流程</td><td colspan="4">◆会前<br>提前 1 个月<br>做会议方案，明确会议目标、会议方案、会议预算；<br>邀请大会主席，通常为省级或市级主委，确定会议时间、地点、参会人员；<br>邀请会议讲者，通常为国家级或省级专家，沟通授课主题（2～4 个学术主题）；<br>预订酒店，考察会议室硬件设施（投影、话筒、音响、灯光、环境等），考察房间及餐厅；<br>制作邀请函，分配参会名额，邀约目标客户参会<br>提前 1 周<br>召开会前会，明确人员分工；<br>与大会主席沟通会议议程、会议要点等；<br>与讲者再次沟通授课内容（与目标领域相关）<br>提前 1～3 天<br>撰写大会主席讲稿、串词稿；<br>再次邀请目标客户，提醒客户会议时间、地点、天气等；<br>会议室布置、资料摆放，要从外到内按客户路线检查<br>◆会中<br>提前 1～2 小时到达会场，检查各环节是否准备妥当；<br>提前半小时签到，提醒会场保持安静（手机静音/震动）；<br>大会主席致辞并介绍与会讲者和参会嘉宾，正式开始会议环节<br>◆会后<br>组织召开总结会，总结会议的亮点与不足；<br>会后 1～2 天在公众号/媒体平台发布新闻稿；<br>会后 3 天内要求代表对所有目标客户进行回访，评估会议效果</td></tr>
<tr><td rowspan="10">会议议程</td><td>时间</td><td>内容</td><td>讲者</td><td>主持</td></tr>
<tr><td>13：30—14：30</td><td>签到、播放宣传片</td><td>—</td><td>—</td></tr>
<tr><td>14：30—14：40</td><td>大会致辞、介绍参会人员</td><td>主席</td><td>—</td></tr>
<tr><td>14：40—14：45</td><td>企业致辞</td><td>企业代表</td><td>—</td></tr>
<tr><td>14：45—15：30</td><td>议题一</td><td>讲者 1</td><td>主席</td></tr>
<tr><td>15：30—16：15</td><td>议题二</td><td>讲者 2</td><td>主席</td></tr>
<tr><td>16：15—17：00</td><td>议题三</td><td>讲者 3</td><td>主席</td></tr>
<tr><td>17：00—17：20</td><td>讨论答疑</td><td>—</td><td>主席</td></tr>
<tr><td>17：20—17：30</td><td>大会总结</td><td>主席</td><td>—</td></tr>
<tr><td>18：00—19：30</td><td>会议晚宴</td><td>—</td><td>—</td></tr>
</table>

### 9.6.2.2　行业会议

处方药行业会议是指中华医学会、中华中医药学会、中国医师协会、中国药学会下属分会等组织开展的全国性学术年会。医药企业可以通过支持学术年会来参与，如新药上市会、学术卫星会、展位展示等。处方药行业会议流程及内容如表9－17所示。

**表9－17　处方药行业学术年会**

<table>
<tr><td>参会目的</td><td>□新药上市</td><td colspan="2">□扩大宣传</td><td>□维护专家</td><td>□新证据发布</td></tr>
<tr><td>活动时间</td><td colspan="2">□学术会前</td><td colspan="2">□学术会中</td><td>□会议晚间</td></tr>
<tr><td>会议人数</td><td colspan="5">500～3000</td></tr>
<tr><td>参会形式</td><td colspan="4">具体形式</td><td>预算标准</td></tr>
<tr><td>产品展示</td><td colspan="4">标准展位：适于中小企业、普药产品<br>特装展位：适于品牌企业、品牌产品<br>会议茶歇：适于专家、医生进行交流<br>其他展示：胸牌、会议资料、大会展示、会议包</td><td>标展：4万～8万元<br>特展：20万～50万元</td></tr>
<tr><td>卫星会议</td><td colspan="4">会议形式：卫星会、新品发布会、专题会议<br>会议流程：<br>明确参会形式，向会务组申请会场、时间；<br>策划会议内容，邀请会议主持人、会议讲者；<br>会场发放卫星会议邀请；<br>会议签到，利用二维码来进行签到和互动；<br>会后跟进，拜访主要参会专家、医生</td><td>—</td></tr>
<tr><td>会议晚宴</td><td colspan="4">晚宴形式：大会晚宴<br>会议流程：<br>向会务组/大会主席沟通、申请会议晚宴；<br>策划晚宴，预订地点、菜品；<br>会前向目标客户发送晚宴通知，重点专家定向邀请参会；<br>接待，重要专家接送，门口迎接、签到；<br>会后1个月内回访目标专家和医生</td><td>—</td></tr>
</table>

### 9.6.2.3 品牌发布会（见表9－18）

**表9－18 品牌发布会**

<table>
<tr><td>会议目的</td><td>□产品上市宣传</td><td>□树立企业形象</td><td>□提高知名度</td><td>□打开销售渠道</td></tr>
<tr><td>核心内容</td><td>□新品宣传发布</td><td>□品牌形象树立</td><td>□明星/专家代言</td><td>□签约/订货</td></tr>
<tr><td>会议地点</td><td colspan="4">□酒店会议室</td></tr>
<tr><td>会议时间</td><td colspan="4">□半天至1天</td></tr>
<tr><td>会议人数</td><td colspan="4">□50～300</td></tr>
<tr><td>参会人员</td><td colspan="4">公司领导、嘉宾、专家、主持人、代理商、媒体</td></tr>
<tr><td>会议流程</td><td colspan="4">制定发布会方案；<br>邀请公司高层领导参会，确定会议时间；<br>邀约专家、嘉宾、媒体；<br>确定会议酒店（设施、房间、餐厅）；<br>制作邀请函，邀请目标客户；<br>撰写领导及嘉宾致辞稿；<br>会前1天布置会场、茶歇展台、音响、投影、灯光、展架、横幅、易拉宝、台卡、产品资料、纸笔；<br>准备签约单、伴手礼；<br>会后1～2天在公众号/媒体平台发布新闻稿</td></tr>
<tr><td rowspan="12">会议议程</td><td>会议时间</td><td colspan="3">会议内容</td></tr>
<tr><td>13：30—14：00</td><td colspan="3">嘉宾、客户、媒体签到</td></tr>
<tr><td>14：00—14：15</td><td colspan="3">播放企业宣传片</td></tr>
<tr><td>14：15—14：20</td><td colspan="3">主持人宣布新品发布会开始并介绍领导、特邀嘉宾、媒体</td></tr>
<tr><td>14：20—14：30</td><td colspan="3">主办公司领导致辞</td></tr>
<tr><td>14：30—15：30</td><td colspan="3">新品介绍</td></tr>
<tr><td>15：30—15：45</td><td colspan="3">茶歇</td></tr>
<tr><td>15：45—16：00</td><td colspan="3">经销商表彰</td></tr>
<tr><td>16：00—16：15</td><td colspan="3">经销商代表讲话</td></tr>
<tr><td>16：15—16：45</td><td colspan="3">营销政策讲解</td></tr>
<tr><td>16：45—17：30</td><td colspan="3">新品签约</td></tr>
<tr><td>18：00—20：00</td><td colspan="3">晚宴</td></tr>
<tr><td>会议预算</td><td colspan="4">通常包含会议室、餐费、住宿费、物料费、交通费、媒体宣传费等</td></tr>
</table>

### 9.6.2.4　代理商大会（见表 9－19）

表 9－19　代理商大会

| | |
|---|---|
| 会议目的 | □总结经验，表彰优秀　□统一思想，明确目标<br>□政策传达，增加信心　□文化灌输，情感营销　□学习交流，提升技能 |
| 会议时间 | 通常 7—8 月或者 12 月，保证重点代理商都能参会 |
| 会议人数 | 50 ~ 200 |
| 会议地点 | □企业总部　□优秀代理商所在地　□酒店会议室 |
| 参会人员 | 根据情况选择全体代理商或部分代理商；<br>优秀代理商家人（增进客情，促进其家人对厂家工作的支持）；<br>负责代理商的销售人员；<br>销售部其他人员（协助完成会议的其他工作）；<br>市场部其他人员（收集市场信息、产品信息，进行产品展示等）；<br>厂家高层领导（致辞、颁奖、答疑） |
| 会议主题 | 年度总结及表彰；<br>宣布新的代理商管理政策；<br>宣传厂家新发展举措，如新产品的发布会、新的广告计划等；<br>签订下一年度代理商合同；<br>代理商下一年度销售竞赛计划 |
| 注意事项 | 会议主题要吻合当前市场实际需求，应该具有时尚、新颖、独特之处；<br>会议主题与目的息息相关，应直接简单 |
| 会议议程 | 领导致欢迎词；<br>销售工作回顾；<br>经验交流；<br>下一年度计划；<br>代理商培训；<br>颁奖仪式；<br>合影留念；<br>晚宴 |
| 会议流程 | **◆会前**<br>精心设计会议目的和主题，预定适合的会议地点；<br>明确参会人员和客户范围，使用会议邀请函邀请客户；<br>策划会议议程，确定各个时段的主题和发言人，做好会前内容沟通；<br>明确会务组成员，召开会前会，明确人员分工；<br>会务手册中明确接送、会议、餐饮、住宿、旅游的负责人及联系方式，便于联络，重要客户要有专人负责 |

续表

| | |
|---|---|
| 会议流程 | ◆会中<br>现场布置，指示牌、横幅、会议主题形象、签到处、产品海报、会场背景等都需要精心准备；<br>会议内容的准备需提高效率、精简内容，形式需要带动气氛、引起注意，如穿插游戏和互动环节；<br>如果参会人数多，可以考虑除了召开大会外，再举行一些分组会议和讨论 |
| | ◆会后<br>要及时向代理商了解会议中的问题和解决建议，评估会议目标是否达成；<br>明确会后需要落实的具体行动计划，明确代理商在哪些方面需予以配合；<br>会后1~2天在公众号/媒体平台发布新闻稿 |
| 费用预算 | 代理商大会成本预算差异比较大，会议预算包括会议费、餐饮费、住宿费、旅游费、物料费等，人员差旅费通常由参会人员承担 |

## 9.6.3 学术会议

### 9.6.3.1 基本程序

会议前期：精心策划，周密准备。

会议中期：精心组织，有效控制。

会议后期：紧密跟进，评估效果。

### 9.6.3.2 学术会议组织（见表9-20）

**表9-20 学术会议组织**

| 阶段 | 项目 | 具体事项 |
|---|---|---|
| 会前 | 会议目的 | □促进进药 □开发科室 □推新卖点<br>□发展客户 □宣传品牌 |
| | 会议对象 | 全国性会议优先邀请学科主委、副主委来主持，省级会议应优先邀请省级学科主委、副主委；<br>讲者邀请国内、省级一流的专家或主席/主持人推荐的专家；<br>牵头专家提前邀请确定档期，所有主席、主持、讲者等参会嘉宾需在会前1周再次确认，如有需要做替补准备，请专家推荐 |
| | 会议时间 | 根据重点专家时间来确定，注意错开节假日、重要事件 |
| | 会议地点 | 半天会议应考虑交通问题，安排在市中心酒店；<br>会议档次和规模要根据参会者和数量确定；<br>实地勘察，并沟通音响、投影、指示牌、横幅展架 |

**续表**

| 阶段 | 项目 | 具体事项 |
|---|---|---|
| 会前 | 会议内容 | 会议主题明确，会议议程围绕主题内容设置，且注意发言内容及发言人顺序的安排，会议议程需随邀请函提前发参会专家知晓；<br>为讲者提供相应讲课内容 PPT 及参考文献；<br>会前收集讲者课件，如有需要可印刷成会议资料，同时 PPT 需测试投放 |
| | 会议准备 | 布置会场：投影、音响调试，名牌、纸笔、茶水摆放，卫生、通风、室温状况，签到台设置，展架、易拉宝、横幅适度摆放，产品资料放到桌上或手提袋；<br>迎宾签到：迎宾人员要注重着装、熟悉路线，重要专家由高层管理人员接待；<br>会前检查：从客人莅临到落座，从会议开始到散场，现场模拟，检查是否有不周之处；<br>会前会议：做好会前分工，熟悉工作，明确分工协作原则 |
| 会中 | 迎宾 | 在电梯口、会场门口等位置指引参会专家 |
| | 签到 | 签到，发放资料等，根据报到人数反馈就餐人数 |
| | 开会 | 开会前暖场音乐，会前视频或倒计时卡点；<br>提前 5 ~ 10 分钟接待重点专家入场就座；<br>开幕式结束，工作人员需搬离主席台桌椅，留主持人桌椅，放讲者简介（或提前给主持人）、水等；<br>主持人、讲者等嘉宾上台引导，送话筒、激光笔等；<br>讲者 PPT 播放衔接顺畅，如果演讲台没有电脑，需给讲者设置提词器；<br>会场提问，提前安排，最好做到双向沟通，保障讲者问题答疑环节顺利 |
| | 散场 | 集体合影，有序离场，会场内播放音乐 |
| | 晚宴 | 如果是盒饭，工作人员挨个发到座位上，避免混乱；<br>如果是晚宴，需分好座位，会场需有餐厅路线指引；<br>专家围餐需有人引导，可提前做好桌签 |
| | 住宿 | 按照参会人数订好房间，避免出现房间不够的情况；<br>房间内摆放欢迎卡 |

续表

| 阶段 | 项目 | 具体事项 |
|---|---|---|
| 会后 | 及时跟进 | 会后3天内对重点客户进行第一轮回访，评估会议效果，对产品是否还有疑问及需求；<br>会后1周内对所有参会客户进行回访 |
| | 总结评估 | 会后召开总结会，分析会议亮点及不足；<br>会后回访目标及计划，明确分工，确定时间节点 |
| | 回顾改进 | 对会议中的亮点内容做经验分享；<br>对会议中存在的不足进行总结，及时调整改进 |

#### 9.6.3.3 学术会议费用分担

由于市场和销售的推广对象有所不同，可以分为市场推广和销售推广。不同的销售模式下，公司支持和承担学术会议的费用也不一样，具体内容如表9－21所示。

**表9－21 学术会议支持费用承担**

| 类别 | 市场推广 | 销售推广 |
|---|---|---|
| 专家层面 | 专家圆桌会议<br>科研研讨会<br>产品学术研讨会<br>临床试验 | 省级年会<br>城市巡讲<br>圆桌会议 |
| 医生层面 | 新产品上市会<br>学术—产品研讨会<br>继续教育会议 | 科室推广会<br>处方医生研讨会<br>病例讨论会 |
| 自营模式 | 公司制定预算，市场和销售按预算来推进执行推广活动 | |
| 承包模式 | 根据约定，公司承担约50% | 根据申请，省区承担约50% |
| 代理模式 | 公司按约定、项目承担 | 代理商承担 |

学术会议是最高效的推广方式，可以有效提升销量、树立品牌。对处方药和OTC药，要在产品的导入期、成长期、成熟期策划适合的学术会议形式，做好会前、会中、会后管理，提升会议效果。

## 总结

本章结合医疗终端市场特点，提出各类各级终端市场简要操作策略。然后从医疗终端的市场开发到销售上量，从客户管理到学术会议，进行了较为全面详细的内容阐述。无论是刚毕业的市场小白，还是有一定工作经历的其他从业人员，都可以通过本章内容了解医疗终端市场的大概面貌，进而熟悉市场操作办法，快速成为一名合格的医院业务销售人员。

# 第10章

# 零售终端（第二终端）

王总是A公司的OTC营销总监，公司拳头品种A有一定的品牌认知度，目前销售2亿元以上，但市场价格乱，大型连锁客户不上量，中小型连锁客户覆盖率低，虽用尽各种手段，但收效甚微，产品销量连续几年无增长，因此如何快速开发、上量，一直让王总困扰不已。

王总与团队核心成员总结分析后发现零售终端的开发与上量，不仅受营销手段的影响，而且与顶层设计息息相关，产品力、价值链、品牌力、专业力构建的产品势能尤为关键。营销战术的组合，更多的是将产品势能发挥到极致，只有解决有货卖、愿意卖、如何卖、愿意买等销售关键问题，才能快速步入开发、上量快车道。

## 10.1 零售终端的发展概况

我国零售终端是全球最具潜力的非处方药市场，也是全球发展最快的市场之一。近年来，我国非处方药行业市场规模持续增大，预计2022年将达1200亿元。我国零售终端发展经历了三个阶段：

### 10.1.1 第一阶段：民营资本进入，单体药店主导市场

20世纪90年代以前，国营的医药公司和药企经营单个药店，需药品监管部门审批，而个人和民营企业的申请一般得不到批准。所以，药店数量很少。无论是药店还是柜台卖药，都等患者上门指名购买，基本没有药

品推广。药品主要靠自然销售，只有少数药品生产企业投放电视广告，取得了较好效果，迅速建立药品品牌，如龙牡壮骨颗粒、三株口服液等。

从20世纪90年代到21世纪初，国家放宽药店审批条件，允许民营资本、个人经营药店，药店数量激增，我国零售终端进入第一次高速发展时期。

### 10.1.2 第二阶段：扩张、并购、上市，连锁药店快速发展

21世纪初，连锁药店快速发展，形成跨区域大型连锁，我国OTC市场进入黄金期。药店陈列以开放式货架为主，更加注重药品陈列，以吸引消费者。店员开始根据患者需求，推荐OTC药品，以增加销量。店员推荐成为仅次于医生处方的有效推广方式，受到药品生产企业的重视，连锁药店也因此在与生产企业的合作中处于强势地位。

2010年后，药店连锁化增强，连锁药店加快扩张、并购，形成全国性、跨省区、省内区域性、县域连锁格局。全国性、区域大型连锁份额越来越大，话语权越来越强。同时，连锁药店的营销手段越来越丰富，患者服务越来越专业，在竞争中处于优势地位。单体药店生存空间越来越小，数量逐年下降。

2014年，第一家连锁药店云南一心堂上市后，陆续又有5家全国性连锁药店企业上市，门店数量快速增加，集中度进一步上升。国家“十四五”规划明确指出，要培育5个全国性、药店门店过万家的超大型连锁，行业将会形成超大型连锁占主导的局面。

### 10.1.3 第三阶段：超常规发展，医药电商方兴未艾

近年来，随着移动互联网的普及，医药电商超常规发展，市场份额快速提升。无论是药品生产企业还是经销企业都希望搭上这班快车，并加大资源投入。在一段时期内，医药电商份额还会继续上升，预计最终必将与线下实体药店平分秋色。

## 10.2　零售终端分类

### 10.2.1　KA 连锁

一般把门店数在 300 家以上，年销售规模在 2 亿元以上的全国性连锁、区域性连锁统称为 KA 连锁。《医药经济报》数据显示，2021 年药品 KA（百强连锁）共有门店 119949 家，占全国药店总数量的 20.3%，比 2020 年增长 2.1%；药品 KA（百强连锁）销售规模达 2523 亿元，占全国药店总销量的 44%，比 2020 年增长 3%。

NKA（National Key – Account）：指全国性重点客户，是跨省拥有多个门店，影响力较大的大型连锁零售机构，一般年销售额超过 40 亿元且分布超过 5 省市。例如，广东大参林：2021 年营业收入 167 亿元，门店数 8193 家；湖南老百姓：2021 年营业收入 157 亿元，门店数 8352 家；湖南益丰：2021 年营业收入 153 亿元，门店数 7809 家；云南一心堂：2021 年营业收入 146 亿元，门店数 8533 家；国大体系、高济体系、全亿体系、云南健之佳：2021 年营业收入 52 亿元，门店数 3044 家；山东漱玉平民：2021 年营业收入 53 亿元，门店数 3341 家等。

LKA（Local Key – Account）：指地方性重点客户，在省区域市场内拥有多个门店。一般年销售额在 2 亿 ~40 亿元①，如山东燕喜堂、贵州一树、河南张仲景、陕西怡康、福建新紫金、湖北天济、吉林大药房等。

非 KA：指年销售额为 0.2 亿 ~2 亿元的一般地方性客户。

### 10.2.2　县域连锁

县域连锁是指县域市场内的连锁。以 2021 年 1 月民政部颁布的我国行政区划（2020 年）为划分标准，针对第三级行政地区，将县级市（含省

① 数据来源：引自中康科技内部资料。

直辖)、县(旗)的区域定义为县域市场;将市辖区、州/盟首府的区域定义为城市市场。[①] 2021 年非 KA(非百强连锁)共有门店 217439 家,在全国药店数量中占比为 36.9%,比 2020 年下降 1.4%;销售规模为 1323 亿元,全国占比 23%,比 2020 年下降 2%。[②]

### 10.2.3 单体药店、诊所

单体药店:指由个体独立经营,或同一股权结构的单个省份门店数小于 8 家的药店类型。2021 年共有单体药店 252260 家,全国占比 42.8%,比 2020 年下降 0.7%;销售规模 1870 亿元,全国占比 33%,比 2020 年略有下降。[③]

诊所:又名诊疗所、医疗所、卫生所、医疗室。OTC 分类的诊所,一般指在城市或农村由个体独立经营的诊所、卫生室。

## 10.3 零售终端合作

终端选择原则上以产品及连锁特性为基础,对于不同的终端,有不同的产品布局及合作要点。

NKA 连锁:一般与独家、有广告宣传(或医院销售)、适应症或适用人群广泛的特色产品进行合作,产品不宜过多,作为大单品打造。需要给连锁较高毛利和团队支持,并辅以培训、促销等活动,追求单品的高产出。

LKA 连锁、非 KA 连锁、县域连锁:为连锁打造有毛利、有一定竞争优势的 KA 产品,力求使更多的产品进场。通过给连锁较高毛利,以覆盖片区的培训、高频次的促销等活动,追求整体销量的提高。

---

① 资料来源:中康科技内部资料。

②③ 资料来源:《医药经济报》。

单体药店、诊所：以流通品种为主，通过商业渠道铺货，以不定期的渠道促销、商业订货会、开票员奖励的方式，提高终端铺货率。

### 10.3.1　KA 连锁战略合作

NKA 连锁战略合作：作为全国性连锁或上市公司，NKA 管理规范、总部控制力强、门店众多、销售额大，是许多药品生产企业重点合作的连锁。但 NKA 合作门槛较高，比一般连锁要求有更高的毛利、更多的动销活动、更大的团队，因此，宜采取预算制销售模式。

LKA、非 KA 连锁战略合作：作为区域性强势连锁，LKA 单店产出较高，重视品牌厂家合作，与 NKA 相比形成真正战略合作的概率较大，适合打造标杆连锁。所以，宜采取预算制销售模式。

NKA 和 LKA、非 KA 连锁战略合作要点如表 10 – 1 所示。

**表 10 – 1　NKA 和 LKA、非 KA 连锁战略合作要点**

| NKA 连锁战略合作要点 | LKA、非 KA 连锁战略合作要点 |
|---|---|
| 高层对接 | “一把手工程” |
| 公司层面对接，达成真正意义上的战略合作。一般指厂家不超过 50 家，产品的连锁优先级别不超过 100 | 与连锁老板或总经理对接，以实现全品类战略合作为目标 |
| 黄金单品 | 培训支持 |
| 主要产品进入连锁黄金单品类别的序列；满足连锁相对高毛利，一年数次支持开展消费者买赠、店员加提、门店陈列竞赛，进行突破上量 | 支持连锁中高层及业务骨干的团队打造训练营；提供连锁需要的针对店员的培训课程：品类管理、POP 技能、药学知识等 |
| 总部协议 | 活动比赛 |
| 总部年度协议除总目标外，还要签订主要产品的年度任务目标。其他内容包括主要产品级别、分季度活动（突破）场次、培训支持、物料支持、费用支持比例等 | 组织连锁参加企业冠名或自办优秀店长和店员评选、才艺比赛、舞蹈大赛等 |
| 专人对接 | 分部活动 |
| 由专人进行各分部（分公司）对接；落实连锁总部活动方案，督促执行；洽谈、执行分部（分公司）重点产品促销活动 | 洽谈、执行分部（分公司）重点产品竞赛、PK 活动 |

续表

| NKA连锁战略合作要点 | LKA、非KA连锁战略合作要点 |
|---|---|
| 专业团队 | 门店维护 |
| 建立专业的促销团队，配合突破活动和门店促销，包括日常的门店拜访（陈列、补货、驻店促销、贴柜培训、客情等） | 配备门店经理，配合突破活动和门店促销，包括日常的门店拜访（陈列、补货、驻店促销、贴柜培训、客情等） |
| 陈列铺货 | 陈列铺货 |
| 连锁门店铺货率要达到80%以上。AB类门店按连锁规定达到一定库存数量、陈列位置和陈列面。月销售5000元以下的小型门店，不强制铺货；但与门店沟通后，通过促销方式，促使门店自主请货 | 连锁门店铺货率要达到90%以上。AB类门店按连锁规定达到一定库存数量、陈列位置和陈列面 |
| 单店产出 | 单店产出 |
| 黄金产品设定月均单店产出4～5盒及以上的标准 | 黄金产品设定月均单店产出5盒及以上的标准 |
| 标杆打造 | 标杆打造 |
| 标杆区域和标杆门店打造；按月均单店产出10盒的标准 | 标杆区域和标杆门店打造；按月均单店产出10盒的标准 |
| 门店促销 | 门店促销 |
| 门店活动。根据连锁需求开展周末促销、新店开业促销，面向消费者的抽奖、钓鱼、涂鸦等吸客项目 | 门店活动。根据连锁需求开展周末促销、新店开业促销，面向消费者的抽奖、钓鱼、涂鸦等吸客项目 |
| 培训计划 | 片区培训 |
| 将培训计划纳入年度方案，并分解到季度、月度。得到总部培训许可后，及时对接分部（分公司），更多地争取片区培训资源 | 分片区对连锁所有门店进行培训 |
| 生意回顾 | 活动启动 |
| 每年1～2次高层沟通会、每季度的生意回顾会 | 促销活动开展前，召开启动会，老板或总经理亲自站台、动员，突破任务下达到片区、门店 |

### 10.3.2 县域连锁合作及管理

县域连锁由于门店少、规模小，多数面临的竞争压力较大，希望得到更多的生产厂家支持和资源，因此较容易达成深度合作。县域连锁合作及管理要点如表 10 –2 所示。

**表 10 –2　县域连锁合作及管理要点**

| 序号 | 合作及管理要点 |
|---|---|
| 1 | “一把手”工程，通过回公司参观等多种形式，促进连锁老板对生产厂家企业文化、新产品开发、质量保证等方面形成认同，达成高度共识 |
| 2 | 全品类合作，重点品种最高首推（品类中唯一） |
| 3 | 门店最佳陈列位置（端头、堆头）、店面包装（吊旗、POP、橱窗） |
| 4 | 店员全员培训，答题、考试、奖励 |
| 5 | 促销活动开展前，召开启动会，老板亲自站台、动员，片区、门店认领突破任务，资金提前兑付、对赌 |
| 6 | 连锁中高层参加的各类训练营 |
| 7 | 达成任务后奖励旅游、联谊活动，建立客情 |
| 8 | 严格价格管控 |
| 9 | 可采取团队包干制销售模式，提高活动及费用使用的灵活性 |

### 10.3.3　单体药店、诊所合作及管理

单体药店主要分布在农村和城乡接合部，门店分散，单店销售额较小。随着药店连锁化率不断提高，单体药店受到挤压，生存困难，门店数量不断减少。但门店存量基数较大，也是 OTC 市场的重要组成部分。单体药店、诊所合作及管理要点如表 10 –3 所示。

**表 10 –3　单体药店、诊所合作及管理要点**

| 序号 | 合作及管理要点 |
|---|---|
| 1 | 依托商业对单体药店进行铺货覆盖 |
| 2 | 对商业“三员”进行单体药店开发、铺货奖励 |
| 3 | 不定期通过商业对单体药店进行进货奖励 |
| 4 | 配合商业召开订货会。宣传新产品、销售政策及促销 |
| 5 | 地区经理配合商业业务员拜访单体药店，宣讲促销政策，促进进货销售的同时，调查了解产品价格、批号及销售情况 |

为了方便大家在业务实操中做好连锁合作开发，我们特附上《连锁合作协议书》，供各位读者参考，详见本书附录 6。

# 10.4 零售终端开发与铺货

## 10.4.1 销售策略与铺货方式

OTC 行业营销模式比较多，其本质是聚焦资源，持续强化企业核心价值，建立市场竞争的“护城河”。目前 OTC 行业常用的销售策略有广告、首推、促销三种方式，本节从销售的视角，根据广告、首推、促销等策略的不同组合，对各类产品的铺货方式进行探讨。

### 10.4.1.1 三种销售策略组合下的铺货方式

以广告为主导的销售策略重消费者教育，轻中间商利益；以首推为主导的销售策略重连锁的利益，轻消费者教育；以促销为主导的销售策略重产品成本的竞争，轻消费者教育。不同的销售策略组合对应不同的铺货方式，具体方法如表 10－4 所示。

**表 10－4 不同销售策略组合下的铺货方式**

| 策略组合 | 适用品类 | 铺货方式 | 特点 | 问题 |
| --- | --- | --- | --- | --- |
| 广告＋首推＋促销 | 独家/类独家产品 | 商业铺货＋KA 连锁专供 | 广覆盖、区分规格、区分促销力度 | 价格管控难 |
| 广告＋促销 | 老品牌产品 | 商业铺货 | 广覆盖，资源聚焦广告投放及消费者链接 | 终端拦截高 |
| 广告＋首推 | 新进 OTC 市场独家/类独家产品 | 品牌共建 | 锁定连锁合作 | 利润低 |
| 首推＋促销 | 新进 OTC 市场独家/类独家产品，具有独特卖点的普药 | 锁定连锁/单体铺货、连锁贴牌 | 选择性铺货，渠道、价格严格管控 | 覆盖低 |
| 促销 | 普药流通产品 | 商业促销、B 端平台促销 | 广覆盖、拼价格 | 增长难 |

全国数十万家终端药店，数千亿元市场规模，按二八理论，如果掌握了 10 万家左右的优质终端，就掌握了大部分销量，当前“首推 + 促销”方式应用得较多，这从众多终端控销、连锁专供企业的快速发展可见一斑；从企业品牌建设的角度看，广告的持续投放，必须有足够的终端承接，广铺货是基础，但伴随的往往是乱价、乱渠道，主要解决策略就是渠道相对控销。

#### 10.4.1.2　快速铺货三大渠道

OTC 终端主要由 KA 连锁、中小连锁、单体药店、诊所组成，要实现各层级终端的铺货，主要采用以下几种方式：

KA 连锁铺货：KA 连锁品类全，运营成本高，简单的商业铺货方式很难促成合作，需有配套的合作措施。因此，在满足连锁基本毛利需求的前提下，通过年度合作计划的确定，可相对快速满足铺货要求。

商业合作铺货：这种方式主要针对广覆盖品牌产品，对中小连锁、单体、诊所等实行无差别覆盖，目前有些企业为了维护价格体系的相对稳定，采取渠道控销方式进行铺货。

B2B 平台合作铺货：B 端平台近几年发展迅速，由于其终端布点广、价格信息透明、无时限约束等特点，市场份额不断提升，但这也成为产品乱价的主要诱因。而少量的低价挂网，往往会影响整个体系的正常流通，因此主要适用于有成本优势的普药品种。当然，B 端平台目前也在通过开辟自营板块构建控销产品体系。

### 10.4.2　KA 连锁开发与铺货

#### 10.4.2.1　KA 连锁“三位一体”快速开发模型

随着连锁集中度越来越高，品类培育渐趋成熟，一般普药主要靠价格洽谈进场。但从连锁对品牌化、专业化的追求方向来看，带有专业服务导向或者持续开展品牌建设的品种仍备受连锁青睐，也具有一定的议价能力。品牌发布会、工商互动、战略沟通会“三位一体”的模式，是加速开发 KA 连锁市场的利器，具体内容如图 10－1 所示。

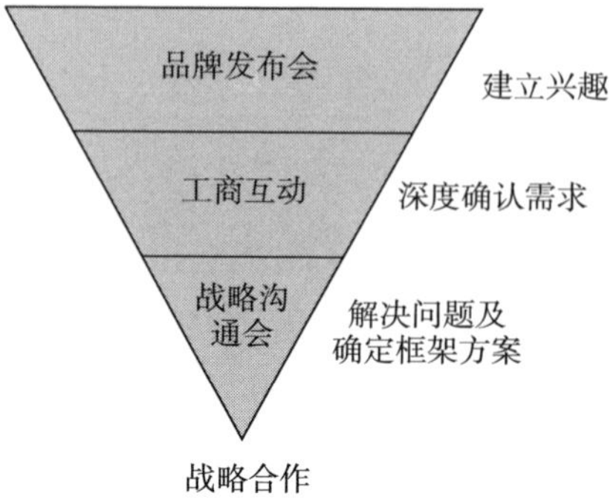


**图 10－1　KA 连锁“三位一体”快速开发模型**

（1）品牌发布会

品牌发布会一般有品牌发布、新品发布、项目发布等方式，目的是通过会议让目标客户对战略方向、产品/项目打造计划、团队等进行多方位了解，快速建立战略互信。会议内容的吸引力、客户的邀约、客户的互动是评估发布会效果的关键要素。会议主要形式有：大型行业会议，如在中康咨询、南方所、中国药店、中国医药物资协会等平台组织的大型会议中召开发布会；专场发布会，分省区或者大区召开专场发布会；省区沙龙会，依托当地协会平台或者商业平台，定向邀请目标客户深度沟通。组织品牌发布会的关键点如表 10－5 所示，品牌发布会各环节准备事项如表 10－6 所示。

**表 10－5　组织品牌发布会的关键点**

| 关键点 | | 具体内容 |
|---|---|---|
| 会前准备 | 会议指南 | 组织分工，制定行动计划 |
| | 内容准备 | 会议议程、宣传内容、演讲内容 |
| 客户邀约 | 分级管理 | 明确必邀客户（NKA/LKA/其他重点 KA）邀请责任人 |
| | 多次确定 | 每隔 7 天/3 天/1 天确认，提前购票，借力邀约 |
| 客户接待 | 客户迎接 | 会前安排，接站/交通安排 |
| | 现场接待 | 用餐/住宿安排，会议/宴请座位，欢送客户 |

**表 10－6　品牌发布会各环节准备事项**

| 环节 | 项目 | 类别 | 具体内容 |
|---|---|---|---|
| 会前充分准备 | 组织分工 | 编写会务指南<br>列出任务清单 | 总指挥：省区总监/大区总监<br>现场组：会场布置、课件收集及调试、桌签摆放、各会议环节的衔接等<br>接待组：接待信息确定，会议短信发送、报到接待，用餐安排、礼品发放等<br>宣传组：会议宣传、主持稿、致辞稿、拍照、报道、物料设计及制作<br>交通组：车辆准备及调度 |
| | 物料 | 素材类 | 会议背景、宣传视频、演讲 PPT |
| | | 会务物料 | 体验装、样盒、横幅、宣传物料（海报、易拉宝等）、桌签等 |
| | | 现场准备 | 拍照人员（关键环节照片拍摄要求），电脑、激光笔、投影、话筒、音响等调试，各环节背景音乐 |
| | 会场确定 | 会场选择 | 选择较新中高端商务酒店；会场大小和人数基本匹配；交通相对方便 |
| | 参会人员确定 | 参会名单 | 连锁：董事长/总经理/采购负责人<br>工业：董事长/总经理/销售公司总经理/省区总监/KA经理/市场经理等<br>主持人：控场及互动较好的主持人 |
| | 会议议程 | 会议内容 | 会议时间 |
| | | 企业文化宣传片 | 14：00—14：10 |
| | | 企业领导致欢迎词 | 14：10—14：20 |
| | | VIP 嘉宾致辞 | 14：20—14：30 |
| | | 产品打造回顾 | 14：30—14：40 |
| | | 产品发布 | 14：40—15：20 |
| | | 产品的研究与开发 | 15：20—15：40 |
| | | 茶歇 | 15：40—16：00 |
| | | 项目启动仪式 | 16：00—16：05 |
| | | 优秀合作伙伴颁奖 | 16：05—16：25 |
| | | 合作伙伴代表发言 | 16：25—16：35 |
| | | 合作协议签订 | 16：35—16：45 |
| | | 会议合影 | 16：45—16：55 |
| | | 晚宴现场布置 | 16：55—17：40 |
| | | 晚宴/抽奖 | 17：40—19：00 |

续表

| 环节 | 项目 | 类别 | 具体内容 |
| --- | --- | --- | --- |
| 会中细致安排 | 接待安排 | 重点客户接待 | 重点客户由专人接待（会议安排通知、交通、会场引导、用餐引导等） |
| | 现场安排 | 会场布置（营造欢快的迎宾氛围，展现团队的热情） | 从视觉、听觉、触觉、嗅觉等方面营造不一样的氛围，如：物料的整齐摆放、团队的列队欢迎、热场音乐的播放、茶歇的精致摆放、最适温度的控制 |
| | | 议程推进（议程无缝对接，体现企业的专业性） | 各环节提前演练，现场组长准确及时地组织；<br>上场嘉宾定时提醒 |
| 会后紧密跟进 | 方案跟进 | 重点工作推进表（展现团队执行力） | 对参会客户 3 天内完成回访及沟通，确定战略合作意向 |

（2）工商互动

工商互动即通过双方高层领导的互动，建立基本的战略互信关系。方式有加入行业组织、考察学习、回司参观、组织特色活动等。目前行业相关活动形式多样，如对于国内知名大学 MBA 班医药行业基本尽数参与，考察交流已从国内转向国外，连锁老板不是在开会就是在开会的路上，如何挖掘有价值的活动并且形成品牌越来越难。所以，持续提供有价值的产品并保证价值的持续性，成为高层达成共识的关键。

（3）战略沟通会

对于 NKA、LKA，除了战略方向及产品的宣导外，定制化方案沟通尤其重要，选择合适的时机组织一场有准备的沟通会，是快速建立战略关系、解决合作障碍的有效方式。双方高层领导参加、年度合作框架的吸引力是会议沟通效果的关键。战略沟通会的关键点如表 10－7 所示，主要议程如表 10－8 所示。

**表 10－7　战略沟通会关键点**

| 关键点 | | 具体内容 |
| --- | --- | --- |
| 会前准备 | 正式邀约 | 充分沟通议程，确定双方参会领导 |
| | 准备事项 | 物料（宣传物料/伴手礼）、接待安排、演讲内容 |

续表

| 关键点 | | 具体内容 |
|---|---|---|
| 合作框架 | 战略介绍 | 抓住需求，激发兴趣 |
| | 合作框架 | 给予承诺，树立信心 |
| | 提出问题 | 问题少而精 |
| 沟通要点 | 确定方向 | 战略合作，解决分歧 |
| | 确定推进计划 | 明确人员分工、完成时间 |

**表10－8　战略沟通会主要议程**

| 议程 | 时间 |
|---|---|
| 领导致辞 | 5分钟 |
| 企业宣传片 | 5分钟 |
| 战略合作计划宣讲 | 20分钟 |
| 合作交流 | 30分钟 |
| 合作签约 | 5分钟 |
| 双方领导总结 | 10分钟 |
| 合影留念 | 5分钟 |

会议结束当天要快速形成会议纪要及执行推进表，告知双方领导，并每周按完成时间检视进展，管理偏差。战略沟通会成果巩固跟进表如表10－9所示。

**表10－9　战略沟通会成果巩固跟进表**

| 工作内容 | 完成标准 | 责任人 | 完成时间 | 进展检视 |
|---|---|---|---|---|
| 年度合作框架确定 | （××客户）确定进场计划 | ××× | ××月××日前 | 完成 |
| 产品铺货及陈列 | A类店××/B类店×× | ××× | ××月××日前 | 完成 |

### 10.4.2.2　KA连锁开发四步骤

（1）市场调研

首先，了解区域连锁的分布情况，制订梯队开发计划，通过对各连锁基本情况（规模、直营程度、执行力、管控力等）进行调研，制订分阶段开发计划。连锁调研如表10－10所示。

**表 10－10　连锁调研表**

| 省区 | 地区 | 连锁名称 | 销售规模（万元） | 门店数量（家） | 其中直营店数量（家） | 覆盖区域 | 总经理 | 联系方式 | 业务联系人 | 联系人职务 | 联系方式 | 地址 | 厂家合作情况 | | 连锁情况说明 | 合作评价 |
|---|---|---|---|---|---|---|---|---|---|---|---|---|---|---|---|---|
| | | | | | | | | | | | | | 重点合作厂家 | 销量（万元） | | |
| | | | | | | | | | | | | | | | | |
| | | | | | | | | | | | | | | | | |
| | | | | | | | | | | | | | | | | |

其次，做好品类调查，寻找拟进场品种的进场机会或者进入重点首推的机会。需要调研以下几个方面：目标品类是否有品牌品种，是否有强势品种；是否有高毛利品种，寻找进入核心首推的机会；价格带是否完整，是否有价格带补充机会；了解其他品种卖点，是否存在差异化切入的机会等。连锁品类调研如表 10－11 所示，产品定位表如表 10－12 所示。

**表 10－11　连锁品类调研表**

| 产品 | 生产企业 | 供货价 | 零售价 | 毛利空间 | 产品卖点 | 销售策略 | 销售活动 |
|---|---|---|---|---|---|---|---|
| | | | | | | | |
| | | | | | | | |
| | | | | | | | |
| | | | | | | | |

**表 10－12　产品定位表**

| 类别 | 特点 | 品种类别 |
|---|---|---|
| 品牌高毛 | 销量好，毛利高 | 品牌二线、自营品种 |
| 品牌低毛 | 销量好，毛利低 | 品牌一线、大普药、临床品种 |
| 潜力品种 | 销量低，毛利高 | 新上市品种 |
| 淘汰品种 | 销量低，毛利低 | 自然流小品种 |

如果与连锁建立良好关系，KA 经理可以通过连锁内部系统快速获得对应信息，对连锁不熟悉的情况可通过门店进行了解。

最后，做好连锁调查，通过调研连锁组织构架、资信情况、执行力情况、运营特点等，绘制连锁潜力分析表（见表 10－13），具体内容如下：

①组织构架：了解关键决策人及职责，找对人、办对事。

②资信：了解资信情况，选择供货方式。

③执行力：合作现状、指标达成情况，促销、维价等执行情况，选择资源投放方式。

④年度运营计划：通过了解连锁年度锁定的重点项目、年度运营计划安排、连锁存在的问题分析，找到契合点。

⑤数据分析：已合作连锁需多维度评估合作情况，包括铺货率、动销率、单店产出、区域产出、活动效果等。

**表 10－13　连锁潜力分析表**

<table>
<tr><td colspan="8">省区：　　　　片区：　　　　责任人：　　　　填报日期：</td></tr>
<tr><td>连锁名称</td><td colspan="2"></td><td>连锁地址</td><td colspan="2"></td><td>连锁规模</td><td></td></tr>
<tr><td>覆盖区域</td><td></td><td>总店数</td><td></td><td>直营店数</td><td></td><td>单店年均销量</td><td></td></tr>
<tr><td>董事长</td><td></td><td></td><td></td><td></td><td></td><td></td><td></td></tr>
<tr><td>采购负责人</td><td></td><td></td><td></td><td></td><td></td><td></td><td></td></tr>
<tr><td>计划合作品种</td><td colspan="7"></td></tr>
<tr><td rowspan="4">竞品情况（各合作产品主要竞品、价格、竞品空间）</td><td colspan="2">产品</td><td colspan="2">主要竞品</td><td colspan="2">零售价</td><td>毛利</td></tr>
<tr><td colspan="2"></td><td colspan="2"></td><td colspan="2"></td><td></td></tr>
<tr><td colspan="2"></td><td colspan="2"></td><td colspan="2"></td><td></td></tr>
<tr><td colspan="2"></td><td colspan="2"></td><td colspan="2"></td><td></td></tr>
<tr><td>销售目标</td><td colspan="7"></td></tr>
<tr><td>连锁执行力及合作意向分析</td><td colspan="7"></td></tr>
<tr><td>实施方案计划（合营进度安排、重点产品上量计划）</td><td colspan="7"></td></tr>
</table>

（2）商务洽谈

初步合作意向确定后，预约召开战略沟通会，沟通并制定年度合作框架。一个好的合作框架可以快速激发客户的合作兴趣，建立战略互信，同时可以提出明确目标及推进计划。

①连锁年度合作框架。

制定年度合作框架时，需注意几个事项：目标设置要合理，可结合品类规模、增长需求、资源匹配计划设置；配合要求要明确，包括首推级别、铺货要求、店员奖励、陈列标准、市场管控要求等；提出的问题不求多，但求精，抓住主要进场问题点，优先解决；资源匹配与目标的相关性，特色项目的投入需根据费用预算提出目标进展要求。连锁年度合作框架如图 10－2 所示。

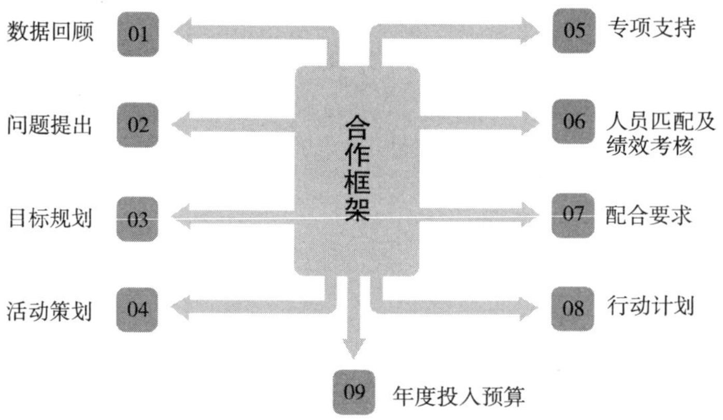


**图 10－2　连锁年度合作框架**

②达成合作框架存在的主要问题。

毛利空间。NKA/LKA 毛利目前基本要达到 50% 以上才能进入连锁推荐级别，对非品牌品种的毛利率要求则更高。

回款方式。常采取的回款方式有预付款、年度铺底、货到 × × 天内回款、实销月结，这主要根据销售模式、铺货的难易程度等确定，一般不建议采取实销月结方式。

退换货。非质量问题不予退货，为建立连锁信心加快铺货速度，半年内动销不达标者予以退换货。

首推级别。在满足基本毛利后，通过动销支持或者项目支持，促使连锁将该品种纳入首推级别。

（3）制订推进计划

经过前期沟通后，形成了合作框架及落实条款，在业务对接中需按计划推进，根据洽谈确定的事项，制订目标连锁业务推进计划，如表 10－14 所示，工作安排如表 10－15 所示。

**表 10－14　连锁业务推进计划**

<table>
<tr><th>内容</th><th>时间段</th><th>主要工作</th><th>工作内容</th></tr>
<tr><td>产品洽谈阶段</td><td></td><td>调研、拟定合作框架</td><td>进场品种、年度目标、回款方式、合作方式约定、推进行动计划确定</td></tr>
<tr><td rowspan="8">进场阶段（尝试推荐、尝试购买）</td><td>1 个月内</td><td>首推工作的落实</td><td>铺货计划、陈列计划、首推属性、店员奖励、指标下达等工作落实</td></tr>
<tr><td rowspan="3">2 个月内</td><td rowspan="3">启动会、专销月</td><td>战略启动会（战略共识、产品集中培训）</td></tr>
<tr><td>店员激励：奖励、团购活动、产品体验</td></tr>
<tr><td>物料使用：生动化陈列、免费体验</td></tr>
<tr><td rowspan="2">3 个月内</td><td>促销推广</td><td>专销月：优惠购、满额抽奖、套装销售、节假日促销</td></tr>
<tr><td>人员导入</td><td>门店维护人员</td></tr>
<tr><td>4 个月内</td><td>生动化建设、联合用药培训</td><td>联合用药培训、陈列培训、陈列竞赛、POP 书写竞赛</td></tr>
<tr><td>6 个月内</td><td>样板打造</td><td>单品打造、单店爆破、专区打造</td></tr>
<tr><td rowspan="5">发展阶段（习惯建立）</td><td rowspan="5">6～8 个月</td><td rowspan="3">消费者活动</td><td>专销月：优惠购、满额抽奖、套装销售、节假日促销等</td></tr>
<tr><td>患教：肠胃健康、儿童成长健康等</td></tr>
<tr><td>社区宣传：医学检测、社区推广、网络推广等</td></tr>
<tr><td rowspan="2">店员强化</td><td>店员激励：目标达成奖、认购活动等</td></tr>
<tr><td>销售竞赛：以分公司或片区进行</td></tr>
<tr><td>成熟阶段（习惯形成）</td><td>8 个月后</td><td>深化合作</td><td>工商互动、游学、个性化项目定制、品牌活动、店员联谊等</td></tr>
</table>

表 10－15　工作安排表

| 项目 | 内容 | 完成时间 | 工业责任人 | 连锁责任人 |
| --- | --- | --- | --- | --- |
| 合作框架确定 | 年度合作框架确定 | | | |
| 铺货计划 | 铺货标准 | | | |
| | 陈列标准 | | | |
| 动销启动 | 启动会 | | | |
| | 专销月活动 | | | |
| 培训、活动等安排 | 总部培训、片区培训、贴柜培训 | | | |
| | 炒店活动 | | | |

（4）快速铺货

KA 连锁铺货的关键要点在于产品进入连锁核心品类，即连锁对该产品的销售预期。首先，确定铺货计划，洽谈产品导入时，在满足连锁的基本利益需求的同时，要明确产品铺货标准。如门店铺货率在 90% 以上，A 类店 10 盒/B 类店 5 盒/C 类店 3 盒，有的连锁甚至可以明确到陈列位、陈列面，这和产品在连锁中的属性定位相关。其次，总部执行跟踪，下达铺货指令，门店配送部、营销部、片区经理等负责跟踪。再次，跟进门店铺货进展，通过流向数据及时掌握门店请货情况，较多连锁请货出现的滞销责任由门店承担，总部铺货压力相对较大，需要团队通过扫店方式加快门店沟通请货。最后，促销提速。为了加快对连锁未覆盖门店的铺货，或者对连锁体系内优质的加盟店铺货，可通过阶段促销活动的开展达到预期目标。例如，通过大力度的消费者促销吸引门店请货。

### 10.4.2.3　KA 连锁开发注意事项

连锁开发要分类管理。对 NKA、LKA 等要制定统一的投入标准。首先，对供货价、付款方式要有明确的指导意见。其次，动销费用一定要有预算，除了进连锁首推，还要匹配相应的动销费用才能快速启动。再次，开发前培训要到位，产品知识是基础，合作方案制定、洽谈技巧等必须培训演练到位。最后，洽谈需要采用先易后难的方式，对已确定的事项要及时建立备忘录。

## 10.5　零售终端上量方法

### 10.5.1　价值链是上量关键

通过对各流通环节的费用资源、团队资源、活动资源进行匹配，确保产品从生产企业流向消费者过程中畅通无阻。流通环节收益分配如图 10－3所示。

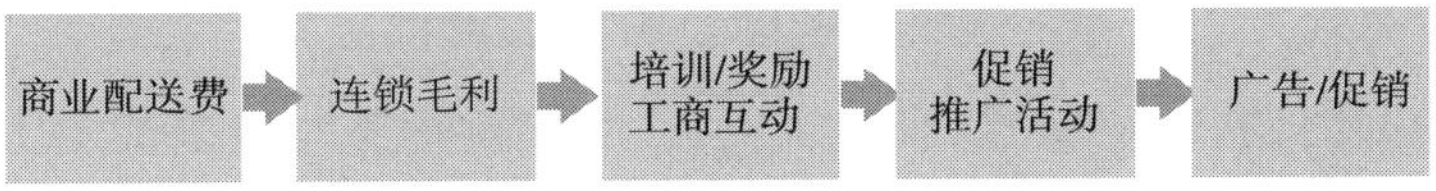


**图 10－3　流通环节收益分配**

流通过程中的收益一般分配比例：商业配送费毛利在 3% ～8%；连锁药店品牌品种首推毛利在 30% ～50%；培训/奖励/工商互动费用率控制在 3% ～5%；促销活动费用率控制在 2% ～5%。

### 10.5.2　零售终端上量三大问题

零售终端上量需解决愿意卖、如何卖、卖得好三个核心问题，这也是销售团队时刻需要思考的问题，每个问题都有不同的关键点、不同的策略和技能，具体内容如表 10－16 所示。

**表 10－16　零售终端上量的三大问题及策略**

| 问题 | 关键点 | 策略 | 技能 |
| --- | --- | --- | --- |
| 愿意卖 | 1. 任务<br>2. 首推<br>3. 奖励 | 1. 品类切入点分析<br>2. 有吸引力的方案<br>3. 成功的案例呈现 | 促销方案设计 |
| 如何卖 | 培训 | 1. 启动会<br>2. 培训会<br>3. 专销月<br>4. 门店爆破 | 产品知识培训<br>标杆店铺突破 |

续表

| 问题 | 关键点 | 策略 | 技能 |
|---|---|---|---|
| 卖得好 | 1. 陈列<br>2. 促销<br>3. 工商互动 | 1. 导入期：专销月<br>2. 成长期：PK、达成奖<br>3. 成熟期：拓客、突破 | 数据分析<br>患教会 |

## 10.5.3 零售终端上量七大关键因素

要解决零售终端是否愿意卖的问题，关键在于对产品导入价值的综合判断，如是否能够提升该品类毛利空间、是否可以提升该品类的品牌知名度、是否有处方引流等，这更多来自公司顶层设计。除此之外，任务、首推、奖励、促销、陈列、培训、工商互动是解决三大问题的七大关键因素，如图 10－4 所示。

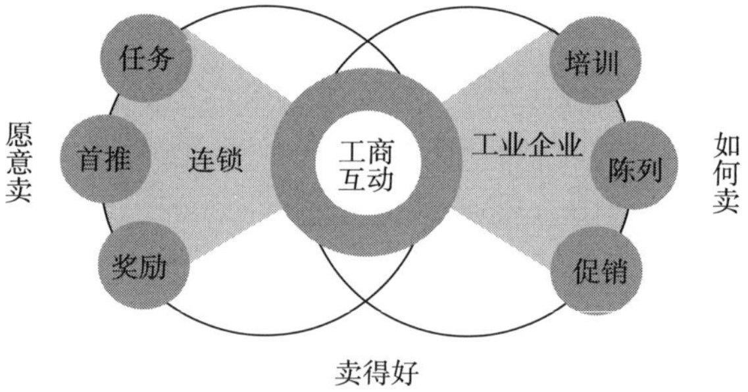


**图 10－4 零售终端上量的七大关键因素**

首推、任务、陈列通过年度规划可以约定，在此重点探讨培训、奖励、促销、工商互动四个关键因素。

### 10.5.3.1 培训

培训是解决如何卖问题的必要环节。随着市场竞争的白热化，众多工业企业不断创新培训方式，如 MBA、采购/运营班、中医药技能培训等。部分没有自身培训体系的连锁亦是来者不拒，导致店员眼高手低，业绩徘徊不前。

零售端培训主要聚焦于医药专业知识、顾客管理技巧以及门店运营技能方面，需要在理论和实践中不断地进化，绝不是几堂课就能解决的问题，所以零售端一定要从顶层设计的角度，规划好员工成长的路径及资源匹配，进而甄别出哪些可采取拿来主义，哪些可采取资源互换，而哪些必须亲自操刀。

工业企业主要聚焦于产品知识及产品相关的销售技巧、店员销售激情打造等维度。产品知识是基础，能够匹配连锁相关品类的疾病管理、关联销售，自然会得到连锁的青睐，但其他专项培训则需通过发现连锁问题、探寻连锁需求后切入。

产品知识常用的培训方式有总部集中培训、片区培训、门店贴柜培训、线上平台培训等，所有培训必须是闭环的，有培训、有考核、有奖励，且至少需要 2~3 轮的强化。

（1）产品知识培训

产品知识培训方式主要有以下几种：总部集中式培训，多用在战略合作启动会内；片区集中式培训，大型连锁门店因分布较广，多采取此方式；线上直播式培训，疫情期间使用比较频繁的一种方式，其效果与连锁总部的重视程度、培训师的互动能力、培训期间设计的互动方式等密切相关；第三方平台培训，对于终端铺货较广、团队匹配不足的企业，借助第三方平台的培训合作也是有效方式之一。

（2）项目培训

每个连锁都有自己的运营管理体系和特色，工业企业能够结合连锁需求定制年度培训是不错的选择，很多以服务见长的工业企业做得较好，既重点打造中央市场部体系又大量整合外部优质培训资源。但大部分工业企业无法建立强大的市场部体系，故建立几个特色培训项目也是不错的选择。笔者所在的企业，持续聚焦儿科专业、连锁执行力/凝聚力管理、店长/店员培养等项目，开展儿药师训练营、金牌店长/店员训练营、卓越领导力训练营，受到众多连锁客户的喜爱。

（3）案例分享

××企业连续冠名中国药店“十大金牌店长/店员评选”，与××连锁合作，开展连锁内部金牌店长/店员评选活动，通过选拔、初赛、专业培训、复赛系列活动，既能快速选拔出连锁内部的潜力人才，又能帮助潜力人才在活动过程中快速成长，最终该连锁内部选拔的多位金牌店长/店员被评选为中国药店“十大金牌店长/店员”，而××企业通过活动也得到连锁的高度认可，其间完成产品知识导入、实战演练中的销售 PK，销量实现快速突破。

#### 10.5.3.2 奖励

店员奖励是解决店员愿意卖问题的关键措施，奖励方式可分为物质奖励、精神奖励。物质奖励包括销售奖励、产品体验、内购、PK 奖励等；精神奖励包括销售能手评选、金牌店长/店员评选、邀请游学、培训提升、团队拓展等。

了解连锁年度运营规划，与连锁进行资源互换，在支持连锁内部福利、提升连锁员工能力等方面形成合作，将公司产品知识、销售技巧、实战演练融入到合作中。

### 案例分析

**一场 PK 活动引爆一个市场**

A 产品是 B 公司的拳头品种，通过品牌打造，市场占有率较高，纯销增长迅速。C 连锁的 A 产品销量一直没有起色，省区经理通过走访、沟通，发现店员并没有将该产品作为核心首推。原因是店员对产品认知不足，而同类其他产品销量较好，因此不愿推荐 A 产品。省区经理调整了奖励方案，增加了全面 PK 计划，包括总裁对赌、运营采购对赌、片区销量及动销破零 PK、店员店长超额奖励，增加每天对销售首单、最大单、案例分享等的即时奖励。方案实施后，当月 A 产品单品纯销达到 50 万元以上。

#### 10.5.3.3 促销

促销是在短期内实现店员愿意卖、消费者愿意买、消费者还来买的“催化剂”。产品导入的不同阶段，需采取不同的促销手段，促销必须采取闭环管理，具体内容如表 10－17 所示。

**表 10－17　不同时期的促销要点及方式**

| 进场时间 | 解决问题 | 核心点 | 促销活动形式 |
|---|---|---|---|
| 1～3 个月 | 建立信心，店员尝试销售，消费者尝试购买 | 全面开展、大力度激励、大力度促销、氛围打造 | 专销月、员工内购、体验促销、单店爆破 |
| 3～6 个月 | 强化售卖习惯 | 店员激励方式调整，促销产品聚焦 | 单品爆破、单店爆破、多点联爆、销售竞赛、销售认购 |
| 半年以上 | 引流、标杆店打造 | 消费者互动 | 节假日促销、驻店促销、会员促销、专家义诊、引流活动 |

（1）常见的促销方式

价格促销，如打折、积分、抽奖等；体验，如产品体验、检测体验、服务体验、品牌体验等；事件营销，如制造新闻事件吸引眼球、举办公益活动等；广告促销，如媒体广告、店面广告等；创意活动，如涂鸦大赛等；人员促销，如用户经理、流动促销员、坐诊医生、会员讲座等；节假日促销。

（2）促销方案设计

促销目标要清晰，产品导入期除了纯销目标外，更需结合门店铺货率、门店动销率、关联销售等匹配相应资源；活动政策要具体，促销政策尽量简单易懂，不能有分歧；促销要求要明确，政策尽量与目标挂钩；活动确定后要签订促销协议；行动计划能落地，团队支持计划等要注意资源是否匹配。促销活动方案框架如图 10－5 所示。

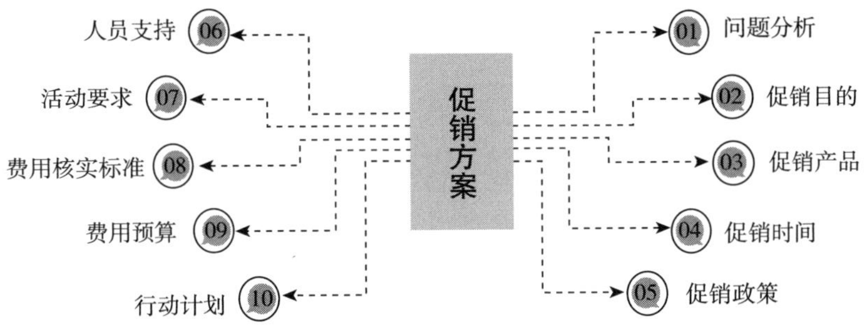


**图 10－5　促销活动方案框架**

为了方便大家在实操中做好促销业务，本书特附上《连锁促销协议书》，供各位读者参考，详见附录7。

（3）促销活动执行

双方对活动方案要达成共识，纳入重点首推，下达指标，明确陈列、培训、奖励等重点工作，共同全力推进；重点工作要紧抓落实，培训、示范店打造、驻店爆破等全面落地，树立执行铁军形象；要持续调动销售激情。销售战报每日发放、及时表扬优秀店员，引导相关人员进行案例分享，帮扶未动销门店，鼓励店员开口。

（4）促销效果评估

促销效果的好坏，在于活动本身的吸引力以及执行过程中的跟踪检核，每次活动结束后都应该有总结评估，具体内容如表10－18所示。

**表10－18　促销效果评估表**

| | | | | | | |
|---|---|---|---|---|---|---|
| 地区 | | 连锁 | | 活动执行人 | | |
| 活动目的 | | | | | | |
| 促销品种 | | | | | | |
| 执行时间 | | | | | | |
| 促销效果及费用评估 | 活动前铺货率 | | 活动后铺货率 | | 铺货率增长 | |
| | 活动前动销率 | | 活动后动销率 | | 动销率增长 | |
| | 销售目标 | | 实际销售 | | 偏差率 | |
| | 平均增长率 | | 环比增长率 | | 店月均单产 | |
| | 各品种门店动销情况分析 | | | | | |
| | 预计费用 | | 实际费用 | | 偏差率 | |
| | 投入产出比 | | | | | |
| | 活动问题及改进意见 | | | | | |
| | 经验分享 | | | | | |
| 上级批示 | | | | | | |

促销效果评估指标主要有以下几个：铺货率，是门店销售信心的判断依据，原则是大促期间门店铺货率要达到90%以上；动销率，是店员开口

情况的判断依据，动销率过低表示店员主动销售意愿低，需结合产品知识培训、奖励方式调整、客情关系建设等改进；纯销增长率，一次好的活动往往可以带来短期销量的大幅增长，纯销增长不明显时，说明活动方式或者执行存在问题，可根据实际情况调整促销方式或者暂停促销；费用投入产出比，主要考虑增量部分对应的增量费用投入是否达到预期效果；销售结构分析，涉及关联销售或者疗程销售的，要分析销售结构，判断关联销售、疗程销售的转化效果。

#### 10.5.3.4　工商互动

医药零售药店作为劳动密集型企业，除了采取人海战术，还可以通过自下而上、以点带面的方式快速提升销量。大部分企业，特别是品牌企业均采取自上而下的方式，快速建立销售势能，因此建立立体的组织战略关系、关键客户关系以及基层客户关系尤为重要。工商互动即通过建立常态化高层、中层、基层交流互动机制，形成企业间的合作互信关系，为各项关键工作的正常推进奠定基础，具体模式如表 10－19 所示。

**表 10－19　工商互动模式**

| 关系层次 | 定义 | 互动形式 | 协同 |
| --- | --- | --- | --- |
| 组织战略关系 | 基于双方业务需求及优势，双方高层达成深度合作 | 战略合作、回司参观、出国考察、项目合作 | 董事长/总经理 |
| 关键客户关系 | 对产品引进、上量起决策作用的连锁管理层，如运营总监、采购总监等 | 生意回顾、回司参观、部门活动、客情关系 | 大区经理/省区总监 |
| 基础业务关系 | 运营、销售的基层人员，如店长、店员等 | 学习提升、生日关怀、销售奖励、联谊活动、创意礼品 | KA 经理/门店代表 |

### 10.5.4　KA 连锁上量“三板斧”

行业内关于连锁快速上量的方法有很多，如战略启动会、生意回顾会、专销月活动，可作为团队上量“三板斧”不断操练，它们不但融合了连锁上量的七大关键因素，同时能够先自上而下、后自下而上地不断提升连锁的销售势能。

#### 10.5.4.1 第一板斧——战略启动会

通过高举高打，战略启动会可快速建立销售势能。会议内容主要有销售动员、指标及政策下达、产品知识培训、店员互动等，战略启动会关键如表 10－20 所示，战略启动会一般会议议程如表 10－21 所示。

**表 10－20 战略启动会关键点**

| 关键点 | 具体内容 |
|---|---|
| 高层站台 | 关键人参加：董事长/总经理/运营负责人 |
| | 高层动员：为企业/产品站台，激励各层级人员 |
| 有吸引力的方案 | 非常规奖励认购：现金奖励兑现 |
| | 建群互动 PK 机制 |
| 指标承诺 | 奖惩机制：有奖有罚 |
| | 签订责任状（PK），增强仪式感 |

**表 10－21 战略启动会一般会议议程**

| 项目 | 内容 | 主讲人 | 时间 |
|---|---|---|---|
| 开场 | 开场舞或者歌曲 | 省区团队 | 5 分钟 |
| 致辞 | 领导致辞 | 双方领导 | 10 分钟 |
| 企业介绍 | 播放企业宣传片 | — | 5 分钟 |
| 产品培训 | 产品知识培训及互动 | 市场经理 | 30 分钟 |
| 政策宣贯 | 奖励及促销政策 | 大客户经理 | 10 分钟 |
| 销售动员 | 指标及销售动作要求 | 运营总监 | 10 分钟 |
| 军令状 | 签订片区军令状（PK） | — | 10 分钟 |
| 建群 | 建立微信群，互动 | — | 5 分钟 |
| 大会总结 | 连锁总经理总结 | 连锁总经理 | 10 分钟 |
| 合影留念 | — | — | — |

战略启动会的注意事项主要有：会前铺货等工作先落地；会议议程、促销活动要提前沟通确定；会议场地、会议物料等提前列清单，逐项确定。

#### 10.5.4.2　第二板斧——生意回顾会

会议目的：生意回顾会是检视年度战略合作推进进展的运营分析会议，目的是分析当前运营成果并总结经验，找出战略合作中的执行偏差并及时改进。一般每月或每季度召开一次。

会议关键点：连锁总经理或者采购/运营总经理参加，会议议程可参照战略启动会调整。要有运营分析报告。会议要形成共识，明确双方需解决的问题及解决的时间，可以简化为一张重点工作推进表，双方共同监督执行。

运营分析报告要点：①详细的运营分析，包括指标进展及偏差分析，区域、门店、产品等维度的铺货、上量分析，促销活动效果分析，标杆打造分析等。②经验总结及复制计划，包含产品销售经验、有效的促销经验、门店活动经验等，问题提炼及解决计划。③结合数据及操作情况，分析连锁及自身问题，问题提炼要精简、明晰，解决计划要可行。④下一步行动计划分解，包括目标分解、促销活动计划、市场支持计划等。

#### 10.5.4.3　第三板斧——专销月活动

专销月活动是产品进场的首场促销活动，关系到未来产品在连锁的定位、店员销售的信心，务必要打出效果，打出气势。

目的：营造热销氛围，建立店员售卖信心及售卖习惯，产品全面动销。

关键点：①促销方案要全面。为了确保各层级人员全面配合开展专销月活动，活动内容要考虑各层面的激励机制，消费者促销、店员激励、门店氛围、连锁采购运营部门激励等要全面启动。②营造热销的氛围。生动化陈列，端头陈列、花车陈列资源的争取；门店专销月横幅、关联销售卡、产品卖点卡、POP、异型陈列的展示；大型门店引流活动的安排；有吸引力的促销物料的展示。③门店宣传工具的使用，如电视广告、播音、吊旗等。④专业服务资源配置，提供检测、义诊等配套服务，此类资源需提前定向邀约会员。⑤按天跟进销售数据并解决问题。中小型连锁采取微信群晒单及宣传互动是较好的一种方式。通过微信晒单活动，每天对晒单数据进行统计排名，找出做得好的门店以及未动销门店，作为第二天重点拜访的目标，一般一个月左右即可完成重点门店客情关系的建设，并实现销量的快速提升。

### 10.5.5 中小连锁及单体药店铺货

除了一小部分工业企业深耕终端多年，大部分工业企业在县域下沉市场都没有终端掌控能力，或者只能掌握有限的县域连锁，因此利用商业力量进行铺货仍是主流。

#### 10.5.5.1 主要铺货方式

协议铺货。对于渠道管控的产品，如果能够做好区域保护、价格管控，同时保障优于普药流通品种的返利，可以采取协议铺货的方式，其中品牌品种优势较为突出，主要针对县域市场的优质连锁。

活动铺货。这是最常用的方式，通过设计终端铺货政策、商业“三员”奖励、连锁加盟店购进奖励等，在短时间内强化区域覆盖率；常用活动方式有购进奖励、开发奖励、线上/线下订货会、直播订货等。

#### 10.5.5.2 铺货突破

本部分主要探讨的是品牌驱动下的商业铺货。商业铺货的效果好坏，在于指标的下达以及商业销售人员的重视，每一场商业铺货时间无须过长，保持1周左右即可，否则时间过长，不仅商业业务人员没有紧迫感，政策的稀缺性也无法体现出来，导致商业、终端逐渐产生促销依赖症。要想实现铺货突破，关键要做好以下几件事情。

（1）促销前方案制定

根据目标区域终端数量、现铺货率，制订阶段铺货目标，落实到每个责任人；确定终端铺货政策及商业业务人员奖励政策；确定铺货动员会时间、促销启动和结束时间及执行标准；确定促销信息的宣传方式及要求，抓住“三员”的终端客户群体宣传活动，其中“三员”奖励、终端促销政策的匹配是关键。

“三员”奖励方式有多种：按铺货门店数量的增加进行奖励，如每新增一家奖励××元；按铺货数量进行奖励，如每铺货××盒奖励××元；按铺货增量进行奖励，如达成铺货××门店/金额，奖励××元。

PK 奖励：采取排名或者分组 PK，排名靠前或者 PK 获胜者获得奖励。

终端促销政策：可采取原品折扣的方式，按不同购进数量给予不同的折扣力度，可采取“A + B”的方式，通过购买 A 品，赠送 B 品，亦可采取积分兑换礼品的方式。

（2）促销开始前的启动会

通过商业公司营销经理或总经理站台，让商业公司相关人员加深对企业及产品的了解，对双方战略合作提高重视，同时确定目标及奖惩方式。促销开始前的启动会重点事项如表 10 – 22 所示。

**表 10 – 22　促销开始前的启动会重点事项**

<table>
<tr><th colspan="2">重点事项</th><th colspan="2">主要内容</th><th>责任人</th></tr>
<tr><td rowspan="3">物料准备</td><td>素材类</td><td colspan="2">会议主画面、宣传视频、演讲 PPT</td><td></td></tr>
<tr><td>会务物料</td><td colspan="2">体验装、样盒、横幅、宣传物料（海报、易拉宝等）、桌签等</td><td></td></tr>
<tr><td>现场准备</td><td colspan="2">拍照人员（关键环节照片拍摄要求），电脑、投影、话筒、音响等调试</td><td></td></tr>
<tr><td colspan="2" rowspan="2">确定参会人员</td><td colspan="2">商业公司：总经理/销售总/采购总/相关销售人员</td><td></td></tr>
<tr><td colspan="2">工业企业：省区总监/商务经理等</td><td></td></tr>
<tr><td colspan="2" rowspan="6">会议议程确定</td><td>企业宣传及销售策略</td><td>15 分钟</td><td></td></tr>
<tr><td>××销售方案讲解</td><td>15 分钟</td><td></td></tr>
<tr><td>××商业公司配套方案讲解</td><td>15 分钟</td><td></td></tr>
<tr><td>现场答疑（建群）、签责任状</td><td>15 分钟</td><td></td></tr>
<tr><td>双方领导总结发言</td><td>10 分钟</td><td></td></tr>
<tr><td>与会合影</td><td>5 分钟</td><td></td></tr>
</table>

（3）促销启动当天的培训会

晨会期间，再次对产品信息、促销政策进行宣导，确保每个人都知道如何卖，有什么奖励。其间，可以适当布置开票大厅环境，如大厅横幅、吊旗，开票员办公桌上摆放产品样盒、体验品、产品关联销售折页等。

（4）促销期间的持续互动

如设置首单、最大单、宣传能手奖励等，充分调动业务人员积极性，同时每1~2小时出一次战报，表扬先进者，鼓励落后者。

（5）促销结束当天总结并兑现奖惩

及时表扬优秀业务员，开展有仪式感的颁奖活动，提升优秀业务员的工作激情，调动所有业务人员工作积极性。

### 10.5.5.3 铺货效果评估

铺货效果主要通过以下几个方面评估：

指标层面：区域门店覆盖率、活动期间铺货指标达成率、各商业业务人员铺货指标达成率及排名、产品销售结构等。通过数据分析找出覆盖问题及人员问题，及时改进。

执行层面：动员会是否召开，效果如何；业务员培训及政策讲解是否有效果；各业务人员对所负责的终端是否宣传到位；是否创造了你追我赶的销售氛围。

市场层面：及时了解铺货过程中存在的市场问题，如串货、乱价等，找出下一步解决办法。

客情层面：找出铺货贡献较大的商业公司业务人员，建立客情关系。

### 10.5.5.4 铺货必须准、快、狠

不管选择什么模式、什么渠道铺货，都必须遵循准、快、狠的原则，否则前期大量资源投放将功亏一篑。

准，即铺货目标要精准，目标客户定义要准确，铺货政策要精准。铺货目标要精准，区域连锁明细、单体/诊所数量要清晰，对连锁、单体药

店要设置明确的铺货率要求，建立各省市作战地图。目标客户定义要准确，如在有价格管控的情况下，对非协议商业公司、批零一体化的连锁、线上销售为主的连锁是否纳入铺货范围需有明确的规则。铺货政策要精准，不同类别的品种，市场需求截然不同，如何既能激励商业客户，又能调动终端购进的积极性，需要做好充分的论证并制定精准铺货政策。

快，特别是首轮铺货必须快速达成目标，为客户及团队树立信心。对于新进入 OTC 市场的产品，宜对商业公司采取区域网络独家覆盖的方式，确保铺货效果。

狠，对团队要有非常规的奖惩措施，对客户也要有非常规的奖惩措施。

**总结**

本章主要介绍了零售终端的发展概况、分类，详细介绍了 KA 连锁开发及上量、中小连锁及单体药店的铺货等要点。

零售终端铺货要点：定策略，广告、首推、促销的组合计划及铺货渠道的选择；定目标，定连锁开发目标、铺货商业公司及铺货终端数量；定政策，KA 连锁合作框架及政策匹配、中小连锁及单体药店铺货活动方式及激励机制的制定；广宣导，行业内宣导、客户团队宣导及培训等。

KA 连锁上量注意事项：每一个合作计划、生意回顾、问题分析、促销方案都要融入终端动销七大关键因素；从产品导入到成长再到成熟，不同的阶段要有不同的资源配置；好的合作框架只是开始，紧盯落地、持续改进才是关键。

KA 连锁上量的必备技能：年度合作计划的制订、促销方案的设计、产品知识培训、标杆店突破、数据分析、患教会等。

# 第11章

# 第三终端

## 11.1 第三终端市场概况

广义上讲，第三终端是除医疗终端即第一终端（公立等级医院）和第二终端（城镇连锁药店）外的所有终端，包括城镇民营医院、综合门诊、社区医疗服务中心（站）、专科门诊、个体诊所、乡镇卫生室及单体药店等。

第三终端市场以控销模式为主，原因主要有以下几个方面：

人海战术：第三终端主要以县域、农村市场为主，市场广阔，门店多而散，所以客户开发和维护难度大，加之各地区医药公司网络覆盖不理想，想要把市场做透，就离不开大量的业务人员，这也正是第三终端采取人海战术的原因，各企业逐渐形成了以地、县级市或者以人口基数为参考的市场划分方式。

多平台运营：因为很多医药公司市场无法做到全覆盖，加之客户对平台的选择偏好各有不同，所以第三终端市场渠道众多，最终导致一个省区的业务往往由 N 个平台进行配送。

产品资源：相比于第一、第二终端，第三终端市场上产品资源相对要差，主要体现为品类缺、品质差，同质化严重是诊所和单体药店客户们的主要痛点。在这种背景下，产品线齐全、知名品牌、独家产品逐步成为主流。

客户特征：诊所和单体药店大部分是夫妻自营型。采购环节没有连锁药店那么复杂。由于其整体运营能力较差，因此更加青睐市场保护好、有动销活动和学术支持的控销厂家。

## 11.2 控销模式应用

控销企业标杆众多，运营情况各有不同，本节对现阶段市场主流控销模式进行了归纳，仅供参考，具体内容如表 11－1 所示。

**表 11－1 市场主流控销模式归纳**

| 企业 | 运营主体 | 核心客户 | 优势 | 劣势 |
|---|---|---|---|---|
| A | 公司直营，联合上游工业，通过互联网平台 B2B 模式链接下游终端客户。市场业务人员只负责客户的推广 | 全国终端客户，连锁、单体药店、诊所等 | 1. 销售层级减少，价格低、毛利高；<br>2. 流向清晰，数据信息掌控能力强；<br>3. 覆盖能力强，起量快 | 1. 终端维护差，无法组织开展销售者活动；<br>2. 产品同质化严重，多为 OEM 产品；<br>3. 受上游厂家产品涨价、断货影响频繁 |
| B | 事业部总经理为总承包人，事业部再分包到各省总。公司任命事业部总经理。事业部人、财、物均由事业部总经理掌控 | 以诊所为主、单体药店为辅 | 1. 企业对事业部管理简单，但统筹效率高；<br>2. 事业部政策灵活，导向性强；<br>3. 重点产品销售力强，能够形成有效聚焦 | 1. 事业部内部管理强弱不均，管理制度、内容不完善；<br>2. 事业部很少有长远规划，一线员工归属感弱；<br>3. 公司层面的政策、宣传、文化推进不到位；<br>4. 产品层层加价，价格虚高 |
| C | 事业部省总为总承包人，省总再分包到各地总。公司认省总。省区人、财、物均由省总或大部分由省总掌控 | 以单体药店为主 | 1. 事业部对省总管理简单，组织效率高；<br>2. 省区政策灵活，前期产品导入、上量较快；<br>3. 重点产品销售力强，活动推广能按省总想法执行及落地 | 1. 省区短期经营行为较严重，省总随意加价现象比较严重，价格体系维护不到位；<br>2. 省总的个人能力决定省区的发展速度、发展水平；<br>3. 事业部调整省总会带来一定的问题和波动 |

**续表**

| 企业 | 运营主体 | 核心客户 | 优势 | 劣势 |
| --- | --- | --- | --- | --- |
| D | 事业部地总为承包责任人，省总为事业部派驻省区的管理人员，代表公司履行各项职能 | 以中小连锁为主 | 1. 地总对企业的认可度较高，长期经营意识较强；<br>2. 公司、事业部、省区建有完善的奖罚制度，奖罚明朗；<br>3. 调整省总不会有太大的问题及波动 | 1. 由于承包人较多，公司、事业部管理工作量大，公司层级的管理事务较多；<br>2. 公司前期投入较大，如省总的薪资、差旅费用等；<br>3. 省总的可用资源较少，统筹能力弱 |
| E | 事业部县总为承包责任人，省总为事业部派驻省区的管理人员，代表公司履行各项职能。地总建会务组到县总承包区域组织拉单，快速开发市场 | 以村医诊所市场为主 | 1. 县总对企业的认可度较高，长期经营意识较强；<br>2. 省、地区都是服务团队，组织规划市场活动，帮助县级经理拉动业务；<br>3. 人数多，起量快，覆盖面广 | 1. 由于承包人骤增，对公司的服务管理和监察要求很高；<br>2. 县级人员资金少，素质相对较低，呆账、死账多，资金风险大；<br>3. 人员流动性大 |

任何模式的选择都不是固定的，而是更多地需要根据企业自身的实际情况去选择。

### 11.2.1　六大关键要素

运营第三终端控销是一个体系化的工程，在这个系统工程里有一些需要特别关注的要点，具体如下：

#### 11.2.1.1　产品为王

经过多年的发展，控销模式已经进入竞争白热化阶段，好的产品线是各公司吸引优秀销售团队加入的最基本的资源。好的产品线应该品类齐全，有1~2个特色产品。品类齐全的意义在于业务员每到一家客户拉单都不至于落空，从而降低业务成本。利润主要从特色产品中来，聚焦培养1~2个大产品，让客户形成记忆点，给自己贴上标签。

#### 11.2.1.2 价格为魂

产品的定价是个技术活，以成本为下限，以客户的期望为上限，中间保障由产到销各个环节畅通运营。企业发展的不同阶段，也应该在不同的环节进行资源倾斜，比如在刚开始建立团队的时候，可以考虑投入更多的市场管理费用。

#### 11.2.1.3 团队为本

控销模式比其他模式更强调团队的重要性，因为每一单业务都是用人跑到的、用脚丈量的市场，有人才能打天下；很多企业以行政划分为单位，全国每个县都有业务员，而做到极致的企业划分得更细，按人口数来计算，20 万人口配备一个业务员，从而就会出现一个县 2～3 个业务员的竞争局面。

#### 11.2.1.4 模式为帆

第三终端市场模式多种多样，是自建团队、招代理商还是依托商业公司来开发，是选择以县总承包的一级模式，还是以地总承包的二级模式或是省区大包的三级模式，都需要根据企业自身的实际情况因地制宜，选择适合自己的才最好。

#### 11.2.1.5 学术为风

市场竞争白热化的今天，越来越多的处方药企业开始布局第三终端市场，终端市场的竞争悄然发生了变化。从对产品价值深挖、学术会议的开展到特色项目的开展和推广，越来越多的企业向专业化转型，这也进一步证明了学术化才能满足终端客户的需求。

#### 11.2.1.6 落地为赢

三分策略七分执行，好的策略本质都不会有太大区别，形式上每个企业都有自己的特色。同样一个产品爆破活动，有的企业能够大卖，有的企业却寥寥几单，很多时候都是因为执行过程中出现了偏差。因此，更多细节的优化，更多过程的跟进，让策略的每一步都落到实处才是成功的关键。

### 11.2.2　七大关键措施

第三终端市场的开发，需做好七项措施，具体内容如表 11 -2 所示。

**表 11 -2　第三终端市场开发关键措施**

| 措施 | 描述 |
|---|---|
| 产品选择 | 受集采影响，产品选择以品牌厂家中成药为主。挑选品类齐全、四季均衡、五脏调理的产品线，以 30 个左右为宜，包含 1 ~2 个特色产品 |
| 价值链 | 根据模式中具体的层级来制定，保证层层利润的分配 |
| 销售模式 | 事业部、省、地、县四级结合企业自身运营情况因地制宜 |
| 渠道 | 以终端全覆盖为目标，省区平台、地区平台、县级平台均可，根据实际管理能力进行选择 |
| 人均效能 | 按目前消费水平计算，县级业务员底价月销得达到 1 万元才能养活自己，否则就会发生大量兼职和团队流失的情况 |
| 组织结构 | 一般配有总经理、大区总监、省区总监、地区经理、县级经理以及市场部、监察部、后勤服务部等职能部门 |
| 学术推广 | 内部市场部培训组致力于深挖产品价值，突出以产品卖点为基础的培训体系，主要解决客户如何卖产品的问题；外部与第三方合作，用特色项目、绿色诊疗、中医适宜技术等帮助客户解决运营问题从而达成销售 |

### 11.2.3　实践分享

第三终端市场活动多种多样，从本质上来说，无论诊所还是药店，所有的战术都是以客户为导向，发现客户需求、满足客户需求的过程。以下列出两种活动方案和流程供参考。

#### 11.2.3.1　集训拉单

省区组织，以地区为单位，制定拉单方案，开展集中培训。两人一组扫街拉单，业务员分组 PK，早会、晚会总结，尤其适合新市场的开发和团队拉练。集训拉单具体内容如表 11 -3 所示。

表 11－3　集训拉单关键动作及时间节点

| 序号 | 集训拉单关键动作 | 时间节点 |
| --- | --- | --- |
| 1 | 开发选址，市场调查 | 活动前 1 周 |
| 2 | 结合公司政策，核算利益空间，确定拉单政策 | 活动前 3 天 |
| 3 | 组织成立，人员分工，路线安排，奖惩制度，费用预算，话术培训，政策宣讲，物料礼品准备 | 活动前 1 天 |
| 4 | 建立微信群，及时汇报进度，群里鼓励分享，每日动员，早、晚会总结 | 拉单进行时 |
| 5 | 跟单、追单与及时配送，市场善后工作处理 | 拉单后 1～3 天 |
| 6 | 活动总结与改进 | 拉单后第 3 天 |

### 11.2.3.2　3D 抽奖

省区组织，制定拉单方案，订单发彩票，开奖公布，奖品兑现，适合有一定客户基础的成熟市场冲销量、压库存。3D 抽奖具体内容如表 11－4 所示。

表 11－4　3D 抽奖关键动作及时间节点

| 序号 | 3D 抽奖关键动作 | 时间节点 |
| --- | --- | --- |
| 1 | 省区会议，参与地区选择 | 开奖前 1 个月 |
| 2 | 结合公司政策，核算利益空间，确定拉单政策和奖金设置、开奖日期 | 开奖前 1 个月 |
| 3 | 拉单表、奖券统一印制，礼品采购 | 开奖前 1 个月 |
| 4 | 各地区会议组织，政策宣导，拉单表、奖券、礼品分发 | 开奖前 1 个月 |
| 5 | 建立微信群，每日拉单数量汇报，实时跟进奖券分发数量，开奖日前务必将奖券分到每位客户手中并做好登记 | 开奖前 |
| 6 | 开奖日根据福彩 3D 彩票来确定中奖人员，及时跟进，兑现奖励 | 开奖后 1～3 天 |
| 7 | 活动总结与改进 | 开奖后 3 天 |

## 11.3　发展趋势

现阶段第三终端市场医药营销百花齐放，后控销时代来临，行业未来发展方向主要体现在以下六个方面。

### 11.3.1　由大普药转向特色单品

要想有竞争力并形成差异化，特色产品是关键。根据二八定律，聚焦主品，培养副品，建立产品梯队，完善产品结构。分清楚哪些药品适合诊所、哪些适合连锁药店、哪些是毛利产品、哪些是流量产品，做好规划和补充。

### 11.3.2　由压货转向动销

诊所终端上量主要靠客情积累、政策压货，通过单品突破，不仅要把货压下去，而且要通过各种活动和项目帮助客户引流和动销。

### 11.3.3　由线下转向线上

新型商业模式是未来的趋势，相较于传统控销模式，其优势主要体现在两个方面：其一，缩减内外运营层级产生的价格优势；其二，后台赋能系统优势明显，线上引流赋能，新零售运营赋能等。

### 11.3.4　由以包代管转向精细化管理

由放养式的包干制过渡到精细化招商代理，代理商同样需要管理，统一行动、延伸管理，形成合力。

### 11.3.5　渠道集中化管理

数据无分析、流向无检视、终端不清晰是很多控销企业的通病。近年来，受线上业务影响，低价、乱价成为常态，一些控销企业的黄金流量单品更是被人恶意窜货，破坏市场赚取差价。因此控制货物变得尤为重要，渠道也由多、散、乱向集中化、统一化转变。

### 11.3.6　中小连锁药店

上有大型连锁药店的扩张影响，下有单体药店竞争压力，加之本身的运营压力大，中小连锁药店生存状况堪忧；而以中小连锁为代表的县域连锁对于控销厂家来说是不可或缺的巨大市场。在这样的时代背景下越来越多的控销企业寻求和中小连锁药店开展战略合作，以互惠互利。进军中小连锁行业，帮助其提升运营能力，促进连锁药店发展是未来几年控销企业向连锁业务转型的重要课题。

**总结**

第三终端市场主要集中在广大基层市场，包括但不限于县城、农村、乡镇中的个体诊所、村卫生室和单体药店。总体上以控销模式为主，企业间具体运营方式又各有不同，本章归纳了五种控销模式，需要结合企业自身的实际情况去选择并运用。产品选择、价值链、销售模式、渠道、人均效能、组织结构、学术推广是开发第三终端市场的关键。

第12章

# 医药电商

A 公司是一家工业药企，经营多年，产品线丰富，消费者对 A 公司的王牌产品也有一定认知度，但公司一直没有开拓电商市场。某天，A 公司总经理陈总把营销部管理层召集起来开了个会。

陈总说："前段时间疫情居家隔离，我自己在京东、阿里这些线上平台买了几次药，我发现从问诊咨询，到下单买药，服务和体验都特别好。我们公司的产品线这么全，有很好的基础，是不是可以考虑做医药电商？你们回去研究一下，我们这种生产型企业怎么做好医药电商？"

营销部周总说："确实，现在大家都习惯网购，医药电商市场体量会越来越大，我们公司做电商，不仅更了解消费市场，也能降低营销成本。我们回去研究讨论一下！"

# 12.1 医药电商概况

## 12.1.1 医药电商市场发展历程及格局

在互联网市场基础逐步培育的背景下，医药电商市场业态发展迅速。我国医药电商发展可分为四个阶段：1998—2003 年是医药电商的探索期，经历了 2004—2009 年的萌芽期、2010—2015 年的成长期，2016 年后进入高速发展期，2022 年的医药电商市场已形成稳定的商业模式，市场格局逐渐清晰。网上药店市场 2021 年药品销售额达到 368 亿元，同比增长 51.5%。

互联网巨头在医药电商市场具有天然优势，占据大部分流量入口，同时掌握着流量分配规则，既是裁判员又是运动员，马太效应凸显。京东健康、阿里健康都曾实现盈利。2022 年，这两家的战略重心都从追求 GMV 增长转向追求有质量的 GMV 增长，即对盈利更为重视。线下药店因客流减少，也不得不入驻医药电商平台，依托医药电商平台触达更广泛的用户，利用大数据算法节约获客成本，提高会员黏性，促进收入提升。各互联网巨头进入医药电商时间如图 12－1 所示。

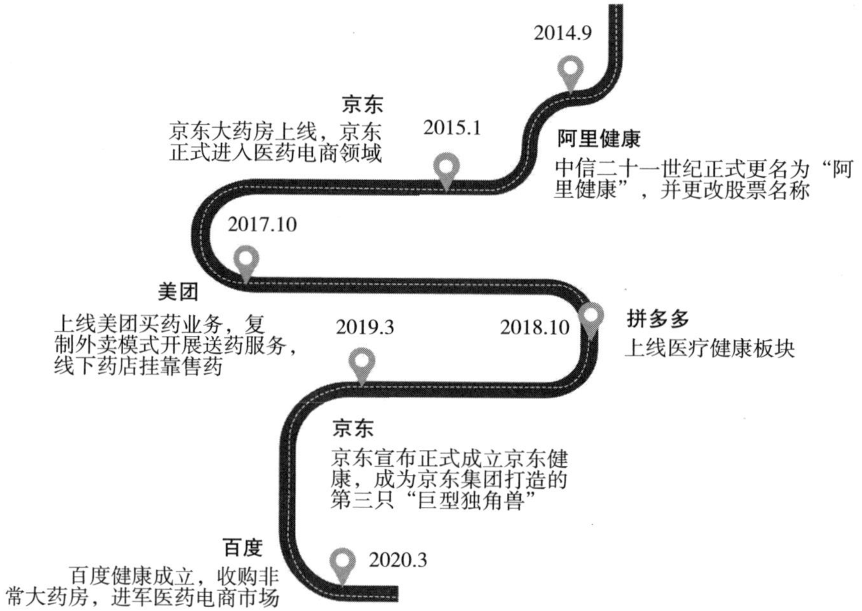


**图 12－1　各互联网巨头企业进入医药电商市场的时间**

## 12.1.2　医药电商市场发展趋势

### 12.1.2.1　市场规模持续扩大

2020 年，突如其来的新冠肺炎疫情给全球经济带来了巨大冲击，而医药电商却在疫情后出现了爆发性增长。在新冠肺炎疫情的催化下，用户开始了解和接受在线诊疗和在线购药。医药电商平台的发展拉近了药企与消费者之间的距离，给传统药企带来了新的发展机会。

随着居民健康意识逐步增强，慢性病患病呈上升趋势，加上卫生健康服务水平的提高、慢性病患者生存周期延长、人口老龄化等因素，慢性病患者基数仍将不断增长，用药需求随之增加，医药电商市场规模还将继续扩大。

#### 12.1.2.2　医药电商成新蓝海

新特药、罕见病用药以及跨境药品在线下医院、药店等常规渠道往往难以获取，而医药电商具有平台属性，可以囊括更多的药品品类，解决信息不对称、医疗资源分布不均的问题，满足非常规用药患者的需求。医药电商未来可以与药厂在新特药、罕见病用药等领域深度合作，探索跨境医药，为患者构建更便捷、高效、安全的线上购药平台，这也是医药电商的新蓝海。

#### 12.1.2.3　向健康服务商转型

医药电商平台将在专科化的基础上，淡化医药电商功能界限，提升综合服务能力，增强在线医疗布局深度，拆分患者生命健康周期，探索患者用药场景，增强不同场景下的服务能力，为患者提供“一站式”医药服务，满足患者更深层次的用药和医疗需求。在慢病管理方面，全生命健康周期的医药服务尤显价值，从诊断、检测到用药、康复等场景的打通，能够为慢性病患者带来更便捷的体验，实现医药电商从产品到服务的跨越。健康服务内容如图 12－2 所示。

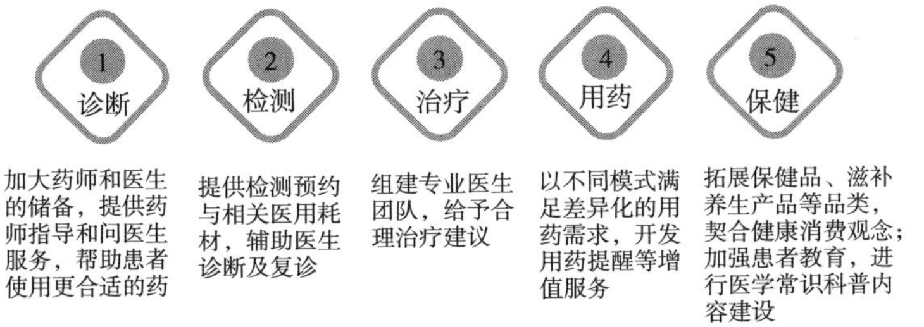


**图 12－2　健康服务内容**

#### 12.1.2.4 打通药厂营销通路

医药电商在日常交易中积累下海量用户数据，能够与药厂等供应商进行合作，缩短营销传播通路，打通上下游信息流，为药厂提供更有针对性的药品研发与上市依据，精准识别市场需求，通过专业的数字化营销方式帮助药厂触达目标市场，降低营销推广成本，发掘品牌增长的新机遇和方向。在零售终端方面，线下药店依托医药电商平台触达更广泛的用户，采取精准的市场营销投放策略，利用大数据算法对用户进行千人千面式的精准推荐，节约获客成本；同时，建设数字化、智能化的会员服务体系，开展多元化的会员活动，提高会员黏性，促进收入提升。药厂营销通路如图 12－3所示。

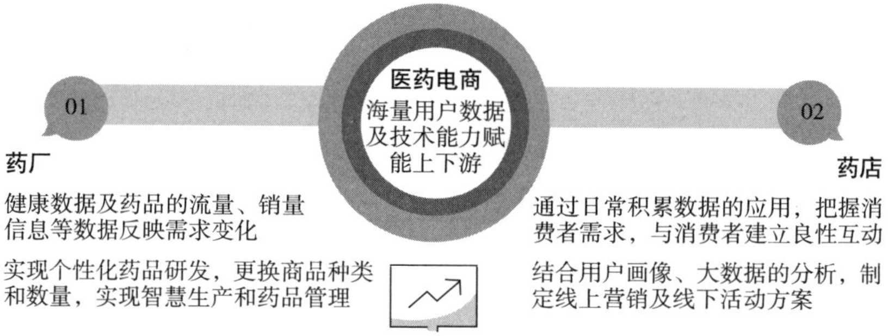


**图 12－3　药厂营销通路**

## 12.2 医药电商行业经营模式

### 12.2.1 B2C 模式

医药电商的 B2C 模式是指卖方直接面向消费者的商业模式，分为自营式 B2C 和平台式 B2C，二者之间的比较分析如表 12－1 所示。互联网医药电商平台一般二者兼顾，既要提升产品供应能力，又要满足 C 端用户多元需求。平台式 B2C 是最成熟、活跃的市场。2021 年，阿里健康的年度活跃用户就超过 2.8 亿人，京东健康的年度活跃用户超过 1.2 亿人，两个平台商品 SKU 都超过 4000 万个，GMV 超过 1100 亿元。

**表 12 -1　自营式 B2C 与平台式 B2C 比较分析**

| 项目 | 自营式 B2C | 平台式 B2C |
| --- | --- | --- |
| 商业模式 | 渠道商 | 搭建平台，商家入驻 |
| 核心竞争力 | 供应链管理医疗服务 | 用户流量 |
| 主要客户 | 前端：网购用户<br>后端：供应商和商家 | 前端：网购用户<br>后端：商家 |
| 商品 SKU | 品类精选 | 海量商品 |
| 用户忠诚度 | 高 | 低 |
| 流量 | 较低 | 高 |
| 销售结构 | 更注重药品品类 | 更注重流量品类 |
| 物流及售后服务 | 可控性强 | 可控性弱 |
| 成本费用投入 | 自建平台成本高、运营成本高 | 进入成本低、推广成本高 |

### 12.2.2　B2B 模式

医药电商的 B2B 模式是指卖方面向采购终端的商业模式。近年来，医药 B2B 市场呈现出交易体量持续增加、参与主体多样化、商业模式崭露差异化的特点，进入加速成长阶段，成为单体药店及基层终端采购的重要工具。B2B 模式也可以分为自营式 B2B 和平台式 B2B，二者之间的比较分析如图 12 -4 所示。尽管各有优劣，但自营式 B2B 的产品和价格优势最为明显，能够吸引更多终端客户，更能成为企业的主流选择。此外，政府主导的 B2B 是非营利性的药品集中招标采购平台。

### 12.2.3　O2O 模式

医药电商的 O2O 模式是指消费者在线上下单，由零售终端安排线下指导及药品配送，通过销售价差、交易佣金和为线下导流等方式实现盈利。同样地，医药电商 O2O 模式既有依托线下连锁店物流的轻资产平台模式，也有自建物流团队配送药品、布局线下药店的重资产自营模式。目前 O2O

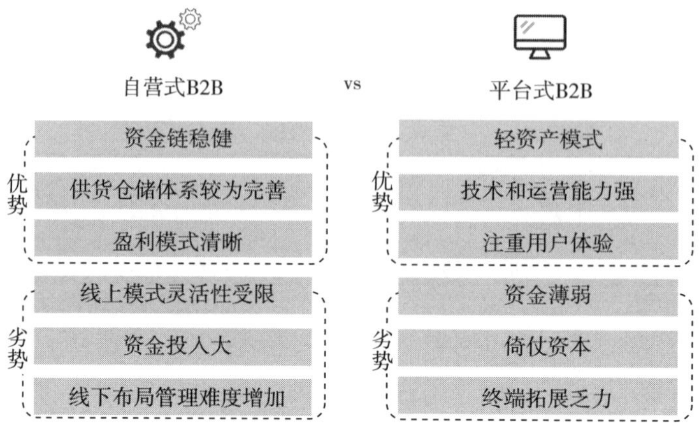


**图 12－4　自营式 B2B 与平台式 B2B 比较分析**

模式规模仍较小，通常订单呈现“小而散”的特点，更多的是作为线下药店的延伸服务而存在。

随着用户用药及时性需求被挖掘及外卖习惯的养成，医药 O2O 模式的市场规模得到一定程度的增长，凭借价格、选择、服务、易监管等方面的优势持续为线下药房吸引流量，提升门店服务半径，提高用户黏性。但配送费用高、消费频次低、利润率低等问题依旧等待行业解决。

医药电商的 O2O 模式已成为线下药店重要的生意补充。据中康 CMH 数据，2021 年，全国药店 O2O 市场规模已达到近 180 亿元，增速超过 130%。O2O 生意同样靠第三方平台引流，根据阿里本地生活医药健康团队和中国医药物资协会数智化零售分会的研究，美团送药约占 57%，饿了么约占 24%，京东到家约占 12%，叮当到家约占 5%。

O2O 总体占线下市场比例为 4%～5%。医药 O2O 的头部城市和头部玩家都已形成。2022 年第二季度数据显示，头部十城市规模已占 101 样本城市的 59%，从连锁分布上看，TOP10 连锁的销售份额占比为 51%。

O2O 订单呈现“小、散、急、懒、私”的特点，客单价一般为 30～40 元，订单数量起伏不稳定，需求往往是感冒、咳嗽、发烧、拉肚子、计生用品等。需求高峰集中在 20～24 点，特殊购药场景可佐证消费者购买需求，复购率低且严重同质化，消费者唯低价是取，成交场地随促销活动转移。

从品种结构上来看，OTC药品销售额占比近两年连续下降，截至2022年第二季度，销售额占比为43.6%。处方药市场占比则持续上涨，至2022年6月，比例已高达34.9%。工业企业中，外企拜耳、强生、晖致、GSK、阿斯利康，内资三九、广药、云南白药、同仁堂、紫竹居规模前十。外资产品畅销显然与专利到期的原研药开始将重心转向零售渠道有关。

对于品牌工业来讲，O2O购药的兴起，可能为厂家提供了一条绕过连锁首推直达患者的途径。因为患者不到店，全凭自我诊断和对疾病知识的学习主动选择药品。因此，品牌工业加强患者教育和品牌宣传，就成为未来获取O2O销量的主要手段。

值得一提的是，O2O平台如美团、饿了么对外公布的数据是GTV（平台交易总额）口径，与中康资讯等第三方机构发布的数据①有一定差异。GTV包含了用户支付的配送费（占比为4%～6%）、商品折扣（满减、红包、代金券）等商家承担的活动支出（占比为27%～31%），商家承担的技术服务费（占比为4%～6%），商家承担的履约服务费（占比为8%～15%），商家的实际收入（占比为42%～63%）。连锁商户侧感知的实际收入，即用户付费扣除商家的技术服务费和配送费后的收入，而用户视角感知的是用户实际支出，不含满减、红包、代金券等，但包含了配送费。

目前医药电商市场最大的两个平台是阿里健康和京东健康，两家公司的业务对比如表12－2所示。

① 中康资讯发布的数据是通过对连锁数据调研得来的。

表 12－2　2021 年阿里健康和京东健康的业务比较

| 业务 | 类型 | 阿里健康 | 京东健康 |
| --- | --- | --- | --- |
| 医药电商平台业务 | GMV（含药品、器械、保健品）（亿元） | 1240 | 1101 |
| | 商家数量（万家） | 2.6 | 1.8 |
| | 商品 SKU（万个） | 4400 | 4000 |
| | 年度活跃消费者（亿人） | 2.8 | 1.23 |
| 医药自营业务 | 营收（亿元） | 206 | 307 |
| | 其中：零售药房业务（亿元） | 179 | 262 |
| | 处方药（亿元） | 46 | 30 |
| | OTC（亿元） | 69 | 60 |
| | 保健品（亿元） | 64 | 50 |
| | 医疗器械（亿元） | | 122 |
| | 年度活跃消费者（亿人） | 1.1 | 1.09 |
| | 次日达占比（%） | 76 | 80 |

## 12.3　工业药企电商模式

工业药企电商化是必然趋势，一方面，“十四五”医药工业发展规划倡导实现线上线下深度融合，形成医疗机构、药品生产经营企业、保险公司、信息技术服务商等共同参与的“互联网＋医药”新生态；另一方面，医药工业也有动力接触患者，直接掌握患者的用药反馈、市场动向，进而让企业运营决策紧贴市场需求，做到快速反应。

### 12.3.1　三大经营模式

#### 12.3.1.1　经销供货模式

经销供货模式，是指工业药企给自营商家或 pop 商家供货。给商家供货，本质上并没有解决卖货问题。有很多工业药企没想明白其中的道理，以为只要把货供给阿里健康、京东健康，就可以当甩手掌柜坐等销量，其实这只是一厢情愿。厂家没人主动配合运营的产品，自营商家只会交给计算机算法去管理。而且线上有终端拦截，如果你的产品不做搜索优化，就有可能被竞品“吃掉”。好不容易到手的销售机会，就会被竞品抢去。有一种例外情况，就是当你的产品自带流量，网上有主动搜索需求时，供需关系的主被动双方就会发生调换。你只需将线上作为利润收割渠道，不仅不必投入任何推广促销费，商家还必须按你的定价销售。

#### 12.3.1.2　品牌旗舰店代运营模式

工业药企在平台上开设品牌旗舰店，但没有运营团队，而是找 TP 代运营，转向 To C 的生意模式。由于没有运营团队，缺乏运营能力的沉淀，并且代运营公司与工业药企的利益诉求很难保持一致，对利润并不关心，对产品和竞品的研究也不深入，它们更关心工业药企是否放价，是否给推广费，因此，到目前为止还未见到代运营做得很好的医药品牌旗舰店。

#### 12.3.1.3　自建运营团队模式

工业药企组建销售型电商事业部，运营品牌旗舰店、管控线上渠道、推广线上产品。三种模式优劣分析如表 12－3 所示。

**表 12－3　三种模式优劣分析**

| 项目 | 经销供货模式 | 品牌旗舰店代运营模式 | 自建运营团队模式 |
|---|---|---|---|
| 操作难度 | 低，直供或商供 | 中，找到靠谱的 TP | 高，考验电商运营能力 |
| 价格可控 | 货权在自营，难维价 | 运营权在 TP，难管控 | 掌握货权和运营权 |
| 运营可控 | 没有运营抓手 | 运营外包 | 掌握运营主动权 |
| 宣传合规可控 | 展现包装盒外观为主 | 推广图设计合规性难掌控 | 主动报广审合规 |
| 平台资源获取 | 非头部产品无运营关注 | 根据费用预算报活动 | 主动找平台获取资源 |
| 费用控制 | 费用投入多为返利形式，不能转化为销量 | 对推广费投入的效果没有把控 | 随时掌握数据，调整推广方案 |
| 流量来源 | 以自然搜索为主 | 站内推广 | 站外种草＋站内推广 |
| 团队培养 | 无 | 无 | 推广、运营、客服、美工、商务、私域 |

### 12.3.2 医药电商选品方法

#### 12.3.2.1 医药电商爆品六大基因

综观已经成为医药电商销售的爆品，往往具备相同或相似的前置条件，我们称之为爆品基因：

①产品适用人群广，最好是以年轻人为主要消费群；

②以独家产品、独家品规，线上和线下包装品规区隔；

③长病程，重复用，高复购，适合囤货；

④病症或消费者需求有一定的隐私性；

⑤产品自带搜索流量；

⑥渠道价格管控好。

#### 12.3.2.2 选品工具和决策指标

电商选品：可以通过各类平台提供的工具，找到存量市场和增量市场大的产品和类目。

站外工具运用：百度指数、巨量算数指数、爬虫软件、米内网、中康CMH 行业报告。

站内工具运用：生意参谋、京东商智、抖查查。

决策参考指标：

①市场需求数据：产品、疾病的搜索指数，一段时期的搜索趋势变化、人群画像、关联搜索词。

②市场存量数据：访客数、支付金额、搜索人数、搜索占比、客单价、支付人数、转化率、UV 价值。

③品类竞争数据：父类目、子类目的分布占比，子类目卖家数量（竞争度），1 ~3 年的同比趋势。

④头部品牌竞争格局：该三级类目下的 TOP20 的品牌/店铺的 GMV 要素的 PK（访客数、转化率、客单价、利益点、核心卖点、受众心智、评价调研）。

⑤头部品牌/产品的流量构成：付费流量（直万引品客、快触海品客）、免费流量（搜索、推荐）、站外引流，以上绝对值和占比。

⑥付费投产估算：体量和受众相似品牌/产品的估算站内外ROI。

⑦成本估算：研发沟通、竞品调研（成分、风味、药食标准）、产品评测、包装评测、最小单位包装成本。

### 12.3.3 品牌旗舰店运营

#### 12.3.3.1 组建医药电商团队

工业药企自建To C电商团队，需要时间和投入的沉淀。初始阶段培养运营人员。市场上招聘不到合适的人员，则需要从企业内部培养。此时对运营人员的专业能力要求不一定太高，可以边实操边学习，重要的是能一岗多职，既要配合平台自营做活动规划，也要掌握基本作图工具，还要兼顾商务和客服。这个阶段产品销量小、团队弱，摊子不能铺太大，但要耐得住性子，给团队学习成长的时间。随着业务的成长，再逐步搭配客服、设计、推广、商务团队，团队架构如图12－5所示。

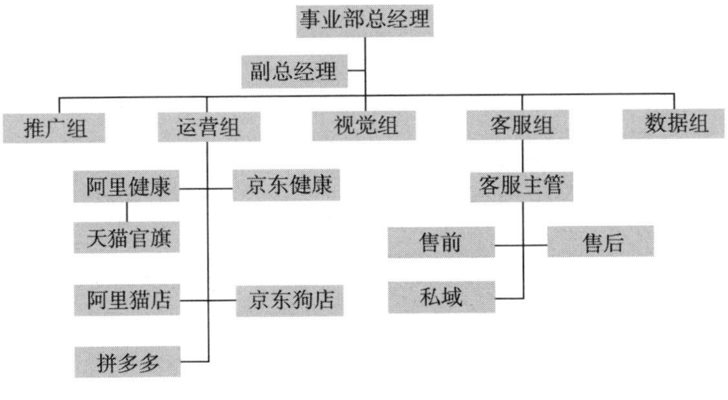


**图12－5 电商事业部组织架构**

#### 12.3.3.2 电商生意模型

GMV＝访客流量×支付转化率×客单价－退款金额。电商生意模型围绕三个重要数据开展：支付转化率、访客流量、客单价。此外，还有一个变量——退款金额，关注退款发生的场景、退款的货品、退款的真实原因、退款的物流因素、退款的其他外部因素。

电商最看重数据，一切经营问题都可以从数据中找到答案和对策。

电商生意闭环从流量始，至支付终，没有支付就是对前期运营、推广、客服、美工等一切成本的浪费。支付转化率 = 支付人数/访客人数。支付转化率是最核心的数据，支付转化率大于“同行同层平均”，说明运营质量高，访客价值也高。如果支付转化率低于同行，则要从访客流量精准度、详情页策划、主图利益点设计、商品定价等方面找原因。

访客流量 = 付费流量 + 免费流量 + 站外流量。分析访客最重要的是看不同流量来源的访客数量和支付转化率，找出支付转化率比较高的流量来源，想方设法进一步提高访客流量，提高整体的支付转化率。

提升“客单价”是对进店顾客价值的最后利用。高客单价可以提升店铺销售和链接 UV 价值。UV 价值 = 支付金额/访客流量，该值为访客价值，数值越大权重越高，平台给予的搜索和推荐流量也相对越多。提高客单价的主要办法是多件组合销售，商品搭售对提高客单价的效果不好。但是做高客单价是一把双刃剑，因为做高客单价，意味着利益点必然倾向于多件组合，也意味着对低客单人群的放弃。

#### 12.3.3.3 旗舰店运营

旗舰店运营的重点工作包括店铺定位、经营顾客、打造爆品、站内推广、精细运营、客服体系、应对竞争、数据分析八个方面。这里将对其中最重要的站内推广、精细运营、客服体系和应对竞争的工作方法进行阐述。

(1) 站内推广

电商生意建立在流量基础上，如果找到低成本流量来源，就成功了一半。

除了各种站外来源，站内流量也是必争之地。站内推广的主要工作是找流量和提升点击率。付费推广是最直接的流量来源，在 ROI 可控的范围内尽可能加大付费推广的力度，系统会根据付费推广的点击率和访客贡献，分配自然搜索免费流量。

付费推广的点击率是关键指标，以直通车为例，点击率和支付转化率越高，质量分会越高，点击单价也会越低。如何提高点击率？一是提升素材质量，多设计一些素材，通过对比测试，找出点击率最高的素材。二是在推广计划的预算分配上，提高点击率较高计划的出价和预算，降低点击率较低计划的出价和预算，从整体上提高点击率。

日常推广主要工作：①流量监测和日预算调整；②日粒度监测付费与免费变化趋势；③竞争环境下创意标题、图片创意、时段、出价的调整，外部环境影响因素（地域、出价、时段）的调整。

日常推广重点关注数据：①推广数据看板建立：ROI、费比率、点击量、推广花费、支付金额、转化率、点击率、获客成本。②“直万引品淘”渠道：花费、展现量、点击量、点击率、加购数、成交笔数、直接成交金额、间接成交金额、总成交金额、点击转化率、客单价、点击单价、渠道获客成本、ROI。

（2）精细运营

电商成功的另一半是运营，即提升流量的转化率。提升转化率主要从以下方面入手：①商品利益点：产品定价、详情描述、赠品、附加价值等；②主页、详情页设计美感；③产品的基础销量；④提高好评数，压制中差评；⑤顾客互动；⑥提高售前客服接待技巧。

转化率也与流量精准度有很大关系，流量越精准，转化率越高。所以，推广引流不可盲目，一是要把人群圈准确，二是要通过生意参谋把词选精准。

运营的目标是提升转化率，但是电商运营人员的日常工作却繁杂得多，可以归纳为十件事：写（计划）、搞（推广）、找（资源）、回（小二）、报（活动）、盯（竞对）、盘（库存）、想（方案）、追（仓配）、做（报表）。

旗舰店店长平时要关注流量数据、品类数据、交易数据、推广数据，注意平台采销、运营的日常对接和节假日的客情维护，遇大促活动，还要特别关注货品运营和活动运营。

店长日常重点关注的数据：①流量数据：渠道来源访客数、商品来源访客数、支付人数、客单价、转化率。②品类数据：访客数、支付人数、支付件数、SKU 成交占比、商品流量渠道来源、商品标题优化、商品内容来源分析、新老客占比。③交易数据：支付金额、退款金额、下单金额之间的差数关系归因分析。④营销推广数据、“直万引”（直通车、万象台、引力魔方）渠道结果数据、营销玩法监测：新客首单礼、购物金、笔笔返红包等。

店长在大促时重点关注的数据：①货品运营：货品库存的管理，（包括平台库存、商业库存、在途库存）；大促备货，（根据往期结果和本期目标，并同步平台采销及运营建议）；物料备存，（日常物料赠品策略和大促赠品策略）。②活动运营：活动时间节奏和规划；活动计费和客户参与度验收；商品价格及利益点规划；活动流量及来源的效果评估；活动复盘（流量、交易、品类、人群各项指标）。

（3）客服体系

顾客购物体验的好与坏在很大程度上与店铺客户服务有关。客服工作要做细，可以分为售前和售后。售前的职责是解答咨询、订单催付、提升客单价。售后的职责是跟进售后物流、负责退款、处理中差评、买家秀登记等。客服工作的好坏，直接关系顾客购物体验，一旦客服环节出问题，中差评多起来，店铺 DSR 评分会马上下降。DSR 是客户满意度的具象表现，评分一旦下降，店铺自然流量和转化就会受影响。因此，提升 DSR 需要做这几方面工作：提升发货速度；客服回复及时且态度好；售后问题处理得当，退款速度快；顾客购物体验好。

现在顾客对服务的要求很高，中差评是很难避免的。一般来说，顾客差评都可以通过退货退款、退款不退货，或者给予一定金额的补偿来修改。只要不是客服工作态度问题引起的差评，都应给予客服处理的权限。对于大部分顾客来说，给予合理的补偿后基本都会帮忙修改中差评的。也有遇到完全无法沟通的顾客，不愿意修改差评。如果是恶意差评，可以通过多人多账号发起平台投诉解决，也可以通过客服主动联系更多买家及时给予多条好评去压制。店铺经常做买家秀是好评的重要手段。

客服接待工作：①产品知识、产品卖点及平台规则的应知应会；②根据客户咨询的问题（活动/价格、症状、年龄、用量用法、功效、疗程/周期、查询真伪）进行解答，推出目前的活动，促使客户下单；③天猫接待咨询工作；客户咨询问题回复的同时，需要打标签分类，比如：产品咨询、咨询活动、查询真伪、用法用量；④对各个平台咨询未下单客户进行催付。

客服售后工作：①天猫/京东/拼多多平台根据当月活动引导客户参与买家秀，按活动规定登记客户参与的各项信息，登记完成后整理数据，检查并下发到钉钉群；②各平台客户若下单后有售后问题，先根据客户问题进行初步沟通，沟通后职责范围内给客户解决，退货、退款、质量问题等转给售后客服处理；③交易完成后引导客户确认收货及五星好评；④配合公司各部门引导客户参与其他活动，引导客户关注官方账号，登记客户信息、参与时间、赠品发放数量等。

客服日常关注的数据：①监测 DSR 动态：商品评分、物流评分、服务评分共三项。②监测店铺综合体验分：重点监测指标包括品退率、24 小时揽收及时率、旺旺响应时效、退货退款时长、平台求助率、平台判责率。③监测店铺询单率：询单人数/访客数（工具：生意参谋－服务、赤兔名品）。④监测店铺询单转化率：支付人数/询单人数（工具：生意参谋－服务、赤兔名品）。⑤监控店铺评论动向：差评率、服务差评、回评质量。

（4）应对竞争

电商是典型的马太效应头部通吃，UV 价值越高，获得的流量越多；

同时，店铺层级越高，获得的流量也越多。从店铺看，大部分销量都是高权重链接贡献的。从行业看，大部分销量是属于行业第一名的，这是因为头部店铺拥有高权重链接。例如某产品类目共有近百个产品，TOP10 产品占了市场大盘的 94%，排名第一的商品吃掉了 35% 的市场份额，排名第二的商品吃掉了 17% 的市场份额。这两个商品的大部分销售都是由 2 ~ 3 个链接贡献的。在已经形成的竞争格局中，要超越竞争对手是非常难的事。因为系统流量分配的算法、顾客的心智都不容易改变。应对竞争最好的办法就是找准自己的位置，瞄准一个对象，去分析竞对链接的流量结构、人群画像，进行有针对性的进攻或防御。像蚂蚁搬家一样，从长尾词着手一点点把竞对的流量拦截下来，积小胜为大胜。如果是新品上架期，则上架类目的选择很关键。当大类目有巨头无法超越时，不如选择在小类目上架。小类目也会有长尾词流量，在小类目能成长为 TOP 品，远比在大类目吃不到流量好。

竞争分析数据：①行业及品类洞察（年、月、近 30 天、近 7 天的同比趋势)，支付金额、支付人数、客单价、前端价格和利益点；②头部品牌 GMV 要素同比趋势（年、月、近 30 天、近 7 天的同比趋势)；③头部品牌关键词趋势（月粒度趋势)；④头部品牌的客群分析（地域、年龄、性别等)。

#### 12.3.3.4 店铺运营报表

销售日报表如表 12 – 4 所示。

**表 12 – 4 官方旗舰店运营数据**

| 日期 | 日 GMV | 本月金额 | 上月金额 | 上月日均金额 | 环比日增长 | 环比月增长 | 年累计金额 | 年累计进度 | 浏览量 | 访客数 | 转化率 | 重点产品 1 | 重点产品 2 |
|---|---|---|---|---|---|---|---|---|---|---|---|---|---|
| | | | | | | | | | | | | | |
| | | | | | | | | | | | | | |
| | | | | | | | | | | | | | |

推广月报表如表 12－5、表 12－6 所示。

**表 12－5　推广渠道 11 月数据**

| 店铺 | 渠道 | 点击量 | | | 花费 | | | GMV | | | 转化率 | | ROI | |
|---|---|---|---|---|---|---|---|---|---|---|---|---|---|---|
| | | 目标 | 月累计 | 完成率 | 目标 | 月累计 | 完成率 | 目标 | 月累计 | 完成率 | 目标 | 累计达成 | 目标 | 累计达成 |
| | 直通车 | | | | | | | | | | | | | |
| | 引力魔方 | | | | | | | | | | | | | |
| | 万象台 | | | | | | | | | | | | | |

**表 12－6　推广渠道 11 月累计费比**

| 店铺 | GMV | 消耗 | GMV 费比 | 纯消费比预估 | 本月目标 |
|---|---|---|---|---|---|
| | | | | | |
| | | | | | |
| 合计 | | | | | |

关键词表现分析如表 12－7 所示。

**表 12－7　关键词表现分析**

| 关键词 | 2022 年搜索人数 | 2022 年点击人数 | 2022 年支付人数 | 同比额 | 同比额点击人数 | 同比额搜索人数 | 同比率搜索人数 | 同比率点击人数 | 同比率支付人数 |
|---|---|---|---|---|---|---|---|---|---|
| | | | | | | | | | |
| | | | | | | | | | |
| | | | | | | | | | |

行业竞争分析如表 12－8 所示。

**表 12－8　行业竞争分析**

| 类目 | 2021－××－×× | | | 2022－××－×× | | | 同比 | | |
|---|---|---|---|---|---|---|---|---|---|
| 品牌维度 | 支付金额 | 支付人数 | 客单价 | 支付金额 | 支付人数 | 客单价 | 支付金额 | 支付人数 | 客单价 |
| | | | | | | | | | |
| | | | | | | | | | |
| | | | | | | | | | |
| | | | | | | | | | |

### 12.3.4 药企电商私域运营

私域用户对品牌的认可，建立在对品牌和服务的依赖上。企业通过服务，延长来自公域的顾客的生命周期，通过会员群、会员活动、积分等方式，让顾客获得产品价值之外的附加价值，同时品牌也获得除销量外的口碑、声誉传播。

私域的流量来源是公域平台，特别是公域成交的客户，通过引入私域平台沉淀、促活，再产生复购。微信公众号、企业微信、有赞商城是私域运营的主要工具。微信公众号主做产品宣传，沉淀用户。私域客服通过企业微信，为公域平台成交顾客提供用药宣导、疗效指导、疗程辅导、复购引导“四部曲”服务。

#### 12.3.4.1 私域运营流程

首先，汇总各平台、公众号等公域流量；其次，开展买家秀、推荐活动，以用药跟进等方式转移到企业微信；再次，企业微信给客户打标、分类、建档，进行日常“四部曲”维护；最后，定制化活动，拉群，完成复购。

#### 12.3.4.2 私域客服的日常工作

①登记每日数据：私域客服填写每日私域数据/填写分解表数据（钉钉群）；

②回复企业微信消息：逐一回复客户信息并解决客户问题；

③登录有赞公众号：回复客户咨询与留言，引导客户添加企业微信；

④微信好友添加：通过好友请求并获取客户资讯（年龄、症状、需求等）；

⑤买家秀登记：核实订单，登记赠品，跟进快递发货与物流更新信息，并同步给客户；

⑥客户建档：按客户购药信息予以完善；

⑦复购“四部曲”：用药指导（1 天）—疗程辅导（10 天）—疗效评

价（15 天）—复购引导（30 天），以及根据客户情况进行复购时间上的引导；

⑧朋友圈更新：朋友圈每日打卡；

⑨秒杀活动预备：活动前，群组建、活动规则、活动内容文案编辑；

⑩客户标签更新：不定期根据获客信息进行标签更新；

⑪主动搜索添加好友：手动添加平台下单客户；

⑫有赞售后问题跟踪处理：物流、快递破损、退货等问题跟进；

⑬公众号接待的投诉客户：投诉以及药品反馈，将药品质量同步到质量群并在 24 小时内回复客户；

⑭有赞商城活动的推广：积极主动地推广活动以及亮点，对有不同需求的客户构思不同的文案。

**总结**

医药电商已经成为国内大部分互联网企业进入医疗健康赛道的切入点。互联网巨头京东、阿里早已入局，美团、拼多多、平安好医生随后加入战团，市场硝烟弥漫。医药生产企业要想进入电商领域，需要寻找适合自己的电商模式，选择合适的合作方，或者入驻强势平台，打造自己的电商团队，充分利用公司资源进行推广。

第13章

# 市场准入

小李：“老陈，最近公司同事在开发一家医院时，主任给了一张药品信息单。其中问道，咱这个产品是否为医保药品、是否为基药。像我们这个产品既不是医保药品，也不是国家基本药物品种，这个情况怎么办呀?”

老陈：“你说的这个产品，估计开发进医院要有一定难度了。医药市场是一个受政策影响较大的市场，患者诊疗和买药时，由医保基金承担一定比例费用，而自己只承担部分费用。所以对企业来讲，产品是否能进医保目录、在医保目录的类别、是否受限、是否为基药，是能否进入院内推广的关键，这就要求企业必须做好市场准入。”

## 13.1 医药市场准入

做好市场准入，能够获得市场开发权和相应市场推广资格，占有市场份额。从需求的角度看，医药市场准入包括与医保、支付、采购、临床领域相关的要求和行为。本章主要从需求的角度，对采购、医保、基药等方面做介绍。

### 13.1.1 市场准入定义

市场准入，是指企业为满足临床需求，采取的适应各级政府部门组织制定的，规范、约束药品上市、推广等事项的规则或办法的行为。

企业通过各种系统的医学科学分析的应用经济评价方法、市场研究及策略规划来产生及提供证据，并根据所产出的价值证据及市场需求设计出有效的商业谈判机制、病人资助计划，以及全方位的营销策略，最终渠道市场认可并进入相关目录。主要包括：①省级挂网价格；②医保和国家医保谈判；③基本药物目录；④急抢救药目录；⑤妇儿药目录；⑥临床指南（卫健委）；⑦保护品种；⑧中药国家保密品种等。有了准入，药品就能够获得巨大的发展机会，也更容易进入终端市场。

### 13.1.2 市场准入类型

与药企紧密相关的准入类型有药品招投标准入、各类目录准入、国家医保谈判准入。

药品招投标准入的主要形式有限价挂网、议价挂网、省/市联盟集采、国家集采四种。各类目录准入类型包括医保目录、国家基药目录、其他专项目录等。国家医保谈判准入类型，是指符合条件的品种，在经过包括经济性等在内的多方面严格评审后，对独家药品进行价格谈判、对非独家产品进行竞价，达成一致后纳入医保目录。

## 13.2 市场准入顶层设计

### 13.2.1 设立公共事务部

公共事务部的主要职能是，统筹管理市场准入、公共关系等政府公共事务工作。部门设置招标准入组、药物经济学组、政策研究组等，省区设置大区经理（根据预算、工作量、市场需求，可设置一人管理多省区的机制），负责相应准入工作的开展。

公共事务部的职责职能包括：组建公共事务执行体系、制订公司中长期各项准入目标、制订并落实短期准入计划等。

### 13.2.2 中长期准入目标

医保目录准入计划：根据国家医疗保障局公布的医保调整方案，整理公司未在医保目录内的品种进入医保的清单与计划，根据医保目录内品种制订计划。

基药目录准入计划：根据国家卫健委公布的基药调整方案，选择公司拟进入产品，制订计划并推进相关的准备工作。

招投标准入计划：根据品种发展策略制订投标、撤标计划，并落实措施、责任部门、责任人、完成时限等。

### 13. 2. 3　短期（年度）准入目标

新品规准入计划：年度准入省份数量及具体省份，首个省份准入计划，其他各省份准入计划及顺序等。

老规格准入计划：年度准入省份，各省份准入计划及工作安排等。

撤标计划：根据公司战略，确定本年度的撤标品规、省份，制订执行计划、措施、责任人、进度、时限等。

OTC 品种投标计划：随着医保改革，部分省区在零售市场推广时，需要在本省份投标挂网后给予医保编码才可报销，并依据挂网价制定支付标准。对于这部分省份需要拟定相应品种的投标计划，包括品种、规格、价格、投标方案、执行责任人等。

## 13. 3　常规药品招投标

### 13. 3. 1　药品招投标概述

药品招投标，是指相应的采购单位、采购单位联盟/集团为采购临床需要、质优价廉的药品，亲自或委托相关机构开展的邀请供货方参与投标的行为。药品投标工作管理，是指公司对已上市药品在全国、各省/市招标采购过程中的投标管理，主要包括信息收集、政策解读、目标确立、策略制定/实施、人员组织、信息反馈、价格申请/审批、中标结果反馈、标后执行等。

### 13.3.2 药品招投标变迁历程

我国的药品招投标起源于20世纪90年代，发展至今可以分为四个阶段。①探索试点阶段，以医院分散采购为主，时间大致为1990—1999年；②制度建立阶段，以地市招标采购为主，时间大致为2000—2009年；③制度完善阶段，以省级招标采购为主，时间大致为2010—2017年；④医保治理阶段，以“省级挂网＋联盟带量＋国家集采”为主，时间大致为2018年至今。

### 13.3.3 常规招投标流程

无论处在哪个阶段，招投标流程都基本一致，主要包括招标信息获取、招标文件及研读、投标报价、评标及公示、中标执行等环节。常规招投标流程如表13－1所示。

**表13－1 常规招投标流程**

| 流程 | 主要事项 |
| --- | --- |
| 招标信息获取 | 收集各省招标平台发布的信息 |
| 招标目录 | ①医院上报；②国家医保目录品种；③增补目录 |
| 准备招标文件/标书 | ①网上下载；<br>②企业自投/委托商业投标（投标资料）；<br>③投标产品适用范围；<br>④投标日程安排（日程安排，重要时间节点）；<br>⑤评标规则（如质量、价格、服务、信誉等） |
| 投标 | ①研读规则，制定投标策略；<br>②相关资料准备、审核、报送/上传；<br>③信息确认与澄清、申诉与资料补充 |
| 报价 | ①明确报价规则（如区间、范围等）；<br>②差比价适用；<br>③规格选择和价格确定（如价格、市场等） |
| 开标 | 确认开标流程，制定特殊情况应对预案 |
| 议价/竞价、评标、中标 | 特殊情况申诉/等待候选 |
| 中标执行 | 签订协议，确认配送商、院内切换（含竞品切换） |

### 13.3.4　常规投标三阶段

投标的管理工作分为标前、标中、标后三个阶段。

#### 13.3.4.1　标前阶段

标前阶段的关键要素包括关系建立与维护、信息收集分析与策略制定。

(1) 关系建立与维护

与医保管理部门、招采中心等招投标相关部门建立基本的业务沟通关系。关系建立初期可通过主动拜访，以及商业公司公共事务部门、其他省相关领导介绍关系等方式进行工作沟通；初步关系建立后，制订定期沟通计划（一般按季度），深入了解需求，收集信息。拜访前需充分准备，可以列出沟通提纲，沟通内容以行业政策、企业发展、企业研发、企业新产品、新技术、企业困难等为主，提升沟通效率和质量。

(2) 信息收集分析与策略制定

信息主要来源有政府网站、相关部门（医保管理部门、招采中心）、行业协会、商业公司等。日常要定期查询网站，拜访相关部门、行业协会、商业公司的相关人员，以便及时获取信息。将获取的信息进行整理分析，可有效推测、判断招标方向和趋势、招标要求、基本规则，掌握信息后可向政府相关管理部门提出合理建议与意见等，尽快制定应对策略。

#### 13.3.4.2　标中阶段

标中阶段的关键要素包括招标文件解读、投标方案制定、方案组织执行。任何一个细节都可能影响投标结果，所以要注重细节。

(1) 招标文件解读

招标文件解读应由省区招标组成员、公司招标事务部政策研究组共同完成。

招标文件一般由以下内容组成：文件制定原则、采购目录、采购执行范围、申报资格、采购规则（包括约定采购量、竞争单元、报价要求、入围规则、入围数量、拟中选规则、采购量分配）、采购周期、相关工作时间安排（申报时间、报价时间、公示、公布结果、执行结果）等。

文件解读需要重点关注以下内容：

①分组规则：功能主治、给药途径和成分、同通用名、同剂型/同规格。

②采购量：约定采购量、中选产品采购量的分配、待分配量的分配。

③价格采集原则：全国最低价、挂网价、全国实际交易价、具体时间节点。

④按包装/最小制剂单位取值。

⑤差比价规则。

⑥入围企业数量：综合评价（经济技术标＋商务标）入围企业数量。

⑦中选企业判定标准：综合得分、最低价、日均费用、降幅/降幅排名。

⑧中选企业数量：中标企业数量、拟中选企业、备选企业。

（2）投标方案制定

投标方案制定流程包含以下内容：①成立工作小组，确定职责分工。一般以省区负责人为投标工作组组长，成员应包括省区商务负责人、省区学术负责人等，确定投标被授权人、省区相关投标资料的收件人等。②制定具体执行方案。工作内容应包含：采购目录梳理、竞价/议价分组、规则政策分析（限价/入市价规则、竞价/议价规则、二次议价规则、配送规则）等；制定投标工作进度安排表；拟投标品规申请及申请原因；拟投标品规价格申请区间和理由；确定拟弃标品规和弃标原因。

（3）方案组织执行

招投标是一项复杂且重要的工作，直接关系企业利益。在执行过程中，工作组组长应整体把控进度，负责督导、检查，确保执行无误。组员各司其职，服从安排，及时反馈。

招投标过程中出现的问题，大多是由对文件解读不细致、对规则要求理解不透彻、对方案细节思考不清晰、应对策略准备不充分等因素导致的。

方案执行落地时尤其要注意以下问题：是否严格按已审核的方案执行、基础资料是否按时且完整提报、价格采集是否准确、报价是否符合规则要求、程序是否在规定时间内完成。

#### 13.3.4.3　标后阶段

标后阶段的关键要素包括市场抢占、价格监控、标后撤标。

（1）市场抢占

市场快速抢占是产品中标后的核心任务。中标后，市场可能会受到价格及价值链的变化，渠道、合作伙伴、代表、客户的变化，竞争对手的变化，招标后执行政策的变化等因素的影响。因此，需要列出影响因素并分析组合，制订市场抢占计划，包括调整销售政策、渠道调整、合作客户调整、学术推广调整、开发政策调整等。

（2）价格监控

2020 年 8 月 28 日，国家医疗保障局发布《国家医疗保障局关于建立医药价格和招采信用评价制度的指导意见》（医保发〔2020〕34 号）。随后同步研究制定了与该指导意见相配套的操作细则，第一项是《医药价格和招采信用评价的操作规范（2020 版）》，第二项是《医药价格和招采信用评级的裁量基准（2020 版）》。上述文件对价格不规范行为进行了规定并明确了相应的处罚要求，基于此，标后阶段的价格监控显得尤为重要。

产品中标后，相关人员每周须对以下几个方面进行监控：商业供医院价格是否为挂网价、低价格是否及时处理，医院与药店价差是否大于 50%，不同品规、疗程/日治疗费用相差是否大于 50%，价格联动是否准确及时。

出现价格异常时，应第一时间进行干预并调整价格，可通过医院取消订单的方式更正商业供价，以避免出现失信风险。

（3）标后撤标

基于产品规划和差比价规则适用不一、价值战略提升等原因，需要对部分中标品种、中标规格进行撤标，应坚定执行公司总体策略，统一规格和价格。如需撤标，可以按照在规定期限内未销售的规则进行撤标管理（多数省可执行），重新维护系统信息，并提供因各种原因导致的停产、不能保障供应等相关证明材料。

## 13.4 国家药品集中带量采购

国家药品集中带量采购（以下简称“国家集采”），也是招投标方式的一种，其流程与常规招投标流程基本一致，所以在应标流程与应对方式上，与常规招投标相同，但在方案制定、决策程序等方面有所区别。具体操作如下：

第一，其影响程度为全国市场，方案应由公司本部相关准入部门牵头制定，参与部门包括市场部、销售部等。第二，其价格确定应由分管副总裁及以上领导来确定。需要由市场部、准入部政策研究组根据规则、竞争强度、产品成本优劣势、综合实力等维度进行测算，并草拟投标价格建议，报领导审批。第三，投标规格确定。由于国家集采竞争力度强，一般情况是降价幅度大，所以参与品规需要谨慎确定，以期进行有效的市场区隔，也即投标规格在哪类市场推广，非投标规格在哪类市场推广。第四，中选省份选择。在化药集采非独家中标的情况下，中标厂家需要对推广省份进行轮流选择，因此在投标时应模拟省份的选择，以确保能选到优质的目标市场（如学术地位高、市场潜力好的市场）。

## 13.5 国家医保药品目录管理

### 13.5.1 基本情况

国家医保药品目录，即《国家基本医疗保险、工伤保险和生育保险药品目录》，由国家医疗保障局（以下简称“国家医保局”）主导，进行调整和增补。近 5 版国家医保药品目录数量及变化如表 13 –2 所示。

**表 13 –2　近 5 版国家医保药品目录数量及变化**

| 版本 | 总数量（种） | 西药数量（种） | 西药占比（%） | 中药数量（种） | 中药占比（%） |
|---|---|---|---|---|---|
| 2009 年版 | 2299 | 1140 | 49.6 | 1159 | 50.4 |
| 2011 年版 | 2546 | 1283 | 50.4 | 1263 | 49.6 |
| 2017 年版 | 2535 | 1297 | 51.2 | 1238 | 48.8 |
| 2019 年版 | 2643 | 1322 | 50.0 | 1321 | 50.0 |
| 2021 年版 | 2860 | 1486 | 52.0 | 1374 | 48.0 |

### 13.5.2　进入医保药品目录的操作步骤

根据国家医保局制定的医保药品目录管理办法，目录原则上一年调整一次，符合条件的药品均可参与申报。具体操作步骤如下：

第一步，拟申报品种的确定。由市场部、公共事务部于每年第一季度对公司产品进行梳理和筛选，选出并分析符合基本申请条件的产品，报公司决策层审批决定申报品种、申报价格。

第二步，申报产品资料的准备。产品基础资料，由市场部在正式申报前准备。申报资料，由市场部、公共事务部根据专家的意见、建议和通知要求，进行补充与完善，形成完整的申报资料。

第三步，组织、参与产品相关的专业会议。向专家介绍产品资料和研究项目，并征求意见与建议，对产品相关的药物经济学进行研究和评价。

第四步，完成申报。根据国家医保局的通知，将准备好的申报资料在规定时间内，通过按规定的途径完成申报。

第五步，内部专家沟通。在产品通过初审后，针对产品的评审要点，组织内部相关专家梳理总结产品特点和优势，并进行相应的沟通。

第六步，价格谈判。对需进行价格谈判的产品，提前研究产品可能的价格范围、公司可接受的价格范围，并授权相关人员进行现场谈判议价。

## 13.6 国家基本药物目录管理

### 13.6.1 基本情况

国家基本药物目录（简称“基药目录”），是指能够满足基本医疗卫生水平的药物，是剂型适宜、价格合理、能够保障供应、可公平获得的药品。2018 年版的国家基药目录纳入品种 685 个，其中化药 417 个，中成药 268 个。目录由国家卫健委牵头制定、发布，原则上每 3 年调整一次。从 2018 年版目录开始，不再允许省级卫健委增补基药目录品种，原增补品种在规定时间内予以取消。未来基药目录产品是我国公立医疗机构使用的主要药品，进入基药目录对市场开发具有重要意义，同时非医保的基药品种能快速调整进入国家医保药品目录。

### 13.6.2 进入基药目录的操作步骤

为了能顺利进入基药目录，目录增补、调整工作可从以下五个步骤着手。

第一步，牵头部门确定。由市场部、公共事务部共同牵头来组织相关工作的开展。

第二步，产品筛选。市场部根据公司产品特点和治疗领域，选出疾病防治和临床需求强烈的产品，作为拟增补品种。

第三步，资料准备。主要包括循证医学证据、药物经济学评价、临床使用监测等专业技术评价资料。

第四步，内部专家咨询。在启动产品增补目录时，可通过课题研究、组织会议等形式，梳理总结产品特性和优势，并进行交流与沟通。

第五步，持续跟进。持续跟进经办部门相关工作进展，并就产品信息等进行有效沟通。

**总结**

本章就医药市场准入概念、市场准入顶层设计、常规招投标、国家集采、医保药品目录管理、基药目录管理等进行了简要介绍。良好的市场准入对医药企业的营销推广具有重要意义。对于处方药而言，市场准入是生命线，是否进入医保药品目录和基药目录，对产品能否进入院内推广至关重要。

开展市场准入工作的基本思路要牢记：顶层设计、充分准备、详解规则、精准研判、注重细节、从容应对。

# 第14章

# 客户管理

在A公司营销部会议上，营销部周总说："今年的利润下降得很厉害，从数据分析来看，我们在大客户这块的销售业绩没完成，而且我们的核心大客户流失很严重，尤其是C省区。李总，您作为C省区营销负责人，针对这一现状是否有具体的应对措施？"

李总说："是的。因为去年人员变动很大，很多客户丢失了。我们团队立刻梳理大客户流失的原因，并主动拜访，然后制定合理的大客户跟进方案。"

## 14.1 大客户价值识别与开发

### 14.1.1 大客户构成

大客户是企业销售的稳定来源，20%的客户通常会带来80%的业务贡献。医药销售大客户通常是指连锁大客户、医疗大客户、商业大客户、代理商大客户等，包括销量大客户、潜力大客户。

#### 14.1.1.1 连锁大客户

连锁大客户通常是指全国门店数量较多、销量较大的连锁药店，如国大药房、高济医疗、老百姓大药房、益丰大药房、大参林药房、一心堂大药房等。大型连锁药店的门店数量多、覆盖面广，具有更强的品种承接能力，能够吸引众多上游厂家、医院、处方平台、流量平台开展合作。

#### 14.1.1.2　医疗大客户

医疗大客户通常是指在全国或各省影响力最强、销量较大的三甲及专科医院。全国综合性医院有北京协和医院、三〇一医院、华西医院、瑞金医院、中山医院等；儿童专科医院有北京儿童医院、复旦儿科医院、重庆儿童医院等。以湖北省为例，省级综合性医院有华中科技大学同济医学院附属同济医院、华中科技大学同济医学院附属协和医院、武汉大学人民医院、武汉大学中南医院等。

#### 14.1.1.3　商业大客户

商业大客户通常是指在全国或省级销售、终端网络排名靠前的医药商业企业，如国药控股、华润医药、上海医药、九州通医药等。国资背景企业在医药商业市场占绝对主导地位，全国排名前三的医药商业企业（国药控股、华润医药、上海医药）均为国资背景；一些地方性医药商业企业龙头同样有国资背景，如南京医药、华东医药、重庆医药等。九州通集团是最大的民营商业公司，拥有很强的商业配送、终端覆盖、医院配送能力。

#### 14.1.1.4　代理商大客户

在代理模式中，公司通过代理商来开发市场和销售产品。代理商大客户一般是指省代客户、销售额占比高的客户。代理商终端网络的快速开发、产品的专业化运营、政府事务能力、团队的执行力，都是衡量代理商能力的重要标准。

### 14.1.2　大客户开发

大客户开发，无论是开发周期、开发难度，都迥异于一般客户。在开发前期，要分析潜力、研讨途径，在开发过程中要聚焦资源、重点突破。

#### 14.1.2.1　KA 连锁大客户开发七步骤

调研：对 KA 连锁销售潜力、销售机会进行分析，对连锁执行力进行评估。

破冰：对 KA 连锁采购总监、运营总监、品类总监，进行面对面沟通。

互动：召开双方战略沟通会、合作研讨会，商讨合作意向及营销方案。

进场：通过连锁新品会、质量审计，推动产品进场。

动销：铺货，对铺货门店、陈列位置提出标准；召开新品启动会，邀请“一把手”讲话动员、认领指标；培训，进行总部培训、片区培训；与运营部确定片区指标、促销创意活动方案；与会员部合作，进行新品信息推送、微信群互动、患教活动。

标杆：集中资源打造标杆门店，提升产品铺货率、动销率、店均单产、品类占有率，形成能够复制的经验并加以推广。

上量：打造黄金单品，建立从采购到运营、会员、培训、新零售多部门大客户合作界面。

#### 14.1.2.2　医疗大客户开发五大方式

医疗大客户开发的主要方式有商业公司联合开发、第三方委托开发、院企合作开发、科研合作以及慈善公益合作。

#### 14.1.2.3　OTC 商业大客户开发四大动作

战略沟通会：商谈，确定合作模式、目标，从配送到终端开发，确定市场规划、市场活动、团队支持。

从采购到销售：对开票员培训产品、销售政策，开展48 小时销售突破活动，加快空白终端开发。

从省级公司到地县级公司：在地县商业圈进行产品卖点及政策宣讲、举办订货会、向终端客户推荐产品。

多业务模式战略合作：商业所辖连锁开发、与客户举办联谊活动、共享销售数据等。

#### 14.1.2.4　医疗商业大客户开发五要素

医疗机构开发：商谈、签订医疗机构合作开发协议。

医疗机构配送：明确配送点率、安全库存、账期要求。

政府事务：加强在医保、挂网、支付价、药检等方面的协作与支持。

医疗机构合作推广：商谈、确定医疗机构学术推广、销量、学术支持。

多模式战略合作：商谈协办主题会议、公益活动、药学合作。

#### 14.1.2.5　代理商大客户合作六步骤

第一步：代理商画像。终端网络匹配、产品线匹配、学术推广能力、政府事务能力、团队、销售规模等。

第二步：寻找代理商。通过各种资源，寻找合适的代理商。

第三步：激发潜力代理商活力。介绍产品规划、合作愿景、市场支持，激发潜力代理商合作意愿。

第四步：代理商市场规划。市场调研、开发与销量目标制定、团队匹配、学术能力。

第五步：代理商沟通会。通过会议，研讨产品规划、终端网络、团队匹配、销售指标、学术支持、财务要求等。

第六步：代理商合作启动会。明确签约目标、确定市场投入、团队配置分工、时间进度、产品知识培训等。

## 14.2　客户关系维护

与客户建立合作关系后，需要通过日常拜访、持续互动，不断创造客户价值。同时，策划组织各项活动，维护客情关系，加深合作交流。

### 14.2.1　建立客户档案

建立客户档案，主要内容包括但不限于客户名称、地址、负责人信息、年度销售规模、年度合作金额、合作形式、合作历史、销售网络、付款方式等。

收集关键人员相关信息，主要包括手机号、微信号、家庭住址、籍贯、爱好、沟通风格、毕业学校、职业经历等。

### 14.2.2　制订客户拜访计划

制订客户拜访计划，包括客户代表的日常拜访、拜访频率要求、直接上级的协同拜访计划、公司领导的高层拜访计划，也包括客户的年度合作洽谈、月度/季度生意回顾等，及时处理客户提出的问题。

### 14.2.3　客户互动的六种方式

#### 14.2.3.1　回司参观交流

回司参观交流是让客户对企业增进认知的最直观途径，从考察路线、参观内容等方面定制参观交流方案，做到个性化服务，增强客户回司体验。回司参观交流的主要内容有以下三个方面：

企业文化展示。展示的内容包括公司发展历程、企业文化、荣誉奖项、科技创新、战略规划等，让客户了解企业的文化、产品、品质。例如，健民集团拥有国家 AAA 级中医药文化旅游景区，内设叶开泰历史博物馆，给客户提供了来访参观交流的场所。

智能制造参观。对客户来讲，产品质量、交付能力是考察的重要环节，客户通过参观企业制造现场，对生产设备、生产规范、品质控制等环节进行实地考察，能够更了解企业实力。

研发机构考察。研发是企业竞争力的源泉，参观研发中心，可以让客户了解企业的研发实力、未来产品上市计划，增强合作信心。

#### 14.2.3.2　行业沙龙会

围绕行业热点问题，组织客户研讨交流，深化双方合作。行业沙龙会可以由企业单独组织，也可以利用各类行业会、学术会议，组织策划沙龙会、会员会、卫星会等活动，如中康科技组织的西普会、西鼎会，搜药组织的西湖会等。如果连锁大客户聚集，还可以与举办方联合组织各项活动。

#### 14.2.3.3　品牌发布会

由企业单独组织，或与第三方协会、学术组织共同举办，发布新产品、产品合作计划、品牌传播计划等，与目标客户进行深度互动，增加合作机会，促进销售转化。例如，健民集团在全国多座城市举办的“龙牡壮骨颗粒品牌发布会”，东阿阿胶70周年“炼行计划”等，都有效提升了品牌力。

#### 14.2.3.4 客户答谢会

由企业在全国或区域市场，组织重点客户开展答谢会，回顾合作友谊，发布新的合作计划，表彰优秀客户。客户答谢会可以由企业单独举办，也可以与商业公司联合举办，感恩客户合作，回馈合作情谊。

#### 14.2.3.5 国内商务考察

国内商务考察是实现与大客户建立链接、加深合作的快速方法。国内商务考察的一般做法是组织大客户对行业标杆、跨界优秀企业进行参观、交流，也会策划相关的沙龙论坛活动。如由企业组织、行业协会承办的华为商务考察、阿里商务考察等，跨界学习成功的经验。

#### 14.2.3.6 国际商务考察

国际商务考察与国内商务考察相比，考察时间比较长，可以与大客户长时间深度接触，加深与大客户的互动。同时考察发达国家标杆企业，目的是学习企业先进的商业模式、系统的管理机制以及数字化工厂建设。国际商务考察可通过行业协会举办，也可由企业独立策划，委托旅行社执行。

## 14.3 客户投诉管理

### 14.3.1 常见的客户投诉类型

#### 14.3.1.1 药品质量问题的投诉

药品质量问题的投诉，是指患者在用药过程中发现如药品性状改变、药品含有杂质、药品包装破损、过期药品等质量问题而进行的投诉。

### 14.3.1.2　药品不良反应的投诉

药品不良反应的投诉，是指患者在对用药过程中出现的严重不良反应或药品说明书以外的不良反应而进行的投诉。

（1）不良反应的含义

中华人民共和国卫生部令第81号《药品不良反应报告和监测管理办法》第六十三条已明确本办法下列用语的含义：

（一）药品不良反应，是指合格药品在正常用法用量下出现的与用药目的无关的有害反应。

（二）药品不良反应报告和监测，是指药品不良反应的发现、报告、评价和控制的过程。

（三）严重药品不良反应，是指因使用药品引起以下损害情形之一的反应：

1. 导致死亡；2. 危及生命；3. 致癌、致畸、致出生缺陷；4. 导致显著的或者永久的人体伤残或者器官功能的损伤；5. 导致住院或者住院时间延长；6. 导致其他重要医学事件，如不进行治疗可能出现上述所列情况的。

（四）新的药品不良反应，是指药品说明书中未载明的不良反应。说明书中已有描述，但不良反应发生的性质、程度、后果或者频率与说明书描述不一致或者更严重的，按照新的药品不良反应处理。

（五）药品群体不良事件，是指同一药品在使用过程中，在相对集中的时间、区域内，对一定数量人群的身体健康或者生命安全造成损害或者威胁，需要予以紧急处置的事件。

同一药品：指同一生产企业生产的同一药品名称、同一剂型、同一规格的药品。

（六）药品重点监测，是指为进一步了解药品的临床使用和不良反应发生情况，研究不良反应的发生特征、严重程度、发生率等，开展的药品安全性监测活动。

（2）不良反应上报处理流程

对收集到的药品不良反应报告和监测资料进行分析评估，开展药品安全性研究。对于新的、严重不良反应，将不良反应、合理用药信息及时告知医务人员、患者、公众；修订说明书、停产或召回，减少和防止药品不良反应重复发生。

提交时限：个例药品不良反应及新的、严重不良反应，15 日内报告；一般不良反应，30 日内报告；死亡病例要立即报告；群体不良反应，7 日内完成调查报告。具体调查流程如图 14－1 所示。

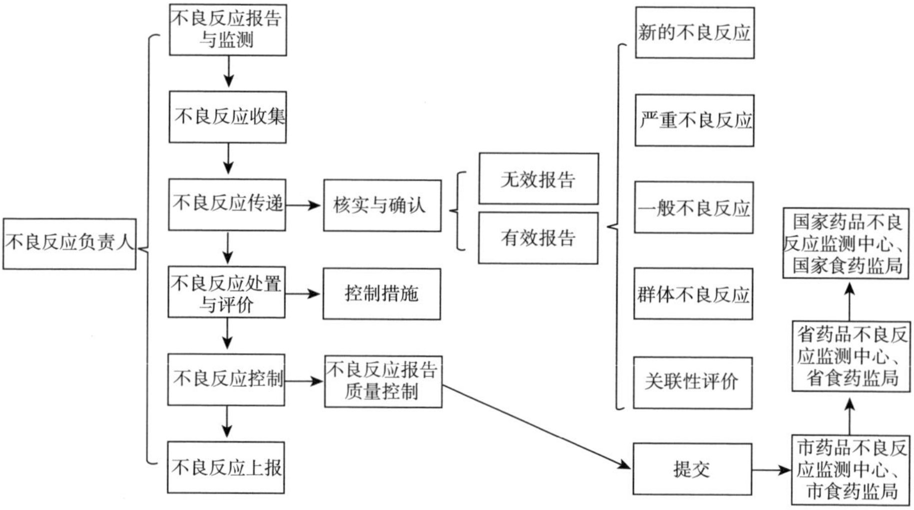


**图 14－1　不良反应调查流程**

### 14.3.1.3　服务投诉

对在产品交付、客户服务过程中出现的相关问题投诉，如首营资料不全、资料变更不及时、交付延迟、票据不及时、服务费用不及时、团队服务不及时等，客户服务部应认真记录、分类并及时处理，提高客户满意度。

## 14.3.2　客户投诉处理三原则

从投诉因果关系来看，药患投诉可分为药方责任、患方责任和难以界定责任三种情况。无论哪种情况，给患者一个满意的处理结果一直是投诉管理的目标①。通常，客户投诉处理原则有以下三个方面：

#### 14.3.2.1　明确产品质量

接到患者对药品质量的投诉，首先要明确产品质量，公司对客户反映的有质量问题的药品进行复查或送检，必要时应请对方举证或送省、市药品检验所检验。

#### 14.3.2.2　及时跟进处理

接到患者投诉后应积极回应，按照投诉的轻重缓急程度进行处理，并适时将投诉的进展情况、最终结果等相关信息告知投诉者。及时、快速的响应可以缓解客户负面情绪，提高患者的满意度。

#### 14.3.2.3　注意媒体影响

在如今发达的新媒体网络时代，患者的投诉或多或少会给药企带来一定程度的负面影响。妥善处理客户投诉，降低舆情风险，将投诉的不良影响降至最低，有利于维护患者利益和企业声誉。

### 14.3.3　客户投诉的处理方法

#### 14.3.3.1　客户投诉处理五步法

第一步：倾听客户。让客户充分表达心中的不满和怨气，发泄内心的愤怒。

第二步：安抚客户。真诚地与顾客沟通，缓和客户的情绪。

第三步：找出投诉的真正原因。通过提问的方式找出问题，收集相关信息。

第四步：提出解决问题的方案。在明确客户的问题之后，需要提出一个双方均可接受的解决方案。

---

① 陈彪，钟慧，吴曙粤．处理药患投诉的原则探讨[J]．中国药房，2011.

第五步：解决问题。感谢客户，跟踪服务。

#### 14.3.3.2 客户投诉处理四技巧

耐心倾听是解决冲突的关键，以理解的心理、耐心地倾听、细心地记录、诚心地对待，为妥善解决投诉纠纷争取时间和空间。

讲究语言艺术，在交流时，语言要通俗易懂，语气要自然果断，语调要舒缓有致，以增进客户对交流或解释的认同程度。

保持良好的态度，客户往往要求企业能够理解、同情其遭遇，并对问题进行调查和处理，以实现心理和经济上的相对平衡和满足。

及时作出解释，收集信息，及时调查，明确事实，了解客户投诉动机，有针对性地介绍医学、药学知识，对误解和不清楚的问题给予耐心、恰当的解释；对确实存在的过失应坦率承认并致歉，同时要客观分析过失与医疗后果之间的因果关系和责任程度，劝导说服客户正确认识、客观对待，实现心理认同；疑难复杂、分歧严重、预后不良的医疗技术问题可留有余地地进行解释，不轻率表态，可列举具体困难，介绍相关法律法规，引导患方进行医学鉴定；对怀有不良动机或有敲诈嫌疑者，应态度明确地予以拒绝①。

**总结**

本章介绍了客户管理包含的内容：大客户构成和大客户开发步骤、大客户关系维护的形式、客户投诉处理的原则与方法。大客户管理是客户管理的重中之重，对企业的销售业绩至关重要。客户管理要牢记“四要”：价值识别要精准、开发步骤要清晰、互动活动要多样、投诉管理要及时。

---

① 汪琦瑛，程刚．浅析医疗投诉及纠纷的成因与处理技巧[J]．解放军医院管理杂志，2013(12)．

第15章

# 营销数字化管理

A 公司营销部某大区已经连续 2 个月没完成销售任务。该大区是新拓展的市场，整个销售团队也是新组建的，于是营销部周总组织召开了大区管理层会议，以了解情况。

营销部周总说："我看了数据，你们的销售任务和销售进度都没有达到目标，之前分给你们的客户，流失率还挺高的，这是什么情况?"

大区总监胡总说："团队班子是新搭的，很多新人还在摸索阶段，没找到发力点，我们这个月已经开始建立客户数据档案，对市场做具体分析，销售信息化管理系统正在升级，下个月会有新的工作部署。"

## 15.1 营销数字化转型的原因

行业竞争激烈。2019 年起，国家集中带量采购试点工作开始实施，我国药品市场价格整体水平呈下降趋势。国内医药企业数量众多，市场竞争非常激烈，倒逼企业采用数字化技术来提升效率、降低成本。

相关政策要求。药品经营质量管理规范（Good Supplying Practice，GSP）及药品生产质量管理规范（Good Manufacturing Practice of Medical Products，GMP）等行业规范推动企业进行数字化建设。

企业发展需求。传统手工管理方式越来越无法满足企业发展的需求。

医药企业为了更快更精准地提升管理效率并应对市场变化，纷纷加大了对数字化建设的投入。

数字化赋能销售管理。一套科学有效的信息化系统，能帮助药企有效提升销售队伍的销售效能，提升运营效率，从而更加快速地对市场变化做出反应，推动公司业绩发展。

## 15.2 营销数字化平台建设

本书第二章“医药营销‘1－3－14’体系构建”中讲述过，市场营销的关键要素可以归结为：1 个核心：价值链；3 个信息流：人流、物流、资金流；14 个关键点：①人流：组织、模式、招聘培训、激励机制、品牌与广告、促销、客户管理；②物流：药品、渠道、终端；③资金流：价格、准入、财务。数字化的平台是上述关键要素的管理基础。

营销实质上是对价值的营销，药品有两个价值：一是经济价值（即药品的价格），二是使用价值（即药品的功效），而营销数字化的实质就是通过信息化手段使企业对营销过程中人流、物流、资金流的管理更便捷、更科学、更精准。

### 15.2.1 数字化平台的顶层设计思路

营销数字化的顶层设计是通过信息化的手段，分析产品的市场情况、人流的销售行为、物流的进销存以及资金在价值链的分布。

营销数字化涉及 7 大管理：市场分析、价值链分配管理、财务管理、销售行为管理、进销存管理、客户管理、业绩管理。

#### 15.2.1.1 市场分析

市场分析是实现销售行为管理和价值分配的基础。全面的市场分析包括宏观环境分析、行业分析、竞争者分析、目标终端分析等。判断业绩增长来源、找出市场空白、总结样板经验，并最终结合各省人口数量、竞品销售情况、企业药品销售情况等制定出各省业绩目标，形成企业销售市场目标。

#### 15.2.1.2　价值链分配管理

价值链分配管理的核心就是企业要与供应商、分销商、服务商等通过价值增值形成利益共同体，不仅要优化自身的业务流程，而且要优化与价值链上其他企业间的业务流程，降低交易成本，提升竞争力。将药品生产、销售过程中所有关键要素信息化，利用信息化手段，透过海量的数据，分析企业盈利模式和实现过程，并找到提升和优化方案，最终实现价值分配的利益最大化。例如药品价格、商业利益、连锁利益、广告费用、买赠费用、促销费用、学术推广费用、开发费用、商务推广费用、销售管理费用、培训费用等，每一个节点的资金分配都是实现成功营销的关键。

难点在于非协议连锁和单体药店由于缺少精细化维护，大多无法获取从药店到消费者的销售数据，这也意味着药企无法把控该部分市场，进而影响对地区、终端、目标、促销模式、利益分配进行锁定。对此，可以考虑通过线上（企业微信）方式，以各种引流及裂变活动的开展快速建立并扩大客户群，同时通过制定促销等价值分配方案，提升客户积极性，推动业绩增长，实现与终端、患者的共赢。

#### 15.2.1.3　财务管理

企业的生产经营过程离不开财务管理，一般财务管理包括应收账款、现金流、费用、押金和账期管理等方面。加强财务管理能够促进企业节约挖潜、控制费用、提高资金的使用效果，帮助企业增加收入。

#### 15.2.1.4　销售行为管理

销售在市场营销过程中的作用举足轻重，销售行为并非仅与客户沟通后签定合同，还可以维护客情、提升订单量、了解客户及行业信息、培养品牌印象等。因此，对销售行为的管理，也是对药品使用价值的管理。一般对销售行为的管理可大致包含以下各项指标的量化管理，OTC：动销次数和量、促销次数和量、培训次数、巡店和随访次数、陈列的等级、小连锁及单体店订货会次数；处方药：学术费用（会议 + 医生）、医院拜访和随访次数、商务推广费用、管理专家人数、处方医生人数、开发各级医院数等。为避免销量业绩目标考核简单化，我们把销售行为的量化考核作为主要方式。

尤其随着国内药店连锁化率的不断提升，零售市场中连锁药店的战略地位越来越重要，但连锁药店开发难、进场难，进了场后，动销上量更难。因此，通过业务员的销售行为实现对连锁药店的精细化管理，帮助企业科学开发连锁药店、高效动销上量，成为多数药企的战略方向。

#### 15.2.1.5 进销存管理

对于工业企业来说，进销存是从原材料的采购、入库、领料加工到产品入库、销售的动态管理过程，而这不仅要求对工业自身生产所需物料进行进销存管理，客户的进销存分析同样至关重要。通过数字化信息化手段，将工业生产的物料采购、生产、销售、存储等多个环节有机地结合起来，避免物料供应短缺、减少库存盲目堆积，有助于降本增效。更重要的是，对商业客户及连锁药店进销存数据进行分析，能够帮助发现优质合作客户、了解终端市场销售情况、掌握商业客户存货量，以便适时开展动销活动，助力终端市场销量增长。

#### 15.2.1.6 客户管理

信息时代的客户管理要求企业在信息技术的基础上，收集和分析客户信息，发展和管理与客户之间的关系，从而培养长期忠诚度，以实现企业收益最大化和客户价值最大化之间的平衡。

#### 15.2.1.7 业绩管理

业绩管理的目的在于通过对员工的表现进行肯定和激励，找出存在的问题和差距，采取相应的措施改善和提高员工及组织效能，使企业最终获取竞争优势，不仅能实现既定的战略目标，还能创造超额绩效。

医药企业应加强数字化思维，全面提升员工数字分析技能、管理水平和数字化素养，逐步实现市场分析数字化、销售行为管理数字化、物流管理数字化、价值分配数字化、资金流管理数字化。

### 15. 2. 2　数字化平台搭建

我们把“1 –3 –14”概念及数字化的顶层设计思路，作为营销数字化平台搭建的基础原理，从生产、营销、流程等方面建立系统化的管理机制。营销数字化平台的架构主要包括四大系统、19 个功能模块，如图 15 –1 所示。

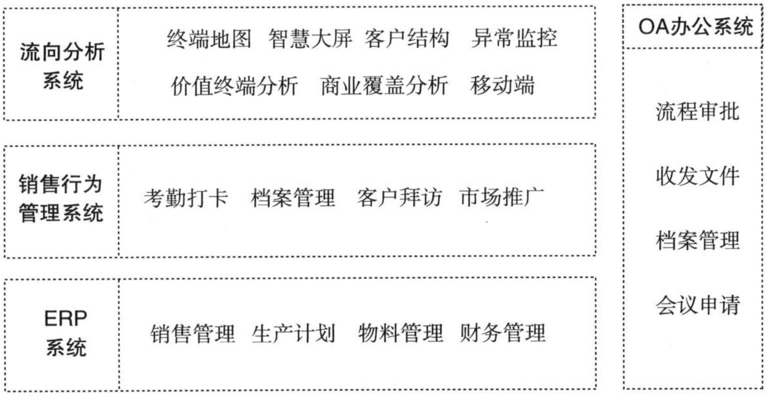


**图 15 –1　营销数字化平台架构**

### 15. 2. 3　流向分析系统

流向分析系统中数据分析的重要工作主要包括主数据标准化和标签化。数据的准确、完整是数据分析和运用的基础。

#### 15. 2. 3. 1　主数据标准化

主数据是用来描述企业核心业务的数据，具有高业务价值、可在企业内各部门共用的特征。在数据清洗时，要确保客户信息准确、完整。主数据的来源如图 15 –2 所示。

清洗后的标准客户名称、客户等级、客户分类等标签信息均来源于药监局、卫健委、工商局、百度地图、高德地图等公开数据。客户标签根据

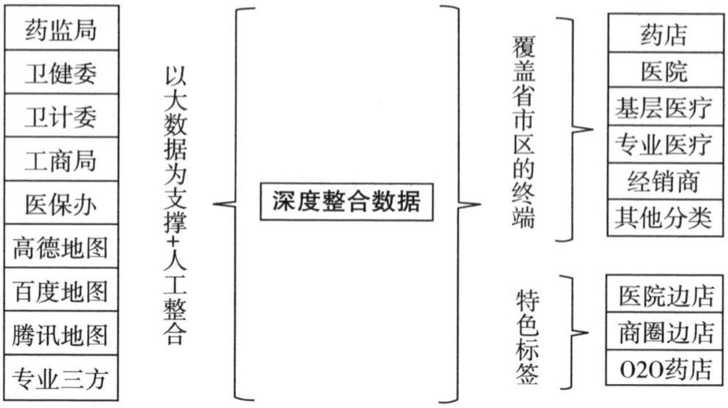


**图 15－2　标准化信息主数据来源**

工商局网站、卫健委等公开的数据的变化实时更新。为保证数据的唯一性，客户地址应精确到经纬度小数点后6位数字。

### 15.2.3.2　主数据标签化

由于企业内各部门对数据的分析及运用的角度不同，因此最优的解决方案就是将流向数据标签化。通过不同标签的组合让数据变得灵活起来，满足多维分析的需要。

终端数据标签包括终端类型、终端级别、终端区域、终端环境等终端基础属性。

业务数据标签包括时间、频次、购进量、业务员、产品等。

终端客户标签包括终端客户自身的属性标签，以及需求方的自定义标签，具体内容如表15－1所示。

**表 15－1　终端客户标签体系**

| 标签名称 | 标签内容 |
|---|---|
| 终端类型 | 备案的机构类型（综合医院/妇幼保健院/连锁/单体） |
| 终端级别 | 医疗机构等级（三级/二级/一级/未定级） |
| 专科医院 | 妇产、儿童等医院 |
| 县域医院 | 坐落在县域市场的二级医院 |
| 锁定终端 | 产品可覆盖的目标终端机构 |
| 达标医院 | 市场重点跟进医院 |

**续表**

| 标签名称 | 标签内容 |
| --- | --- |
| 经济类型 | 公立机构、民营机构 |
| 连锁级别 | NKA、LKA、KA |
| 渠道类型 | S+、S、A、B、C |
| 连锁类型 | 总部、门店、协议连锁、非协议连锁等 |
| 区域标签 | 省市区、省会城市、地级市、县级市、其他县域市场 |

## 15.2.4　销售行为管理系统

### 15.2.4.1　客户档案的主数据

客户档案建立在主数据中，销售人员可通过手机端 App 建立详细的客户档案，以备日后查看，具体方法如表 15－2 所示。

**表 15－2　客户档案建立方法**

| 档案类别 | 档案字段 |
| --- | --- |
| 商业档案 | 商业名称、省、市、县、商业级别（一级、二级）、收货联系人、收货联系电话 |
| 连锁档案 | 连锁名称、省、市、县、客户类型（区域连锁、全国连锁）、终端数量、直营店数量、加盟店数量 |
| 商业/连锁联系人 | 一般客户：姓名、职务、所属客户、性别、婚姻状况、移动电话号码、邮箱 |
| | 关键客户：姓名、职务、所属客户、性别、婚姻状况、移动电话号码、微信号、生日、业务专长及个人爱好等 |
| 医院档案 | 医院名称、省、市、县、医疗卫生机构类型（医院、基层医疗卫生机构、专业公共卫生机构、其他医疗卫生机构）、客户类型（综合医院、妇幼保健院等）、医院级别（一级、二级等）、经济类型（公立医院、私立医院） |
| 医生档案 | 姓名、职务、职称、所属客户、科室名称、二级科室、性别、移动电话号码、对产品的看法 |
| 医院负责人 | 代理商：姓名、职务、电话号码、地址、邮箱<br>佣金代表：姓名、性别、电话号码 |

### 15.2.4.2　销售人员的行为数据

除了记录客户相关信息外，业务员还可以在系统中对市场销售工作进行记录及打卡签到。具体销售行为内容包括拜访协访、学术活动、市场活动、考勤签到、工作报告。

### 15.2.5 ERP 系统

企业资源计划（Enterprise Resource Planning，ERP），包括销售管理、生产计划、物料管理、财务管理等，是企业实现产销协调的重要数字化工具。

### 15.2.6 OA 办公系统

自动化办公（Office Automation，OA），即数字化办公，有流程审批、收发文件、档案管理、会议申请等多种功能模块，有利于优化办公流程，提高办公效率，增强协同办公能力。

## 15.3 实践应用

本节将分别讲述不同级别的人员如何运用流向分析系统及销售行为管理系统解决工作中关于指标达成、业绩增长、市场分析、团队管理等方面的问题。

### 15.3.1 销售公司管理层

#### 15.3.1.1 数据总览

销售目标的完成主要依赖于终端覆盖和终端上量两方面，这也是各销售公司管理层最关注的问题。销售公司管理层所需数据如表 15 -3 所示。

**表 15 -3 销售公司管理层所需数据汇总**

| 业务需求 | 数据内容 | 呈现形式 |
| --- | --- | --- |
| 了解公司整体销售业绩 | 公司整体销售数据 | 年度指标及达成、实际销售、去年同比 |
| 了解大区销售业绩、同期数据及达成情况 | 大区销售数据 | 实际销售、年度指标达成 |
| 了解产品终端市场覆盖及变化情况 | 终端覆盖及开发、流失 | 各等级终端覆盖及新开发、终端流失数量 |

**续表**

| 业务需求 | 数据内容 | 呈现形式 |
|---|---|---|
| 掌握公司重点产品的销量及占比变化 | 主要产品销量结构 | 主要产品销量占比饼图 |
| 了解各省区的销售业绩 | 各省区销售量 | 各省区销售量条形图 |
| 了解各省区销售业绩进展 | 各省区销售进度 | 销售进度地图通过不同颜色直观展示 |

所有数据可通过时间、产品品规等标签进行筛选联动。流向分析系统销售数据汇总示例如图 15－3 所示，可以直观看到公司整体及各大区的销售数据和销售进度、终端市场的覆盖情况及新增终端和流失终端数据。通过观察主要产品饼图，如果发现重点产品占比不增反降，就可以及时调整产品策略。通过观察各省区销售指标达成情况数据，可以直观地发现销售进展较慢的省区。

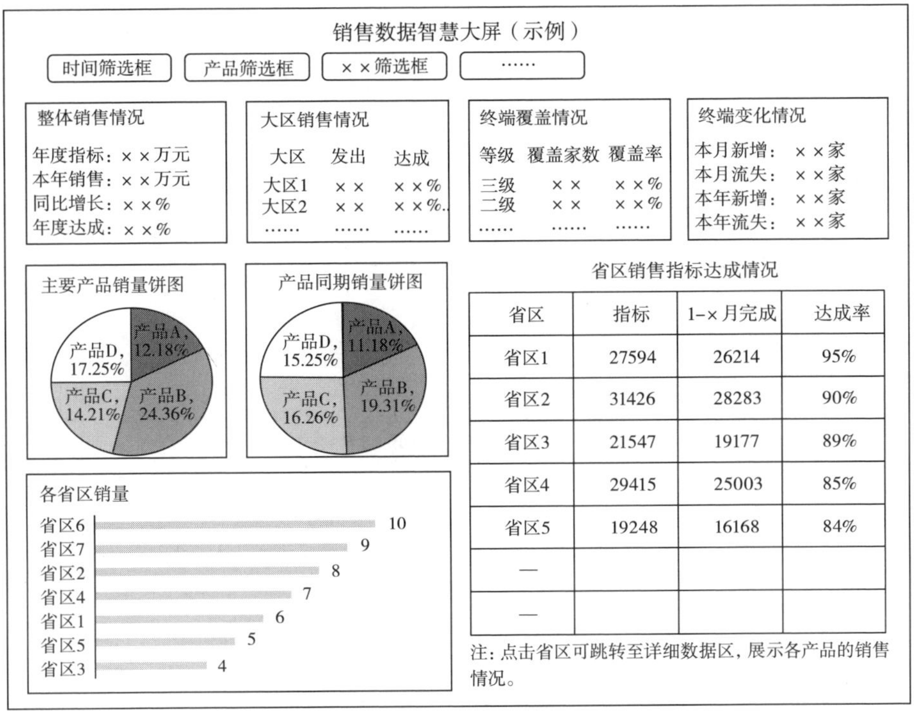


**图 15－3　流向分析系统销售数据汇总示例**

### 15.3.1.2 市场覆盖

管理层需要查看任意时期的市场覆盖情况，了解公司产品的市场发展动向。在流向分析系统内的终端地图模块中，根据需要筛选的产品、终端类型及时间范围，即可查看该省的整体覆盖情况，并可下钻到市级、县级以及具体的终端。流向分析系统市场覆盖的主要指标如表 15－4 所示。

**表 15－4 流向分析系统市场覆盖主要指标**

| 业务需求 | 数据内容 | 呈现形式 |
|---|---|---|
| 了解公司产品市场覆盖情况 | 整体覆盖情况 | 覆盖数据概览 |
| | 详细覆盖情况 | 终端覆盖地图<br>详细覆盖数据展示 |

所有数据可通过区域、时间、终端类型、终端等级、产品、经济类型、连锁级别等标签进行筛选联动；图表区与详细数据区可以联动，点击界面后可层层下钻至具体某一家终端，展示终端的等级、上游商业、购进量等信息。流向分析系统筛选市场覆盖结果示例如图 15－4 所示。

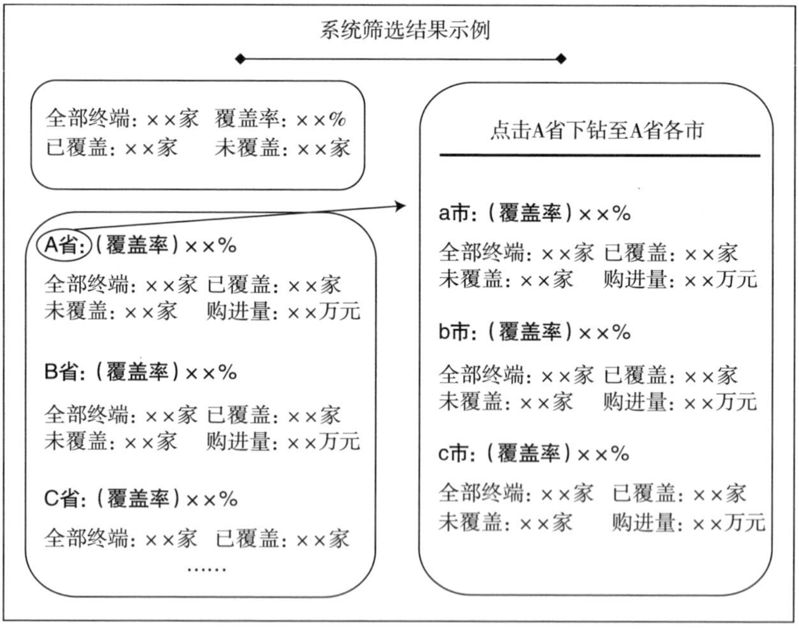


**图 15－4 流向分析系统筛选市场覆盖结果示例**

### 15.3.1.3　终端客户结构

通过查看各级终端客户产品购进量、购进占比及覆盖情况，可以帮助管理层对公司产品进行定位。在终端结构发生变化时，可及时发现并积极响应市场变化，为实现销量增长奠定基础。

流向分析系统内的终端客户结构模块可以展示各级市场的覆盖情况以及终端购进量，包括不同产品、不同区域、不同终端类型、不同终端级别、县域市场、省会城市等。终端客户结构主要指标如表 15－5 所示。

**表 15－5　终端客户结构主要指标**

| 业务需求 | 数据内容 | 呈现形式 |
|---|---|---|
| 掌握产品的终端客户分布 | 终端覆盖 | 各区域、各等级的覆盖数据 |
| | 终端购进及占比 | 各区域、各等级的终端购进量及占比 |
| | 单店产出 | 各区域、各等级的单店产出 |
| | 活跃度 | 各区域、各等级的终端活跃情况 |

所有数据可通过省市县、区域类型、时间、终端类型、终端等级、产品等标签进行筛选联动；可以控制数据以省市县等层级汇总。终端客户结构分析示例如图 15－5 所示。

系统筛选结果示例

省市区筛选　时间筛选　时间筛选　产品筛选　终端类型筛选　终端等级筛选

锁定终端筛选　终端等级筛选　医院边店筛选　区域类型筛选　……

| 区域 | 级别 | 全部终端数 | 产品1 | | | | | 产品2 | |
|---|---|---|---|---|---|---|---|---|---|
| | | | 覆盖终端数 | 覆盖率 | 购进量 | 购进量占比 | 单店产出 | 覆盖终端数 | 覆盖率 |
| 合计 | 三级 | 1205家 | 607家 | 50% | 64215盒 | 41% | 106盒 | ××家 | ××% |
| | 二级 | 2246家 | 1095家 | 49% | 55614盒 | 35% | 51盒 | ××家 | ××% |
| | 一级 | 6832家 | 2354家 | 34% | 28435盒 | 18% | 12盒 | ××家 | ××% |
| | 未定级 | 6954家 | 1974家 | 28% | 10216盒 | 6% | 5盒 | …… | …… |
| A省 | 三级 | 125家 | 65家 | 52% | 6370盒 | 65% | 98盒 | ××家 | ××% |
| | 二级 | 89家 | 43家 | 48% | 2408盒 | 24% | 56盒 | ××家 | ××% |
| | 一级 | 248家 | 67家 | 27% | 1005盒 | 10% | 15盒 | ××家 | ××% |
| | 未定级 | 76家 | 9家 | 12% | 81盒 | 1% | 9盒 | …… | …… |
| …… | | | | | | | | | |

**图 15－5　终端客户结构系统筛选结果示例**

如图 15 - 5 所示，从大区整体各等级终端的覆盖及购进数据来看，产品 1 在二级、三级医院的覆盖率较高，购进量占比合计达 76%，也就是说等级医院是产品 1 的主要市场。如果客户购进量占比发生变化，则需要综合考虑并分析国家政策等因素，找到新的突破方向。再来看 A 省与大区整体情况的对比，等级医院的市场表现良好，但一级和未定级市场的覆盖水平较低，同时单店产出并不落后，说明如果一级和未定级市场的覆盖率得以提升，应该可以给 A 省带来销量的增长。

### 15. 3. 1. 4　流失客户分析

当企业发展到成熟期，新开发终端客户的成本要远高于留住原有终端客户的成本。因此为避免终端客户流失，提升留存率就变得尤为重要，流失率的降低也意味着企业营收的增加。

在流向分析系统的流失终端分析模块中，管理层可以随时查看任意时期的流失终端数据，通过数据明细还可以发现其中的潜力终端。对这些终端进行复苏，或可成为提升销量的一个突破口。客户流失分析主要指标如表 15 - 6所示。

**表 15 - 6　客户流失分析主要指标**

| 业务需求 | 数据内容 | 呈现形式 |
|---|---|---|
| 发现流失终端中价值客户并进行复苏，减少不必要的终端流失 | 流失终端总览数据 | 累计流失、当月新增加流失数据总览 |
| | 累计流失终端客户数量 | 以折线展示每月情况 |
| | 每月增加的流失终端客户数量 | 以折线展示每月情况 |
| | 流失终端的分布 | 分地区、类型、等级展示 |

所有数据均可通过省市县、区域类型、时间、终端类型、终端等级、产品等标签进行筛选联动；导出数据明细可查看具体终端及其上年同期购进量，帮助发现价值终端并进行复苏工作。客户流失分析如图 15 - 6 所示，流失终端明细如表 15 - 7 所示。

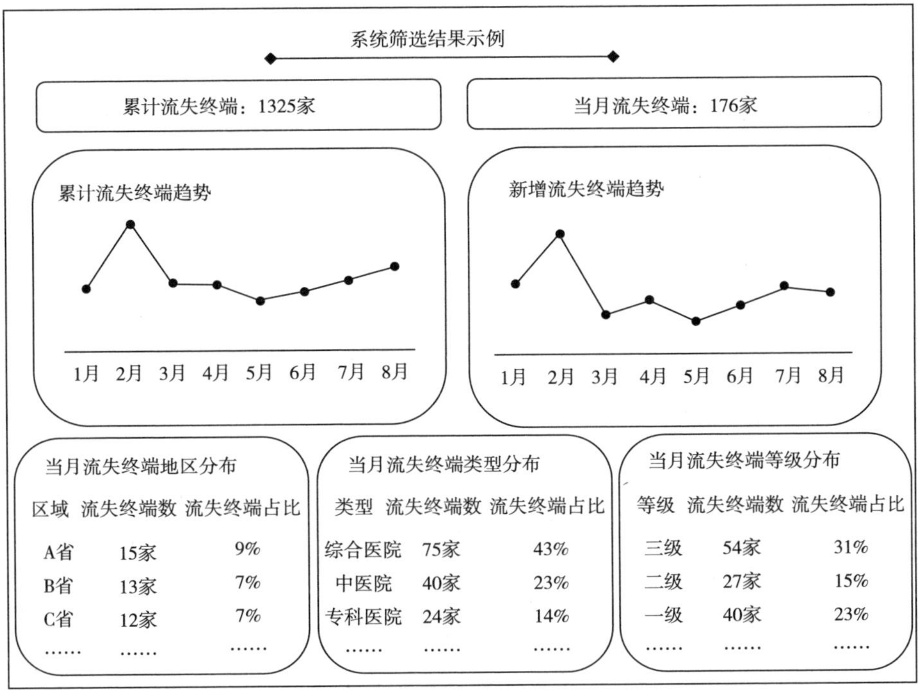


**图 15－6　客户流失分析示例**

**表 15－7　流失终端明细表**

| 终端名称 | 省 | 市 | 县（区） | 终端类型 | 终端等级 | …… | 上年同期购进量（盒） |
|---|---|---|---|---|---|---|---|
| ××中医院 | A 省 | a 市 | ××县 | 中医院 | 二级 | | 2037 |
| ××人民医院 | B 省 | c 市 | ××区 | 综合医院 | 三级 | | 1982 |
| …… | | | | | | | |

如图 15－6、表 15－7 所示，通过客户管理系统化，可以看到大区累计的流失终端数量，以及本月新增加的流失终端数量。由累计流失终端趋势图可知，3—5 月的累计流失终端逐月递减，说明复苏工作进行得较好。通过流失终端的分布数据可以找到终端流失较多的省区和终端类型，同时在流失终端明细表中，可以对流失终端的上年同期购进量排降序，帮助快速发现曾经购进量较大如今却流失的终端客户，加强跟进复苏，提升整体销量。

#### 15.3.1.5 终端客户信息管理

多数情况下，与终端客户的业务联系都是由基层代表接洽，因此终端的相关信息、业务联系人的信息等资料全部掌握在基层代表个人手中，管理层想要掌握这些信息只能临时向基层代表询问，而下一次需要时又不确定信息是否有变化。

在销售行为管理系统中，基层代表可以通过手机 App 端随时更新终端客户的相关信息，包括业务联系人、医生档案等，这样既方便基层代表在业务中随时查询，又解决了管理层所掌握的终端客户信息更新不及时的问题。

#### 15.3.1.6 销售代表销售行为管理

在销售行为管理系统中，管理层通过查看各类分析报表及拜访、协访分析数据以及拜访数据排名，实时掌握各省团队人员的执行情况，了解团队战斗力和员工的执行力。销售代表销售行为管理内容如表 15 －8 所示。

**表 15 －8　销售代表销售行为管理**

| 业务需求 | 数据内容 | 呈现形式 |
|---|---|---|
| 了解销售代表日常工作及效果 | 省区人均拜访 | 各省区的客户总数、人均拜访数、拜访覆盖率 |
| | 协访人员协访 | 各省区协访人员的协访次数及协访终端类型 |
| | 销售代表拜访 | 各销售代表拜访客户数及拜访次数 |
| 了解销售代表的工作计划及完成情况 | 日报、周报 | 省区提交日报、周报数量 |
| 掌握销售代表的考勤 | 销售代表考勤统计 | 统计考勤情况及人数 |

所有数据均可通过时间、部门、拜访次数等标签进行筛选，也可根据需要进行排序。管理层还可以通过查看日报、周报及月报分析，关注团队成员考勤情况。销售代表销售行为管理分析示例如图 15 －7 所示，销售代表工作汇报示例如图 15 －8 所示。

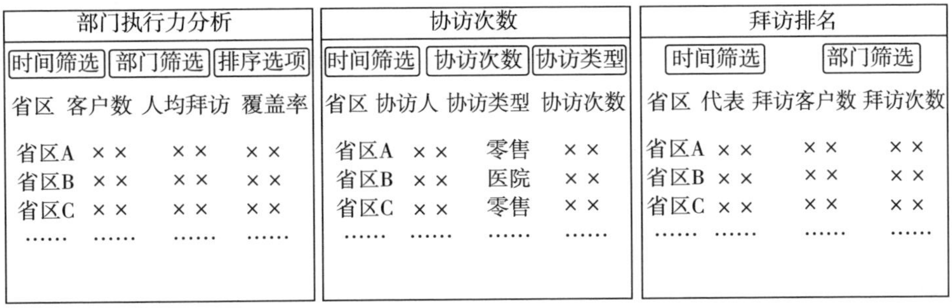


**图 15 –7　销售代表销售行为管理分析示例**

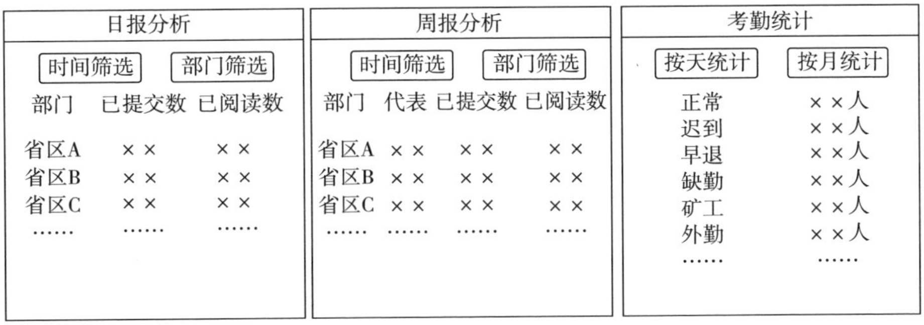


**图 15 –8　销售代表工作汇报示例**

## 15. 3. 2　省区经理

### 15. 3. 2. 1　发出指标达成

在流向分析系统的省总报表中，省区经理可自行查询省区整体（或各产品/品规）的销售发出数据及完成进度。省区经理可以清晰地知晓各产品的发出进展，帮助梳理业务，更好地完成年度指标，发出指标达成情况分析如表 15 –9所示。

**表 15 –9　发出指标达成情况分析**

| 业务需求 | 数据内容 | 呈现形式 |
|---|---|---|
| 了解省区销售及指标达成情况 | 各省区的产品销售及指标达成 | 各省责任人的销售及年度指标达成 |

所有数据均可通过省份、省区责任人、时间、产品等标签进行筛选联动。可从智慧大屏中省区销售进度地图点击跳转至此，导出数据明细。省总报表如表 15－10 所示。

表 15－10　省总报表

| 省份 | 负责人 | 品牌 | 当月完成（万元） | 当季完成（万元） | 全年目标（万元） | 全年累计完成（万元） | 全年进度（%） |
|---|---|---|---|---|---|---|---|
| A 省 | 李＊＊ | 产品 1 | 220 | 462 | 2025 | 1213 | 60 |
| A 省 | 李＊＊ | 合计 | 690 | 1480 | 5800 | 4619 | 79 |
| …… | | | | | | | |

如表 15－10 所示，假设截至×月时，按照年初计划（或全国平均达成率）达成率为 75%，A 省李＊＊负责的产品 1 达成率为 60%，说明李＊＊所负责的产品 1 销售进度滞后，需要通过市场手段帮助其加速；综观 A 省全产品合计达成率为 79%，超过年初计划（或全国平均达成率），说明 A 省整体销售业绩表现良好，但需要注意重点产品的单项指标。

### 15.3.2.2　新开发指标达成

在流向分析系统的新增终端分析模块，可以看到全年新开发终端数量及其分布情况，方便省区经理了解新开发指标达成情况，有助于督促任务的达成。同时可以通过对新开发但流失的客户进行及时维护，避免开发资源的浪费，实现覆盖率的真正提升。

在新开发终端明细中，还可以查看该终端开发后的购进量，帮助找到潜力客户并加强维护，通过新开发客户实现终端覆盖率的提升，同时也提升销量，具体分析如表 15－11 所示。

表 15－11　新开发终端指标达成分析

| 业务需求 | 数据内容 | 呈现形式 |
|---|---|---|
| 了解各地区开发及指标达成，总结归纳开发经验 | 新增终端数量及达成率 | 分等级展示新增终端数量及达成率 |
| | 新增终端数量趋势 | 以折线展示每月情况 |
| | 新增终端的分布 | 分地区、类型、等级展示 |

所有数据均可通过省市县、区域类型、时间、终端类型、终端等级、产品等标签筛选联动，分析示例如图 15－9 所示。

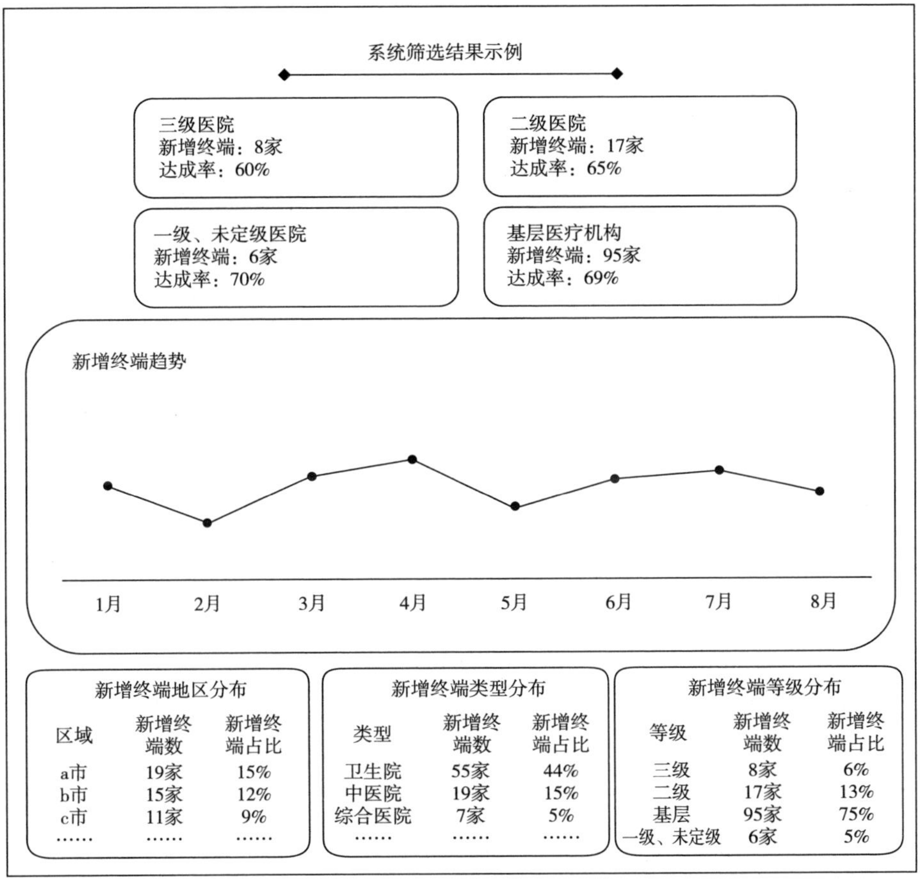


**图 15－9　潜力终端分析示例**

如表 15－12 所示，首先可以看到各等级终端的开发量及进展。通过与公司整体计划进度对比发现不足，加大开发力度；通过新增趋势可以看出每月的开发量，比如 4 月新开发客户最多，回顾 4 月是否进行了某种市场活动，然后根据实际情况加以运用，提升后期开发速度；通过对比经济水平、人口水平等相似的地区开发量，表现优秀的市区经理可以向其他市区分享经验心得，促进全省进步；通过新增终端的类型分布，可以看到产品 1

开发中医院更容易，可以将其作为突破口；通过明细表，计算开发后的月均购进量并排降序，可以快速找到类似××中医院、××妇幼保健院这样开发后购进量大的终端，并作为后期的潜力客户。

**表 15－12　A 省产品 1 开发示例**

| 新开发月份 | 终端名称 | 省 | 市 | 县 | 终端类型 | 终端等级 | 购进量（盒） |
|---|---|---|---|---|---|---|---|
| 2022 年 4 月 | ××中医院 | A 省 | a 市 | ××区 | 中医院 | 三级 | 980 |
| 2022 年 5 月 | ××妇幼保健院 | A 省 | c 市 | ××县 | 妇幼保健院 | 二级 | 650 |
| …… | | | | | | | |

### 15.3.2.3　发现空白市场

销售人员都知道要积极开发终端市场，但往往很多人并不清楚该往哪个方向发力。在流向分析系统的终端地图模块，通过横向对比省区内各城市的覆盖水平，找到铺货较差的市区，通过相应的销售手段进行市场拓展，从而提升覆盖率，增加销量。同时通过对终端类型、终端等级的筛选，可以找到更加具体的开发目标，加上周边环境等因素的综合考虑，帮助找到优质的待开发终端。流向分析系统终端市场分析如表 15－13 所示。

**表 15－13　流向分析系统终端市场分析**

| 业务需求 | 数据内容 | 呈现形式 |
|---|---|---|
| 了解所辖区域覆盖情况，发现空白市场 | 整体覆盖情况 | 覆盖数据概览 |
| | 详细覆盖情况 | 终端覆盖地图<br>详细覆盖数据展示 |

所有数据均可通过区域、时间、终端类型、终端等级、产品、经济类型、连锁级别等标签进行筛选联动。地图区与详细数据区可联动，点击可层层下钻至具体某一家终端，展示终端的等级、上游商业、购进量等信息。

如图 15－10 所示，A 省整体覆盖率为 40%，各市区的覆盖数据也展现在下方，对比发现 g 市的覆盖率远低于 A 省其他城市。于是 A 省总监可

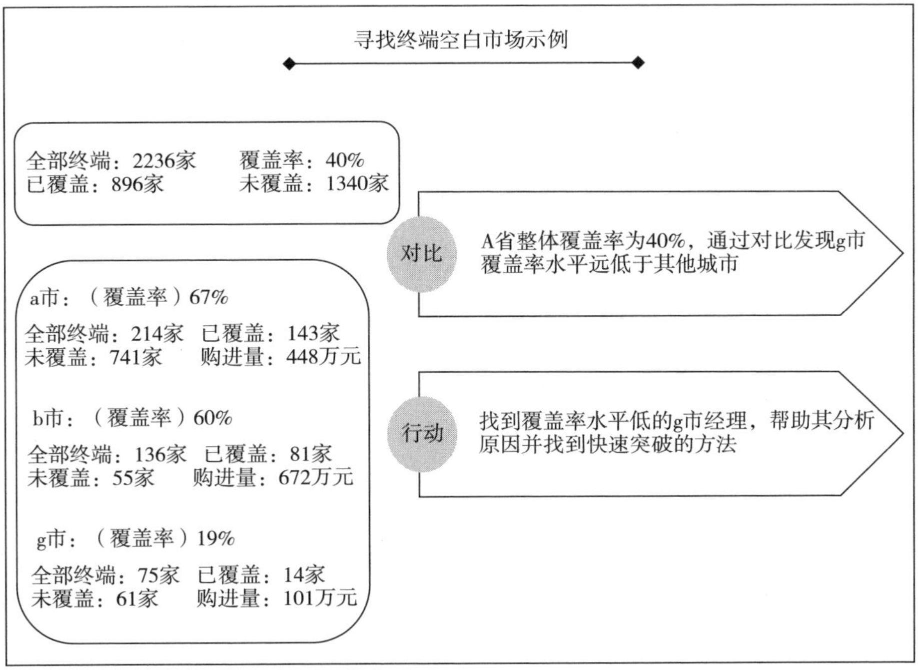


**图 15－10　寻找终端空白市场分析示例**

以找到 g 市经理，通过数据让他看到自己所负责区域的不足。同样 g 市经理也可以通过同样的方法在系统内找到拉低其覆盖水平的区县，结合其他信息分析原因，最终找到提升整体覆盖率的方法。

#### 15.3.2.4　优质客户探寻

每个区域内都有一些声望较高的三甲医院、大型连锁药店等，如果这些终端的购进量及用药量足够大，往往会影响区域内其他终端的用药习惯，进而带动区域整体销量，那么这些客户该怎样去查找呢？

在流向分析系统的终端客户购进分析中，可以通过对终端类型、终端等级等标签的组合筛选，以及对购进量范围的筛选设置，查找高价值终端；同时还可以对未达到预期购进量标准的终端客户开展市场活动，以此来提升市场整体业绩，具体分析方法如表 15－14 所示。

**表 15 – 14　高价值终端分析**

| 业务需求 | 数据内容 | 呈现形式 |
|---|---|---|
| 查找终端销量，发现优质客户 | 终端的购进量 | 终端的相关信息及购进量、覆盖品规数 |

所有数据均可通过区域、时间、终端类型、终端等级、经济类型、产品、达标医院、销量筛选等标签进行筛选联动，通过销量筛选标签可直接找到销量高于（低于）某个水平的终端客户。

**表 15 – 15　产品 1 高销量终端客户系统筛选示例**

| 终端名称 | 省 | 市 | 县 | 终端类型 | 终端级别 | 购进量（盒） | 品规覆盖数（个） |
|---|---|---|---|---|---|---|---|
| ××省立医院 | A 省 | a 市 | ××区 | 综合医院 | 三级 | 4800 | 4 |
| ××妇产医院 | A 省 | b 市 | ××区 | 专科医院 | 二级 | 3500 | 3 |
| …… | | | | | | | |

如表 15 – 15 所示，筛选 A 省产品 1 购进量大于 3000 盒的终端，然后按购进量排降序，可以看到××省立医院的购进量最大，为 4800 盒，其次是××妇产医院。结合该医院在区域内的口碑及影响力，可以选择其中的一些作为区域内的标杆医院，通过市场重点跟进，加大终端购进量，并以此带动区域内其他终端的用药跟随，提升区域内整体销量。

### 15. 3. 2. 5　商业渠道优化

优质的销售渠道是企业占领市场的关键性资源。在流向分析系统内的商业公司覆盖分析模块，通过汇总商业公司覆盖下游终端的数量、终端购进量及活跃程度，省区经理可对商业公司覆盖的终端数量、在区域内的覆盖率、覆盖终端的购进频次、购进量及购进的品规结构等因素进行综合考量，评估商业公司的综合能力，从而挑选出优质客户，建立长期合作关系；也可以根据综合评估结果选择性地进行商业集约，分析方法如表 15 – 16 所示。

**表 15－16　商业渠道优化分析**

| 业务需求 | 数据内容 | 呈现形式 |
|---|---|---|
| 了解商业公司的综合能力 | 商业公司覆盖终端的情况 | 商业公司覆盖终端的区域、数量、购进量、活跃度 |

所有数据均可通过卖方区域、买方区域、时间、商业名称、终端类型、终端等级、经济类型、产品、达标医院等标签筛选联动。覆盖终端的区域可选择按省或城市、区县展示；点击已覆盖终端数量，可跳转查看具体终端购进情况。

**表 15－17　系统筛选示例**

| 商业公司名称 | 所在省份 | 终端城市 | 全部终端 | 已覆盖终端 | 覆盖率（%） | 购进量 | 活跃终端 | 活跃率（%） |
|---|---|---|---|---|---|---|---|---|
| 商业 1 | A 省 | a 市 | 1634 | 85 | 5 | 2889 | 21 | 25 |
| 商业 2 | A 省 | b 市 | 6910 | 293 | 4 | 27730 | 10 | 3 |
| …… | | | | | | | | |

注：点击数据可跳转查看具体终端购进情况。

如表 15－17 所示，A 省各商业公司的数据呈现在眼前，可以根据自己的需要对数据进行排序。然后通过覆盖终端数量、覆盖率、覆盖终端的活跃信息综合分析各商业公司的覆盖能力，对于覆盖能力极弱的商业公司深入了解其是否已达到能力极限以及对公司产品的重视程度，可根据实际情况进行集约管理。同时如果发现 A 省某家商业公司覆盖了其他省区的终端，说明该商业公司存在窜货行为。为了维护市场秩序，一定要根据实际情况对商业公司进行约束。

### 15. 3. 2. 6　代表拜访管理与协访

代表拜访工作是否落实到位，拜访时的表现如何，也是区域经理常常需要考虑的问题。

在销售行为管理系统中，可以查看管辖区域代表的拜访明细，包含定位打卡、药店产品陈列、生动化及促销活动的落实情况，了解医疗终端联系人信息、医生对产品的熟悉程度等。还可以通过协访功能对区域管辖的代表进行协访工作，检查各药店的 POP、陈列铺货情况以及门店经理对药店的熟悉程度。协访完成后，可以对代表的工作态度、专业知识、客户关系等进行协访评价及工作指导。代表可以根据评价来完善自己，更加努力地工作。代表拜访管理与协访的方法如表 15－18 所示，示例如图 15－11 所示。

**表 15－18　代表拜访管理与协访的方法**

| 业务需求 | 数据内容 | 呈现形式 |
|---|---|---|
| 了解下属拜访情况 | 协访签到情况 | 下属拜访签到信息 |
| 了解客户情况 | 代表拜访详情 | 下属拜访时采集的相关信息 |
| 评价拜访工作，给出指导建议 | 协访评价 | 对个人代表的拜访做出评价与建议 |

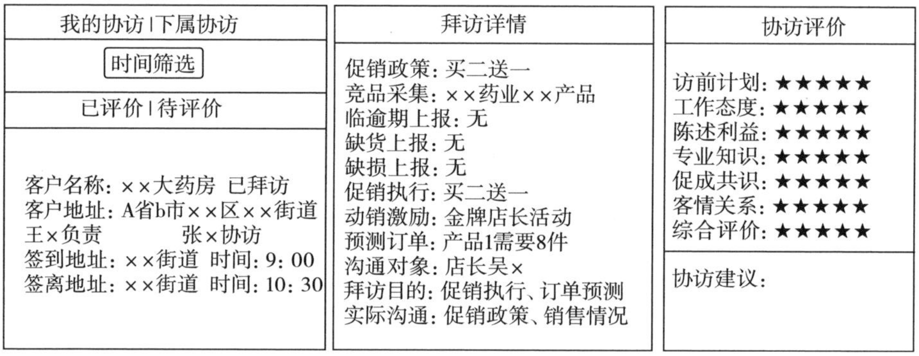


**图 15－11　代表拜访管理与协访示例**

如表 15－18 和图 15－11 所示，A 省总监李总可以在手机端随时查看下属的拜访及协访工作情况汇总，并通过详情中采集到的信息了解终端客户对公司产品政策的执行情况及需求量，还可以对下属的拜访及协访工作做出评价，并给出相应的建议，帮助下属更好地掌握拜访技巧。

## 15.3.3　销售代表

### 15.3.3.1　拜访计划

销售代表应该在精力允许的前提下，做到自己负责的每家终端都能够每月拜访一次或者几次，但事情太多，出现遗漏时该怎么办？哪些客户需要加强拜访？

在销售行为管理系统中，销售代表通过“拜访计划”可以制订计划，系统到时便会自动提醒，避免忘记。在编制拜访计划时还可以点开终端查看自己之前的拜访记录，避免同一终端短时间内大量拜访。

拜访结束后，在“编辑拜访”界面，可以完成门店的陈列检查、竞品采集、贴柜培训、促销活动、医疗终端相关信息等数据的采集。发现陈列位置不明显、竞品较多、医生对公司产品了解不够等情况后，要加强对该终端的拜访，深入介绍产品功能，加大推广力度。销售代表拜访计划如表 15－19所示，示例如图 15－12 所示。

**表 15－19　销售代表拜访计划**

| 业务需求 | 数据内容 | 呈现形式 |
| --- | --- | --- |
| 拜访签到 | 打卡签到 | 通过 GPS 实时签到 |
| 拜访记录 | 拜访记录填写 | 上传了解到的相关信息 |

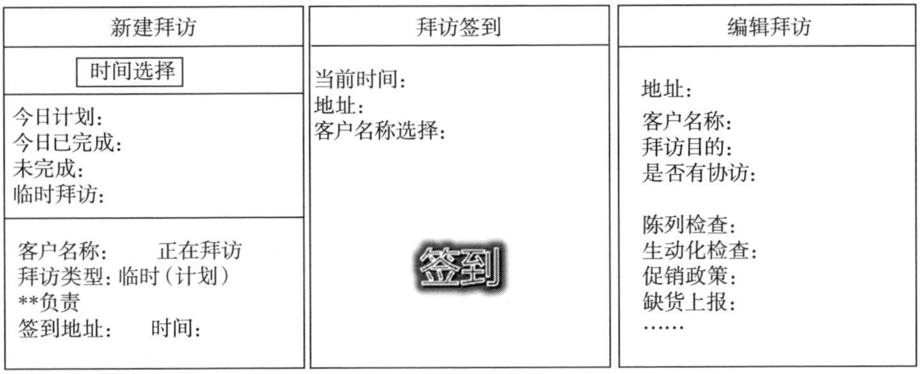


**图 15－12　销售代表拜访计划示例**

### 15.3.3.2　考勤签到

门店经理通过考勤签到功能，进行人脸识别签到打卡，地址和时间水印留底，保证打卡的真实性，签到内容如表 15－20 所示，示例如图 15－13 所示。

**表 15－20　销售代表考勤签到内容**

| 业务需求 | 数据内容 | 呈现形式 |
| --- | --- | --- |
| 考勤签到 | 上下班打卡 | 通过人脸识别进行打卡 |

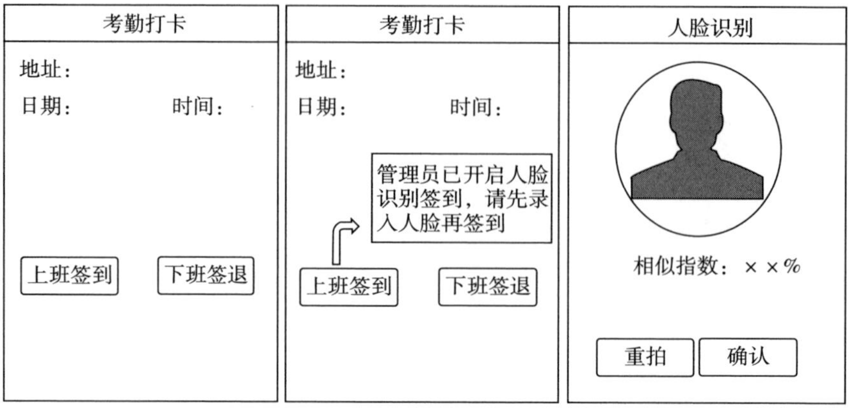


图 15－13　销售代表考勤签到示例

### 15.3.3.3　周报汇报

门店经理可以在周报模块中填写本周工作总结、下周工作计划及需要协调的工作，然后发送给直属上级领导。周报汇报内容如表 15－21 所示，示例如图 15－14 所示。

表 15－21　周报汇报内容

| 业务需求 | 数据内容 | 呈现形式 |
| --- | --- | --- |
| 汇报本周工作完成情况 | 本周工作总结 | 填写本周工作及总结 |
| 上传下周工作计划 | 下周工作计划 | 制订下周工作计划 |

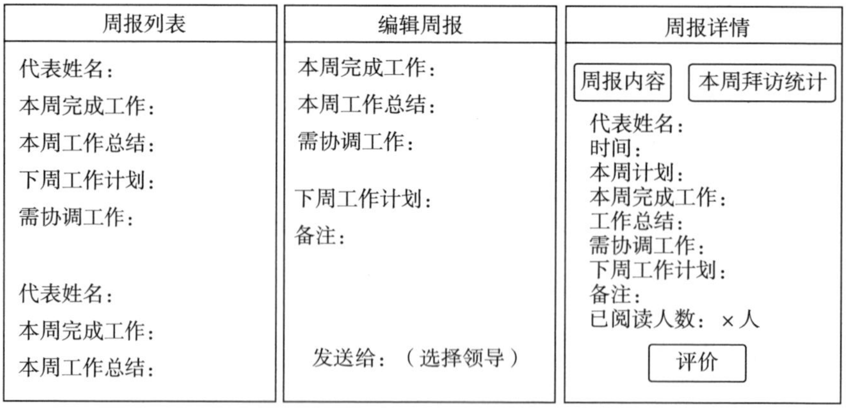


图 15－14　周报汇报示例

## 15.3.4 辅助决策

数据分析工作质量的高低与企业决策的好坏息息相关。其实无论是经济还是市场都是有规律可循的，可以通过对流向数据进行分析，识别市场机会、规避市场风险、评估营销效果。

### 15.3.4.1 终端市场评估

经过流向分析系统的清洗、整合，可以精准地获取终端市场的覆盖率、购进量、终端变化等信息。对这些数据信息综合考虑，可以帮助销售团队进行终端市场评估，评估内容如表 15－22 所示。

**表 15－22　终端市场评估**

| 评估指标 | 具体内容 |
|---|---|
| 覆盖率 | 覆盖终端数量、终端类型结构、多频覆盖的品类结构 |
| 黄金终端 | NKA、LKA、标杆门店 |
| 终端画像 | 医院边店、商圈边店、等级医院、基层医疗机构 |
| 活跃终端 | 单店产出、购进频次 |
| 终端变化 | 新开发客户、流失客户、客户留存情况 |

### 15.3.4.2 渠道优劣审度

流向分析系统整合了销售发出数据与流向数据，销售团队可通过系统查看商业客户的各项数据，加上对渠道价格的管控程度，综合审度渠道质量。

### 15.3.4.3 省区健康考量

通过对终端市场评估和渠道优劣的审度，省区业务运营的健康程度便一目了然。省区健康考量指标如表 15－23 所示。

**表 15－23　省区健康考量指标**

| 考量指标 | 具体内容 |
|---|---|
| 销售完成 | 销售业绩、达成率、同比、环比等，与全国平均水平对比如何 |
| 库存健康 | 库存数量和结构，周转天数是否合理，是否有近效期产品 |
| 单店产出 | 单店产出与其他规模相同的连锁及门店对比如何 |

续表

| 考量指标 | 具体内容 |
|---|---|
| 核心品规 | 核心品规销售占比，与全国平均占比对比如何 |
| 终端表现 | 终端覆盖、标杆店打造、市场活动执行情况等 |
| 重点渠道 | 重点渠道销量及占比情况 |

### 15.3.5 系统运用培训

通常会采取以下几种方式进行系统运用的培训，并在使用一段时间后开展相关考评。针对使用情况不理想的用户进行一对一辅导，直至其能够熟练使用。系统运用的培训方式如表 15－24 所示。

**表 15－24 系统运用的培训方法**

| 培训方式 | 培训方法 |
|---|---|
| 在线演示 | 通过线上会议的方式，共享屏幕线上演示操作方法 |
| 网络课程 | 录制网络课程，学员打卡学习并参加考试 |
| 手册自学 | 制作并发放使用手册，以便使用者在闲暇时自学及复习 |
| 建群解答 | 建立微信群，及时解答相关人员在系统使用过程中遇到的问题 |

在实践中，一般将以上几种培训方式结合起来运用。先下发手册，让大家对系统有大概的了解，然后通过网络课程的教学视频讲解系统各板块的功能及运用。接下来通过在线演示评估业务员的学习成果，最后建立微信群以便随时解答系统相关疑问。

**总结**

通过流向分析系统发现空白市场，查看新开发指标完成进度，有针对性地加强销售推广，查找流失客户中有潜力的终端客户并进行针对性复苏；分析终端市场分布，及时发现市场变化，做出相应的战略决策；查看各终端客户的购进量，通过购进量筛选排序寻找优质客户。

通过销售行为管理系统，销售代表随时记录客户拜访、学术推广等销售行为，收集终端客户的产品陈列、医生对产品的了解程度等信息；管理层通过系统，可以对销售代表的业务进行评价与指导，同时可以协访终端客户。

未来，数字化技术还将进一步赋能行业发展，大数据与人工智能等将深度融入医药工业发展各环节，重塑医药产业链格局。企业应该明确市场定位，结合自身优势进行数字化战略布局，通过数字化分析提高生产效率、降低营销成本、提升品牌形象，在医药营销数字化浪潮中构筑竞争优势。

第16章

# 医药销售代表招聘、培训与管理

A 公司是一家生产中成药的上市公司，其产品丰富，近年来业绩增长趋势迅猛；该公司销售网络遍布全国，医疗业务人员、销售人员有 1000 多人，渠道网络健全。随着医药市场竞争日益激烈，公司不断推出新产品，应对医药市场变化；随着产品管线越来越丰富，公司调整营销策略，向精细化管理方向变革，同时集约合作渠道、聚焦价值终端、扩大销售队伍、引进新员工，形成新的销售队伍，通过“鲶鱼效应”，让团队焕发新的活力。

但是，新的队伍组建会面临如下问题：

①销售代表作为一名医药专业的销售人员，需要具备怎样的素养？

②怎样进行销售代表的招聘与培训？

③新业态下销售代表怎样进行精细化管理？

## 16.1 医药销售代表招聘

医药销售代表是指受过医学、药学专门教育，具有一定临床理论知识及实际经验的医药专业人员，经过市场营销知识及促销技能的培训，从事药品推广、宣传工作的市场销售人员。

2015 年底，《中华人民共和国职业分类大典（修订版）》增加了“销售代表”职业，并划分在大类“专业技术人员”之下。这也从侧面对销售代表的专业技能提出了要求。在这种情况下，《医药行业合规管理规范》应运而生，国家药品监督管理局也在2017年12月22日发布《销售代表登记备案管理办法（试行）》，对医药销售代表的合规和专业化提出了要求。

### 16.1.1 医药销售代表岗位职责

医药销售代表岗位职责主要包括：在辖区内医院进行公司产品的推广销售，达成销售目标；不断提高产品市场份额；开拓潜在医院渠道客户，并对既有客户进行管理；充分了解市场状态、竞争对手的情况及市场动态；制定并实施辖区医院的各种推广活动；树立公司的良好形象，对公司商业秘密做到保密。具体工作职责如图16－1所示。

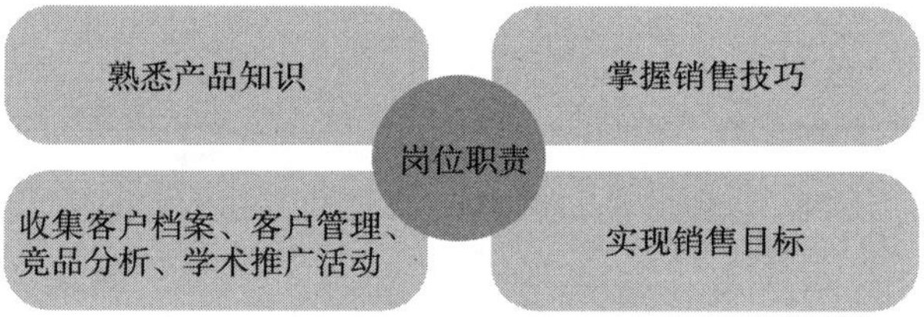


**图16－1 销售代表岗位职责**

### 16.1.2 医药销售代表素养要求

医药销售代表工作对象的特殊性，对其个人素质、知识储备有更高、更严格的要求。把握与运用基础工作的必要流程，对销售代表的业绩有至关重要的作用。医药销售代表素养要求具体如图16－2所示。

专业：药品区别于其他商品，具有专业的产品属性；运用专业的知识诠释产品、推介产品、推介企业、推介新概念，最终提升产品的市场份额。

诚信：对客户坚守承诺，树立个人信誉，让医生相信自己、相信公司、相信产品。

礼仪：知书达理，努力塑造良好的第一印象。保持充沛的精神与活

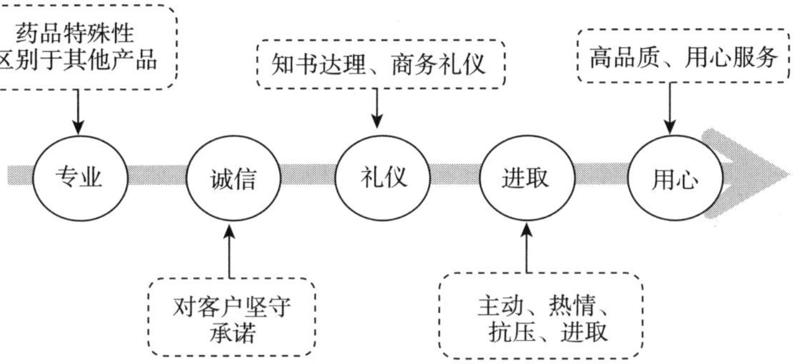


**图 16－2　医药销售代表素养要求**

力，以整洁得体的仪表仪容及彬彬有礼的形象面对客户。

进取：把握新产品推介的有利机会，充分利用新产品的全新概念感化客户，以引发客户的共鸣。

用心：展示自己的卓越服务，提高客户满意度。

### 16.1.3　销售代表招聘流程

#### 16.1.3.1　收集招聘需求

岗位需求一般来自两个方面：一是因业务新增或业务拓展需新增岗位；二是因员工变动，按规定编制需要补充人员。

#### 16.1.3.2　明确岗位要求

招聘前需要明确招聘岗位的具体要求，有针对性地选择人员，如学历、工作地点、工作经验、专业、能力（独立性、自律性）等。要明确该岗位的直接领导对该岗位人员的招聘期望，结合销售代表职业素养要求，根据岗位需求来选择合适的人。

#### 16.1.3.3　招聘渠道选择

在分析、确认岗位需求和要求后，可以通过以下招聘渠道进行人员招聘。

外部招聘：网络招聘是外部招聘的主流渠道，常用平台有智联招聘、前程无忧、猎头网等，医药交流群、知名医药微信公众号也是新兴的招聘渠道；线下招聘以人才市场或展会为主，该渠道以应届大学生招聘为主。

内部推荐：内部推荐是企业主要招聘途径之一。内部员工对公司足够了解，招聘用时短、费用低，且节省培养成本，选择准确率相对更高。

#### 16.1.3.4 简历收集筛选

简历收集一般有以下几个渠道：人力资源部网上收集所提供的简历；内部同事推荐所提供的简历；同行/客户推荐的简历。简历筛选的基本要求：学历、工作地点、有无工作经验。若有工作经验，则看业绩及之前工作的公司；若无工作经验，则看学校成绩和校内外活动表现。

#### 16.1.3.5 面试流程

在进行简历的初步筛选后，可以进行电话初面。

电话初面的一般流程：招聘者进行自我介绍，确认身份信息，介绍应聘岗位；面试官进行基本问题询问，包括学历、毕业院校、工作学历或销售业绩，并进一步询问其求职动机，包括离职原因、进入本公司动机、对行业或者职业的看法等。电话初面后，针对获取信息综合考虑动力匹配、区域匹配、自我要求匹配，充分考虑既往业绩、成绩、能力、就职动机，确定是否给予面试或复面机会。如获得面试或复面机会，需进一步告知的事项包括面试时间、地点、准备材料等。

复面及终面的一般流程：面试官致欢迎词并进行岗位介绍；应聘者进行自我介绍，回答面试官提问并提出相应问题。同时，也可以采用角色扮演、分组比赛、资料或幻灯片的讲解等辅助面试方法。

面谈的内容：工资待遇、奖金政策，收入的比较；公司基本要求，包括工作职责、指标增长要求、区域面临的困难、工作压力（绩效的要求）。面试考核测评表如表 16 – 1 所示。

**表 16－1　面试考核测评表**

| 项目 | 内容 | 具体要求 | 得分 |
|---|---|---|---|
| 基本素质（20%） | 职业形象（3 分） | 着装，气质 | |
| | 工作经历（3 分） | 既往就职公司和既往业绩 | |
| | 学历（4 分） | 毕业院校 | |
| | 能力（10 分） | 沟通交流能力，逻辑思维能力 | |
| 动力（30%） | 工作稳定性（8 分） | 离职原因 | |
| | | 对上一家公司、工作、老板的评价 | |
| | | 目前收入组成及期望薪资 | |
| | | 最大的压力、挑战是什么，如何处理 | |
| | | 对现在公司的了解程度及了解途径 | |
| | | 工作地点，未来几年的生活规划 | |
| | | 公司的标准和要求 | |
| | 内在动力、自我要求（6 分） | 之前的目标以及是否达成、行动措施，之后的目标规划 | |
| | | 既往绩效排名及原因，自评 | |
| | | 优秀的标准，欣赏的人及原因 | |
| | 工作职责（10 分） | 销售代表的工作职责和任务 | |
| | | 最大的困难、压力是什么，怎么办 | |
| | 性格（6 分） | 你的优势（自我评价） | |
| | | 性格优缺点 | |
| 能力（50%） | 区域管理（40 分） | 如何快速开展新的工作 | |
| | | 如何开发医院（流程及关键人物） | |
| | | 重点客户销量、竞争品销量，如何做 | |
| | | 案例分享：与客户建立关系、建立客户关系好的方法 | |
| | 学习能力（10 分） | 产品知识、演讲能力 | |
| 合计 | | | |

### 16.1.3.6　背景调查

背景调查是指通过从外部求职者提供的证明人处或从以前工作单位搜集资料，核实求职者个人资料的真实性。通过背景调查，可以证实求职者的教育和工作经历、个人品质、交往能力、工作能力等。

#### 16.1.3.7 录用及入职

应聘者面试通过后，接下来就是确定录用。一般企业的录用程序包括：地区经理发录用信息给省区经理；省区经理确定录用后发人力资源部；人力资源部向应聘者发录用通知。

入职所需要的资料包括体检报告、离职证明、档案。

入职前员工需要准备的工作有名片、电话号码、学习产品知识、个人生活安排（如租房等）。

地区经理在员工任职前需要做的事情包括确认入职、欢迎信（工作群、邮箱等）、向团队成员介绍新同事（书面、面对面等形式）。

## 16.2 医药销售代表培训

培训是持续提升销售人员工作能力和业务技能的重要手段。医药销售代表培训通常包括企业通用知识培训，以及针对 RX 销售代表和 OTC 销售代表的岗位技能培训。

### 16.2.1 企业通用知识培训

企业通用知识培训可以让销售代表认同企业文化，熟悉管理制度，快速掌握产品知识及相关销售实操流程。企业通用知识培训项目及流程如表16－2所示。

**表16－2 企业通用知识培训**

| 培训项目 | 培训内容 | 培训时间 | 培训方式 | 培训师 |
|---|---|---|---|---|
| 企业文化 | 发展历程、人员、组织结构、经营现状、公司目标 | 4 小时 | 例会、集中 | 公司 |
| 管理制度 | CRM 系统、办公制度、薪酬制度 | 2 小时 | 例会、集中 | 公司/省区 |
| 产品知识 | 产品现状、功能主治、质量、包装、竞品分析 | 8 小时/月 | 例会、集中 | 公司 |

**续表**

| 培训项目 | 培训内容 | 培训时间 | 培训方式 | 培训师 |
|---|---|---|---|---|
| 市场实操 | 片区约见负责人、介绍产品、洽谈、铺货、陈列、外场活动、动销方案制定、片区培训 | 12 小时/月 | 例会、带教 | 公司/省区 |
| 销售流程 | 销售流程、谈判技巧、客情开发维护 | 4 小时 | 例会、带教 | 公司/省区 |
| 客户关系管理 | 客户开发管理、业务支持与辅导、工商互动、异议处理、客户信息管理 | 3 小时 | 例会、带教 | 公司/省区 |
| 模拟演练 | 案例分析、经验交流分享、经常性问题集中讨论 | 8 小时/月 | 例会、情景演练 | 公司/省区 |

## 16.2.2　销售代表岗位技能培训

### 16.2.2.1　产品知识培训

与产品销售相关的知识包括以下内容：产品说明书；成分说明；临床药理学；适应症与用途；禁忌症，描述的是在哪些情况下使用特定的某药品是不合适的；警告，是为了提醒医生或者使用者该药可能会产生的危险；慎用指征，是指在服用前应当采取的措施或者医生在处方前应当清楚的事宜；副反应，是用药过程中出现的不希望有的效应；常用的产品推广资料；科室会幻灯片及研究成果。

产品知识培训是产品销售的基础，主要分为培训内容和实施步骤两部分，具体内容如表 16－3 所示。

**表 16－3　产品知识培训**

| 项目 | 培训重点 | 重点内容 |
|---|---|---|
| 培训内容 | 产品知识 | 产品功能、卖点、核心诉求、产品话术、价格体系、品牌、质量、包装、售后服务等 |
| | 市场分析 | ①区域市场状况和目标购买人群<br>②门店销售情况和门店类型细分<br>③产品销售目标和增量实施计划 |
| | 竞品信息 | 竞品名称、品牌、规格、销售区域、出厂价、零售价、渠道政策、连锁毛利、促销政策（买赠、满减等）、店员奖励、推荐级别等 |
| | 品牌宣传 | 产品规划、年度销售目标、促销活动、销售政策等 |

续表

| 项目 | 培训重点 | 重点内容 |
|---|---|---|
| | 培训步骤 | 计划制订和培训执行 |
| | | 产品演示和功能体验 |
| | | 产品卖点和竞品分析 |
| | | 经验分享和情景演练 |
| | | 考核激励和人人过关 |

### 16.2.2.2 销售技巧培训

销售技巧的核心内容：开发、上量、学术推广。成功的销售代表，其销售技巧概括为“六脉神剑”，如图16－3所示，主要包括正确的客户、足够高的拜访频率、精准的产品信息传递、有效合理的销售行为、专业的销售技巧、自我管理。

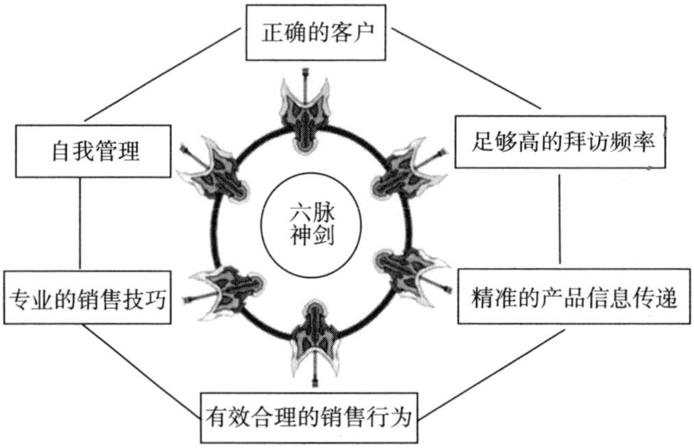


**图16－3 销售代表成功销售的“六脉神剑”**

（1）正确的客户

二八理论告诉我们，把80%的时间用于20%的客户可以实现80%的目标。发掘20%的重要客户后，需要对目标医院和目标医生进行系统的管理。

①目标医院管理。

目标医院管理是销售代表根据医院潜力，对医院进行不同等级的划分，划分的依据包括床位数、日门诊量、月药品购进额、主要专业领域等，根据划分的结果制定不同的工作方案。具体划分方法如表 16 – 4 所示。

**表 16 – 4　常用目标医院等级划分方法**

| 级别 | 床位（张） | 日门诊量（人次） | 月购进额（万元） | 主要专业领域 |
|---|---|---|---|---|
| A | ≥500 | ≥1500 | ≥500 | |
| B | 200 ~ 500 | 500 ~ 1500 | 100 ~ 500 | |
| C | ≤200 | ≤500 | ≤100 | |

②目标医生管理。

目标医生管理是销售代表根据公司产品的特点，对医生进行不同等级的划分，划分的依据包括病人数量、处方权限、支持度，针对不同级别医生的特点，制定不同的工作方案。具体划分方法如表 16 – 5 所示。

**表 16 – 5　目标医生等级划分方法（以门诊医生为例）**

| 级别 | 病人数量（人次/天） | 处方权限（元/处方） | 支持度 |
|---|---|---|---|
| A | ≥50 | ≥100 | 良好 |
| B | 30 ~ 50 | 50 ~ 100 | 一般 |
| C | ≤30 | ≤50 | 无兴趣 |

③目标医生潜力分析。

门诊潜力计算公式：

门诊次数/月 × 病人数量/次 × 适应症比例 = 门诊病人总潜力

门诊病人总潜力 × 最大处方盒数/次 = 处方总潜力

处方总潜力 × 品牌选择率或目标品牌选择率 =
当前门诊处方量或目标门诊处方量

住院部潜力计算公式：

床位数/客户 × 床位周转次数 × 适应症比例 = 住院部病人总潜力

住院部病人总潜力 × 最大处方盒数/次 + 出院最大带药量（一般以 2 周的量为限） = 住院处方总潜力

住院处方总潜力 × 品牌选择率或目标品牌选择率 = 当前住院处方量或目标住院处方量

所有住院部客户对应的特定数据累加即可得出一个科室或医院的相应特定数据。

(2) 足够高的拜访频率

对客户使用公司产品现状和使用潜力进行分析，对根据每种产品的使用情形进行客户分类。使用现状按照不使用、尝试使用、保守使用、二线使用、首选使用五种分类，使用潜力可根据潜力评估方法（无潜力、潜力小、部分潜力、较大潜力、高潜力等）将客户分为 A、B、C、D 四类，对每类客户给予不同的拜访频率，具体内容如表 16－6 所示。

**表 16－6　客户分类管理拜访频率**

| 分级 | 客户画像 | 拜访策略 | 频率 |
|---|---|---|---|
| A | 首选使用的、二线使用的和较大潜力、高潜力的客户，贡献率 >50% | 保持、推进使用现状；推广使用经验；积极进行群体销售 | 高频率（1 次/天） |
| B | 保守使用的和较大潜力、高潜力的客户，贡献率为 20%~50% | 开发新的适应症和用法；产品关键点提醒；选择性使用文献、资料；鼓励试用样品 | 高频率（1 次/天）或（1 次/2 天） |
| C | 不使用的、尝试使用的和较大潜力、高潜力的客户，贡献率为 0 ~ 20% | 增加其对产品知名度的认识；努力发掘客户需求；积极运用文献、资料 | 中高频率（10 次/月）以上 |
| D | 不使用的、尝试使用的和潜力小的客户 | 客户主动需要时才拜访；不定期邮寄资料 | 低频率（4 次/月），或放弃 |

(3) 精准的产品信息传递

介绍产品是销售过程中最重要的一环，也是最能体现销售代表专业销售能力的一环。客户之所以用我们的产品，不是产品决定的，而是由他们自身需求决定的。向医生介绍一款药品，需要重点介绍医生最需要的内容。

(4) 有效合理的销售行为

在当前大环境下，医药销售合规、高效是未来发展趋势，因此利用群体互动效应，促进医生对产品做深入研究、评价，达到推广使用的目的成为广泛认可的方式。目前最有效的群体销售有以下常见形式：新品上市会、学术研讨会或学术沙龙、院内科室产品推广会、临床试验协调会、专家义诊咨询活动、患者健康教育活动、媒体广告、医院内科普宣传活动、医师药师学术沙龙、专业学术委员会、资料直接邮寄等。

（5）专业的销售技巧

在当前市场环境中，客户越来越重视时间的价值，他们通常能接受的销售代表拜访时间在 10 分钟之内。我们应该如何在 10 分钟内完成拜访目标？总结一下，常规医药专业销售拜访八步：第一步是客户定位，第二步是访前准备，第三步是接触和建立关系，第四步是确认客户需求，第五步是陈述和强化益处，第六步是获取和处理反馈，第七步是取得承诺促成交易，第八步是跟进和访后回顾。

销售技巧的理论不一而足，总体原则都是帮助销售代表运用语言技巧与客户进行积极的双向沟通。

（6）自我管理

有人认为外在管理能促进个人快速成长，但其实自我管理才是销售代表成功销售的重要“内驱力”。销售代表自我管理包括客户分类、品种、时间、竞品、数据及心态管理，管理内容如图 16－4 所示。

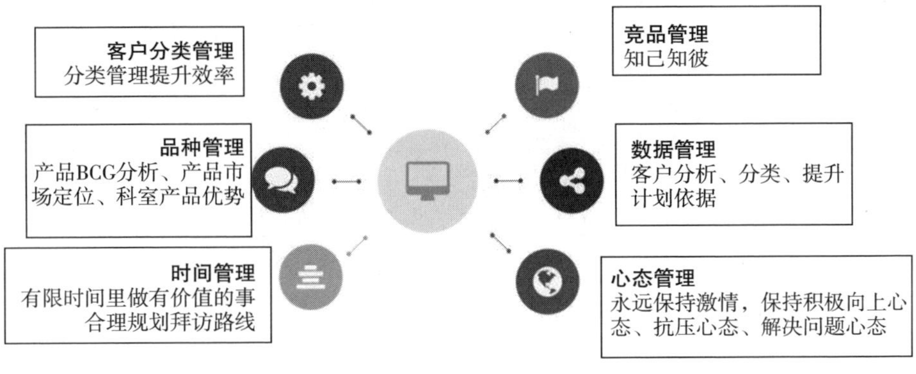


**图 16－4　销售代表的自我管理**

以上是对成功销售代表销售经验的总结，而销售代表要想真正成功上量，其路径主要有三点：增加客户数量、提高拜访频率和质量、扩大产品适用范围。增加客户数量包括开发高质量、管理好现有 VIP、发展潜力客户。提高拜访频率和质量包括客户分类管理、客户访前准备、有策略的沟通。扩大产品适用范围包括多科室推广、增强医生对医药产品的认可度。

### 16.2.2.3 销售政策培训

销售政策是销售活动至关重要的策略与措施，必须及时、准确地将销售政策传达给医药销售代表，并及时对客户进行宣导。经销商激励政策主要包括结算、折扣、市场管理、新产品销售奖励和特殊激励，具体内容如表 16－7 所示。

**表 16－7 经销商激励政策**

| 政策 | 主要内容 |
| --- | --- |
| 结算 | 主要包括现款现货、赊欠、铺底、承兑汇票期限等 |
| 折扣 | 厂家给予经销商的销售折让 |
| 市场管理 | 包括价格稳定管理和市场秩序管理措施 |
| 新产品销售奖励 | 对新产品推广、销售的额外、高额激励 |
| 特殊激励 | 对经销商达成销售目标的特殊奖励 |

销售政策宣导、培训分三步执行，对销售政策的执行，要密切关注实施效果，以便及时做出相应的调整，具体内容如表 16－8 所示。

**表 16－8 销售政策宣导、培训步骤**

| 步骤 | 执行 |
| --- | --- |
| 学习领会 | 理解：首先要读懂公司的销售政策，准确理解政策的内容 |
|  | 思考：在读懂的基础上，分析如何让销售政策帮助提高销量 |
|  | 策划：考虑用积极的方式，将政策宣贯给客户，充分发挥政策的作用 |
| 准确传达 | 省区例会上学习宣导 |
|  | 拜访经销商进行宣贯 |
|  | 由 OA 办公系统下发，便于及时存档和查询 |

**续表**

| 步骤 | 执行 |
| --- | --- |
| 有效执行 | 利用省区例会，定期检查业务员是否熟记销售政策，是否及时、积极地向客户进行政策宣导 |
| | 利用连锁拜访的机会，了解客户对政策的理解和执行情况，有问题及时协调解决 |
| | 利用门店拜访的机会，了解店员利用政策在行销过程中，是否存在困难，便于及时协助解决 |

### 16.2.2.4　拜访技巧培训

OTC 销售代表拜访是维护门店客情、掌握产品销售动态、消费者购买行为及消费洞察、掌握竞品信息的重要手段。具体拜访技巧培训见表 16 -9。

**表 16 -9　拜访技巧培训**

| 事项 | | 内容 |
| --- | --- | --- |
| 拜访准备 | 拜访路线 | 提前一天（周），制定好每天和每周的拜访路线，可依据实际情况适度调整 |
| | 拜访资料 | 公司介绍 PPT、产品资料和样品、公司及产品视频文件、销售政策资料等 |
| | 信息收集 | ①拜访客户名称、地址、性质、负责人及电话号码、经营规模等；<br>②拜访客户主要同类竞品销售情况、渠道和门店促销政策等；<br>③拜访对象性格、办事风格、家庭情况、个人爱好等 |
| 拜访流程 | 连锁拜访 | ①主客宾介绍、公司介绍；②产品介绍；③销售政策介绍<br>④双方沟通洽谈；⑤合作协议达成；⑥人员跟进安排 |
| | 门店拜访 | ①自我介绍、拜访目的说明；②公司及产品介绍<br>③门店及产品陈列巡视；④产品促销及活动沟通<br>⑤促销协议达成；⑥人员跟进安排 |
| 拜访陈述要点 | | ①产品卖点及销售价格；②渠道政策及价格管控<br>③促销政策及售后服务；④人员培训及门店活动<br>⑤协议达成及销售跟进 |

续表

| 事项 | 内容 |
| --- | --- |
| 完善客户档案 | 根据拜访情况，完善客户档案：客户名称、地址、性质、面积、营业额、负责人及电话号码、门店数及营业员人数等 |
| | 竞品销售情况：产品规格、价格体系（进货价、出货价、零售价）、销售额、渠道政策及门店促销政策等 |
| 注意事项 | 仪表和着装：仪态自然，落落大方；着装整洁，鞋要擦亮 |
| | 语言和行为：洽谈时目光平视对方，眼光停留在对方眼眉部位挺胸直立或平稳坐在椅子上，双腿合拢，上身稍前倾，手自然下垂或拿资料；语气热情、和缓、充满自信，语速适中，注意聆听 |

## 16.3 医药销售代表及团队管理

### 16.3.1 销售代表管理“五指禅功”

#### 16.3.1.1 组建团队

强有力的团队和健全的运营规章制度是销售的关键。管理学上有个名词叫“管理宽度”，又称“管理跨度”或“管理幅度”，指的是一名主管人员有效地监督、管理其直接下属的人数。当超过这个限度时，管理的效率就会随之下降。一个好的区域管理，最佳人数控制在5~8人，如果超过这个数量，精细化管理就比较难；同时要塑造一支高凝聚力的团队，强化销售区域市场管理，提高医药销售的速度和质量。所以，在选择销售区域市场管理者时最重要的一点是先看人品，再看能力，要求地区经理要有强大的人格魅力。

健全的团队还需要制定规章制度。例如结合人力资源情况制定《薪酬管理制度》《人员晋升管理制度》《销售代表部门培训制度》《员工考勤制度》《销售费用使用规章制度》及《费用报销制度》等，最重要的是地区经理能制定销售区域市场的发展规划。

#### 16.3.1.2　制定目标

定目标：为了同一个目标，坚持到底直到成功。

但现实销售过程中，销售代表目标不清晰或者销售人员对新目标的恐惧原因，主要有以下几个：完成指标的目标不明确；工作内容和工作职责不清晰；既往工作缺乏计划性；制定目标时是按照年度、季度和月度分解的，所以销售工作也要分阶段、分区域逐步进行。

目标不是单纯地用加减乘除的方法分解的，要有规范性。所以，销售人员的目标制定一定要遵循 SMART 原则，OGMS – T 是一个很好的工具，具体内容如表 16 – 10 所示。

**表 16 – 10　目标管理 OGSM – T 工具**

| 工具 | 目的（Objectives） | 目标（Goals） | 策略（Strategies） | 衡量（Measures） | 行动方案（Tactics） |
|---|---|---|---|---|---|
| 内容 | 需要实现什么？（工作的方向） | 我们如何衡量达到目的的程度要实现的目标有哪些 | 我们如何达到目的和目标？采取的策略是什么 | 衡量各个策略成功与否的可量化的标准是什么 | 具体的活动或项目，完成这些活动将获得竞争优势 |

有了整体目标后，必须将目标逐级分解，合理地按照季、月、周、日分解成小目标。在分解的过程中，首先写出实现整体目标的必要条件，再写出实现每个小目标需要突破的困境。这些困境和条件包括现阶段客户数量、客户特点，客户的发展计划、合作机会、产品组合规划、市场活动计划、培训计划、市场准入计划等。基于分解后的小目标，销售人员要思考“我们每季度、每月、每周、每日应该做什么事情才能实现目标”，思考后制订行动计划。

#### 16.3.1.3　过程管控

过程管控即“追过程”：凡是计划必有执行，凡有执行必有检查。“追过程”具体可以分为以下四项：客户档案收集与建立、客户拜访频率、目标科室专业学术推广及学习、重点工作的推进。

客户档案收集与建立的依据是客户资料管理系统（Customer Relationship Management，CRM）。CRM 是选择和管理有价值客户及其关系的一种商业策略，CRM 要求通过以客户为中心的商业哲学和企业文化来支持有效的市场营销、销售与服务流程。通过对客户详细资料进行深入分析，提高客户满意度，提高企业竞争力，客户信息收集如表 16－11 所示。

**表 16－11 客户信息收集**

| 医院级别 | 年龄 | 性别 | 联系方式 | 出诊时间 | 门诊量 | 学术倾向性 | 竞品 | 兴趣爱好 |
|---|---|---|---|---|---|---|---|---|
| A | | | | | | | | |
| B | | | | | | | | |

销售代表的过程管控本质是“四访”：

晨访：早晨上班前的 30～60 分钟送早餐较合适，且时间较宽裕，感情含量高。如果时间紧张，拜访人数有限，则需要区分拜访对象。

日访：目标医生，确定拜访的内容，准备好拜访所需的资料及物品。时间选择要恰当，掌握目标医生的时间规律，选择恰当的时间去拜访可以提高拜访效率。

夜访：针对住院部夜班医生，时间一般在 7：30 到 9：30，确定拜访内容，准备需要的资料。可根据自己了解的情况，选择送晚餐、饮料或小礼品。夜访的优点是时间宽裕，其他干扰少，可以达到深度拜访的目的。

家访：有利于双方进行深入交谈，是最好的拜访方式。前期必须了解对方的家庭地址、电话号码、信仰习惯及爱好，避开对方所忌讳的事情。

过程管控有两大法宝：计划管理和会议管理。计划管理很简单，就是让每个人做好每月、每周的工作计划，根据员工的本周或本月的工作计划与当事人详谈、充分沟通、反复修正后确认，后期工作就是监控执行计划。工作计划做完后，就要监控或者督促下属坚定不移地完成工作计划。当本月或者本周工作结束后，要拿着工作计划与下属逐项对照，结合完成情况给出中肯的评价。

会议管理也是过程管理的重要部分。设定一个周期，如一个月或者一周，针对存在的问题召开会议。对当事人无法处理或者解决的、领导也没具体思路的，需要大家讨论解决。会议管理也是锻炼销售区域市场人员的一次机会；会议管理一是要解决问题，二是要有主题，不要漫无目的、耽误时间。

销售区域市场的会议流程如下：公司对销售区域市场的指示；指标的分解和落实；销售区域市场本月或者本周的重点工作；销售区域市场主要问题的沟通、解决；团队拓展培训，给大家提供一个多元化沟通的场合。

#### 16.3.1.4　结果导向

要结果：定下清晰的目标，紧盯核心动作，结果自然水到渠成。

销售代表的管理一定要以结果为导向。德鲁克对管理的解释：管理，就是让工作有成效；管理，就是让伙伴有成就；当一切都以结果说话时，就没有苦劳，只有功劳了。试想一下，晚上 11 点夜访，对不起，拿不到结果，一点用都没有，得到的所谓“结果”也只是为过程鼓掌而已；在追求结果的过程中，如果遇到解决不了的问题，推荐使用这个工具——5W2H 分析法，如图 16－5 所示。

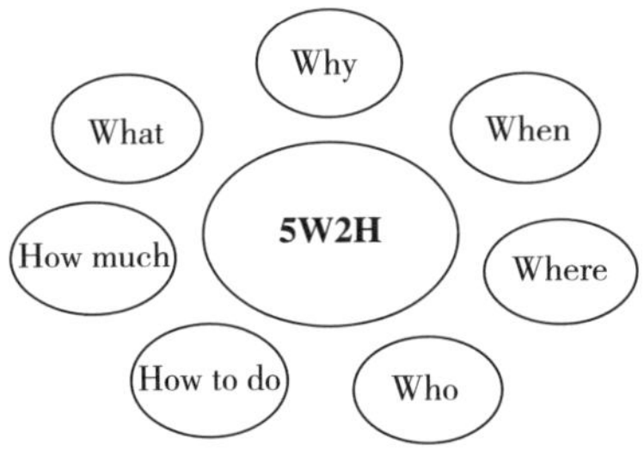


**图 16－5　分析问题模型：5W2H 分析法**

#### 16.3.1.5　激励策略

新生代员工成长于一个经济全球化，政治、文化多元化的时代，他们的价值取向、思维方式、情感表达和心理需求等方面呈现多元化的特点。

在销售代表管理过程中会发现，过去传统的“胡萝卜＋大棒”的管理模式已经不适用于新生代员工，他们正呼唤新的领导和管理力量，他们更关注薪酬、激励和弹性的工作时间，希望被信任，渴望被真诚对待。因此，新生代管理应遵循以下几个原则：建立公平合理的薪酬制度、非物质激励、学会授权，并给予充分的信任、组织文化激励。

新生代员工在职场中给予管理者的是“惊喜”与“惊叹”并存。因此，对新生代员工应该给予更多的理解、宽容、支持和信任。从他们多样化的需求出发，制定相应的管理措施和激励策略，最终实现组织与新生代员工的共赢。

### 16.3.2 精细化管理

#### 16.3.2.1 黄金牛型销售代表

黄金牛型销售代表老实肯干，工作强度比别人大，工作技能一般，业绩不突出，管理技能弱、工作表现稳定，尽心尽力，任劳任怨，但独立性比较弱，希望上级给予支持，难以接受别人的意见，习惯安于现状，如果不给予积极的关注和引导，他们的工作积极性就有可能下降。

对于这种类型的销售代表，我们要做到接纳和施压，要接纳他们，尽早给他们压担子，安排好任务，调动其主动性，同时在他们需要指导和帮助的时候，我们要及时给予和辅导。只要他们有一定的进步，我们就要给予更大的发展空间。

#### 16.3.2.2 问题型销售代表

问题型销售代表工作能力和意愿都比较低，他们精神面貌欠佳，工作没有主动性，缺乏上进心，目标不清晰，自信心欠缺，团队融合度差；或者态度负面，对工作的关注度低。

面对这样的销售代表，直接解聘是一种办法，转化提升也是一种办法。管理他们的原则是先踏实再上进，先做小事再求发展。在工作上要给他们安排短、平、快的工作，激发他们的信心和工作热情。另外还要提供清晰明确的指示和目标，以及任务完成的底线，让他们明确工作的每个细节；在激励上，要经常给他们正面的反馈和表扬，增强其自信心。

#### 16.3.2.3　明星型销售代表

明星型销售代表有冲劲，对自己要求高，乐于接受别人的意见。对这类优秀的销售代表进行管理，首先在工作上给他们设定目标，但不要给具体的方法，而且要给他们具有挑战性的任务，发挥他们的主动性，激发他们的创造性。不要忽视他们，而且要经常沟通了解他们的想法，避免人才流失。要经常帮他们开阔眼界，不断地提高要求，这样他们才会有持续的进步。

#### 16.3.2.4　刺头型销售代表

刺头型销售代表的工作能力很强，上进心很足，但是工作态度一般。他们情绪不稳定，好计较，心态和语气也经常是负面的，以自我为中心，不容易接受他人意见。

要管好这类销售代表，就要做到宽容和接纳，看到他们身上的闪光点，比如工作能力强、上进心足，还要耐心地观察其工作意愿低的原因，是薪酬、工作氛围还是管理手段不当等。要激励这类销售代表，首先要解决上述问题，并放手发挥他们的才能，多表扬他们的成绩，而且要适时地更新他们的工作内容，扩大工作范围，让他们有新鲜感，这样就会逐渐地改善他们的心态，朝明星型销售代表的方向发展。

销售代表分类管理意愿—能力矩阵如图 16－6 所示。

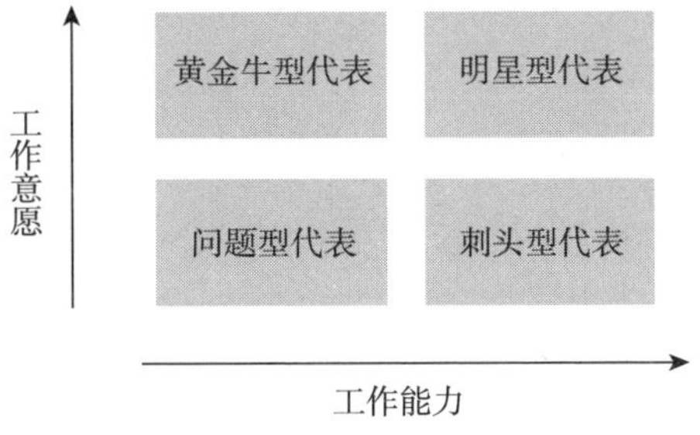


**图 16－6　销售代表分类管理意愿—能力矩阵图**

**总结**

医药销售代表的“招、用、育、留”是管理过程中的重要组成部分；无论是新入职人员，还是具有一定销售经验的员工，都必须注重产品知识的更新，定期进行岗位技能的培训。从培训需求的提出，到培训工作的准备、培训的执行，最后到培训效果的评估跟进，整个培训工作要按规范流程来执行和操作，只有这样，培训才能取得预期的效果。

对医药销售代表及团队实施精细化管理，落实管理责任，将管理责任具体化、清晰化，提升一线销售人员能力素养，激发销售代表自驱力，为达成销售目标赋能。

# 第17章

# 销售团队考核与激励

营销部负责人周总最近遇到了头疼事，团队里接二连三有员工提出离职，理由是拿到手的工资比以前低，赚不到钱，于是他找到了人力资源部的吴经理商量解决方案。

周总说：“今年大环境不好，业务确实没以前好做，但是市场机会还是很多的，我们的业务员提出现在的考核跟他们的付出不匹配，一直跟我说要涨工资。我想重新调整一下考核激励方案，多劳多得、优绩优酬嘛，调整后要让团队更稳定，也能激励大家更好地达成目标。你们能不能提供一些专业支持?”

吴经理说：“好的，是得调整一下，之前的考核方案比较单一，一套科学有效的考核激励方案应该是组合式的、多样化的，这样才能充分调动大家的积极性，人尽其才。”

## 17.1 营销团队薪酬结构

营销薪酬结构通常包括基础薪酬、激励薪酬和公司福利及补贴。基础薪酬是指员工薪酬的基础部分，包括基本工资、绩效工资和职位或级别工资；激励薪酬是指为鼓励销售人员达成业绩或超额完成业绩指标支付的奖励，一般常用方式有绩效提成、三年激励、超值阶梯奖励和开发奖励等；公司福利及补贴包括差旅补贴、通信补贴、租房补贴、节日福利和高温补贴等。

营销团队薪酬结构如表17－1所示。

**表17－1　营销团队薪酬结构**

| 主要类别 | 薪酬结构 | 适用对象 | 内容说明 |
| --- | --- | --- | --- |
| 基础薪酬 | 基本工资 | 营销全员 | 基本保障性薪酬部分 |
| | 绩效工资 | 营销管辅人员 | 月/季/年度绩效考核薪酬部分 |
| | 职位或级别工资 | 营销管辅人员 | 岗位与职级挂钩的薪酬部分 |
| 激励薪酬 | 绩效提成 | 销售人员 | 详见17.2 |
| | 三年激励 | 省区营销管理人员 | 详见17.3 |
| | 超值阶梯奖励 | 营销管理人员核心岗位人才 | 详见17.4 |
| | 开发奖励 | 省区营销团队或个人 | 详见17.5 |
| 公司福利及补贴 | 各类补贴 | 销售人员选择性使用 | 差旅补贴、通信补贴、租房补贴、节日福利、高温补贴等，按照需求选择性使用 |

本章主要介绍营销团队薪酬结构中的激励薪酬部分，从目标设定、考核策略、激励方式以及执行应用等方面入手，分别阐述绩效提成、三年激励、超值阶梯奖励和开发奖励四种类型的考核与激励方式。

## 17.2　绩效提成

绩效提成是销售人员即时销售业绩回报的基础激励薪酬，依据不同销售岗位设计量化的销售指标（可设置单一或者多个考核指标），以一定周期核算后兑现，是激励薪酬最基础的部分。

### 17.2.1　目标设定

根据市场情况，结合公司年度经营战略，制定公司年度销售目标，再依据自上而下原则将公司年度销售目标依次分解为大区销售指标、省区销售指标，直到个人销售指标。各级指标制定要最终能自下而上支撑公司年度经营战略目标的实现。

其中，从省区销售指标分解到个人指标时，需考虑业务模式、产品线、岗位等因素。常用的 OTC 省区考核指标制定与分解框架如图 17 -1 所示。

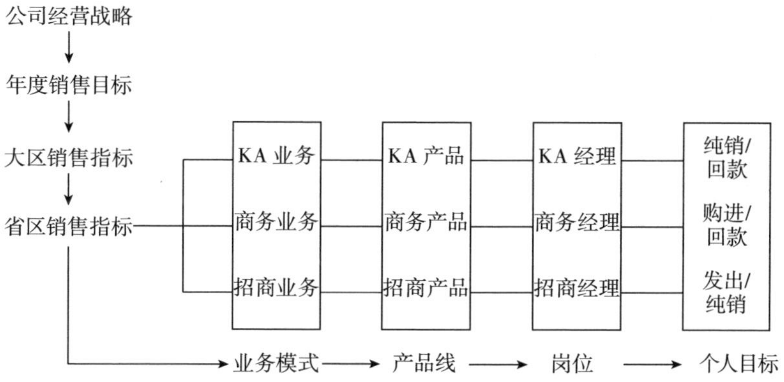


**图 17 -1　考核指标制定与分解框架**

### 17.2.2　考核策略

#### 17.2.2.1　考核原则

第三方量化考核：所有业绩考核的指标应量化，且可以按照指标进度量化取值；同时，量化指标来源于第三方定量数据，保证数据的客观公正。

相同岗位同等考核：相同岗位销售人员的考核内容和方法应保持一致，保证考核的公平性。

指标最优原则：不同层级、不同岗位的销售人员，根据其业务模式、客户和产品的类型等，选取能最优体现员工核心价值的考核指标。

#### 17.2.2.2　常用考核指标

根据以上考核原则，针对不同业务线和岗位，通常选择销售发出、利润、纯销、回款、终端购进等作为考核指标，如表 17 -2 所示，既可以选择单指标考核，也可以选择双指标或多指标考核。

**表 17－2　常用考核指标规则**

| 业务线 | 岗位设置 | 业绩考核点 | 常用考核指标 | 常用考核周期 |
|---|---|---|---|---|
| OTC业务 | 省区总监 | 省区规模和盈利能力的提升 | 销售发出、回款、利润 | 月度/季度 |
| | 商务经理 | 区域终端购进的提升 | 终端购进 | 月度 |
| | KA 经理 | 区域 KA 连锁终端销量的提升 | 连锁纯销、连锁购进 | 月度 |
| | 招商经理 | 区域招商规模的提升 | 销售发出、回款 | 月度 |
| | 销售代表 | 所辖连锁门店纯销的提升 | 门店纯销、门店购进 | 月度 |
| 医院业务 | 省区总监 | 省区规模和医院开发能力的提升 | 销售发出、利润、开发完成率 | 月度/季度 |
| | 地区经理 | 区域医院产品规模的提升 | 终端纯销、终端购进 | 月度 |
| | 销售代表 | 所辖医院产品规模的提升 | 终端纯销、终端购进 | 月度 |
| 电商业务 | 运营主管 | 平台规模和盈利能力的提升 | 平台销售发出、纯销、GMV、利润率 | 月度/季度 |
| | 客服主管 | 平台会员复购率的提升 | 会员销售复购纯销 | 季度 |
| | 售前客服 | 销售规模、有效转换及服务质量的提升 | 销售额、有效转换率、回复率、回复时长、客户投诉数量 | 月度 |
| | 售后客服 | 平台会员复购率、客户档案质量的提升 | 复购销售额、客户建档数 | 月度 |

### 17.2.2.3　激励方式

（1）固定考核

固定考核是指在一定考核周期和考核范围内，按照考核指标设置固定的提成点率。考核指标可以选择销售发出、回款或纯销，绩效提成计算公式为绩效达成额×固定点率，具体如表 17－3 所示。

**表 17－3　固定考核方式示例**

| 考核指标 | 绩效达成额（万元） | 绩效提成点率（%） | 绩效提成金额（万元） |
|---|---|---|---|
| 销售发出 | 200 | $\alpha$ | $200\times\alpha$ |

（2）存量与增量考核

存量与增量考核是指按照考核指标同比完成情况，设置存量、增量的梯度提成点率，存量与增量点率成比例上浮，即存量为达到上年同期销售额部分，增量为超出上年度同期销售额部分。

例如，某岗位销售人员按照销售回款考核，2022 年销售回款实际完成 500 万元，由此按照存量和增量考核来制定 2023 年绩效考核标准，示例如表 17－4 所示。

**表 17－4　存量与增量考核方式示例**

| 指标完成进度 | 2022 年实际销售回款 | 2023 年存量销售回款 | 2023 年增量销售回款 |
|---|---|---|---|
| 销售回款（万元） | 500 | $X \leqslant 500$ | $X > 500$ |
| 绩效提成点率（%） | — | $\alpha$ | $\beta$ |
| 绩效提成计算规则 | — | $X \times \alpha$ | $500 \times \alpha + (X - 500) \times \beta$ |

注：业绩提成点率设置要求 $\beta\% > \alpha\%$，可成比例上浮。

（3）完成率考核

完成率考核是指按照销售目标的完成率设计梯度提成点率，梯度性地设置绩效激励，一般完成率和提成点率成比例增加。

例如，某岗位销售人员按照纯销考核，年度纯销目标为 400 万元，按照纯销目标的完成进度分为三段区间，绩效提成点率按照 1∶1.25∶1.5 呈现梯度性上浮，分段式核算业绩提成，不断激励销售人员达成或超额完成绩效目标，示例见表 17－5 所示。

**表 17－5　完成率考核示例**

| 指标完成进度 | 纯销完成率<br>≤完成 80% | 纯销完成率<br>80%～100% 达成 | 纯销完成率<br>>100% 的超额 |
|---|---|---|---|
| 纯销金额（万元） | $X \leqslant 320$ | $X \leqslant 400$ | $X > 400$ |
| 绩效提成点率（%） | $\alpha$ | $\beta = \alpha \times 1.25$ | $\gamma = \alpha \times 1.5$ |
| 绩效提成计算规则 | $X \times \alpha$ | $320 \times \alpha + (X - 320) \times \beta$ | $320 \times \alpha + (400 - 320) \times \beta + (X - 400) \times \gamma$ |

（4）增长率考核

增长率考核是指按照销售目标同比的增长率设计梯度提成点率，梯度性地设置绩效激励，一般增长率和提成点率成比例增加。

例如，某岗位销售人员按照销售发出考核，上年销售发出实际完成

500万元，要求今年销售发出同比增长30%，按照发出增长率分成三段区间，业绩提成点率按照1∶1.5∶2呈现梯度性上浮，不断激励销售人员达成或超额完成绩效目标，示例见表17－6所示。

**表17－6　增长率考核示例**

| 指标完成进度 | 发出增长率 ≤1% | 发出增长率 1%～15% | 发出增长率 15%～30% | 发出增长率 >30% |
| --- | --- | --- | --- | --- |
| 销售发出（万元） | $X \leqslant 500$ | $500 < X \leqslant 575$ | $575 < X \leqslant 650$ | $X > 650$ |
| 业绩提成点率（%） | 0 | $\alpha$ | $\beta = \alpha \times 1.5$ | $\gamma = \alpha \times 2$ |
| 业绩提成计算规则 | 0 | $X \times \alpha$ | $575 \times \alpha + (X - 575) \times \beta$ | $575 \times \alpha + (650 - 575) \times \beta + (X - 650) \times \gamma$ |

### 17.2.3　执行应用

企业制定绩效提成目标、考核和方法后，在后续执行过程中，须定期跟踪并分析销售人员销售目标达成率、绩效提成发放额度和执行率、与目标绩效提成金额的偏差等，同时跟踪各销售人员整体和平均收入情况，根据存在的问题及时调整考核目标或方法，为后续薪酬激励设计优化奠定基础。

## 17.3　三年激励

三年激励是指以三年为周期，省区营销管理人员获得业绩回报的一种中长期激励方式，依据岗位设计量化的销售指标（可设置单一或者多个考核指标），按照三年期间不同阶段和周期进行兑现，是激励薪酬最重要的部分。

### 17.3.1　制定的意义

#### 17.3.1.1　保证销售目标与企业战略目标的一致性

医药制造企业三年期战略发展目标是基于医药行业整体增速情况制定

的具有前瞻性、挑战性的目标，力争超出行业平均水平。为保证销售目标与经营战略目标的一致性，企业一般也以未来三年为一个周期制定销售中长期激励机制，并从激励机制设计上保证销售队伍的激励与企业战略相匹配。

#### 17.3.1.2　促进短期激励和中长期激励相结合

短期激励具有灵活性和时效性，而中长期激励则具有稳定性和持久性。三年激励机制是将短期激励与长期激励进行交叉配合，宗旨是将省区自身利益与公司长远利益绑定在一起，既要重视阶段性的年度目标，也要兼顾三年期倍增目标，防止只求眼前利益的短期行为。

#### 17.3.1.3　兼顾外部竞争力与内部差异性

三年激励机制可参考行业薪酬水平设计，具有较强的外部竞争力，能够吸引外部的优秀人才，不断壮大自身力量；同时，三年期间稳定的目标和有序的利益分享机制，不仅能鼓励多劳多得，绩优得优，体现内部差异性，而且可以避免优秀的销售人员频繁跳槽，从而给营销工作带来负面影响。

#### 17.3.1.4　实现以战略增长为目标的价值共创

通过年度营销团队薪酬水平与规模利润指标同步增长，三年期间动态调整，实行下不保底上不封顶的提成激励模式，实现个人、团队价值创造，同时鼓励超额价值创造，建立企业和个人超额利润共享机制。

### 17.3.2　目标设定

机制设定源于明确的销售目标，为实现销售目标设计相应的考核体系，从而匹配差异性激励机制。销售目标应基于行业整体水平，对市场潜力充分研判，结合公司营销战略进行设定，一般以三年为一个周期。

#### 17.3.2.1　三年倍增目标

基于公司三年倍增的战略发展目标，三年倍增目标设定为销售发出和销售利润两项经济指标的翻番，三年期间平均复合增长率为26%，如图17－2

所示。

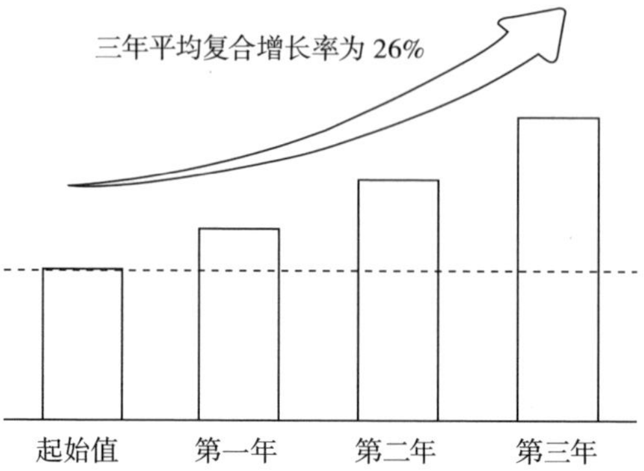


**图 17－2　三年倍增目标平均复合增长率**

### 17.3.2.2　年度分解目标

基于三年 26% 的复合增长率，将三年倍增目标分解至各个年度，即销售发出和销售利润每年必须要达成同比增长 26%，三年期满即可达成指标翻番的目标。三年倍增目标达成步骤如图 17－3 所示。

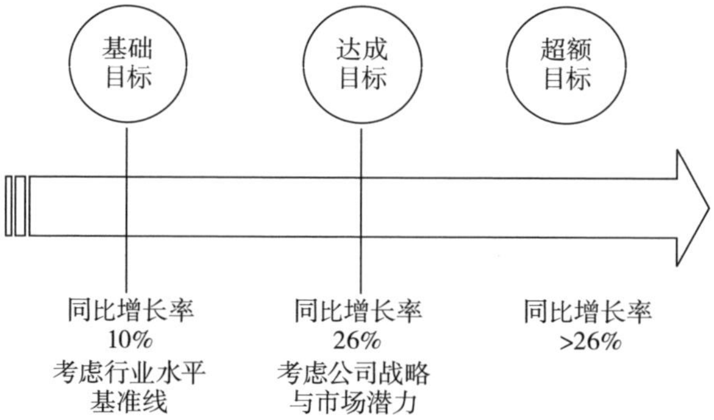


**图 17－3　三年倍增目标达成步骤**

考虑到行业水平基准线和公司战略，为建立阶梯式考核激励机制，公司需设定基础目标、达成目标和超额目标。

基础目标：考虑到行业平均标准，基础目标设定为同比增长 10%；

达成目标：考虑到公司战略与市场潜力，达成目标设定为同比增长 26%；

超额目标：超额目标设定为超出 26% 达成目标的部分。

分解成销售发出和销售利润两项经济指标，详细如表 17 –7 所示。

**表 17 –7　销售发出和销售利润指标分解**

| 考核项目 | 基础目标 | 达成目标 | 超额目标 |
| --- | --- | --- | --- |
| 销售发出 | 10% | 26% | >26% |
| 销售利润 | 10% | 26% | >26% |

## 17.3.3　考核策略

### 17.3.3.1　双指标考核

原则上三年激励期间按照销售发出和销售利润进行双项经济指标考核，赋予考核指标相应的权重。但是，针对公司重点培育帮扶的开拓型省区，三年激励期间可选择性按照销售发出单向考核，先弱化盈利能力考核，助力规模快速提升。

### 17.3.3.2　经济指标和重点工作考核并重

除销售发出和销售利润双项经济指标考核外，还要关注销售过程管理，即重点工作考核。

重点工作来源于《年度绩效责任书》，结合公司年度经营战略，明确公司年度销售重点工作，再依据自上而下原则将公司年度销售重点工作依次分解为大区销售重点工作、省区销售重点工作，并最终落脚到个人销售重点工作。

常规重点工作项目：新品开发、覆盖率、达标率、市场活动、培训、市场秩序、省区管理等，遵循 SMRAT 原则，至简并突出关键（选择 3 ~5 条）。

重点工作考核直接应用于奖励的发放，与一定的奖励比例挂钩。

### 17.3.3.3　激励与约束并重

目标考核约束。销售发出和销售利润低于年度基础目标，在约定周期内重新对负责人进行考核与评估；连续增长率最低且低于基础目标，在约定周期内对该责任人的岗位或岗位职级进行调整。

市场秩序约束。必须有效地监控销售发出增长率和纯销增长率，依据这两个指标可以初步确定市场是否处于一个良性的状态，如果销售发出增长率远大于纯销增长率，则需要考虑调整奖励发放的比例或者扣除全部奖励金额。

产品价格约束。三年内明确按照变价或不变价考核，需要考虑核心产品价格调整对考核的影响。

人员异动约束。三年考核期内需考虑人员异动的影响。

### 17.3.4 激励方式

#### 17.3.4.1 整体原则

精准激励：能够真正实现对高绩效销售人员的精准激励。

差异化机制：下不保底上不封顶，实行差异性激励，摒弃“干多干少一个样，干好干坏一个样”的“大锅饭”模式。

鼓励超额：鼓励个人价值创造，实现企业超额利润。

共享机制：薪酬水平与规模、利润同比增加。

#### 17.3.4.2 阶梯机制设计

按照年度目标分解基础目标、达成目标、超额目标和三年翻番目标，对应的奖励包括基础奖励、预算达成奖励、超额奖励以及三年翻番奖励。阶梯激励设计分为五个阶段，如图 17－4 所示。

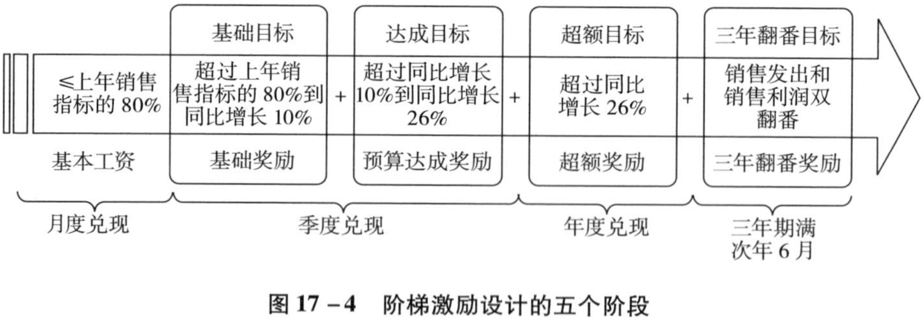


图 17－4　阶梯激励设计的五个阶段

（1）第一阶段：0 激励

销售发出、销售利润小于或等于上年度销售指标的80%，无考核激励。

（2）第二阶段：基础奖励

当销售发出、销售利润大于上年度销售指标的80%，则触发基础奖励兑现条件，在年度基础目标内根据完成率给予相应的基础奖励，完成基础目标（同比增长率达到10%）即可获得全部基础奖励。

（3）第三阶段：基础奖励+预算达成奖励

当销售发出、销售利润比上年实际的增长率大于10%，则触发达成奖励兑现条件，除全部获得基础奖励外，在年度达成目标内根据完成率可额外获得预算达成奖励，完成达成目标（同比增长率达到26%）即可获得全部预算达成奖励。

（4）第四阶段：基础奖励+预算达成奖励+超额奖励

当销售发出、销售利润比上年实际增长率大于26%，则触发超额奖励兑现条件，年度超出达成目标，除全部获得基础奖励和预算达成奖励外，按照销售利润的超出情况可额外获得超额奖励，超额奖励以鼓励超额利润、提高盈利能力为奖励导向。

（5）第五阶段：基础奖励+预算达成奖励+超额奖励+三年翻番奖励

作为三年期满的三年翻番奖励，必须达到销售发出和销售利润双翻番时才能享受，单个指标翻番不可享受。

总而言之，三年激励机制的核心是阶梯激励，根据业绩达成情况，员工的薪酬水平与规模、利润同比增加，实行下不保底上不封顶的激励模式，实现个体差异性化薪酬分配。总体的薪酬结构归纳为

薪酬总额=基本工资+基础奖励+预算达成奖励+超额奖励+三年翻番奖励

其中，基本工资为固定薪酬，基础奖励+预算达成奖励+超额奖励+三年翻番奖励为浮动薪酬。各阶段中所对应的奖励额度以及固浮比，要体现清晰的差异性且呈阶梯式上涨，企业对内要综合考虑本企业历史薪酬延续、奖励薪酬成本控制以及激励薪酬/销售利润占比等维度设计，对外要综合考虑医药行业整体薪酬状况、同类竞争企业的薪酬水平等。

### 17.3.4.3　实行差异化分级及动态管理

（1）差异化分级

按照规模大小对省区进行分级，设定有梯度的薪酬和奖励标准（基本工资、基础奖励、预算达成奖励、超额奖励以及三年翻番奖励）。

差异化分析要体现不同级别之间的差异化和级别内的差异化。其中，不同级别之间的差异化是指省区规模越大，设置的薪酬和激励越高；级别内的差异化是指不同省区在同级别内的具体奖励金额需要依据其相应的销售发出或者销售利润确定，所对应的具体奖励是不同的。

（2）动态调整管理

三年期间随着规模大小的提升，省区上年度销售发出指标完成值，应用于次年度级别的调整，同时匹配相应基本工资和奖励金额的调整，整体呈现动态调整的节奏。差异化分级设置如图 17－5 所示。

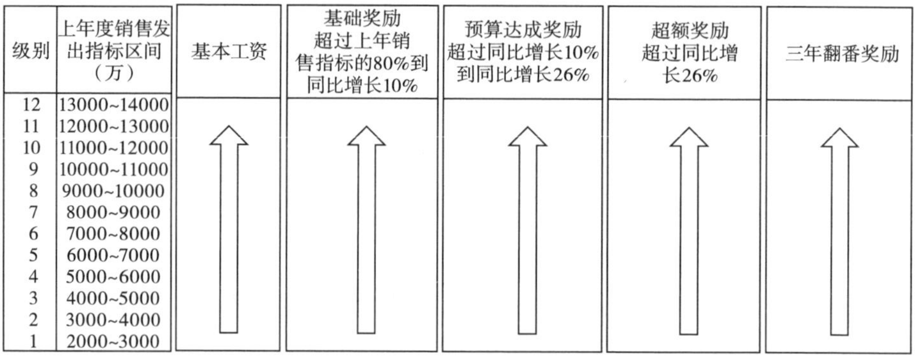


**图 17－5　差异化分级设置**

根据图 17－5 的差异化分级设置，以起始年销售发出 5000 万元为例，三年期间薪酬、奖励的动态调整如图 17－6 所示。

（3）省区各级别的奖励金额设定标准

为确保奖励金额的准确性与激励性，须提前评估与测算，内容包括但不限于：过往所有省区的年度总薪酬和奖励金额；所有省区在预算达成的情况下，三年激励的动态薪酬和奖励金额；整体的薪酬奖励包以及奖励薪

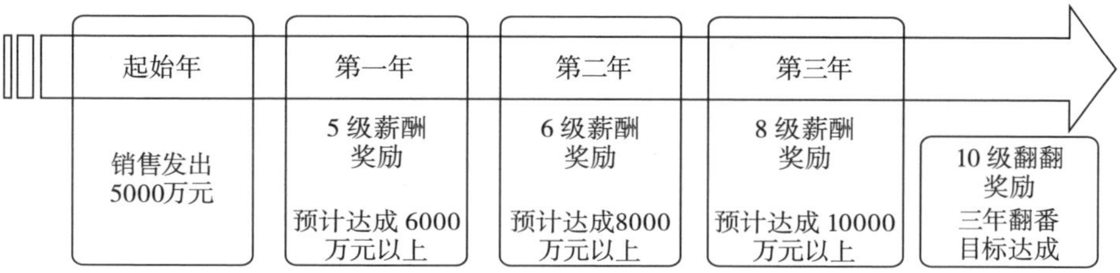


**图 17－6　三年期间薪酬、奖励动态调整**

酬成本控制、激励薪酬/销售利润占比等。

#### 17.3.4.4　双指标考核与阶梯点率设置

根据销售发出和销售利润匹配基础阶梯点率、预算达成点率和超额奖励点率，在相应的目标达成区间将使用相应的点率，奖励点率呈阶梯式上涨，具体内容如图 17－7 所示。

阶梯点率 A、阶梯点率 B、阶梯点率 C，相应的奖励点率梯度性上浮使奖励力度不断增大，激励销售人员不断地冲刺业绩。上浮比例可设定为 1∶1.25∶1.5、1∶1.5∶2 或 1∶2∶3，不限于此，但要应充分体现激励的力度和薪酬水平。

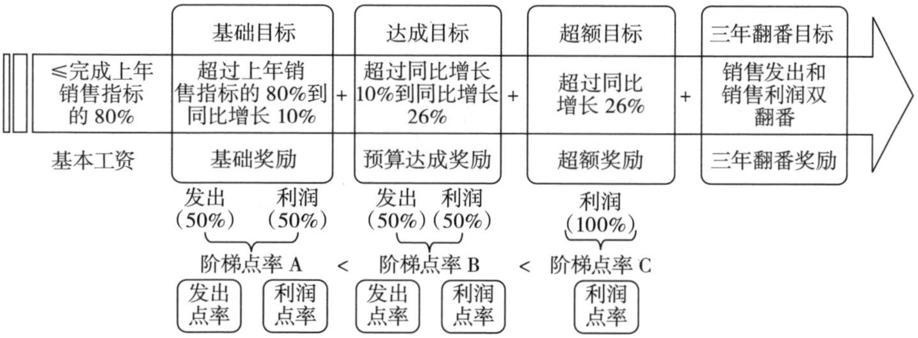


**图 17－7　考核与阶梯点率设置**

### 17.3.5　执行应用

#### 17.3.5.1　执行与跟踪

在三年激励执行过程中，应每季度跟踪激励费用的执行率、实际激励金额与预算目标的偏差以及原因分析、激励效果评估等。

#### 17.3.5.2 适时加码

为鼓励销售团队提前达成三年目标，甚至鼓励三年内多次倍增，可以适时加码。鼓励省区提前且多次倍增：三年内不限倍增次数，不限翻番奖励次数和金额；翻番奖励提前发放：针对提前倍增，提前兑付一定比例的三年翻番奖励；单次倍增后提高次年点率：针对提前倍增，次年可享受所有奖励点率的上浮，于三年政策期满结束；增加跳级翻番奖励：针对提前倍增，三年翻番奖励的级别与金额，以期满实际达成的级别对应的额度为准。

### 17.3.6 实践案例

某医药制造企业，2022 年底根据公司经营战略，制定通过了 2023—2025 年销售指标倍增目标。为激励营销团队实现倍增目标，公司以省区为最小责任单元，按照前文介绍的三年激励方法为销售团队制定激励方案。

#### 17.3.6.1 制定目标

2023—2025 年的销售指标倍增，意味着三年期间平均的复合增长率为 26%，年度达成目标同比增长为 26%，三年期满即可达成指标翻番的目标。

（1）三年整体目标（见表 17－8）

**表 17－8 三年整体目标（2023—2025 年）** 单位：万元

| 省区 | 销售发出 | | | | 销售利润 | | | |
|---|---|---|---|---|---|---|---|---|
| | 2022 年实际完成（X） | 2023 年目标（X×1.26） | 2024 年目标（X×1.26×1.26） | 2025 年倍增目标（X×1.26×1.26×1.26） | 2022 年实际完成（Y） | 2023 年目标（Y×1.26） | 2024 年目标（Y×1.26×1.26） | 2025 年倍增目标（Y×1.26×1.26×1.26） |
| A 省 | 8400 | 10584 | 13336 | 16803 | 2100 | 2646 | 3334 | 4201 |
| B 省 | 7800 | 9828 | 12383 | 15603 | 1872 | 2359 | 2972 | 3745 |
| C 省 | 6300 | 7938 | 10002 | 12602 | 1449 | 1826 | 2300 | 2899 |
| D 省 | 5700 | 7182 | 9049 | 11402 | 1254 | 1580 | 1991 | 2508 |
| E 省 | 4600 | 5796 | 7303 | 9202 | 966 | 1217 | 1534 | 1932 |
| F 省 | 3800 | 4788 | 6033 | 7601 | 760 | 958 | 1207 | 1520 |
| G 省 | 3200 | 4032 | 5080 | 6401 | 640 | 806 | 1016 | 1280 |

续表

| 省区 | 销售发出 | | | | 销售利润 | | | |
|---|---|---|---|---|---|---|---|---|
| | 2022 年实际完成（X） | 2023 年目标（X×1.26） | 2024 年目标（X×1.26×1.26） | 2025 年倍增目标（X×1.26×1.26×1.26） | 2022 年实际完成（Y） | 2023 年目标（Y×1.26） | 2024 年目标（Y×1.26×1.26） | 2025 年倍增目标（Y×1.26×1.26×1.26） |
| H 省 | 2400 | 3024 | 3810 | 4801 | 456 | 575 | 724 | 912 |
| 合计 | 42200 | 53172 | 66997 | 84416 | 9497 | 11966 | 15077 | 18998 |

（2）2023 年目标分解

2023 年目标按照方案中的基础目标、达成目标、超额目标设置，以 2023 年年度目标分解为例，见表 17－9 所示，2024 年和 2025 年按照此方法类推即可。

**表 17－9　2023 年目标分解**　　单位：万元

| 省区 | 2022 年实际发出（X） | 2023 年发出目标分解 | | 2022 年实际利润（Y） | 2023 年利润目标分解 | | |
|---|---|---|---|---|---|---|---|
| | | 基础目标（X×1.1） | 达成目标（X×1.26） | | 基础目标（Y×1.1） | 达成目标（Y×1.26） | 超额目标（＞Y×1.26） |
| A 省 | 8400 | 9240 | 10584 | 2100 | 2310 | 2646 | 超过达成目标的值 |
| B 省 | 7800 | 8580 | 9828 | 1872 | 2059 | 2359 | |
| C 省 | 6300 | 6930 | 7938 | 1449 | 1594 | 1826 | |
| D 省 | 5700 | 6270 | 7182 | 1254 | 1379 | 1580 | |
| E 省 | 4600 | 5060 | 5796 | 966 | 1063 | 1217 | |
| F 省 | 3800 | 4180 | 4788 | 760 | 836 | 958 | |
| G 省 | 3200 | 3520 | 4032 | 640 | 704 | 806 | |
| H 省 | 2400 | 2640 | 3024 | 456 | 502 | 575 | |
| 合计 | 42200 | 46420 | 53172 | 9497 | 10447 | 11966 | |

### 17.3.6.2　制定考核方案

省区按照年度增长率要求考核，依据销售发出和销售利润双考核原则，考核权重各占 50%。按照业绩完成情况，制定梯度性绩效激励措施。

省区年度重点工作考核按照《年度绩效责任书》具体签订内容执行，结果直接应用于基础奖励的发放，挂钩基础奖励比例的 30%，如表 17－10 所示。

表 17－10　省区年度重点工作考核方案

| 重点工作 | 年度考核目标 | 季度分解（%） | | | | 权重（%） |
| --- | --- | --- | --- | --- | --- | --- |
| | | 第一季度 | 第二季度 | 第三季度 | 第四季度 | |
| 开发 | A/B 产品在 KA 连锁总部/单体药店开发家数 | 60 | 80 | 90 | 100 | 30 |
| 覆盖率 | A/B 产品在连锁门店/单体药店覆盖率 | 40 | 60 | 80 | 100 | 30 |
| 市场活动 | 连锁总部培训/门店活动/直播场次 | 30 | 50 | 80 | 100 | 20 |
| 价格管控 | 串货/B 端低价挂网/非协议商业调拨违规 1 次扣分 | — | — | — | — | 20 |

### 17.3.6.3　设计考核方式

实行差异化分级及动态管理：根据省区规模大小，将省区分级（15级），省区销售团队按照上年销售发出完成情况，次年动态调整所在级别以及享有的奖励额度。

（1）双指标考核和阶梯点率设置

按照销售发出（50%）和销售利润（50%）匹配相应的基础奖励点率、预算达成点率和超额奖励点率，梯度性比例为 1∶1.25∶1.5，在相应的指标完成率下使用相应的点率，呈现梯度上涨。

（2）阶梯式奖励设计

省区须完成大于上一年度销售指标的 80%，开始触发奖励兑现条件，按照基本工资＋基础奖励＋预算达成奖励＋超额奖励＋三年翻番奖励的激励模式来制定省区三年薪酬考核激励方案。

考核与奖励总体方案如图 17－8 所示。

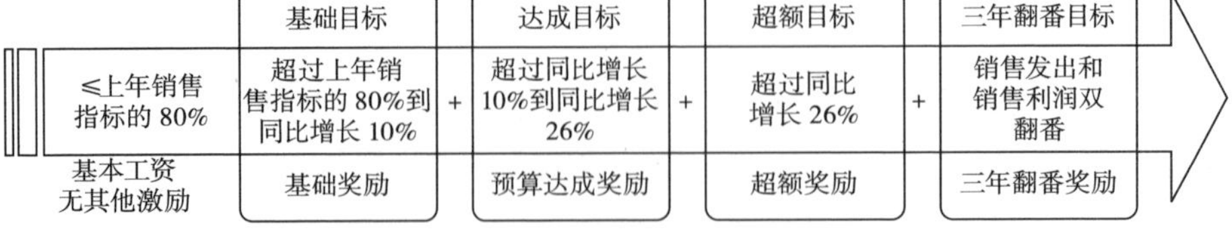


图 17－8　考核与奖励总体方案

（3）激励发放

年度当期奖励，包括基础奖励、预算达成奖励和超额奖励季度考核发放，按照年度目标分解到季度（见表 17－11），按照季度的累计值指标完成情况，在次年 1 月完成年度激励的结算与全部发放。

**表 17－11　季度累计指标分解**

| 年度指标 | 季度累计分解指标 | | | | 合计 |
|---|---|---|---|---|---|
| | 第一季度 | 第二季度 | 第三季度 | 第四季度 | |
| 销售发出/销售利润 | 20% | 44% | 70% | 100% | 100% |

2025 年倍增目标（销售发出和销售利润）双达成，将按照达成目标所在的级别一次性发放三年翻番奖励，三年内不限倍增次数，不限翻番奖励次数和金额，三年期满后于次年 6 月完成结算与发放。

（4）约束要求

人员考核约束：销售发出和销售利润低于年度基础目标，每季度进行考核与人员述职；年度增长率最低且低于基础目标，则对省区销售团队责任人的岗位或岗位职责等进行调整。人员异动约束：省区人员异动，新进人员原则上沿用已签订的三年激励考核指标与方案（可微调）；三年期未满而异动，则不享受三年翻番奖励。市场秩序约束：销售发出增长率和纯销增长率对发出点率的影响如表 17－12 所示。产品价格约束：2023—2025 年，A 产品和 B 产品按 2022 年不变价核算考核激励。

**表 17－12　市场秩序约束**

| 序号 | 情形 | 点率 |
|---|---|---|
| 1 | 销售发出增长率大于纯销增长率 20% 及以上 | 下浮销售发出奖励点率 50% |
| 2 | 销售发出增长率大于纯销增长率 50% 及以上 | 全部扣减销售发出考核激励 |

根据省区规模大小和级别，上一年度销售发出指标完成值直接应用于次年度级别和薪酬的确定，各级具体基础奖励、预算达成奖励、三年翻番奖励以及激励底层公式设计详见表 17－13。

**表 17－13　梯度激励组成**

| 级别 | 上年销售发出区间（万元） | 基本工资（万元/年） | 销售发出 | 销售利润 | 基础奖励 | | | 预算达成奖励 | | | 收入合计 | 超额奖励 | | 三年翻番奖励 |
|---|---|---|---|---|---|---|---|---|---|---|---|---|---|---|
| | | | | | 基础目标区间 | | | 达成目标区间 | | | | 超额目标区间 | | |
| | | | | | 销售发出点率（50%） | 销售利润点率（50%） | 基础奖励金额 | 销售发出点率（50%） | 销售利润点率（50%） | 达成奖励金额 | | 销售利润点率（100%） | 超额奖励超额10%测算 | |
| 底层公式设计 | | A | B | C | E1 = D/2/[B×(1.1－0.8)] | E2 = D/2/[C×(1.1－0.8)] | D | F1 = E1×1.25 | F2 = E2×1.25 | G = F1×(B×16%)+F2×(C×16%) | H = A+D+G | I = E2×1.5 | J = C×0.1×I | K = D+G |
| 15 | 16000～17000 | 14.0 | 16500 | 5445 | 0.57% | 1.78% | 58 | 0.71% | 2.22% | 38 | 110 | 2.66% | | 96 |
| 14 | 15000～16000 | 13.5 | 15500 | 4960 | 0.58% | 1.85% | 55 | 0.73% | 2.31% | 36 | 105 | 2.77% | | 91 |
| 13 | 14000～15000 | 13.0 | 14500 | 4495 | 0.59% | 1.93% | 52 | 0.74% | 2.41% | 34 | 99 | 2.89% | | 86 |
| 12 | 13000～14000 | 12.5 | 13500 | 4050 | 0.60% | 2.02% | 49 | 0.76% | 2.52% | 33 | 94 | 3.02% | | 82 |
| 11 | 12000～13000 | 12.0 | 12500 | 3625 | 0.61% | 2.11% | 46 | 0.77% | 2.64% | 31 | 89 | 3.17% | — | 77 |
| 10 | 11000～12000 | 11.5 | 11500 | 3220 | 0.62% | 2.23% | 43 | 0.78% | 2.78% | 29 | 83 | 3.34% | | 72 |
| 9 | 10000～11000 | 11.0 | 10500 | 2835 | 0.63% | 2.35% | 40 | 0.79% | 2.94% | 27 | 78 | 3.53% | | 67 |
| 8 | 9000～10000 | 10.5 | 9500 | 2470 | 0.65% | 2.50% | 37 | 0.81% | 3.12% | 25 | 72 | 3.74% | | 62 |

续表

| 级别 | 上年销售发出区间（万元） | 基本工资（万元/年） | 销售发出 | 销售利润 | 基础奖励 | | | 预算达成奖励 | | | 收入合计 | 超额奖励 | | 三年翻番奖励 |
|---|---|---|---|---|---|---|---|---|---|---|---|---|---|---|
| | | | | | 基础目标区间 | | | 达成目标区间 | | | | 超额目标区间 | | |
| | | | | | 销售发出点率（50%） | 销售利润点率（50%） | 基础奖励金额 | 销售发出点率（50%） | 销售利润点率（50%） | 达成奖励金额 | | 销售利润点率（100%） | 超额奖励超额10%测算 | |
| 底层公式设计 | | A | B | C | E1 = D/2/［B×（1.1 − 0.8）］ | E2 = D/2/［C×（1.1 − 0.8）］ | D | F1 = E1×1.25 | F2 = E2×1.25 | G = F1×（B×16%）+ F2×（C×16%） | H = A + D + G | I = E2×1.5 | J = C×0.1×I | K = D + G |
| 7 | 8000～9000 | 10.0 | 8500 | 2125 | 0.67% | 2.67% | 34 | 0.83% | 3.33% | 23 | 67 | 4.00% | | 57 |
| 6 | 7000～8000 | 9.5 | 7500 | 1800 | 0.69% | 2.87% | 31 | 0.86% | 3.59% | 21 | 61 | 4.31% | | 52 |
| 5 | 6000～7000 | 9.0 | 6500 | 1495 | 0.72% | 3.12% | 28 | 0.90% | 3.90% | 19 | 56 | 4.68% | | 47 |
| 4 | 5000～6000 | 8.5 | 5500 | 1210 | 0.76% | 3.44% | 25 | 0.95% | 4.30% | 17 | 50 | 5.17% | — | 42 |
| 3 | 4000～5000 | 8.0 | 4500 | 945 | 0.81% | 3.88% | 22 | 1.02% | 4.85% | 15 | 45 | 5.82% | | 37 |
| 2 | 3000～4000 | 7.5 | 3500 | 700 | 0.90% | 4.52% | 19 | 1.13% | 5.65% | 13 | 39 | 6.79% | | 32 |
| 1 | 2000～3000 | 7.0 | 2500 | 475 | 1.07% | 5.61% | 16 | 1.33% | 7.02% | 11 | 34 | 8.42% | | 27 |

注：超出 15 级以上的特别奖励另行制定，特殊申请获批后执行。

### 17.3.6.4 激励计算公式

（1）当省区实际完成在基础目标区间，基础奖励 =（实际销售发出 × 该区间发出点率）+（实际销售利润 × 该区间利润点率）。

（2）当省区实际完成在达成目标区间，预算达成奖励 = 基础奖励 +（超基础目标销售发出 × 该区间发出点率）+（超基础目标销售利润 × 该区间利润点率）。

（3）当省区实际完成达到超额目标区间，超额奖励 = 基础奖励 + 预算达成奖励 +（超达成目标销售利润 × 该区间利润点率）。

（4）三年翻番奖励，按照翻番当年末销售发出对应的级别一次性发放三年翻番奖励。

以该公司 8 个省区为例，以 2022 年销售发出、销售利润为基数，三年期间每年度各省均完成达成目标，2023—2025 年各省区基本工资 + 基础奖励 + 预算达成奖励 + 三年翻番奖励，三年期间具体激励测算如表 17 – 14 所示。

**表 17－14　8 个省区三年激励测算**

单位：万元

| 省区 | 2022年发出 | 2022年利润 | 2023年级别 | 2023年收入明细 | | | | 2024年级别 | 2024年收入明细 | | | | 2025年级别 | 2025年收入明细 | | | | 2025年发出 | 2025年利润 | 2026年级别 | 三年翻番奖励 |
|---|---|---|---|---|---|---|---|---|---|---|---|---|---|---|---|---|---|---|---|---|---|
| | | | | 基本工资 | 基础奖励 | 预算达成奖励 | 收入小计 | | 基本工资 | 基础奖励 | 预算达成奖励 | 收入小计 | | 基本工资 | 基础奖励 | 预算达成奖励 | 收入小计 | | | | |
| A 省 | 8400 | 2100 | 7 | 10.0 | 33.6 | 22.4 | 66.0 | 9 | 11.0 | 38.8 | 25.9 | 75.7 | 12 | 12.5 | 44.4 | 29.6 | 86.5 | 16800 | 4200 | 15 | 96 |
| B 省 | 7800 | 1872 | 6 | 9.5 | 32.2 | 21.5 | 63.2 | 8 | 10.5 | 36.8 | 24.5 | 71.8 | 11 | 12.0 | 41.6 | 27.8 | 81.4 | 15600 | 3744 | 14 | 91 |
| C 省 | 6300 | 1449 | 5 | 9.0 | 27.1 | 18.1 | 54.2 | 6 | 9.5 | 32.1 | 21.4 | 63.0 | 9 | 11.0 | 35.3 | 23.5 | 69.8 | 12600 | 2898 | 11 | 77 |
| D 省 | 5700 | 1254 | 4 | 8.5 | 25.9 | 17.3 | 51.7 | 6 | 9.5 | 28.4 | 19.0 | 56.9 | 8 | 10.5 | 32.5 | 21.7 | 64.7 | 11400 | 2508 | 10 | 72 |
| E 省 | 4600 | 966 | 3 | 8.0 | 22.5 | 15.0 | 45.5 | 4 | 8.5 | 25.7 | 17.2 | 51.4 | 6 | 9.5 | 28.3 | 18.9 | 56.7 | 9200 | 1932 | 8 | 62 |
| F 省 | 3800 | 760 | 2 | 7.5 | 20.6 | 13.8 | 41.9 | 3 | 8.0 | 22.9 | 15.2 | 46.1 | 5 | 9.0 | 24.3 | 16.2 | 49.5 | 7600 | 1520 | 6 | 52 |
| G 省 | 3200 | 640 | 2 | 7.5 | 17.4 | 11.6 | 36.5 | 3 | 8.0 | 19.2 | 12.8 | 40.0 | 4 | 8.5 | 22.0 | 14.7 | 45.2 | 6400 | 1280 | 5 | 47 |
| H 省 | 2400 | 456 | 1 | 7.0 | 15.4 | 10.2 | 32.6 | 2 | 7.5 | 16.0 | 10.7 | 34.2 | 2 | 7.5 | 20.2 | 13.4 | 41.1 | 4800 | 912 | 3 | 37 |

## 17.4 超值阶梯奖励

超值阶梯奖励在激励机制设计上与企业年度战略匹配且一致。周期为一年，年度内及时兑现。奖励金额设计具有较大的吸引力，实行上不封顶的激励政策，可用来调整员工薪酬固浮比，以及年薪制人员的薪酬结构，不仅能起到激励作用，还可作为年度薪酬的补充。

对营销管理人员及核心岗位人才，超值阶梯奖励的设计应能对不同层级、不同岗位、不同利益点采取不同的激励方式和方法。依据超出目标进行梯度激励，逐步加大激励力度和额度，吸引员工不断挑战超额业绩。

### 17.4.1 目标设定

一般根据年度营销战略目标来确定激励目标。公司基于对激励责任单元的年度营销目标和业绩达成要求，在达成目标的基础上设计一定的奖励或超额奖励，激发营销队伍的积极性和创造性，从而实现组织与个人的双赢。

### 17.4.2 考核策略

根据不同层级、不同岗位激励对象，判断岗位核心的价值点，明确激励目的，匹配相应的考核指标及激励周期，常用的考核内容如表 17－15所示。

**表 17－15 超值阶梯奖励考核内容**

| 层级 | 激励对象 | 常用挂钩考核指标 | 激励目的 | 激励周期 |
|---|---|---|---|---|
| 销售业务 | 业务销售管理负责人 | 业务销售发出、回款、利润等 | 超额业绩、维护核心销售管理人员的稳定 | 年度、中长期 |
| | 区域销售管理负责人 | 区域销售发出、回款、利润等 | 超额业绩，维护核心销售人员的稳定 | 季度、年度 |

续表

| 层级 | 激励对象 | 常用挂钩考核指标 | 激励目的 | 激励周期 |
| --- | --- | --- | --- | --- |
| 销售业务 | 区域市场推广岗位<br>区域学术推广岗位 | 区域销售发出、重点产品或新品销售发出 | 区域市场新品突破、核心产品增量支持、调整薪酬结构 | 年度 |
| | 区域财务管理岗位 | 区域销售超额利润 | 助力区域市场盈利能力提升 | 年度 |
| | 电商平台运营岗位 | 电商平台销售发出、GMV 或纯销 | 超额业绩、调整薪酬结构，维护人员稳定 | 季度、年度 |
| 营销职能 | 职能管理负责人 | 营销整体销售发出、回款、利润等 | 超额业绩支持、调整薪酬结构，维护核心销售管理人才的稳定 | 年度、中长期 |
| | 产品策划岗位 | 负责产品的销售发出 | 所负责产品的业绩突破、增量支持，调整薪酬结构 | 年度 |

### 17.4.3　激励方式

#### 17.4.3.1　阶梯奖励机制

阶梯奖励机制适用于业务模式和产品结构相对稳定，销售规模相对较大，年度预算达成目标挑战难度较大且远高于行业平均水平的情况，具体方案如表 17－16 所示。

**表 17－16　阶梯奖励机制方案**

| 阶梯设置 | 触发目标 | 达成目标 | 超额目标 |
| --- | --- | --- | --- |
| 释义 | 触发奖励起始点 | 年度预算达成目标 | 超年度达成目标的部分 |
| 常用方式 | 1. 前移目标：达成目标值的 70%～90%；<br>2. 中位值：上年实际目标和达成目标中位值；<br>3. 增长率：上年实际目标按照一定的增长率上浮；<br>多方式同时使用时，需兼顾孰高原则，一般取较高值 | 年度预算值 | 超年度预算值 |

续表

| 阶梯设置 | 触发目标 | 达成目标 | 超额目标 |
|---|---|---|---|
| 奖励设置 | 基本年薪 | 达成奖励超额奖励 | |
| 激励组成 | 基本年薪 + 预算达成奖励 + 超额奖励 | | |

### 17.4.3.2 超额利润奖励机制

超额利润奖励机制是对超额利润给予奖励，适用于业务模式和产品结构有相对不确定性，销售规模相对较小，基于达成年度预算目标的情况，具体方案如表 17 – 17 所示。

**表 17 – 17　超额利润奖励机制方案**

| 阶梯设置 | 触发（达成）目标 | 超额目标 |
|---|---|---|
| 释义 | 触发目标 = 达成目标 = 年度预算目标 | 超年度预算目标，通过利润共享获得超额奖励 |
| 常用方式 | 必要条件：<br>销售发出和销售利润均达成年度预算目标 | 1. 销售利润超年度预算值；<br>2. 按照销售利润以一定的奖励点率进行奖励；<br>3. 奖励点率；<br>①设定固定点率<br>②根据超额增长程度设置梯度点率（点率 A 和点率 B，且点率 B > 点率 A） |
| 奖励设置 | 无 | 销售利润超额奖励 |
| 激励组成 | 基本年薪 + 超额奖励 | |

### 17.4.3.3 执行应用

短期激励目标、考核和方法一经确认执行，在后续执行过程中，就要定期跟踪各岗位人员考核指标达成进度、激励费用的执行率、执行过程中与目标激励金额的偏差程度以及激励效果评估等，同时跟踪人员整体和平均收入情况，根据存在的问题，为后续薪酬激励设计优化与完善奠定基础。

### 17.4.4　案例分享

#### 17.4.4.1　阶梯奖励机制案例

某医药制造企业业务模式、产品结构相对稳定，2023 年的产品销售目标具有一定的增长性和挑战性。市场部门共有 6 位产品经理，各有独立负责的产品，且产品经理均为年薪制人员。为实现以市场助力销售突破，公司计划针对产品经理所负责产品销量达成情况制定年度超额奖励。运用阶梯奖励机制方法制定方案如下。

（1）制定目标（见表 17－18）

**表 17－18　阶梯奖励机制目标**

单位：万元

| 产品 | 2022 年实际达成 | 2023 年触发目标 | 2023 年预算达成目标 | 2023 年超额目标 |
|---|---|---|---|---|
| A 产品 | 43000 | 48375 | 53750 | 超出预算达成目标的部分 |
| B 产品 | 13500 | 15188 | 16875 | |
| C 产品 | 9800 | 11025 | 12250 | |
| D 产品 | 6800 | 7650 | 8500 | |
| E 产品 | 4200 | 4725 | 5250 | |
| F 产品 | 2000 | 2250 | 2500 | |

触发目标：在 2022 年实际达成与 2023 年预算目标的中位值，在 2022 年实际达成的基础上增长 10%，各产品指标在两者中取较高值。

达成目标：在 2022 年实际达成的基础上增长 25%。

超额目标：设定为超出预算达成目标的部分。

（2）制定考核方案

按照 2023 年产品预算达成销售规模划定级别，根据级别设计差异化奖励政策，产品经理在所在级别内享受相应的预算达成奖励、超额奖励，具体内容如表 17－19 所示。

**表 17－19　阶梯奖励机制方案**

| 产品预算达成指标区间（万元） | 达成奖励标准（万元） | 超额提成点率（%） | 达成奖励计算 | 超额奖励计算 |
|---|---|---|---|---|
| 17000 | 14 | 0.33 | ①未达到触发目标，无奖励；<br>②超过触发目标，小于预算达成目标时：<br>达成奖励＝达成奖励标准×实际产品销售发出完成率<br>完成率＝（产品实际发出值－触发目标）/（预算达成目标－触发目标） | 超过预算达成目标时，超额奖励＝实际销售发出超额值×超额提成点率 |
| 14000～17000 | 10 | 0.74 | | |
| 11000～14000 | 8 | 0.82 | | |
| 8000～11000 | 6 | 0.88 | | |
| 5000～8000 | 4 | 0.95 | | |
| <5000 | 2 | 1.00 | | |

注：超额提成点率可根据产品达成奖励标准进行测算，按梯度性比例按 1∶1.25 设置，超额提成点率＝达成奖励标准/（预算达成目标－触发目标）×1.25，若超额提成点率在模型计算过程中出现明显异常，可根据实际情况酌情调整。

（3）奖励核算与发放

按照上述奖励标准和计算方法，代入 2023 年产品实际销售发出和超额提成点率，6 位产品经理年度实际奖励金额如表 17－20 所示。

**表 17－20　阶梯奖励核算与发放**

| 产品 | 产品奖励标准 | | | 2022 年实际达成奖励 | | | |
|---|---|---|---|---|---|---|---|
| | 2023年预算达成目标（万元） | 达成奖励标准（万元） | 超额提成点率标准（%） | 2023 年实际达成（万元） | 2023 年达成奖励（万元） | 2023 年超额奖励（万元） | 合计（万元） |
| A 产品经理 | 53750 | 14 | 0.33 | 56000 | 14.0 | 7.4 | 21.4 |
| B 产品经理 | 16875 | 10 | 0.74 | 18000 | 10.0 | 8.3 | 18.3 |
| C 产品经理 | 12250 | 8 | 0.82 | 12500 | 8.0 | 2.1 | 10.1 |
| D 产品经理 | 8500 | 6 | 0.88 | 8600 | 6.0 | 0.9 | 6.9 |
| E 产品经理 | 5250 | 4 | 0.95 | 5000 | 2.1 | 0.0 | 2.1 |
| F 产品经理 | 2500 | 2 | 1.00 | 2400 | 1.2 | 0.0 | 1.2 |

#### 17.4.4.2　超额利润奖励机制案例

某医药销售公司在创业初期，业务模式不够清晰，产品多样化但无核心产品，公司销售规模相对较小，年度预算目标有一定挑战性，同时也有不确定性，为激励大区营销团队超额完成目标，按照超额利润奖励机制对营销团队设计奖励方案。

（1）制定目标（见表 17－21）

**表 17－21　超额利润奖励机制目标**　　单位：万元

| 考核项目 | 2022 年实际达成 | 2023 年达成目标 | 2023 年触发目标 |
|---|---|---|---|
| 销售发出 | 10000 | 12500 | 12500 |
| 销售利润 | 2000 | 2500 | 2500 |

（2）制定考核方案

营销团队按照年度增长率要求考核，依据销售发出和销售利润双考核原则，采取销售利润梯度性的绩效激励措施。

奖励前提条件：只有在实际销售发出和销售利润均超出年度触发目标时，方可享受奖励；若其中任何一项低于年度触发目标，则不得享受任何奖励。

奖励在计算销售利润前作为销售费用进行计提。奖励金额应在计算利润之前扣除，按以下循环公式计算：$X=$（超出销售利润$-X$）$\times$奖励点率核算，$X$ 为应发超额奖励。

奖励点率和计算方式：在满足激励前提下，奖励点率呈梯度设置，销售利润梯度奖励点率和计算方式如表 17－22 所示。

**表 17－22　超额利润奖励机制方案**

| 考核项目 | 增长率范围（%） | 奖励点率（%） | 奖励（万元） | 计算公式 |
|---|---|---|---|---|
| 销售利润 | <20% | 20 | 奖励 A | 奖励 A＝（实际销售利润－年度触发目标－奖励 A）×20% |
| | ≥20% | 30 | 奖励 B | 奖励 B＝奖励 A＋（实际销售利润超出 20% 部分值－销售利润超额 20% 值－奖励 B）×30% |

（3）奖励核算与发放

2023 年实际销售发出 14000 万元，实际销售利润 3500 万元，销售利润增长率为 40%，增长率≥20%，2023 年该公司营销团队超额利润奖励发放如图 17－9 所示。

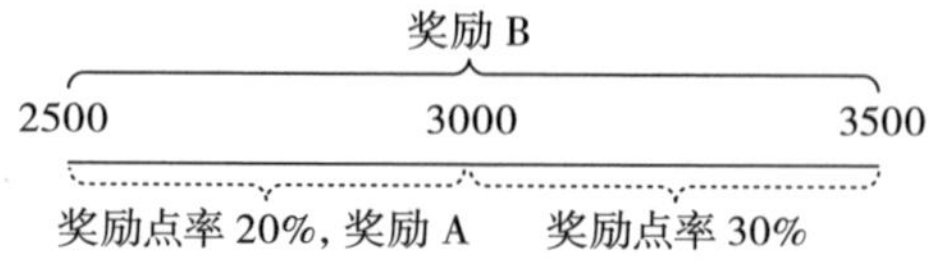


**图 17 -9　超额利润奖励发放**

奖励 A = （3000 - 2500 - 奖励 A） × 20% = 83. 3 万元，奖励 B = 83. 3 + （3500 - 3000 - 奖励 B） × 30%，计算出总奖励金额为奖励 B = 179. 5 万元。

## 17. 5　开发奖励

### 17. 5. 1　奖励原则

开发奖励的目的是，应用合理的开发奖励方式，提升区域销售团队或个人的积极性和主观能动性，加快铺货和上量的速度。

开发奖励原则的五个核心要素：①适用时限：明确奖励适用的时间段，如季度、半年度或年度；②开发目标与标准：常用的开发目标为具体产品的新增销售目标、铺货目标或开发家数等；③考核指标：常用的考核指标为销售发出或纯销目标、销售发出或纯销完成率或增长率等；④奖励标准：明确奖励的具体金额或者奖励点率；⑤兑现方式与时间：严格执行政策，明确奖励的核算和兑现周期，及时兑现。

### 17. 5. 2　常用方法

#### 17. 5. 2. 1　成本控制法

成本控制法是指根据开发市场的销售产出的一定比例进行奖励。

**例一：新药 Rx 销售团队奖励。**

某医药销售公司计划快速发展新药 Rx 产品线，为快速开拓和发展客户，针对新药招商经理团队依据新客户开发的数量以及销售规模制定开发奖励，奖励适用于本年度，具体的考核与奖励方式如表 17 - 23 所示。

表 17 - 23　新药 Rx 销售团队奖励

| 考核指标 | 开发目标（年度）（个） | 开发奖励 | |
|---|---|---|---|
| | | 客户发展奖励（元/个） | 销售提成奖励点率（%） |
| 客户开发 | 100 | 1500 | 1.5 |

客户开发标准：客户协议签订 + 终端购进；

开发奖励中客户发展奖励，是指按照客户开发标准，每新增 1 个客户奖励 1500 元；

开发奖励中销售提成奖励，是指为新开发的客户，按照销售纯销的 1.5% 进行销售额提成奖励；

新增开发数量和销售纯销以第三方提供的考核数据为准，开发奖励按照月度兑现。

### 17.5.2.2　分级定额法

分级定额法是指按级别划分及开发难度进行定额奖励。

**例二：KA 销售团队奖励。**

某医药企业计划快速推进 A 产品和 B 产品在区域连锁铺货，根据不同规模级别的连锁门店，首先对 KA 连锁进行划分，差异化设置连锁门店铺货率和销量要求，针对 KA 销售团队设置差异化奖励，奖励适用于下一季度（10—12 月），具体的考核与奖励方式如表 17 - 24 所示。

表 17 - 24　KA 销售团队奖励　　单位：元

| KA 连锁分级 | 开发目标 | 产品进场考核与奖励 | | |
|---|---|---|---|---|
| | | A 产品/B 产品同时进场达成开发标准奖励 | A 产品/B 产品进场一个达成开发标准奖励 | 其他新开发 3 个以及达成开发标准奖励 |
| 300 家门店以上连锁 | 各铺货 600 盒以上，门店铺货率达 60% 以上 | 6000 | 4000 | 4000 |
| 50 家门店以上连锁 | 各铺货 300 盒以上，门店铺货率达 60% 以上 | 4000 | 2000 | 2000 |
| <50 家门店连锁 | 铺货 4 盒/店 | 2000 | 1000 | 1000 |

连锁开发标准：连锁销售协议签订＋连锁终端购进量；

开发奖励：针对 A 产品和 B 产品不同的进场和开发目标，按照相应的开发奖励执行；

连锁终端购进以第三方提供的考核数据为准，开发奖励核算截至 12 月 31 日，次年 1 月 20 日前兑现完成。

**例三：Rx 销售奖励。**

某医药公司为第四季度快速推动 A 产品在医院的进院与上量，将区域内，等级相近的医院归为一类，根据不同医院类别开发，针对 Rx 销售团队设定梯度定额开发奖励，奖励适用于季度（10—12 月），具体的奖励类型和标准如表 17－25 所示。

**表 17－25　Rx 销售奖励**　　单位：元

| 医院分类标准 | 开发奖励标准 | | | | |
|---|---|---|---|---|---|
| | 省级三甲 | 地市三甲 | 其他三级 | 二甲 | 其他二级 |
| 西医院标准 | 5000 | 3000 | 2000 | 1500 | 1000 |
| 中医院标准 | 4500 | 2800 | 1800 | 1200 | 800 |

医院开发标准：提单协议签订＋终端购进；

开发奖励：A 产品的进场和开发的不同医院终端，按照相应的定额开发奖励执行；

新增开发数量和销售纯销以第三方提供的考核数据为准，开发奖励按照月度兑现。

**例四：销售团队龙虎榜奖励。**

某医药公司为第一季度快速推动新产品 A 在 KA 连锁的开发与上量，按照目标的达成率，分别对销售团队及个人进行龙虎榜排名，奖励优秀团队和个人。具体的奖励类型和标准如表 17－26 所示。

**表 17－26　销售团队龙虎榜奖励**　　　　单位：元

| 奖励类别 | 考核目标 | 开发奖励标准 | | | |
|---|---|---|---|---|---|
| | | 第 1 名 | 第 2 名 | 第 3 名 | 第 4—6 名 |
| 优秀营销团队 | 新开发数达成率排名（权重 50%）＋新开发纯销（权重 50%）加权排名 | 30000 | 20000 | 15000 | 10000 |
| 优秀 OTC 经理 | 开发排名奖：按区域连锁总体门店新开发数量进行排名 | 5000 | 4000 | 3000 | 2000 |
| | 上量排名奖：按新开发连锁季度纯销达成率进行排名 | 5000 | 4000 | 3000 | 2000 |
| 优秀商务渠道经理 | 商务开发率（权重 50%）＋分销达成率（权重 50%）加权排名 | 5000 | 4000 | 3000 | 2000 |

### 17.5.2.3　梯度奖励法

梯度奖励法是指针对达到或者超开发目标设置梯度奖励。

**例五：黄金单品超值奖励。**

某医药公司黄金单品 A 作为公司处方药第一战略产品，2023 年销售目标是突破 5 亿元。为激励市场销售人员在年度开发目标基础上超额增量，产品销售将采用阶梯超额激励策略，以刺激市场开发与上量，所有奖惩考核依据均来自终端流向数据，奖励对象为省区该产品的销售团队，奖励期限为 2023 年 1 月 1 日—2023 年 12 月 31 日，具体的考核与奖励方式如表 17－27所示。

**表 17－27　黄金单品超值奖励**

| 类型 | 开发完成率（$N$） | 奖惩标准 |
|---|---|---|
| A | $N \geq 120\%$ | 新开发的客户按照销售纯销的 6% 给予开发奖励 |
| B | $100\% \leq N < 120\%$ | 新开发的客户按照销售纯销的 4% 给予开发奖励 |
| C | $85\% \leq N < 100\%$ | 分析未达成原因 |
| D | $N < 85\%$ | 对省区负责人考核评估 |

奖励说明：

开发完成率为 $N \geqslant 100\%$ 的省区，可享有梯度开发奖励；

开发完成率为 $N \geqslant 120\%$，将新开发的客户按照销售纯销的6%给予开发奖励，如某省区开发目标完成率为120%，新开发的客户纯销额为300万元，则奖励金额为18万元；

开发完成率为 $100\% \leqslant N < 120\%$，将按照超额部分的4%进行奖励，如某省区开发目标完成率为110%，新开发的客户纯销额为200万元，则奖励金额为8万元；

开发完成率为 $N < 85\%$ 的省区，对省区负责人进行考核评估；

该奖励为年度奖励，如2023年7月前提前通过考评，可提前发放奖励的60%～80%，具体依据公司的实际情况执行。

**总结**

本章介绍了如何通过薪酬设计和奖励机制，且配套相应的考核体系，从销售队伍的激励策略设计源头上，保证与企业短期战略目标和中长期战略目标一致。可以留住优秀人才，激发员工内驱力，促进公司长效稳定地发展，最终实现企业与个人的双赢。

绩效提成：营销人员最根本的业绩评价和薪酬保障，是即时销售业绩回报的薪酬方式；

三年激励：年度短期激励与中长期激励相配合，将个人利益与企业长远利益绑定、共享，从而推动企业销售实现突破性增长；

超值阶梯奖励：是年度短期激励方式，具有奖励及时性及吸引力强等特点，不仅紧密围绕年度战略目标，还可用来调整高薪人员的薪酬结构；

开发奖励：按照时间段制定目标且快速兑现，从而实现快速铺货和上量的预期目标。

第18章

# 医药营销财务管理

广东省区总监在公司营销研讨会上对财务意见很大：费用报销流程太长，总因发票不合格导致当月费用无法准时到位。每次的超资信发货均需要财务审批，而财务对业务又不了解，不知如何合理及时地判断市场的需求。

很明显，财务与业务的矛盾根源来自对各自职能的不了解，财务对业务懂得太少，业务部门缺少基本的财务思维，很多业务流程不严谨，很多业务行为给企业带来了经营风险。如何平衡财务与业务之间的关系？如何在业务的持续发展中，发挥好财务的支持与服务作用？如何与业务协调发展的同时改善省区财务状况？

## 18.1 营销财务 BP 岗位设置

### 18.1.1 营销财务 BP 的意义与作用

财务 BP（Business Partner），即业务伙伴。作为当代企业 BP 模式下的一个分支，财务 BP 模式下的财务组织，主动将财务管理的触角前置到业务活动中，深入了解业务模式，追踪业务动态，积极促进业务财务的信息流动；其财务管理的内容与发挥的价值逐渐向业务前端渗透。例如，参与产品销售价格的制定、营销促销策略调整、广告投放方案的制定、激励奖惩机制设计等业务活动。财务 BP 让财务业务化、业务理性化，促成业务财务双向融合，促进组织健康快速成长。

财务 BP 的作用主要有：

深入业务一线，理解业务需求，通过对业务的深入了解，帮助市场梳理业务流程，提高业务效率；协助营销人力资源部门建立可量化的 KPI 指标，对业务指标的未来趋势进行预测，协助 HR 模算 KPI 指标，以确保考核指标制定能符合企业中长期规划；跟踪考评执行情况并优化 KPI，提升效益；编制营销预算，调整配合业务部门，复盘上年指标完成进度，寻找增长点，协助编制可达成的预算指标；通过指标的完成率与预算的偏差因素分析，提出相应的改进意见并促使预算目标总体达成。

根据业务需求，改进财务分析报告体系；为提高财务报告的有效使用性，划小核算单元，使数据直达销售一线人员，提高数字可视度，为业务决策提供数据分析；从财务角度把控业务经营风险，通过相关经营合同的审核，关注销售费用、付款条件、销售政策等是否符合政策规定，有效控制财务风险，规范业务行为；为新业务与业务的调整建立相匹配的财务模型，根据业务发展的需求，了解并参与新业务的预算、定价、销售策略的制定与实施、建立匹配的财务模型，随着业务的发展与销售模式的变化，及时调整财务模型，以确保能为业务部门提供有力的财务支持与服务。

### 18.1.2 营销财务 BP 的基本要求

营销财务 BP 必须懂财务、懂业务，善于沟通，懂法律、防风险。懂财务、懂业务包括连接财务与业务的纽带，深入了解各种业务模式。善于沟通包括保持与业务的沟通和配合，在业务前端快速渗透业务。懂法律、防风险包括流程梳理，审核经营合同；合规管理，税务风险识别。

### 18.1.3 搭建营销财务 BP 团队

财务 BP 团队的建立应与企业的业务规模、销售模式相匹配，将财务 BP 服务深入业务需求的层面，结合业务模式，建立营销总部、省区（区域）二级财务 BP 的管理团队，有侧重地为各级管理人员提供支持，具体内容如表 18－1 所示。

**表 18－1　营销财务 BP 的核心工作内容**

| 模式 | 业务形式 | 销售人员 | 财务 BP |
| --- | --- | --- | --- |
| 预算制 | 1. 公司参与生产—中间商—终端客户—消费者的各经营环节；<br>2. 各区域（省区）为可独立核算的单元，各项经营指标直接下达并考核到区域（省区）；<br>3. 销售费用在公司预算范围内，区域（省区）可调配投入市场，但具体方案需报公司审批；<br>4. 营销高层管理人员负责重要客户关系的建立与维护 | 1. 商业渠道的管理：熟悉合同的签订、商业进销存的核对、发货、票据与回款管理，公司销售政策的执行；<br>2. 终端客户的管理：产品知识的培训、制定终端客户年度与各阶段活动方案并报公司审批，落实各阶段活动的执行与效果评估；<br>3. 消费者管理：与终端客户的配合，消费者动销活动方案的设计与实施，并报公司审批 | 1. 商业渠道：做好与商业公司的应收核对，确保账目清晰，及时开具发票，督促资金回笼，销售合同地审核，降低经营风险；<br>2. 依据各项销售政策与销售数据，及时准确地审核、拨付销售费用，保障活动有序开展；<br>3. 通过投入产出的分析，为下阶段政策的制定与调整提供数据支持，按责任单位核算与分析经营成果 |
| 包干制 | 1. 公司参与生产—中间商—终端客户的各经营环节；<br>2. 各区域（省区）为可独立核算的单元，各项经营指标直接下达并考核到区域（省区）；<br>3. 在完成公司下达的经营指标后，针对销售模式与费用的投入，省区有相应的决定权与实施权 | 1. 商业渠道的管理：同上述预算制管理；<br>2. 终端客户管理：在公司的可控范围内，省区自行制定各客户的销售政策，经省总审批后实施；<br>3. 消费者管理：在公司按回款比例拨付的总费用额度内，由省区结合当地环境、季节性情况灵活开展消费者动销活动 | 1. 商业渠道：同预算制管理；<br>2. 依据回款核算并拨付销售费用；<br>3. 协助省区做好包干制费用的管理，确保省区账目清晰，资金费用投入合理有据 |
| 代理制 | 公司参与生产—中间商的经营环节 | 1. 代理商的管理：协助代理商选择客户，管理客户；<br>2. 商业渠道的管理：商业合同的签订，发货、票据与货款的回款管理 | 1. 督促代理商市场保证金的缴纳与核对；<br>2. 授信额度与发货保证金是否匹配；<br>3. 确认商业客户应收账款的真实性，督促按账期回款 |

## 18.2 营销环节价值链分析

营销财务在经济价值链管理中通过对内部的管理环节进行梳理，判断营销活动的哪个环节更具竞争优势，哪些市场投入更能提高市场份额，找出企业最优的营销活动类型，最后形成独具特色的营销环节价值链。

通过分析营销环节企业与顾客、产品促销与分销等创造价值的活动过程中各项成本动因及构成，挖掘增值空间。具体方法如下：

通过对同一产品价值链再造，升级前后各个变动项目进行对比，分析跟踪其对公司盈利的影响；

通过对比各销售模式重点产品同一期间价值链数据，分析哪些是能为公司带来持续盈利的产品，公司重点支持的产品是否具有持续盈利能力，能否达到公司预期；

通过对公司同一产品在不同销售渠道的价值链进行分析，比较因销售政策的不同而产生的盈利水平差异；

通过重点客户的价值链分析找出推广方案差异对盈利的影响，以便公司把更多支持投放到能够带来更多效益的推广中，并不断提升品牌影响力，提高市场占有率。

### 18.2.1 单一品种价值链分析

通过市场细分、提高产品知名度、提升产品质量与包装，重新对重点产品进行价格定位，是公司品牌打造与盈利提升的重要策略。调整零售终端客户、中间商价值利益，在调价的基础上保证合作伙伴的利益空间。

例如，通过各项费用结构的调整，重视品牌宣传力度，加大品牌广告费投入，加强消费者动销，使规模与销售利润大幅增长，实现了 A 产品 3 年单盒盈利能力的不断提升。具体案例分析如表 18－2 所示。

**表 18－2　2020 年某公司对 A 产品价值链重新定位与梳理**

| 项目 | 2019 年 A 产品 | | 2020 年 A 产品 | | 2021 年 A 产品 | |
|---|---|---|---|---|---|---|
| | 金额（万元） | 占收入百分比（%） | 金额（万元） | 占收入百分比（%） | 金额（万元） | 占收入百分比（%） |
| 零售价（元） | 60.00 | — | 84.00 | — | 84.00 | — |
| 销售规模 | 27300 | — | 26754 | — | 40131 | — |
| 管理费用 | 1200 | 5 | 1200 | 5 | 1500 | 4 |
| 人力成本 | 1680 | 7 | 2131 | 9 | 3196 | 9 |
| 商业渠道费用 | 2059 | 9 | 1605 | 7 | 2408 | 7 |
| 促销活动费 | 2840 | 12 | 3746 | 16 | 5618 | 16 |
| 广告宣传费 | 6547 | 27 | 5919 | 25 | 8879 | 25 |
| 单盒利润 | 4.70 | 9 | 9.79 | 13 | 10.22 | 14 |

### 18.2.2　梯队产品价值链分析

梯队产品是公司未来发展和成长的机遇，我们需定期分析跟踪梯队产品的成长性、与公司预期的偏差，以便及时对梯队产品价值链重新进行调整。

例如，梯队产品 1（以下简称“T1 产品”）为公司重点培育的梯队新产品，上市 1 年后公司对该产品规格和渠道重新布局：第二年新增 24 粒装补充到商业渠道模式，将 48 粒装由商务渠道模式调整为 KA 控销模式销售，原 108 粒装继续为 KA 控销模式销售。T1 产品两年规模增长率如表 18－3 所示。

**表 18－3　T1 产品两年规模增长率**

| T1 产品 | 本年规模 | | 上年规模 | | 规模增长率（%） | |
|---|---|---|---|---|---|---|
| | 数量（万盒） | 金额（万元） | 数量（万盒） | 金额（万元） | 数量 | 金额 |
| 24 粒装 | 10 | 218 | — | — | — | — |
| 48 粒装 | 56 | 1952 | 10 | 358 | 446 | 446 |
| 96 粒装 | 17 | 1319 | 30 | 2312 | －43 | －43 |
| 合计 | 83 | 3488 | 40 | 2670 | 107 | 31 |

在公司两年的大额广宣费的投入下，T1 产品仍处于亏损状态。通过各项费用结构的对比分析，盈利能力提升主要依赖广宣费的调整来实现，即

两年各项地推促销策略带来的规模增长（增长未达预期），既没有摊薄广宣费，也没有实现盈利。

对比商业渠道模式和 KA 控销模式价值链设计，商业渠道模式侧重在商业流通环节的投入，盈利能力略高于 KA 控销模式，但规模无增长。48 粒装产品变换渠道后规模有较大幅度的增长，但尚未给公司带来盈利，具体分析如表 18－4 所示。

**表 18－4　T1 产品两年营销环节价值链**

| 项目 | 24 粒装 | | 48 粒装 | | | | 108 粒装 | | | |
|---|---|---|---|---|---|---|---|---|---|---|
| | 本年（元） | 占收入比重（%） | 本年（元） | 占收入比重（%） | 上年（元） | 占收入比重（%） | 本年（元） | 占收入比重（%） | 上年（元） | 占收入比重（%） |
| 零售价 | 21 | — | 35 | — | 35 | — | 77.4 | — | 77.4 | — |
| 管理费用 | 0.53 | 4 | 0.54 | 3 | 0.62 | 4 | 1.19 | 3 | 1.40 | 4 |
| 人力成本 | 1.75 | 12 | 1.21 | 8 | 0.90 | 6 | 3.32 | 10 | 3.20 | 9 |
| 商业渠道费用 | 2.04 | 14 | 0.24 | 2 | 0.21 | 1 | 0.51 | 1 | 0.45 | 1 |
| 促销活动费 | 1.33 | 9 | 3.77 | 24 | 3.95 | 25 | 7.44 | 22 | 7.38 | 22 |
| 广告宣传费 | 12.15 | 82 | 12.66 | 82 | 19.35 | 125 | 28.36 | 83 | 41.59 | 121 |
| 单盒利润 | －4.30 | －29 | －5.17 | －33 | －11.03 | －71 | －11.30 | －33 | －23.94 | －70 |

让我们来看另一个梯队产品，经过策略调整后的盈利对比。

梯队产品 2（以下简称“T2 产品”）为公司改进包装后的梯队产品，上市后的第二年新增 16 粒装补充至商业渠道模式，将原商业渠道模式销售的 24 粒装调整为 KA 控销模式销售，原 45 粒装继续为 KA 控销模式销售。规模增长率如表 18－5 所示。

**表 18－5　T2 产品两年规模增长率**

| T2 产品 | 本年规模 | | 上年规模 | | 规模增长率（%） | |
|---|---|---|---|---|---|---|
| | 数量（万盒） | 金额（万元） | 数量（万盒） | 金额（万元） | 数量 | 金额 |
| 16 粒装 | 9 | 66 | — | — | — | — |
| 24 粒装 | 73 | 542 | 54 | 842 | 35 | －36 |
| 45 粒装 | 59 | 856 | 45 | 653 | 31 | 31 |

24 粒装/45 粒装规格产品的推广方式主要采用的是销售人员地面促

销。通过各项费用结构的对比分析，商务转 KA 模式（24 粒装）在大幅增加促销活动费的拉动下，规模有一定幅度的上升，但增幅尚无法弥补价值链重新设计后对盈利的影响，需对各市场增长率数据做进一步分析，并预测未来的增长趋势，制定出更有效的促销政策。

16 粒规格产品的推广方式主要是加强与下游商业客户的深度合作，共享商业渠道资源，以提升市场占有率。通过分析可发现，商业渠道费用率上涨幅度很大，但规模未达预期，与商业合作伙伴的联结还有待加强，通过进一步挖掘可提升市场占用率。具体分析如表 18－6 所示。

**表 18－6　T2 产品两年营销环节价值链**

| 项目 | 16 粒装 | | 24 粒装 | | | | 45 粒装 | | | |
|---|---|---|---|---|---|---|---|---|---|---|
| | 本年（元） | 占收入比重（%） | 本年（元） | 占收入比重（%） | 上年（元） | 占收入比重（%） | 本年（元） | 占收入比重（%） | 上年（元） | 占收入比重（%） |
| 零售价 | 7.50 | — | 7.42 | — | 15.60 | — | 14.50 | — | 14.50 | — |
| 管理费用 | 0.19 | 4 | 0.12 | 4 | 0.28 | 4 | 0.22 | 4 | 0.26 | 4 |
| 人力成本 | 0.63 | 12 | 0.17 | 5 | 0.71 | 10 | 0.70 | 11 | 0.51 | 8 |
| 商业渠道费用 | 0.73 | 14 | 0.05 | 2 | 0.81 | 12 | 0.10 | 1 | 0.09 | 1 |
| 促销活动费 | 0.50 | 9 | 1.28 | 39 | 0.56 | 8 | 2.16 | 34 | 2.39 | 37 |
| 广告宣传费 | 0.09 | 2 | 0.10 | 3 | 0.05 | 1 | 0.18 | 3 | 0.12 | 2 |
| 单盒利润 | 2.68 | 50 | 0.86 | 26 | 3.75 | 54 | 1.76 | 27 | 1.71 | 27 |

### 18.2.3　不同模式单品种价值链分析

电商单盒产品为企业贡献的利润最高，主要原因是减少了需投入到省区的固定费用，如房租办公费、人员费员，另外一个投入较少的就是流通环节，电商模式无须在流通环节投入过多的推广费用。

电商作为近 10 年的新型医药销售模式，有优势也有劣势。特别是为提高商品交易总额（Gross Merchandise Volume，GMV）投入的引流费用、推广活动费用呈逐年上涨趋势。随着消费习惯的改变，此项成本投入需不断增加才可换来电商市场的一席之地，我们需在新模式中进行探索的同时，不断创新整合公司营销渠道。不同模式单品种价值链分析如表 18 - 7 所示。

**表 18 - 7　不同模式单品种价值链分析**

| 项目 | A 产品（商务） | | A 产品（电商） | | A 产品（KA） | |
|---|---|---|---|---|---|---|
| | 本年（元） | 占收入比重（%） | 本年（元） | 占收入比重（%） | 本年（元） | 占收入比重（%） |
| 零售价 | 68 | — | 68 | — | 120 | — |
| 管理费用—事业部 | 1.58 | 4 | 0.50 | 1 | 1.85 | 3 |
| 人力成本 | 5.36 | 12 | 1.91 | 4 | 5.79 | 11 |
| 商业渠道费用 | 6.18 | 14 | 2.89 | 7 | 2.79 | 5 |
| 促销活动费 | 7.81 | 17 | 10.21 | 24 | 17.58 | 33 |
| 广告宣传费 | 11.28 | 25 | 10.61 | 25 | 8.96 | 17 |
| 单盒利润 | 8.23 | 18 | 11.63 | 27 | 7.17 | 14 |

### 18.2.4　同一模式不同客户价值链分析

通过不同客户对比，可发现 A 客户盈利低于 B 客户，每万元销售需要投入的促销活动费是 B 客户的 1.3 倍，人力成本也高 3 个百分点，纯销额仅比 B 客户高 18 个百分点，而利润率比 B 客户低 2 个百分点（见表 18 - 8）。通过进一步分析发现，A 客户所在地区比 B 客户所在地区经济发达，人力成本较高，同样的活动无法在消费者心中获得同样的预期。营销管理团队在开展促销活动时，需结合地域、市场环境等各因素作出更有利于提升效益的营销方案。不同客户价值链分析如表 18 - 8 所示。

**表 18 - 8　不同客户价值链分析**

| 项目 | A 客户（控销） | | B 客户（控销） | |
|---|---|---|---|---|
| | 总纯销额（万元） | 占纯销额比重（%） | 总纯销额（万元） | 占纯销额比重（%） |
| 纯销额 | 1188 | 100 | 1009 | 100 |
| 管理费用 | 24 | 2 | 20 | 2 |
| 人力成本 | 185 | 18 | 132 | 15 |
| 促销活动费 | 284 | 27 | 313 | 35 |
| 商业渠道费用 | 59 | 6 | 36 | 4 |

**续表**

| 项目 | A 客户（控销） | | B 客户（控销） | |
|---|---|---|---|---|
| | 总纯销额（万元） | 占纯销额比重（%） | 总纯销额（万元） | 占纯销额比重（%） |
| 广告宣传费 | 187 | 18 | 150 | 17 |
| 销售利润 | 103 | 10 | 104 | 12 |

### 18.2.5　产品 ABC 分类管理分析

公司产品的 ABC 分类管理，是对销售产品的结构优化，对各类产品的定位、管理更清晰的认识，有利于促使成本降低，提升产品竞争力。ABC 分类以产品单价和各项固定与变动成本为依据，按单位产品边际利润贡献和经营利润的大小进行排列，并以销售收入能够弥补成本的程度为标准，将产品分为 A、B、C 三类，具体内容如图 18－1、图 18－2 所示。

边际利润贡献 =售价（不含税）-变动生产成本-营业税金及附加-变动销售费用

销售利润 =售价（不含税）-变动生产成本-营业税金及附加-变动销售费用

经营利润 =销售利润-管理费用

**图 18－1　边际贡献计算公式**

**图 18－2　A、B、C 三类产品的划分**

A 类产品能覆盖公司所有费用，为公司带来利润贡献；

B 类产品虽然无法覆盖管理费用，但属公司的成长替代产品，可提升公司的市场占用率；

C 类产品属公司的问题产品，应重点分析引起各项成本变动的原因，从产品原包材采购价格异动与预测信息、销售政策、市场情况与销售策略、同类竞品信息等方面，重点分析 C 类产品各价值链的组成，对成本动因出具可行性报告并提交营销管理层审阅。

# 18.3 关键财务指标管理

## 18.3.1 财务指标管理方法

### 18.3.1.1 梳理关键财务指标

营销财务人员帮助营销中心和销售区域中心梳理关键财务指标，并时时通过数据多维度分析与反馈指标完成偏差，评估对市场影响的时间和金额，与省区一起寻求解决方案，并根据历史数据为销售省区（区域）做出预测，具体内容如图 18－3 所示。

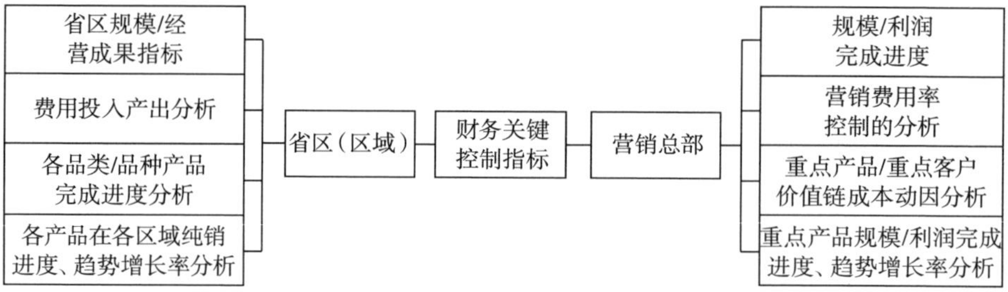


**图 18－3　关键财务指标**

### 18.3.1.2 划分责任中心

结合公司绩效考核机制为各级营销部门制定规模、利润双指标考核的责任中心。按责权利将营销中心划分为不同的利润中心：按销售模式划分不同的事业部，各事业部下再设立省区或区域事业部。或按产品线划分，具体内容如图 18－4 所示。

### 18.3.1.3 设定标准成本

因销售不均衡带来的生产量不均衡，以及原包材价格的市场价格影响等，均会带来产品的销售成本波动。为防止成本转移带来的部门间责任转

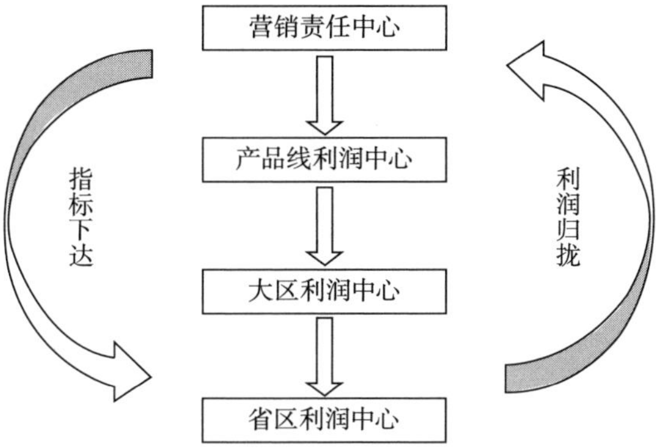


**图 18－4　划分责任中心**

嫁，为了使营销各利润中心都能作为单独的组织进行业绩评价，可以为销售成本设定一个标准成本。标准成本每年预算时调整一次，以当年加权平均销售成本为基础，根据采购部门可预见的原包材价格变动、固定资产投资带来的折旧费增加等因素予以调整，确定一个可作为销售与生产部门次年业绩评价参考值的标准成本。

## 18. 3. 2　营销费用管理

### 18. 3. 2. 1　营销费用管理的意义

准确归集各项费用，制定更具可行性的营销方案；按营销推广活动的项目来归集各项费用，可清晰准确地计算出投入产出比，为复盘与评估促销活动效果提供依据，为下一步方案的制定提供基础数据。

科学合理地控制各项费用开支，增加公司利润与现金流；建立科学合理的费用开支审批权限，明确开支标准、缩短报销流程、提高效率、提升审核人员的责任意识，可保证各项费用合理、快速地投入使用。不该花的钱不花，直接给公司带来利益。

提高销售人员的费用管理水平，促进营销团队管理水平的提升；通过预算控制、费用分析、明确营销费用可控的关键点，架构起一个有效的营销费用管理模式，使销售人员可以及时了解营销活动中的花费，清楚营销活动是如何进行的。在营销活动实施与预算目标之间的差距分析过程中提升团队的管理水平。

### 18.3.2.2 营销费用项目的设置

依据费用与销量的关系，可以将营销费用分为市场管理费用、市场推广费用、市场广宣费用，具体内容如图 18－5 所示。

市场管理费用：无论有无销售，只要管理决策一确定，就会不可避免地发生日常运作开支。但有些固定费用与销售有一定的关系，需按营销方案计划来确定，并依据销售规模控制，如业务员薪资与差旅费。因此，管理费用可以再分为两类：市场管理费用—固定、市场管理费用—变动。

市场推广费用：也就是推广成本。有多少营销推广策略就应该设置多少推广项目，以反映每个推广项目下的投入产出比，并比较哪个推广策略效率最高。

市场广宣费用：为保证市场开发与上量所做的学术推广活动，主要为拉动与推动终端消费而产生的费用。

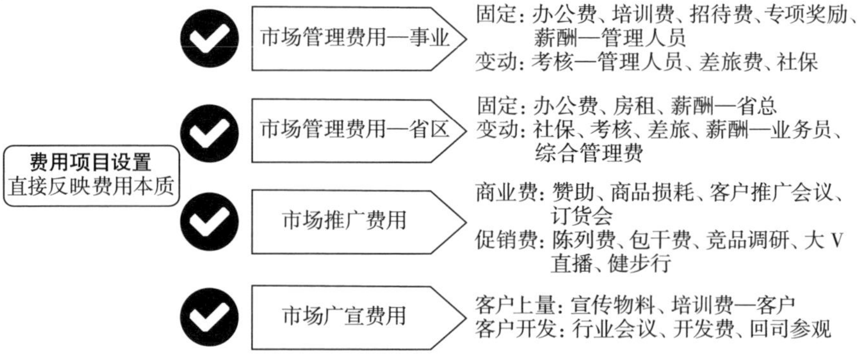


**图 18－5 营销费用项目**

### 18.3.2.3 营销费用的管理方法

（1）预算的目的

依据企业当前目标和预期目标，通过对为达成目标所需要的一切条件和资源进行分析，制定年度营销政策的管理决策过程。在这个决策过程中，我们可能需要对往年的各项政策投入进行再认识和再验证，找出并分析未达成目标所存在的问题，避免决策时再出现此类缺陷。

（2）年度预算——做好事前控制

总体思路：利润 = 收入 - 费用。

我们应在利润指标的指导下对营销费用做预算，在利润指标明确的基础上依据收入规模制定相应的营销策略。传统的销售考核指标是规模，引入利润考核指标则会让销售人员更关注费用的使用效率，树立先预则立的观念。

原则：①在一定范围内对与销量变化无关的营销费用采用零基预算法，即不参考任何历史数据，按需要发生的金额预算，全年实际发生额需控制在预算金额内。②与销量变化相关的费用可以按销售百分比进行预算，依据制定的营销策略分别预计各项活动下的费用额度。

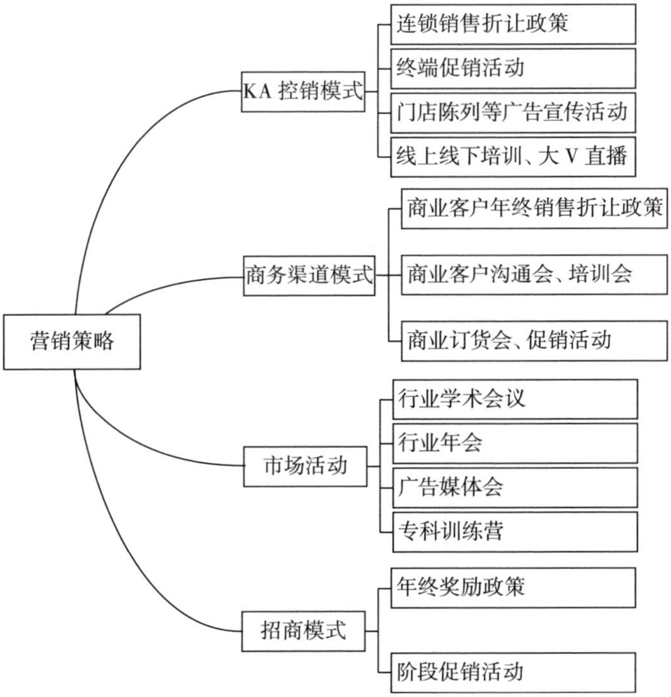


**图 18－6　各类年度营销策略**

费用开支权限：在公司总预算审批后，我们还应建立各项费用开支权限，以便能调动各级人员的能动性。费用的使用在总体可控范围内，让一线销售人员有一定的灵活调整权限，使费用的投入更高效。但在这个调配过程中，财务 BP 应配合省区建立相应的内控机制，让费用的使用透明、公正、合规。

（3）重视月度预算——事中控制

在年度营销方案的指导下，月度推广活动如何开展？费用如何分解？费用如何控制？要解决这些问题，就要发挥月度预算的作用。业务员除了分解月度销售指标，还应对营销推广方案及费用投入比率做好预测，这既是完成销售指标的子弹，也是费用是否得到有效控制的措施。

### 18.3.2.4 实践应用

（1）找出费用控制平衡点

月度方案预测销售规模，以期达到对费用的控制。由于费控平衡点主要是基于现有营销人员薪资、考核、返利、推广促销等因素测算，因此测算出现有状态下的费控平衡点与销售预期达成之间的差异，从而能够预判月度费用是否会出现超支的情形，实现在年中对省区费用的管控。同时也可以用于在预期费用超支的情况下，结合敏感系数，为控制全年的费用超支提供解决方案。下面以某连锁客户为例建立模型。

**例一：单一产品销售的连锁（基础模型）。**

设销量 $X$ 盒，产品销售价格为 60 元，预算费控率为 25%。实际月度营销方案如表 18－9、表 18－10 所示。

**表 18－9 单一产品月度营销方案**

| 项目 | 人员考核占比（%） | 产品陈列宣传费（元） | 宣传物料费占比（%） | 促销品（元） | 人员固定费用（元/月） |
|---|---|---|---|---|---|
| 数值 | 9 | 5 | 2 | 1.5 | 2000 |

**表 18－10　单一产品月度营销方案计算过程**

| 费用预算额度 | 月度费用支出 | 平衡点 | 说明 |
|---|---|---|---|
| $X\times60\times25\%=15X$ | $X\times(60\times11\%+6.5)+2000$ | | 月销量达到 1053 盒，A 产品才能维持费用平衡，即费用可控制在预算范围内。否则，费用超支是可以提前预见的 |
| | $=13.1X+2000$ | | |
| 令 $15X=13.1X+2000$ | | $X=1053$ | |

**例二：多产品销售的连锁（费用点率相同）。**

由于存在两种产品，所以需要事先假定 A 产品、B 产品的销量占比，假设 B 产品占 A 产品销量的一半。A 产品销售价格为 60 元，B 产品销售价格为 35 元，预算费控率为 25%，月度营销方案及其计算过程如表 18－11、表 18－12 所示。

**表 18－11　多产品月度营销方案（费用点率相同）**

| 产品 | 人员考核占比（%） | 产品陈列宣传费（元） | 宣传物料费占比（%） | 促销品（元） | 人员固定费用（元/月） |
|---|---|---|---|---|---|
| A | 9 | 10 | 2 | 1.50 | 9250 |
| B | 9 | 8 | 2 | 2.00 | |

**表 18－12　多产品月度营销方案计算过程（费用点率相同）**

| 费用预算额度 | 月度费用支出 | 平衡点 | 说明 |
|---|---|---|---|
| $(X\times60+X/2\times35)$ 25% | $X\times(60\times11\%+11.5)+X/2(35\times11\%+10)+9250$ | | 月销量只有达到 A 产品 1638 盒，B 产品 819 盒，连锁整体费用才能在预算范围内维持费用平衡。由于存在两种产品，且费用控制点率相同，综合历史销量情况，可以假设 A、B 产品之间存在比例关系，因此就可以测算出该连锁的费用控制平衡点 |
| $=19.375X$ | $=25.025X+9250$ | | |
| 令 $19.375X=25.025X+9250$ | | $X=1638$ | |

**例三：多产品销售的连锁（费用点率不同）。**

设产品有 A、B 及其他小产品等 6 种。小产品预算费控率为 40%，根据以往每月销售情况预测当月销售额为 20000 元。假设 B 产品销售占 A 产品的 10%，月度营销方案及其计算过程如表 8－13、表 18－14 所示。

表 18－13　多产品月度营销方案计算过程（费用点率不同）

<table>
<tr><th>产品</th><th>人员考核占比（%）</th><th>产品陈列宣传费（元）</th><th>宣传物料费占比（%）</th><th>促销品（元）</th><th>人员固定费用（元/月）</th></tr>
<tr><td>A</td><td>9</td><td>10</td><td>2</td><td>1.50</td><td rowspan="3">3000</td></tr>
<tr><td>B</td><td>9</td><td>8</td><td>2</td><td>2.00</td></tr>
<tr><td>小</td><td>9</td><td>10</td><td>2</td><td></td></tr>
</table>

表 18－14　多产品月度营销方案计算过程（费用点率不同）

<table>
<tr><th>费用预算额度</th><th>月度费用支出</th><th>平衡点</th><th>说明</th></tr>
<tr><td>$(X\times60+X\times10\%\times35)25\%+20000\times40\%$</td><td>$(60\times11\%+11.5)X+(30\times11\%+10)10\%X+20000\times20\%+3000$</td><td></td><td rowspan="3">月销量达到 A 产品 281 盒，B 产品 28 盒，连锁整体费用可在预算范围内维持费用平衡。由于存在多种产品，费用点率不同，须将不同点率产品进行分类。综合历史情况预估小产品的纯销额，再假设相同点率的 A、B 产品之间存在一定的比例关系，由此测算出该连锁客户的费用控制平衡点</td></tr>
<tr><td>$=15.875X+8000$</td><td>$=19.43X+7000$</td><td></td></tr>
<tr><td colspan="2">令 $15.875X+8000=19.43X+7000$</td><td>$X=281$</td></tr>
</table>

在实践中，由于各个连锁客户情况不一样，即使同一连锁客户，其不同时期的情况也不一样，所以财务在计算用控制平衡点时，需要针对各个连锁客户设计不同的费用支出公式。这样就可以实现在连锁费用管控过程中做到事前、事中控制，也便于业务人员做好费用控制，及时了解费用使用情况。

（2）费用投入效益分析

营销政策已执行，促销活动已开展，但是否达到预期目标，事后的费用投入产出分析就很有必要。财务 BP 可结合产品规模、市场占用率、优势模式、匹配的资源、促销推广活动等为省区编制业绩报告，分析各阶段营销策略、促销活动所带来的结果，具体内容如表 18－15 所示。

表 18－15　可多维度分析费用投入

| 促销手段 | 主要受益模式 | 促销结果 |
|---|---|---|
| 品牌广告 | 商业渠道 | 分销率、铺货率、单店购进量 |

续表

| 促销手段 | 主要受益模式 | 促销结果 |
|---|---|---|
| 促销品促销 | 控销模式、商业渠道 | 各品类/品种规模增长率、终端纯销额、消费者参与度 |
| 店面陈列 | 控销模式 | 消费者购买力、转化率、店员推销力度 |
| 产品培训 | 控销模式、商业渠道 | 分销量、纯销量、商业库存变化 |

**例一：促销模式对各省同一连锁客户销量的影响。**

**表 18－16　各省区营销费用率**　　（%）

| 项目 | 湖南 | 甘肃 | 湖北 | 安徽 | 江苏 | 广西 |
|---|---|---|---|---|---|---|
| 陈列宣传 | 7.3 | 7.9 | 5.0 | 0.2 | 5.3 | 5.4 |
| 促销品 | 2.3 | 5.8 | 3.3 | 4.5 | 3.3 | 3.1 |
| 销售折让 | 3.5 | 3.5 | 3.2 | 3.5 | 3.6 | 4.1 |

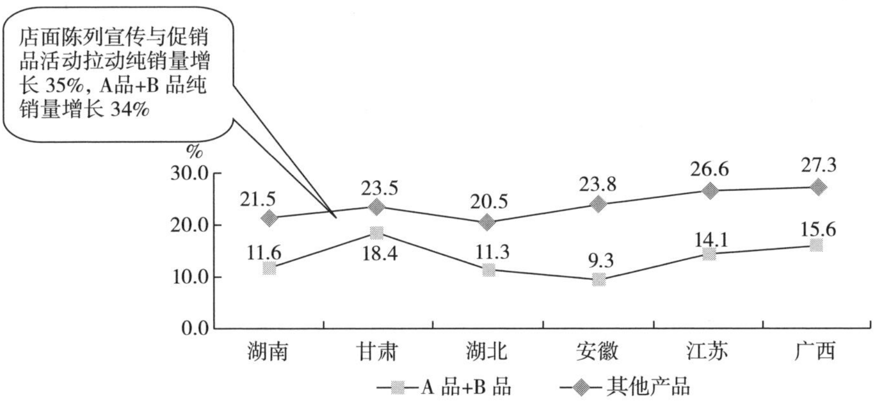


**图 18－7　促销模式对各省同一连锁客户销量的影响**

各省总体营销费用率控制在预算范围 28% 以内；甘肃总体费用率略低于平均费用率，其中陈列宣传与促销品费用投入最大（见表 18－16）；对比终端纯销量，甘肃增长幅度最为明显，总增长率为 34%，其中 A 品＋B 品增长率为 34%（见图 18－7）。

**例二：促销未给连锁客户带来销量上升，无法摊薄固定成本。**

存在的问题：7 家连锁 1—5 月总计纯销为 82 万元，人员固定费用（基

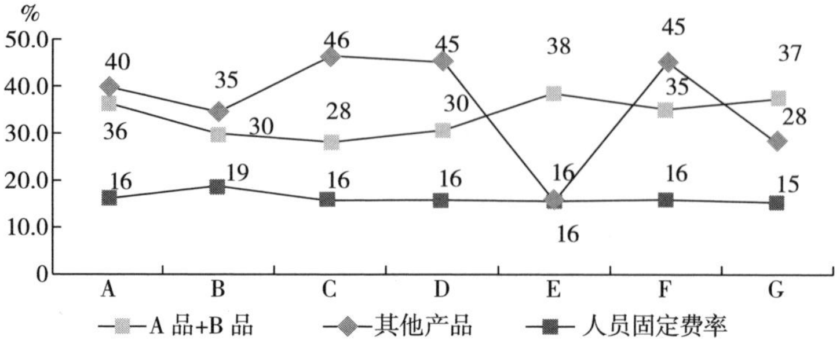


**图 18 -8　促销未带动连锁客户上量的情况下的费用分析**

本工资 + 差旅）高达 15 万元，平均人力成本费用率为 18%（见图 18 -8）。

管理要求：设立考评机制：连锁客户半年销售未达预期，应有评估机制与具体解决措施；管控措施：对活动方案要事先预测，结束后做投入产出分析，找出与预期差异的原因，要有明确改进方式和达成的结果，定期反馈。

## 18.4　财务监控工具

财务 BP 需在省区建立一套风险控制机制，通过预算管理、流程梳理、资金管理、信息化建设等各种管控手段，在确保企业各项业务合法合规开展的同时，将市场的经营风险控制在可以承受的范围内。

### 18.4.1　经营成果反馈

财务 BP 在将财务分析报告报送有关人员后，应要求有关人员就报告中的问题在规定时间内制订相应的计划，包括采取的行动和需达成的结果等，并反馈给营销管理总部。对特批的预算外项目，比预算内项目更加值得营销管理者关注，所有预算外项目，都应在报告中作专项报告。

#### 18.4.1.1　管理报表模板

业绩报告可以分为两个部分：管理报表和财务分析报告。营销管理报表包括营销总部管理报表（见表 18 - 17）、事业部管理报表（见

表 18－18）、省区（区域）管理报表。

**表 18－17　营销总部管理报表模板**

| 项目 | 营销中心 | | | A 事业部 | | | B 事业部 | | | …… |
|---|---|---|---|---|---|---|---|---|---|---|
| | 202×年预算 | 202×年1－×月实际 | 年度预算进度 | 202×年预算 | 202×年1－×月实际 | 年度预算进度 | 202×年预算 | 202×年1－×月实际 | 年度预算进度 | …… |
| 发出 | | | | | | | | | | |
| 营业收入 | | | | | | | | | | |
| 销售成本（标准成本） | | | | | | | | | | |
| 税金 | | | | | | | | | | |
| 毛利率 | | | | | | | | | | |
| 营销费用率 | | | | | | | | | | |
| 事业部销售利润 | | | | | | | | | | |
| 事业部销售利润率 | | | | | | | | | | |
| 中央市场费用 | | | | | | | | | | |
| 管理费用 | | | | | | | | | | |
| 销售费用－运费 | | | | | | | | | | |
| 营销中心销售利润 | | | | | | | | | | |
| 管理费用率 | | | | | | | | | | |
| 销售费用率 | | | | | | | | | | |
| 市场费率 | | | | | | | | | | |
| 营销中心利润率 | | | | | | | | | | |

**表 18－18　事业部管理报表模板**

| 项目 | C 事业部 | 安徽 | 甘宁青 | 湖南 | 江苏 | 山东 | 陕西 | 浙江 | 新疆 | 上海 |
|---|---|---|---|---|---|---|---|---|---|---|
| 202×年发出指标 | | | | | | | | | | |
| 省区 1－×月发出 | | | | | | | | | | |
| 年度预算进度 | | | | | | | | | | |

续表

| 项目 | C<br>事业部 | 安徽 | 甘宁青 | 湖南 | 江苏 | 山东 | 陕西 | 浙江 | 新疆 | 上海 |
|---|---|---|---|---|---|---|---|---|---|---|
| 省区收入 | | | | | | | | | | |
| 销售毛利 | | | | | | | | | | |
| 事业部费用 | | | | | | | | | | |
| 省区费用合计 | | | | | | | | | | |
| 管理费用 - 省区 | | | | | | | | | | |
| 业务人员工资<br>差旅 | | | | | | | | | | |
| 业务人员考核 | | | | | | | | | | |
| 促销活动费 | | | | | | | | | | |
| 市场活动费 | | | | | | | | | | |
| 省区费用率 | | | | | | | | | | |
| 利润指标 | | | | | | | | | | |
| 省区1 - ×月利润 | | | | | | | | | | |
| 年度利润进度 | | | | | | | | | | |
| 利润率指标 | | | | | | | | | | |
| 省区利润率 | | | | | | | | | | |

### 18.4.1.2　案例分析

仅提供报表可能无法让销售人员明白其负责区域的业绩，财务人员还应通过财务分析报告的形式帮助销售人员分析关键控制指标是否异常，预测实际执行进度，揭示实际情况与预算、上年、往年的差异，通过分析判断各级利润中心的管理者做得如何并找出问题，从财务角度提出建议。

**表 18－19　某省区产品规模分析**

| 某省区产品 | 2022 年指标 | 2022 年 1—4 月<br>实际完成 | 预算完成<br>率（%） | 2021 年 1—4 月<br>实际完成 | 同比（%） |
|---|---|---|---|---|---|
| A 产品（SW） | 1800.00 | 457.92 | 25.44 | 905.44 | －49.43 |
| A 产品（KA） | 1775.00 | 661.37 | 37.26 | 457.90 | 44.44 |
| T 产品（SW＋KA） | 800 | 59.37 | 7.42 | 11.61 | 411.37% |

**续表**

| 某省区产品 | 2022 年指标 | 2022 年 1—4 月实际完成 | 预算完成率（%） | 2021 年 1—4 月实际完成 | 同比（%） |
|---|---|---|---|---|---|
| C 产品（SW + KA） | 184 | 17.16 | 9.33 | 18.53 | -7.41 |
| 其他（SW） | 172 | 97.22 | 56.52 | 101.23 | -3.96 |
| 其他（KA） | 219 | 74.15 | 33.86 | 111.15 | -33.29 |
| 销售总发出 | 4950.00 | 1367.19 | 27.62 | 1605.86 | -14.86 |
| 利润指标 | 906 | 184.97 | 20.42 | 285.07 | -35.11 |

根据表 18－19，我们认为某省区产品存在的问题：重点产品 A 产品（KA）在省区完成预期进度，特别是公司培养的梯队产品已超前完成，但另一规格的 A 产品（SW）同比下降近 50%，直接导致省区利润指标严重下滑。

管理要求：省区需进一步就 A 产品（SW）各区域的完成状况作更深入的分析，发现问题，及时调整。

如表 18－20 所示，省区纯销同比下滑 37.74%，低于销售发出下降幅度 12 个百分点。省区重点区域主要是东部、北部与中部。目前状况是东部、中部下滑较严重，分别下滑 85.33%、45.03%。

亮点：中部战区在整体纯销下滑情况保持了 7.14% 的增长。因为与客户合作时有着明确的合作目标及达成销售目标后的政策支持，分阶段确认销售数据，费用支持兑付及时，故在全省区新冠疫情下依旧保持增长。

**表 18－20　各区域商务渠道纯销指标分析**

| 区域 | 2021 年 1—4 月纯销 | 2022 年 1—4 月纯销 | 同比（%） |
|---|---|---|---|
| 南部战区 | 28.80 | 25.60 | -11.11 |
| 西部战区 | 98.96 | 66.51 | -32.80 |
| 东部战区 | 178.88 | 26.24 | -85.33 |
| 中部战区 | 384.00 | 211.08 | -45.03 |
| 北部战区 | 914.64 | 569.42 | -37.74 |

省区 2022 年商务整体发出指标较 2021 年商务整体发出同比下滑

49.43%，但通过纯销数据发现，省区商务纯销指标同比去年下滑37.74%。其中东部、北部下滑最多，分别下滑85.33%、45.03%。其次为西南部下滑严重，分别下滑32.80%、11.11%。中部战区在整体纯销下滑情况依旧保持了7.14%的增长。

存在的问题：作为主要销售地的北部战区和东部战区纯销下滑严重，导致省区的整体销售发出不足。2022年新冠疫情持续严重，战区责任人无法及时与客户取得联系，备货困难，流向无法正常收取，销售政策支持无法及时落地，同竞品之间的竞争力下降，最终导致纯销大幅下滑。

西南部战区在销售过程中，销售费用支持的投入无差别性，未设门槛、未设标准，又由于2021年销售政策较2022年支持力度大，持续时间长，2022年降低促销力度和减少促销时间后，销量下滑。

管理要求：作为跨度大、销售主阵地的北东部区域需加大对库存的关注，避免出现客观情况导致的断货。加强政策实时落地，必要时可根据历史销售数据作出销售费用预测，做到费用预支有理有据。

费用的投入需要做到有目的性。明确销售目标，关注费用投入后的销售增长情况，避免无效的费用投入。

费用的投入需要做到有针对性。对于待开发市场或待培育市场，要关注投入费用后的数据反馈、市场是否起效快、是否有影响力，以达到加快培育市场的目的。

在为省区提供分析报告时，财务人员应更多关注省区所关注的指标，并为指标的偏差提供有数据分析与趋势预测。

### 18.4.2 应收账款管理

应收账款对企业维持并扩大销售规模具有重要作用，但通过赊销扩大销售又会占用过量资金，影响公司经营性现金流，形成坏账的风险。为保障应收账款的安全、真实、合理，营销部门需要通过建立并完善事前、事中、事后内控制度，全方位守护公司应收账款资产（见图18－9）。

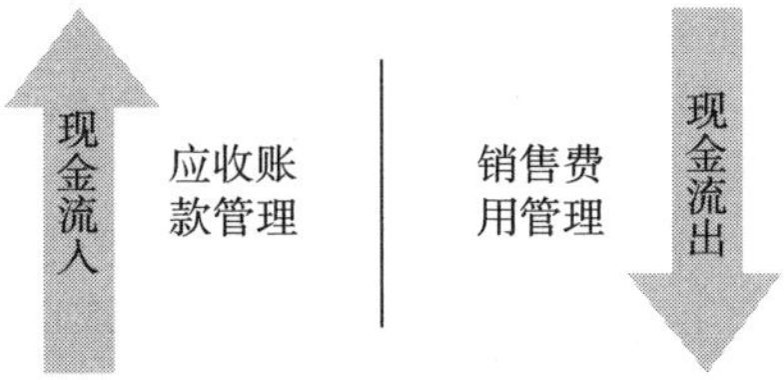


**图 18－9　应收账款管理**

### 18.4.2.1　帮助销售人员树立现金流管理意识

现金流反映了公司的盈利质量，可以看出利润的质量，现金流与利润是两个有必然联系的指标，若一家公司有利润但经营活动产生的现金流为负数，则说明销售没有给公司带来现金流，或说明公司的利润有造假之嫌。销售环节现金流管理的好坏直接影响公司整体经营性现金流指标，质量好坏体现了销售人员对回款与营销费用两项指标的管理能力。

### 18.4.2.2　规范销售合同的签订，建立应收账款对账制度

销售合同条款的设置，关系到应收账款是否受法律保护。在出现不能按时回款的风险时，销售合同是确认应收账款合法有效的证据；公司销售合同尽量使用统一模板，需经公司法务部门审核；业务人员应保证每笔销售均与对方签订销售合同，并存档备案；公司应有专门部门加强对销售合同的管理。建立每年进行 1～2 次的应收账款对账制度，取得对方加盖公章或财务专用章对账函。

### 18.4.2.3　制定信用政策

应收账款的主要决定性因素是公司的信用政策。信用政策包括信用账期与信用额度。应收账款增加，公司需额外增加资金来为应收账款融资，在管理不慎的情况下，可能导致坏账损失的发生，所以信用控制不会影响正常销售，主要是防范风险，提高销售质量，这两项政策的制定直接关系公司应收账款的风险是否可控。信用政策制定流程如图 18－10 所示。

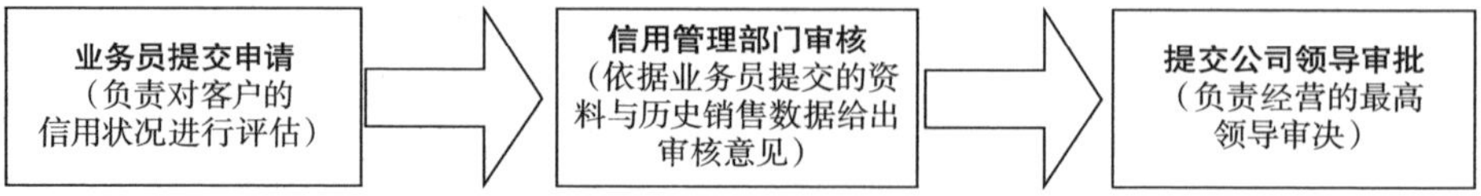


**图 18－10　信用政策制定流程**

（1）信用期限

信用期限指允许客户从发货到回款的时间，是公司可接受的回款期限。在确定信用期时，需要分析改变信用期对收入和成本的影响。

（2）信用额度

核定客户的信用额度往往和商业客户在年度内完成预计销售额和给予的信用期限有关。每年重新评估商业客户的销售能力非常必要，依据重新评估的销售能力来更新次年的信用额度。

信用额度＝商业客户的年预计销售额/360 天×信用期限

### 18.4.2.4　加强对应收账款的监控

（1）监控的重要性

某一时点尚未收回的应收账款总额取决于信用销售额及从销售到回款的平均时长。如果终端销售正常，商业客户回款不正常，说明客户运营可能存在问题。在这种情况下，公司可能因收不回来货款而影响销售，给公司带来直接利益损失。反之，如果终端市场出现问题，公司发出再多的货也只会造成商品在商业渠道的积压，导致商品不是过了有效期就是被退回，均无法最终实现销售与资金回笼，所以应收账款监控非常重要。

（2）监控的方法

监管应收账款的常用方法主要有应收账款周转天数分析、应收账款账龄分析。

①应收账款周转天数。

应收账款周转天数是管理和改善企业现金流的关键指标，评估应收账款转换为现金的能力，是评估能否按时收款的主要指标。建立一个应收账款周转天数的信用期控制目标（信用期），通过对比不断改进、缩短与控制周转天数，结合销售业务的实际情况，保持与客户良好关系的同时，不断分析、跟踪、监控和改进应收账款周转天数。

改进应收账款周转天数的方法：与客户协商更好的付款条件，列入年度协议中。及时对账，保证与客户的账目相符，加强开票流程管理，及时准确地开具发票；建立回款催收流程，对超出公司可接受范围的周转天数的应收账款采取必要的措施，如停止发货、法律手段催收、加重对业务员的超期处罚力度，加强业务人员对应收款的管理责任。

②应收账款账龄分析。

应收账款账龄分析能反映不同账龄的应收账款金额和比例，全面地显示应收账款账龄的分布情况，用以判断企业应收账款的总体质量以及不同客户的信用状况。应收账款时间越长，发生坏账的可能性越大，所有 1 年以上的应收账款都会给公司经营造成负面影响，应引起股东的高度警惕。

### 18.4.2.5　案例分析

（1）全国性连锁在各省的应收账款分析

**表 18－21　各省的应收账款政策**

| 省（区） | 回款方式 | 6 月 30 日库存 | 6 月 30 日应收 | 6 月 30 日周转天数 | 实现销售额 |
|---|---|---|---|---|---|
| 广东 | 铺底 240 万元 + 货到票到 45 个工作日，承兑回款 | 266 | 602 | 141 | 月均销售发出 110 万元，月均纯销 82 万元 |
| 广西 | 铺底 110 万元 + 货到票到 45 个工作日，承兑回款 | 126 | 427 | 120 | 月均销售发出 89 万元，月均纯销 85 万元 |
| 江西 | 铺底 5.5 万元 + 货到票到 45 个工作日，承兑回款 | 11 | 16 | 110 | 月均销售发出 3.5 万元，月均纯销 3 万元 |
| 河南 | 铺底 20 万元 + 货到 60 天，电汇 | 86 | 67 | 60 | 月均销售发出 32.7 万元，月均纯销 30 万元 |

存在的问题：广东、广西、江西应收均大于库存，存在已销售不能收回货款的问题；各省月均纯销与销售发出金额基本一致，授信政策货到票到45个工作日合理，但广东、广西、江西实际回款周转天数达3个月，已销售货款被压2个月；要求电汇回款，广东、广西、江西承兑回款又占用资金3～6个月；广东、广西、江西铺底货款年底不能清零，长期占用铺底资金（见表18－21）。

管理要求：授信调整：结合上半年销售发出与实际周转天数，调整授信额度，减少非经营性资金占用；超期处罚：严格按年息5%执行超期处罚制度，非客观因素不得申请减免，加强业务人员责任意识。

（2）授信额度分析

**表18－22　各省区大客户授信额度的数据汇总**

| 省（区） | 年度H1销售额 | 实际周转天数（天） | 实际占用授信额度（元） | 申请授信额度（元） | 差异（元） |
|---|---|---|---|---|---|
| 吉林 | 204 | 40～96 | 73 | 160 | －87 |
| 北京 | 6811 | 39～154 | 1824 | 2600 | －776 |
| 黑龙江 | 384 | 73～91 | 185 | 280 | －95 |
| 辽宁 | 132 | 116 | 86 | 200 | －114 |
| 湖南 | 2135 | 49～85 | 870 | 1250 | －380 |
| 广东 | 1861 | 49～102 | 515 | 850 | －335 |
| 海南 | 368 | 72 | 147 | 250 | －103 |
| 江苏 | 632 | 59 | 208 | 300 | －92 |
| 浙江 | 1206 | 56～108 | 495 | 670 | －175 |
| 重庆 | 551 | 60 | 183 | 350 | －167 |
| 上海 | 484 | 70 | 188 | 470 | －282 |
| 河南 | 2787 | 57～153 | 1063 | 1800 | －737 |
| 合计 | 17555 | — | 5837 | 9180 | －3343 |

存在的问题：依据上半年实际回款周期与销售额计算，需要的授信额度为5837万元（见表18－22），与上半年向公司申请并审批的授信额度偏差较大。

管理要求：授信额度是公司可给予的最大赊销额，额度过高会占用公司资金或形成商业库存积压，事业部需依据下半年预计规模，合理调整各客户授信额度，以免造成公司资金占用和坏账风险。

（3）账龄分析

**表 18 – 23　A 公司账龄分析**　　单位：万元

| 模式 | 期初应收 | 8 月 | 0 ~ 90 天 | 91 ~ 180 天 | 181 ~ 360 天 | 361 ~ 720 天 | 上年同期 | 同比增长（%） |
|---|---|---|---|---|---|---|---|---|
| 商务渠道 | 1958 | 126 | 28 | 103 | – 11 | – 5 | 225 | – 44 |
| 包干制 | 48 | 709 | 533 | 113 | 46 | 17 | 728 | – 3 |
| 预算制 | – 3 | 3475 | 2316 | 1041 | 29 | 88 | 2713 | 28 |
| 代理制 | 389 | 21 | 7 | 14 | 0 | 0 | 11 | 92 |
| 合计 | 2392 | 4331 | 2884 | 1271 | 75 | 101 | 3677 | 18 |

存在的问题：90 天以上应收账款余额为 1447 万元，占比为 33%，特别是 90 ~ 180 天应收账款余额为 1271 万元，占比为 29%。361 ~ 720 天应账款余额 101 万元，其中预算制 88 万元，包干制 17 万元，有坏账风险（见表 18 – 23）。

管理要求：应收账款 90 天以上的客户停止发货并催款。应收账款长达半年以上的客户，业务员需结合客户实际情况，确定是否走法律诉讼程序。应收账款超 90 天以上的客户，按月息 0. 5% 扣罚业务责任人资金占用费，直至货款收回。业务人员需明确上述要求的具体完成时间，并上报营销总部信用管理部门跟踪。

### 18. 4. 3　促销品管理与监督

促销品是现代终端促销活动常用的策略。在销售过程中，促销品的使用是否足量到达终端，直接关系到产品市场价格的稳定、市场占用率的提升与费用的投入成本。省区需对促销品建立相关管控制度。

#### 18. 4. 3. 1　通过信息化建立促销品进销存台账

可利用公司的报销系统或 OA 系统设置省区的促销品申领、核销流程，月末生成 BI 报表，及时统计促销品耗用情况；省区财务依据纯销流向数据核查促销品领用是否与系统中申请的核销数据一致，定期与商业客户的实际库存数据进行核对，确保终端消耗量的真实性与费用的真实性。促销品的管理流程如图 18－11 所示。

**图 18－11　促销品的管理流程**

#### 18.4.3.2　给促销品测算合理价格并计入省区费用

对于有一定市场价值的促销品，财务 BP 需要制定一个合理价格，作为计入省区费用的标准，以考核省区利润。如果价格制定得偏低，业务人员会利用促销品抵减其他促销活动费来套取公司费用。

价格制定的原则：实际成本＋市场参考售价×产品销售利润率。

#### 18.4.3.3　促销品的账务处理

随产品销售配送的促销品，财务不可因账务处理不当而给企业带来不必要的税收风险与资金损失。所得税：随产品销售的促销品不属于无偿捐赠，应按各项商品公允价值的比例分摊确认商品和促销品的销售收入，即不要将促销品视同销售而调增收入并缴纳所得税。增值税：销售额和促销品折扣额在同一张发票上的“金额”栏分别注明，可按折扣后的销售额征收增值税。个人所得税：促销品随客户购买商品的同时配送，不征收个人所得税。

### 18.4.4　借款费用管理

#### 18.4.4.1　借款费用范围

营销涉及的借款费用一般为销售推广费用。销售人员借支的额度可结合促销活动方案来预测，审批借出的费用原则上是要在预测范围内，即借款费用实际上是按营销策略将要产生或已产生的费用。借款还要考虑离职时可能无法归还的风险。故借款需设定相应的标准，包括频率、金额大小、使用范围、归还时间等。

#### 18.4.4.2　建立借支审批流程

因为借款是实际已产生的费用，所以需要建立审批流程来加强对借款额度与归还期限的管理。借款审批权限主要是明确借支的范围、审批的额度、权限、审批责任的界定，以强调各级管理人员的责任。省区总监是业务人员借支申请第一责任人，对申请借支业务的真实性、额度大小负直接责任，在出现借款无法按期偿还风险时需承担连带责任，具体内容如表 18－24、图 18－12 所示。

**表 18－24　借支管理方案**

| 项目 | 具体内容 |
| --- | --- |
| 借支范围 | 1. 已备案的营销活动方案；<br>2. 依方案已开展或已审核的活动费用 |
| 借支额度 | 1. 备案方案的预计发生额 ×80%；<br>2. 审核的费用范围内 |
| 借支期限 | <60 天，无理由未按时核销不能再次申请借款 |
| 业务真实性 | 省区总监对申请借支业务的真实性负责 |

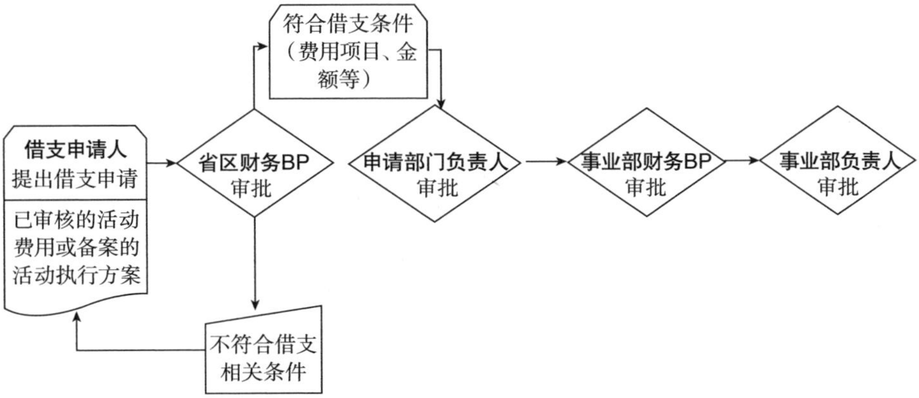


**图 18－12　借支审批流程**

**总结**

本章从以下四个方面介绍了医药营销财务管理的整体思路及具体措施：

营销财务BP岗位设置：财务要将自己发展成为销售业务的合作伙伴，加强对业务的了解、参与业务活动各环节，才能平衡好财务与业务之间的关系，与业务共发展，相互支持、改善、挖掘市场潜力，提升盈利空间。

营销环节价值链分析：结合不同业务模式下价值链成本动因及构成，分析企业应如何通过降低各环节营销成本，如何借助品牌、产品力、促销手段等方式吸引合作方并共同获益。

关键财务指标管理：通过梳理关键财务指标、划分责任中心、设定标准成本，确定营销财务管理的基本方案。通过年度预算编制、月度费用控制与费用投入产出效率分析，事前、事中、事后全过程管理营销费用，让业务人员知道营销费用花在哪儿、是否值、如何优化。

财务监控工具：为保障资金的安全、真实、合理，分享了经营成果反馈、应收账款管理、促销品管理与监督、借款费用管理的方法，帮助营销人员降低财务风险。

第19章

# 医药销售人员基础工具包

销售人员是指直接进行销售的人员，包括总经理、业务经理、市场经理、区域经理、业务代表等。按照销售人员在商品流通链中所处的位置，可以将销售人员分为厂家销售人员和商家销售人员。厂家销售人员不直接面对消费者，而是面对商家和经销商，其主要工作内容是客户管理（开发新客户和维护老客户）、规范价格、维护市场。商家销售人员则直接面对顾客，进行店面管理和现场管理。

从事医药营销的销售人员是技术型与客户关系型的销售人员，主要负责向客户提供技术方面的服务，提高客户的忠诚度。同时，在客户中间建立起良好的声誉，使客户满意。本章主要介绍医药销售人员基础工具包，便于开展业务。

## 19.1 省总的管理表格

作为新任省区销售总经理，张总希望省区的管理工作既能突出重点，又有精细化管理方法，经过与销售总监的沟通，张总对省区的重点管理工作进行了表格化梳理，使得省区的管理工作清晰明了，工作得以有条不紊地开展。

### 19.1.1 OGSM－T 表格

OGSM－T 的特点是简洁高效，有策略，有衡量指标，有行动方案，是很好的计划管理工具，避免了制订工作计划只谈目的、不谈方法的做法。OGSM－T 具体内容如表 19－1 所示。

**表 19－1　OGSM－T 目标项目管理**

| 目的（Objective） | 目标（Goals） | 策略（Strategies） | 衡量（Measures） | 行动方案（Tactics） |
|---|---|---|---|---|
| 也称为长期目标。可以是1年，也可以是3年，依据企业战略制定，并规划合理的时间周期 | 亦称短期目标，将长期目标分解为一个个具有时间周期的短期目标，完成所有的短期目标，长期目标自然达成 | 短期目标分解后，就要制定对应的策略，使计划更加聚焦、条理清晰 | 衡量计划是否完成的指标，抽取长期或短期目标中最值得关注的、可量化的部分 | 具体行动方案，安排到具体谁负责什么事，开展哪些重要活动等，列出对计划有最关键作用的人和事 |
| 长期目标 | 分解目标1 | 实施策略 | 时间进度、达成要求 | 执行计划、责任人 |
| | 分解目标2 | …… | …… | …… |
| | …… | …… | …… | …… |

## 19.1.2　工作计划与重点达成

**表 19－2　月度工作计划**

| 序号 | 关键工作安排（本月完成的重点工作简述） | 检视点（含时间节点，明确到某天应有的工作成果） | 责任人（填表人） | 协同人（本部门具体落实人员） | 督导人（一般为其分管领导） | 考核权重（视紧急/重要程度而定，填写各项工作考核权重） | 备注 |
|---|---|---|---|---|---|---|---|
| 1 | | | | | | | |
| 2 | | | | | | | |
| 3 | | | | | | | |

**表 19－3　月度工作完成情况**

| 序号 | 关键工作安排（本月完成的重点工作简述） | 检视点（含时间节点，明确到某天完成的工作成果） | 责任人协同人（本部门具体落实人员） | 考核权重（视紧急/重要程度而定，填写各项工作考核权重） | 实际完成（工作实际进度、达成目标等内容） | 自评（填写“完成/未完成/申请延期××天”） | 分管领导（评分） |
|---|---|---|---|---|---|---|---|
| 1 | | | | | | | |
| 2 | | | | | | | |
| 3 | | | | | | | |

### 19.1.3　销售回款

**表 19-4　销售回款计划**

| 日期 | 客户单位 | 单据编号 | 产品名称 | 规格 | 数量 | 金额 | 业务员 | 当期应收 | 当期回款 | 逾期应收 | 逾期回款 | 应收合计 | 回款总计 | 回款率 |
|---|---|---|---|---|---|---|---|---|---|---|---|---|---|---|
| | | | | | | | | | | | | | | |
| | | | | | | | | | | | | | | |
| | | | | | | | | | | | | | | |
| | | | | | | | | | | | | | | |
| | | | | | | | | | | | | | | |

### 19.1.4　库存管理

**表 19-5　省区库存周报**

填报时间：　　　　　　　　　　　　　　　　　　　　　　　　单位：盒

| 分类 | 客户名称 | 产品（不含赠品） | | | | 产品 | | | | | | 产品、规格 | |
|---|---|---|---|---|---|---|---|---|---|---|---|---|---|
| | | 规格 | | 规格 | | 规格 | | 规格 | | 规格 | | | |
| | | 在途 | 库存 | 在途 | 库存 | 在途 | 库存 | 在途 | 库存 | 在途 | 库存 | 在途 | 库存 |
| 一级商业 | | | | | | | | | | | | | |
| | | | | | | | | | | | | | |
| 小计 | | | | | | | | | | | | | |
| 二级商业 | | | | | | | | | | | | | |
| | | | | | | | | | | | | | |
| 小计 | | | | | | | | | | | | | |
| 合计 | | | | | | | | | | | | | |

注：未完可续表。

## 19.2　销售着装礼仪和商务礼仪规范

礼仪是个人内在文化素养及精神面貌的外在表现。销售人员只有树立了有内涵、有修养的形象，顾客才会欣然接受你，给你销售与服务的机会。作为销售人员，一言一行都要对公司的社会形象负责。销售人员的良好形象是建立顾客信心的重要基础。销售着装礼仪和商务礼仪具体内容如表 19－6、表 19－7 所示。

**表 19－6　销售着装礼仪**

| 礼仪事项 | 男士 | 女士 |
|---|---|---|
| 服装 | 干净整齐，搭配得当，扣子扣整齐，口袋不要放过多物品；着深色袜子，皮鞋与服装颜色协调 | 上衣袖过肩，下裙及膝，丝袜浅色，口袋不要放过多物品；着肤色或黑色丝袜，皮鞋与服装颜色相配 |
| 饰品 | 衬衫领口干净，领带花色及图案与衬衫搭配得体 | 佩戴小而美的耳环，不要戴夸张或和前卫的饰品 |
| 仪容仪表 | 短发，保持干净整洁；注意脸部清洁，保持口气清新；胡须、鼻毛、指甲修剪整齐，保持干净 | 短发或束发，不要染奇异的颜色或梳奇怪的发型；化淡妆，不要化浓妆、前卫妆；指甲短且干净，可涂透明色甲油 |

**表 19－7　销售商务礼仪**

| 商务礼仪 | | 注意事项 |
|---|---|---|
| 握手礼仪 | 握手时机 | 进入或离开办公室时；与人道别时；遇见熟人时；被相互介绍时 |
| | 握手标准 | 握手的同时看着对方的眼睛；握手力度适中、有力，但不要握痛 |
| | 握手时间 | 约 3～5 秒，握手时可晃动两三下 |
| | 握手姿势 | 双方相距约一步，上身稍前倾，伸出右手，四指齐并，拇指张开，两人手掌与地面垂直相握，上下轻摇；<br>握手时注视对方，微笑致意或简短用言语致意、寒暄；<br>为了表示更亲切、更尊重，在双方右手相握后，也可将左手再搭在对方伸过来的右手上 |
| | 握手顺序 | 一般是先上后下、先长后幼、先女后男，但也需灵活掌握 |
| | 握手禁忌 | 忌用左手；握手时忌坐着；握手时忌戴着手套；握手时忌手脏；忌交叉握手；与异性握手时忌用双手握；握手时忌三心二意 |
| 交换名片 | | 交换名片时要双手捧接，点头致谢，然后再看看名片内容，适当地赞美，并选择合适的地方存放；不要在名片上写字或把玩名片 |
| | | 取出名片后，先确认是否是自己的名片，再双手递交，文字正向对方 |
| | | 离开后及时保存对方联系方式。如果是加微信，要在离开之后再次发送信息告诉对方你的名字、就职公司，如“张总，您好，我是今天刚刚加了您微信的×××，这是我的微信，请您惠存备注，感谢！” |

**续表**

| 商务礼仪 | | 注意事项 |
|---|---|---|
| 交谈礼仪 | 姿态 | 站姿、坐姿优雅，手势动作要恰当 |
| | 表情 | 目光专注、注意聆听、面带微笑 |
| | 距离 | 根据环境与对象选择交谈的最佳距离 |
| | 语言 | 语言文明、常用敬语、语速适度、语气谦和、内容简明、少用方言 |
| | 赞美 | 态度中肯，因人而异，自然而不露痕迹 |
| | 内容 | 多倾听、多肯定、多互动反馈，不打断别人说话 |
| | 结果 | 做好记录跟进落实，礼貌地致谢并让对方感觉受到重视和尊重 |

## 19.3　PPT 制作技巧

PPT 是以文字、图形、色彩及动画的方式，将需要表达的内容直观、形象地展示给观众，让观众对你要表达的内容留下深刻印象。做 PPT 一直是职场中的一项极其重要的技能，无论是竞选、演讲、项目报告、策划、计划、业务介绍还是梳理工作流程，大多都会用到 PPT。一份制作精良的 PPT 不仅能给人留下深刻印象，还能更容易打动你的听众。总之，PPT 在一个人的整个职业生涯中的使用场景非常多，所以我们很有必要学好 PPT。营销 PPT 制作方法如表 19－8 所示。

**表 19－8　营销 PPT 制作方法**

| 步骤 | 表达方式 |
|---|---|
| 了解信息、思考表达 | 1. 制作 PPT 之前，要先思考并写出提纲，确定要表达的主题，围绕主题收集相关信息，同时将问题细化分解 |
| | 2. 打开 PPT 页面，将提纲按一个标题一页写出来，先完成 PPT 整篇结构，再将标题所要传达的内容写出来 |
| 逻辑框架、文字编辑 | 1. 给 PPT 规划出清晰、严谨的逻辑结构图，包括观点、证据和简短的结论，每张 PPT 传达 5～7 个概念，排版不要超过 9 行字 |
| | 2. 按“图—表—字”的顺序表现，原则是能用图就不用表，能用表就不用字。能做成图的内容，如数字、流程、因果关系、趋势、时间、顺序等，尽量用图表现，无法作图时，再考虑用表格，最后才考虑使用文字 |

续表

| 步骤 | 表达方式 |
| --- | --- |
| 逻辑框架、文字编辑 | 3. 根据 PPT 内容，选用合适的母版，并调整标题、字体、颜色、位置搭配 |
| | 4. 标题字数要少，不要用标点符号 |
| | 5. 文字尽量简化，不要全屏铺满文字 |
| | 6. 使用 1 种字体，最多不超过 3 种 |
| 风格呈现、逐页美化 | 1. 根据母版的色调，美化图片，调整颜色、阴影、立体、线条，优化表格、突出文字等 |
| | 2. 整个 PPT 的颜色不要超过 3 个色系，并减少不必要的声音和视觉效果 |
| | 3. 美化页面，放装饰图的原则是：符合当页主题，大小、颜色不要喧宾夺主 |
| | 4. 整篇 PPT 完成后，要在放映的状态下通读一遍，对不合适的地方进行调整，同时要修改错别字 |

## 19.4 市场活动策划与执行

### 19.4.1 连锁总部和店员的培训活动

连锁总部和店员的培训，对于营销人员尽快熟悉所销售的产品卖点和产品的差异化诉求，及时准确地对经销商宣贯公司产品的销售政策，熟悉和掌握客户的拜访流程和技巧，制定团队销售目标并激励团队，实施门店检查、商品陈列和门店促销活动的组织实施，促进销售目标的达成，有着非常重要的作用。培训的内容是销售人员必须熟练掌握的基本技能。相关培训准备工作及执行表如表 19－9 和表 19－10 所示。

**表 19－9 连锁总部的培训准备工作**

| 事项 | 工作内容 |
| --- | --- |
| 培训沟通 | 遵循“时间、地点、人物、事件、结果”五要素，与连锁总部对接，提前确定培训时间、培训地点、培训内容、培训人数、主要议题、会议流程以及出席的领导名单 |
| 会场及设备 | 根据参加培训的人数和出席的领导嘉宾，安排好培训会场并实地查看，对桌牌摆放、电脑、灯光、空调、音响、投影设备检查确认，并对会议 PPT 和视频进行调试，确保正常播放 |

续表

| 事项 | 工作内容 |
|---|---|
| 培训邀约 | 提前 3 天发出培训邀约，确认连锁总部出席培训的人员及领导，便于安排相关级别领导出席培训会；<br>培训前 1 天，对出席培训的相关领导再次进行邀约和确认 |
| 会场布置 | 提前 1 天对会场进行布置，包括条幅、海报、易拉宝、折页、展示盒、体验装、礼品、饮用水及茶歇安排妥当；<br>清点会议资料及数量，检查会场周围环境是否安全、安静 |
| 培训用餐 | 培训需用餐时，需提前预估人数，并安排好用餐地点、桌数和酒水 |
| 培训内容 | 提前准备好培训课件、企业和产品视频，至少包括企业背景介绍、主要产品介绍、产品卖点、差异化诉求、销售政策、品牌宣传、市场活动、售后服务等内容 |
| 培训主持 | 会议主持、串联，现场氛围调节、互动环节设计 |
| 迎宾签到 | 保证培训人员有效签到和对重要嘉宾的迎接 |

**表 19－10　连锁总部的培训执行表**

| 事项 | 执行要求 |
|---|---|
| 会前会议 | 对参会人员名单及分工再次进行确认，强调培训、沟通的重点注意事项，对培训各环节即迎宾、签到、主持人、培训师及培训内容再次检查落实，相关领导对培训会议做进一步的明确指示和要求 |
| 会场检查 | 提前 1 小时到达会场，检查会场氛围布置情况，并对电脑、音响、投影、灯光设备再次检查调试，确认无误；桌牌和座位顺序摆放准确 |
| 迎宾签到 | 安排专人负责培训人员的签到，连锁相关领导到来时，需有专人迎接，并合影拍照 |
| 会议开始 | 主持人宣布会议开始，介绍出席培训的连锁领导和双方嘉宾 |
| 领导致辞 | 主持人邀请出席培训的双方领导致辞 |
| 培训开始 | 培训启动，主持人、培训师及相关领导对企业、产品进行介绍，宣贯产品卖点及销售政策，双方进行互动、讨论 |
| 摄影、摄像 | 按培训流程，记录培训过程、亮点和活动交流场景 |
| 维护跟进 | 做好会议记录，对培训和互动达成的意向，培训后安排专人及时跟进落实 |

注：实践中，每个事项都需明确时间节点。

## 19.4.2 终端市场活动

### 19.4.2.1 门店检查

表 19 –11 门店检查一览表

| 事项 | 检查内容 | 检查重点 |
| --- | --- | --- |
| 门店环境 | 店外大环境 | 所处地理位置、商圈、人流量等 |
| | 店内小环境 | 门店面积、规模、销售额，畅销单品、公司产品占比，竞品销量、店员数量等 |
| 公司产品 | 陈列 | 产品是否符合公司的陈列要求，陈列面是否有提高的机会 |
| | 价格 | 价格标签是否相符，是否过高或过低 |
| | 库存 | 货架库存是否充足，产品销售是否遵循“先进先出”的原则 |
| | 助销 | 对店员进行贴柜培训，讲解产品差异化卖点及促销奖励政策 |
| 竞品信息 | 销量 | 哪些竞品单品销量好，同比、环比销量情况 |
| | 活动 | 竞品近期有哪些促销活动 |
| | 客情 | 竞品客情维护，与门店人员关系如何 |
| | 陈列 | 竞品的陈列与包装，销售氛围营造得怎样 |
| | 政策 | 竞品的门店促销及奖励政策如何？我们是否需要作出调整 |

### 19.4.2.2 货架陈列

货架陈列需要生动化，将公司产品按照“先进先出”的原则，陈列在最好的位置上，整洁美观，并配上活泼醒目的广宣品，能够更加吸引消费者，并刺激其购买。货架陈列生动化的目的就是要让产品实现“自我销售”，让产品陈列好看，容易看到，容易挑选，容易拿到，吸引消费者注意，促进其购买，实现销售。货架陈列八原则如表 19 –12所示。

**表 19－12　货架陈列八原则**

| 陈列原则 | 陈列要求 | 注意事项 |
| --- | --- | --- |
| 最佳位置原则 | 主通道区花车端头 | 陈列高度依照“黄金视线层”法则。根据中国人的身高，陈列高度以 80～160 厘米为最佳，应与消费者的视线平齐、双手容易取到，让消费者看得到、拿得到、买得到 |
| | 货架端头 | |
| | 出入口区 | |
| | 收银台区 | |
| | 摆在竞品前面，让消费者第一时间看到产品 | |
| | 其他光线充足、视野开阔区域 | |
| 集中陈列原则 | 把公司同一种产品集中陈列在一个地方 | 集中陈列可避免多个品牌产品混杂在一起，导致陈列杂乱，公司产品陈列面如无法突出，就没有陈列的气势 |
| 陈列最大化原则 | 产品陈列，填满货架，增加饱满度和可见度 | 增加陈列面对销售增长能产生约 30% 的影响 |
| | 增加品种，扩大陈列面 | |
| | 动手挤占竞品陈列面 | |
| | 利用促销活动扩大陈列面 | |
| | 结合垫高道具进行前后叠放 | |
| 绩效陈列原则 | 尽可能地将重点产品、新品优先占据更多的陈列位置 | 根据二八法则，80% 的销量来自 20% 的重点产品 |
| 饱满陈列原则 | 保证产品陈列集中、饱满，不空位 | 避免陈列单一，参差不齐，浪费空间资源 |
| | 前后排利用垫高白盒，层次分明，填补空白空间 | |
| | 通过类别排序，颜色搭配，造成视觉冲击 | |
| | 单组货架陈列饱满，层次分明，当库存不足时，可用空盒陈列 | |

续表

| 陈列原则 | 陈列要求 | 注意事项 |
|---|---|---|
| 整洁陈列原则 | 及时整理、清洁货架，随时保持货架干净整齐 | 商品陈列最基本、日常性的工作 |
| | 陈列的商品要清洁干净，没有破损、污物、灰尘 | |
| | 陈列指引标示牌、价签要求清晰、整洁、无破损 | |
| | 过期药品不能出现在货架上 | |
| 先进先出原则 | 生产日期在先的商品，要陈列在货架的前面 | 防止商品过期损耗 |
| | 有效期剩余期限越久的，要往货架后面摆放；反之，要往货架前面摆放 | |
| | 货架最前面的商品被买走，要及时将后面的商品往前补，空后不空前 | |
| 物料运用原则 | 合理使用宣传物料，能起到画龙点睛的作用<br>常用物料：POP 海报、爆炸贴、气球、垫高白盒、展架、各类 KT 板、产品展示盒、吊旗等 | 使用物料时要注意以下几点：<br>1. 不要滥用物料，也不要夸大宣传；<br>2. 过期促销物料必须及时更换或撤掉；<br>3. 物料摆放不要扰乱顾客的视线 |
| | 宣传物料要放置在距离产品较近的、显眼的位置上，宣传内容要与产品销售政策一致 | |

### 19. 4. 2. 3　贴柜培训

贴柜培训准备工作包括：产品知识、卖点、转换话术、相关疾病知识、促销政策；礼品奖品：小礼品人人都有，奖品给积极回答问题的人；物料准备：时间允许，可以准备易拉宝、折页、产品展示盒等物料。贴柜培训实施步骤如表 19 - 13 所示。

表 19－13　贴柜培训实施步骤

| 内容 | 执行要求 |
| --- | --- |
| 培训时间 | 利用店员空闲的时间进行，不要打扰店员的正常工作；<br>如在店员交接班时培训，事先要和店长约好时间，并准时开始 |
| 开场白 | 自我介绍和公司介绍要简单带过，不要浪费太多的时间 |
| 培训内容 | 1. 一次培训不要超过 3 种产品，时间不要超过半小时；<br>2. 多讲产品优势，少讲产品组方，不要恶意打击竞品；<br>3. 多讲卖药方法，少讲产品特色；<br>4. 多讲联合用药，少讲用药拦截，注意不要叠加用药或者胡乱联合；<br>5. 话术要通俗易懂，讲店员听得懂的话，讲消费者听得懂的话 |
| 培训重点 | 重点讲清楚以下几个问题：<br>1. 什么样的症状和疾病可以用你的药；<br>2. 买什么药的人可以和你的药联合用药；<br>3. 消费者不买怎么办；<br>4. 消费者嫌贵怎么讲；<br>5. 消费者没用过怎么讲；<br>6. 消费者担心效果不好怎么讲 |
| 有奖问答 | 1. 培训最后，可以提几个问题互动一下，店员回答正确，可给予小奖品激励。有奖问答关键的问题一定要提到：我的产品陈列在哪里；<br>2. 提供佐证，讲联合用药、疗程用药、产品效果时，可以提供店员晒单小票或微信截屏，让店员感同身受 |
| 训后跟踪 | 培训后一定要有促销来配合提升产品销量，使培训效果最大化；<br>1. 陈列跟踪：培训中讲到了联合用药，陈列就要用爆炸贴把联合用药的信息呈现出来；<br>2. 陌生购买：检查培训效果，可以找人去买药，看店员是否推荐你的产品，如果不怎么推荐，就说明效果不好，要找出原因并改进；<br>3. 鼓励店员晒单，并给予奖励 |

### 19.4.2.4　患教会

表 19－14　患教会活动准备工作

| 事项 | 工作内容 |
| --- | --- |
| 连锁谈判 | 提前 15 天，与连锁洽谈确定患教活动门店、时间、地点等 |
| 门店选择 | 靠近社区、熟知度高，有独立会议室和讲座经验者优先 |
| 活动预热 | 提前 1 周，在活动门店及周边悬挂、散发 POP、海报、条幅、邀请函等 |

续表

| 事项 | 工作内容 |
| --- | --- |
| 客户邀约 | 由连锁出面，提前1周开始邀约客户，邀约对象：<br>1. 购买过同类产品的用药人群；<br>2. 购买过联合用药品种的用药人群；<br>3. 领取过产品体验试用装的人群 |
| 物料准备 | 现场检测仪器、互动小礼品、产品体验装、产品折页等 |

**表 19－15　患教会活动人员分工**

| 事项 | 工作内容 |
| --- | --- |
| 总协调 | 全场总控，嘉宾接待、员工工作整体安排 |
| 讲师 | 培训课件、视频、互动答题准备 |
| 电脑、音响、投影 | 调试音乐、视频和PPT，确保正常播放 |
| 物料、会场协调 | 物料到位时间、会场开门时间，如需用餐，确定人数和时间 |
| 主持 | 协调、沟通主持人，现场氛围调节，互动环节设计 |
| 签到 | 保证到场培训人员有效签到 |
| 摄影、摄像 | 按流程记录培训过程和培训亮点 |
| 会员接待 | 热情接待，让其有宾至如归的感觉 |
| 会场秩序 | 培训现场纪律维护，并按活动执行标准予以记录 |
| 检测人员 | 按照检测项目，接待会员做相关检测 |
| 促销人员 | 按照产品促销话术接待和沟通会员 |
| 会场氛围 | 条幅、海报、易拉宝、礼品摆放 |

**表 19－16　患教会活动执行流程**

| 时间 | 内容 | 执行要求 |
| --- | --- | --- |
| 7：15—7：30 | 动员会议 | 7：15召开会前动员会，强调分工配合，迎宾、签到、音响、拍照、主持人、专家/讲师全部到位 |
| 7：30—8：00 | 现场布置 | 1. 条幅、易拉宝、展示盒、体验装摆放；<br>2. 视频、PPT、投影、现场音乐、暖场音乐调试 |
| 8：00—8：30 | 迎宾签到 | 1. 企业宣传片/产品视频播放；<br>2. 所有门店工作人员到位，开始迎接会员并签到 |
| 8：30 | 报幕 | 会议开始，员工要坐在自己的顾客中间，或者整齐地站在指定地点<br>报幕：有请×××健康讲堂主持人闪亮登场（可选）<br>报幕和领导致辞可安排一人 |

**续表**

| 时间 | 内容 | 执行要求 |
| --- | --- | --- |
| 8：30—8：40 | 领导致辞 | 1. 连锁老总/厂商领导致辞；<br>2. 工作人员手机调成静音模式，讲座期间不要来回走动 |
| 8：40—9：30 | 授课 | 健康专题讲座，现场穿插互动 |
| 9：30—9：40 | 互动抽奖、老顾客产品体验分享 | 1. 主持人与会员现场互动，针对授课内容提出 2 ~ 3 个有奖问答题，活跃现场氛围；<br>2. 引导老顾客和忠实会员进行产品分享，服用时间、如服用效果等 |
| 9：40—10：00 | 促销、会员离场 | 工作人员引导会员有序离场，到门店购买、凭券（凭证）领取随手礼 |

### 19.4.2.5　涂鸦大赛

**表 19－17　涂鸦大赛活动准备工作**

| 事项 | 内容 | 执行要求 |
| --- | --- | --- |
| 活动策划 | 连锁沟通 | 提前和连锁沟通，确定开展活动门店及活动时间 |
| | 门店沟通 | 确定门店后，对接门店店长（地址、电话），落实活动开展细节。<br>活动当天销售产品不少于××盒，或当月销售产品不少于×××盒 |
| | 活动对象 | 5 ~ 12 岁小朋友，活动当天到场小朋友不少于××人 |
| | 参赛要求 | 凡在××药业消费满×××元或者一次性购买×盒××产品，填写参赛表格，可免费报名参加此次涂鸦大赛 |
| 物料准备 | 企业提供 | 石膏娃娃、颜料、画笔；活动条幅；选手号码牌；奖品；互动小礼品；产品视频、体验装及相关宣传物料 |
| | 连锁提供 | 活动场地、活动桌椅、分界隔离带、水桶、清洗水、垃圾箱；<br>现场音响、遮阳棚、展架宣传、二维码 KT 板、投票箱 |
| 人员安排 | 人员分工 | 企业×人：负责人×××，工作人员×××<br>连锁×人：负责人×××，主持人×××，现场工作人员××× |
| 活动内容 | 活动规则 | 10 个小朋友为一组，每人由一名家长陪同，按报名人数分小组：<br>1. 比赛隔离场内只允许工作人员、参赛小朋友及陪同家长入内；<br>2. 所有参赛选手在规定时间内完成作品；<br>3. 所有参赛选手均可将自己的作品带回家；<br>4. 所有小朋友的参赛作品可以通过发起投票的方式，评选出优秀作品进行排名奖励 |

续表

| 事项 | 内容 | 执行要求 |
| --- | --- | --- |
| 优秀奖励 | 评选方式 | 1. 在规定时间内完成作品；<br>2. 作品上色美观、均匀程度；<br>3. 微信投票排名结果 |

**表 19－18　涂鸦大赛活动执行流程**

| 事项 | 时间 | 内容 | 责任人 |
| --- | --- | --- | --- |
| 活动预热 | 活动前 2 天 | 1. 连锁微信宣传及门店 POP 宣传、DM 单宣传；<br>2. 活动照片附宣传文案：××药业携手××连锁首届“××杯”亲子涂鸦大赛火热进行中，转发朋友圈可得精美礼品一份等 | |
| 物料准备 | 活动前 1 天 | 1. 确定活动物料是否准备齐全、到位；<br>2. 活动前一天布置好活动现场 | |
| 活动执行 | 15：00 | 选手签到、领取号码牌，带领选手进入互动区等待 | |
| | 15：15 | 主持人宣布比赛开始，宣读比赛规则 | |
| | 15：25 | 连锁领导致辞（约 5 分钟） | |
| | 15：30 | 主持人安排选手分组、互动游戏热身 | |
| | 15：50 | 选手及陪同家长进入比赛区 | |
| | 16：10 | 工作人员随机选 20 名观众发放选票、10 名工作人员发放选票 | |
| | 16：20 | 比赛结束，选手将作品摆放在桌牌旁，同家长一起离开比赛区 | |
| | 16：25 | 观众评选、投票，工作人员公开进行唱票 | |
| | 16：40 | 主持人宣布比赛结果，连锁及企业领导为获奖选手颁奖 | |
| | 17：00 | 活动结束，比赛选手合影留念 | |

### 19.4.2.6　大 V 直播

**表 19－19　大 V 直播活动执行流程**

| 事项 | 时间节点 | 工作内容 |
| --- | --- | --- |
| 客户选择 | 提前 30 天 | 选择标准：<br>1. 与连锁达成战略合作关系，NKA、LKA 优先选择；<br>2. 连锁认可企业终端活动操作模式；<br>3. 连锁具备直播能力、有直播平台及设备等 |

续表

| 事项 | 时间节点 | 工作内容 |
|---|---|---|
| 连锁沟通 | 提前 30 天 | 1. 与连锁高层沟通，确认活动意向<br>①沟通对象应是采购总监或运营总监以上层级，总经理确认；<br>②确定直播活动主题；<br>2. 阐述客户利益点<br>①提供差异化的消费者体验；<br>②提高门店会员的体验感，提升消费者对客户的品牌概念；<br>③提高消费者黏性；<br>④给客户带来增量的利润；<br>⑤提升门店回头率；<br>3. 资源支持门店销售达到预期<br>①快速达成目标，用 7 ~ 9 天时间完成较高的销售目标；<br>②店员培训，集中培训和氛围营销让店员快速掌握售卖方法；<br>③店员奖励，线上观看邀约和执行阶段激励政策，提高店员实际收入；<br>④会员黏性，执行阶段提升客户专业服务形象，增强会员黏性 |
| 目标确定<br>资源投入 | 提前 30 天 | 1. 预期目标<br>①大 V 直播期间销售目标；<br>②任务分解到片区及门店；<br>③大 V 直播现场邀约观看人数分配；<br>④连锁总部 + 片区经理 + 店员激励；<br>2. 客户资源投入<br>①高层启动会召开，分工明确；<br>②销售支持，消费者活动力度投入；<br>③店员培训或内训师培训；<br>④店内多点陈列；<br>⑤邀约目标考核，制定奖惩机制；<br>⑥社群营销，活动及产品宣传；<br>⑦直播间、直播平台、直播硬件设施 |
| 主题确定<br>专家邀约 | 提前<br>7 ~ 14 天 | 1. 结合近期公司和客户销售活动和产品特性，制定直播主题；<br>2. 邀约直播专家，确定时间；<br>3. 制作 H5 链接、海报；<br>4. 提前 1 周，确定工作行程，并制作直播脚本；<br>5. 直播前 1 ~ 2 天，与专家沟通并进行产品培训，确定直播脚本 |
| 社群传播<br>活动预热 | 提前<br>7 ~ 9 天 | 1. 店员朋友圈文案转发，微信群活动链接发送；<br>2. 活动预热<br>①门店陈列打造；<br>②产品预售（外销 + 内购）；<br>③活动海报；<br>④物料准备 |

续表

| 事项 | 时间节点 | 工作内容 |
|---|---|---|
| 启动会活动宣导 | 提前 2~3 天 | 1. 确定客户会议室、出席人员；<br>2. 启动会现场布置：<br>①产品展架；②活动产品；③条幅；④活动海报；<br>3. 连锁直播活动方案和目标宣导 |
| 直播测试 | 活动当天提前布置 | 1. 直播间设备调试：光线、声音、机位、主播试镜、电量检测，条件允许可进行直播测试；<br>2. 场景布置：背景板、产品陈列、抽奖礼品、环境装饰（忌杂乱）；<br>3. 主播和专家形象：简单但不随意；<br>4. 主播与专家再次熟悉直播脚本 |
| 直播流程 | 活动当天 | 1. 直播脚本全流程侧重控制点<br>①话题导入 5%；②提出问题 5%；③分析问题 10%；<br>④解决问题 20%；⑤产品卖点讲解 30%；⑥案例分享 20%；<br>⑦优惠信息循环口播 10%；<br>2. 门店销售数据跟进和战报循环口播通报 |
| 活动总结 | 活动结束 1 周内 | 连锁高层沟通，总结及合作推进：<br>1. 整体销售回顾：目标达成情况、奖金分配情况、费用投入回顾、客户利润分析、客单价分析等；<br>2. 执行经验分享：活动亮点总结、优秀门店成功模式总结、机会点提炼；<br>3. 季度规划：确定后续季度销售目标及利润预期、每季度大 V 直播活动安排（有效率投入） |
| 后续跟进 | 随访 | 1. 新顾客：首次购买的消费者，1 周内做用药指导；<br>2. 老顾客：针对大单消费者，做好后期用药效果回访 |

### 19.4.2.7 驻店促销

**表 19－20 驻店促销活动人员分工**

| 事项 | 负责人 | 工作内容 |
|---|---|---|
| 高层沟通 | | 1. 片区经理沟通；2. 店长沟通 |
| 方案制定 | | 1. 时间选定；2. 物料准备；3. 人员安排；<br>4. 制定门店、店员奖励政策；5. 拟定应急预案 |
| 门店选择 | | 1. 依据门店背景、客流；2. 依据产品陈列、库存；3. 依据客情关系 |
| 产品状态 | | 1. 产品推荐等级；2. 周边店调查（价格、活动） |
| 活动动员 | | 1. 调整团队的情绪和状态；2. 维护和升级客情；<br>3. 分析此次活动能给到门店、店长的支持政策；<br>4. 和店长达成一致的目标（动销×盒）；5. 活动前的培训 |

续表

| 事项 | 负责人 | 工作内容 |
| --- | --- | --- |
| 会员跟踪 | | 1. 与店长沟通，调出近 1 年购买同类产品的会员联系方式；<br>2. 针对竞品，制定一套可行的转换话术；<br>3. 制定简单、可行性高的价值塑造方案 |

**表 19－21　驻店促销活动执行**

| 事项 | 负责人 | 工作内容 |
| --- | --- | --- |
| 活动时间 | | 会员日、店庆、周末、节假日，可根据药店的客流高峰安排时间，如 8：00—12：00，16：00—20：00 |
| 门店库存 | | 备足货源，至少为目标销量的 1.5 倍 |
| 会员唤醒 | | 提前 3 天开始会员唤醒 |
| 商品陈列 | | 提前 1 天对门店陈列进行包装设计 |
| 店员培训 | | 培训活动内容、活动政策、产品卖点及联合用药，与门店互动，门店人员的参与度是活动好坏的关键因素 |

**表 19－22　驻店促销活动流程**

| 时间段 | 工作内容 |
| --- | --- |
| 7：50—8：30 | 1. 布置促销台；2. 整理陈列；3. 店长沟通；4. 店员贴柜；5. 仪容整理 |
| 8：30—11：30 | 1. 引流；2. 需求及病症了解；3. 产品指引；4. 竞品拦截；5. 会员登记 |
| 11：30—12：00 | 1. 销量盘点；2. 案例整理；3. 库存盘点；4. 会员信息整理；<br>5. 与店长沟通活动中的问题点；6. 物料盘点及整理 |

# 参考文献


[1]Peteraf M. A. The cornerstones of competitive advantage: A resoure - based view[J]. Strategic Management Journal, 1993.

[2]阿姆斯特朗,科特勒,王永贵. 市场营销学(第12版全球版)[M]. 王永贵,郑孝莹,等,译. 北京:中国人民大学出版社,2017.

[3][美]恩尼斯,考克斯,莫克瓦. 营销学经典:权威论文集[M]. 郑琦,等,译. 大连:东北财经大学出版社,2000.

[4]戴鑫. 新媒体营销:网络营销新视角[M]. 北京:机械工业出版社,2021.

[5][美]曼昆. 经济学原理(第8版)[M]. 梁小民,梁砾,译. 北京:北京大学出版社,2020.

[6]所罗门. 消费者行为学(第12版)[M]. 杨晓燕,译. 北京:中国人民大学出版社,2018.

[7]吴健安. 市场营销学(第7版)[M]. 北京:清华大学出版社,2021.

[8]国家卫生健康委员会. 中国卫生健康统计年鉴(2021)[M]. 北京:中国协和医科大学出版社,2021.

# 附　录

## 附录 1　2021 年药品流通批发百强名单

| 排名 | 公司名称 | 排名 | 公司名称 |
|---|---|---|---|
| 1 | 中国医药集团有限公司 | 51 | 贵州康心药业有限公司 |
| 2 | 上海医药集团股份有限公司 | 52 | 上海海吉雅医药有限公司 |
| 3 | 华润医药商业集团有限公司 | 53 | 浙江来益医药有限公司 |
| 4 | 九州通医药集团股份有限公司 | 54 | 泰州医药集团有限公司 |
| 5 | 中国医药－重庆医药联合体 | 55 | 北京双鹤药业经营有限责任公司 |
| 6 | 广州医药股份有限公司 | 56 | 西藏神威药业有限公司 |
| 7 | 南京医药股份有限公司 | 57 | 康泽药业股份有限公司 |
| 8 | 深圳市海王生物工程股份有限公司 | 58 | 四川金仁医药集团有限公司 |
| 9 | 华东医药股份有限公司 | 59 | 葵花药业集团医药有限公司 |
| 10 | 浙江英特集团股份有限公司 | 60 | 湖南达嘉维康医药有限公司 |
| 11 | 嘉事堂药业股份有限公司 | 61 | 山东新华医药贸易有限公司 |
| 12 | 云南省医药有限公司 | 62 | 广州采芝林药业有限公司 |
| 13 | 安徽华源医药集团股份有限公司 | 63 | 四川本草堂药业有限公司 |
| 14 | 瑞康医药集团股份有限公司 | 64 | 四川贝尔康医药有限公司 |
| 15 | 鹭燕医药股份有限公司 | 65 | 浙江华通医药集团有限公司 |
| 16 | 广西柳州医药股份有限公司 | 66 | 贵州科开医药有限公司 |
| 17 | 江西南华医药有限公司 | 67 | 山西亚宝医药经销有限公司 |
| 18 | 四川科伦医药贸易集团有限公司 | 68 | 必康百川医药（河南）有限公司 |
| 19 | 中国北京同仁堂（集团）有限责任公司 | 69 | 必康润祥医药河北有限公司 |
| 20 | 陕西医药控股集团派昂医药有限责任公司 | 70 | 片仔癀（漳州）医药有限公司 |
| 21 | 哈药集团医药有限公司 | 71 | 云南云红药业有限公司 |

**续表**

| 排名 | 公司名称 | 排名 | 公司名称 |
|---|---|---|---|
| 22 | 罗氏（上海）医药贸易有限公司 | 72 | 浙江恩泽医药有限公司 |
| 23 | 江西汇仁医药贸易有限公司 | 73 | 辽宁汇明医药有限公司 |
| 24 | 湖北人福医药集团有限公司 | 74 | 海南德仁药业有限公司 |
| 25 | 重庆桐君阁股份有限公司 | 75 | 兰州强生医药集团有限公司 |
| 26 | 江苏康缘医药商业有限公司 | 76 | 浙江英诺珐医药有限公司 |
| 27 | 青岛百洋医药股份有限公司 | 77 | 海南天祥药业有限公司 |
| 28 | 江苏省医药有限公司 | 78 | 云南医药工业销售有限公司 |
| 29 | 礼来贸易有限公司 | 79 | 葵花药业集团（海南）医药科技有限公司 |
| 30 | 石药集团河北中诚医药有限公司 | 80 | 海南恒康盈医药有限公司 |
| 31 | 修正药业集团营销有限公司 | 81 | 昆明滇虹药业销售有限公司 |
| 32 | 天津中新药业集团股份有限公司医药公司 | 82 | 上海龙威医药有限公司 |
| 33 | 天津医药集团太平医药有限公司 | 83 | 海南新天元药业有限公司 |
| 34 | 江苏先声药业有限公司 | 84 | 河南德尔康药业有限公司 |
| 35 | 浙江省医药工业有限公司 | 85 | 商丘市新先锋药业有限公司 |
| 36 | 昆药集团医药商业有限公司 | 86 | 江苏澳洋医药物流有限公司 |
| 37 | 创美药业股份有限公司 | 87 | 江苏华为医药物流有限公司 |
| 38 | 浙江震元股份有限公司 | 88 | 兰州佛慈西城药业集团有限责任公司 |
| 39 | 齐鲁医疗投资管理有限公司 | 89 | 浙江瑞海医药有限公司 |
| 40 | 默克雪兰诺（北京）医药经营有限公司 | 90 | 常熟市建发医药有限公司 |
| 41 | 四川合纵药易购医药股份有限公司 | 91 | 淄博众生医药有限公司 |
| 42 | 云南东骏药业有限公司 | 92 | 西安藻露堂药业集团有限责任公司 |
| 43 | 江西五洲医药营销有限公司 | 93 | 红惠医药有限公司 |
| 44 | 东北制药集团供销有限公司 | 94 | 张家口市华佗医药经营有限公司 |
| 45 | 山东罗欣医药现代物流有限公司 | 95 | 上海荣恒医药有限公司 |
| 46 | 海尔施生物医药股份有限公司 | 96 | 重药控股湖南博瑞药业有限公司 |
| 47 | 上海康健进出口有限公司 | 97 | 威海市天福医药有限公司 |
| 48 | 厦门片仔癀宏仁医药有限公司 | 98 | 浙江珍诚医药科技有限公司 |
| 49 | 吉林万通药业集团药品经销有限公司 | 99 | 深圳中联广深医药（集团）股份有限公司 |
| 50 | 福建省医药集团有限责任公司 | 100 | 海南晴川健康科技有限公司 |

# 附录 2　2021 年零售企业前百位榜

| 排名 | 公司名称 | 排名 | 公司名称 |
| --- | --- | --- | --- |
| 1 | 国药控股国大药房有限公司 | 51 | 深圳市麦德信药房管理有限公司 |
| 2 | 大参林医药集团股份有限公司 | 52 | 上海得一大药房连锁有限公司 |
| 3 | 老百姓大药房连锁股份有限公司 | 53 | 杭州九洲大药房连锁有限公司 |
| 4 | 益丰大药房连锁股份有限公司 | 54 | 陕西众信医药超市连锁股份有限公司 |
| 5 | 一心堂药业集团股份有限公司 | 55 | 杭州华东大药房连锁有限公司 |
| 6 | 中国北京同仁堂（集团）有限责任公司 | 56 | 安徽丰原大药房连锁有限公司 |
| 7 | 上海华氏大药房有限公司 | 57 | 廊坊市百和一笑堂医药零售连锁有限公司 |
| 8 | 漱玉平民大药房连锁股份有限公司 | 58 | 青岛德信行惠友大药房有限公司 |
| 9 | 云南健之佳健康连锁店股份有限公司 | 59 | 杭州胡庆余堂国药号有限公司 |
| 10 | 甘肃众友健康医药股份有限公司 | 60 | 江苏大众医药连锁有限公司 |
| 11 | 河南张仲景大药房股份有限公司 | 61 | 浙江华通医药连锁有限公司 |
| 12 | 柳州桂中大药房连锁有限责任公司 | 62 | 山西荣华大药房连锁有限公司 |
| 13 | 瑞人堂医药集团股份有限公司 | 63 | 无锡汇华强盛医药连锁有限公司 |
| 14 | 重庆和平药房连锁有限责任公司 | 64 | 云南白药大药房有限公司 |
| 15 | 广州健民医药连锁有限公司 | 65 | 四川圣杰药业有限公司 |
| 16 | 甘肃德生堂医药科技集团有限公司 | 66 | 康泽药业连锁有限公司 |
| 17 | 江西黄庆仁栈华氏大药房有限公司 | 67 | 湖北用心人大药房连锁有限公司 |
| 18 | 河北华佗药房医药连锁有限公司 | 68 | 广西一心医药集团有限责任公司 |
| 19 | 上药云健康益药药业（上海）有限公司 | 69 | 武汉东明药房连锁有限公司 |
| 20 | 好药师大药房连锁有限公司 | 70 | 苏州雷允上国药连锁总店有限公司 |
| 21 | 吉林大药房药业股份有限公司 | 71 | 常州人寿天医药连锁有限公司 |
| 22 | 天济大药房连锁有限公司 | 72 | 四川遂宁市全泰堂药业有限公司 |
| 23 | 临沂市仁和堂医药（连锁）有限公司 | 73 | 黑龙江泰华医药集团有限公司 |
| 24 | 深圳市南北药行连锁有限公司 | 74 | 上海医药嘉定大药房连锁有限公司 |

续表

| 排名 | 公司名称 | 排名 | 公司名称 |
|---|---|---|---|
| 25 | 贵州一树药业股份有限公司 | 75 | 海宁市老百姓大药房有限责任公司 |
| 26 | 山东燕喜堂医药连锁有限公司 | 76 | 宁波彩虹大药房有限公司 |
| 27 | 成都泉源堂大药房连锁股份有限公司 | 77 | 青岛丰硕堂医药连锁有限公司第二十二大药房 |
| 28 | 南京医药国药有限公司 | 78 | 上海养和堂药业连锁经营有限公司 |
| 29 | 重庆市万和药房连锁有限公司 | 79 | 四川省巴中怡和药业连锁有限责任公司 |
| 30 | 哈尔滨人民同泰医药连锁有限公司 | 80 | 青岛百洋健康药房连锁有限公司 |
| 31 | 湖南千金大药房连锁有限公司 | 81 | 宜宾天天康大药房零售连锁有限责任公司 |
| 32 | 贵州一品药业连锁有限公司 | 82 | 绵阳科伦大药房连锁有限公司 |
| 33 | 山东立健药店连锁有限公司 | 83 | 黑龙江华辰大药房连锁有限公司 |
| 34 | 江苏润天医药连锁药房有限公司 | 84 | 上海余天成药业连锁有限公司 |
| 35 | 浙江英特怡年药房连锁有限公司 | 85 | 四川省荣县泰康大药房连锁药业有限公司 |
| 36 | 浙江震元医药连锁有限公司 | 86 | 四川正和祥健康药房连锁有限公司 |
| 37 | 重庆鑫斛药房连锁有限公司 | 87 | 开封市百氏康医药连锁有限公司 |
| 38 | 江西洪兴大药房连锁有限公司 | 88 | 云南省玉溪医药有限责任公司 |
| 39 | 上海第一医药股份有限公司 | 89 | 山西仁和大药房连锁有限公司 |
| 40 | 武汉马应龙大药房连锁股份有限公司 | 90 | 济宁新华鲁抗大药房有限公司 |
| 41 | 杭州海王星辰健康药房有限公司 | 91 | 宁夏德立信老百姓医药有限责任公司 |
| 42 | 广州医药大药房有限公司 | 92 | 江西省萍乡市昌盛大药房连锁有限公司 |
| 43 | 江苏康济大药房连锁有限公司 | 93 | 广西梧州百姓大药房连锁有限公司 |
| 44 | 四川杏林医药连锁有限责任公司 | 94 | 易心堂大药房连锁股份有限公司 |
| 45 | 湖南达嘉维康医药产业股份有限公司 | 95 | 嘉兴市万寿堂医药连锁股份有限公司 |
| 46 | 华润苏州礼安医药连锁总店有限公司 | 96 | 义乌市三溪堂国药馆连锁有限公司 |
| 47 | 中山市中智大药房连锁有限公司 | 97 | 山东德信堂医药连锁有限公司 |
| 48 | 湖南怀仁大健康产业发展有限公司 | 98 | 宜宾市康健堂大药房零售连锁有限公司 |
| 49 | 河北神威大药房连锁有限公司 | 99 | 青岛国风大药房连锁有限公司 |
| 50 | 仁和药房网（北京）医药科技有限公司 | 100 | 上海药房连锁有限公司 |

# 附录3　全国OTC一级商业渠道参考

| 省份 | 公司名称 | 省份 | 公司名称 |
|---|---|---|---|
| 重庆 | 重庆九州通医药有限公司 | 新疆 | 新疆九州通医药有限公司 |
| 广东 | 广东九州通医药有限公司 | 陕西 | 陕西医药控股集团兴庆医药有限公司 |
| 广东 | 广东创美药业有限公司 | 陕西 | 陕西九州通医药有限公司 |
| 广东 | 创美药业股份有限公司 | 湖南 | 湖南九州通医药有限公司 |
| 海南 | 海南九州通医药有限公司 | 湖北 | 华润湖北医药有限公司 |
| 广西 | 广西九州通医药有限公司 | 湖北 | 九州通医药集团股份有限公司 |
| 广西 | 广西柳州医药股份有限公司 | 湖北 | 国药控股湖北有限公司 |
| 云南 | 昆药集团医药商业有限公司 | 山西 | 山西晋商药业集团有限公司 |
| 福建 | 福建九州通医药有限公司 | 山西 | 山西九州通医药有限公司 |
| 贵州 | 贵州博大医药有限公司 | 内蒙古 | 内蒙古九州通医药有限公司 |
| 贵州 | 贵州九州通达医药有限公司 | 内蒙古 | 内蒙古天祥医药有限公司 |
| 贵州 | 贵州广奕医药物流集团销售有限公司 | 河北 | 石家庄九州通医药有限公司 |
| 江西 | 江西仁翔药业有限公司 | 河北 | 国药乐仁堂医药有限公司 |
| 江西 | 江西九州通药业有限公司 | 北京 | 北京九州通医药有限公司 |
| 四川 | 四川九州通医药有限公司 | 河南 | 河南冠宝云统药业有限公司 |
| 四川 | 四川科伦医药贸易集团有限公司 | 河南 | 河南九州通医药有限公司 |
| 浙江 | 浙江九州通医药有限公司 | 辽宁 | 辽宁九州通医药有限公司 |
| 江苏 | 江苏九州通医药有限公司 | 辽宁 | 赤峰九州通医药有限公司 |
| 甘肃 | 兰州九州通医药有限公司 | 吉林 | 长春九州通医药有限公司 |
| 甘肃 | 兰州佛慈西城药业集团有限责任公司 | 黑龙江 | 黑龙江九州通医药有限公司 |
| 安徽 | 安徽九州通医药有限公司 | 黑龙江 | 哈尔滨正大龙祥医药股份有限公司 |
| 安徽 | 安徽延生药业有限公司 | 山东 | 山东九州通医药有限公司 |

# 附录4 全国OTC二级商业渠道参考

| 省份 | 公司名称 | 省份 | 公司名称 |
|---|---|---|---|
| 浙江 | 浙江珍诚医药科技有限公司 | 四川 | 四川合纵药易购医药股份有限公司 |
| 浙江 | 杭州小药药医药科技有限公司 | 四川 | 成都西部医药经营有限公司 |
| 浙江 | 国药控股宁波有限公司 | 四川 | 南充九州通医药有限公司 |
| 浙江 | 宁波九州通医药有限公司 | 四川 | 达州九州通医药有限公司 |
| 浙江 | 国药控股嘉兴有限公司 | 四川 | 四川广运九州通医药有限公司 |
| 浙江 | 浙江华通医药集团有限公司 | 四川 | 绵阳九州通医药有限公司 |
| 浙江 | 浙江震元股份有限公司 | 四川 | 遂宁市西部华源医药有限公司 |
| 浙江 | 华润衢州医药有限公司 | 四川 | 国药控股德阳有限公司 |
| 浙江 | 浙江鸿汇医药物流有限公司 | 四川 | 国药控股达州有限公司 |
| 浙江 | 浙江天琪医药有限公司 | 四川 | 巴中科伦医药贸易有限公司 |
| 浙江 | 台州九州通医药有限公司 | 四川 | 四川药九九医药科技有限公司 |
| 浙江 | 温州九州通医药有限公司 | 四川 | 成都科伦医药贸易有限公司 |
| 浙江 | 上药控股温州有限公司 | 四川 | 四川江中粤通医药有限公司 |
| 浙江 | 浙江海派医药有限公司 | 四川 | 四川本草堂药业有限公司 |
| 江苏 | 徐州淮海药业有限公司 | 四川 | 泸州九州通医药有限公司 |
| 江苏 | 淮安九州通医药有限公司 | 四川 | 上药控股泸州有限公司 |
| 江苏 | 江苏万佳药业有限公司 | 四川 | 四川广源药业有限公司 |
| 江苏 | 江苏江中亚邦医药有限责任公司 | 四川 | 国药控股内江有限公司 |
| 江苏 | 无锡九州通医药有限公司 | 四川 | 四川海棠医药有限公司 |
| 江苏 | 国药控股徐州有限公司 | 四川 | 四川华芝药业有限公司 |
| 江苏 | 苏州九州通医药有限公司 | 四川 | 四川信德药业有限公司 |
| 江苏 | 华润徐州医药有限公司 | 四川 | 四川省古蔺县康兴医药营销有限责任公司 |
| 江苏 | 江苏恒泰药业有限公司 | 四川 | 重庆医药集团宜宾医药有限公司 |

**续表**

| 省份 | 公司名称 | 省份 | 公司名称 |
|---|---|---|---|
| 江苏 | 江苏药优达医药有限公司 | 湖北 | 湖北明心堂药业有限公司 |
| 江苏 | 江苏华强医药有限公司 | 湖北 | 湖北亿昊药业有限公司 |
| 江苏 | 华润无锡医药有限公司 | 湖北 | 湖北格林药业有限公司 |
| 江苏 | 国药控股苏州康民医药有限公司 | 湖北 | 湖北诚为上医药有限公司 |
| 江苏 | 华润南通医药有限公司 | 湖北 | 襄阳民康药业有限责任公司 |
| 青海 | 华润青海医药有限公司 | 湖北 | 十堰君琪安药业有限公司 |
| 甘肃 | 兰州强生医药集团有限公司 | 湖北 | 武汉小药药医药科技有限公司 |
| 甘肃 | 甘肃御峰药业有限公司 | 湖北 | 湖北药九九医药科技有限公司 |
| 甘肃 | 甘肃健华医药有限公司 | 湖北 | 咸宁九州通医药有限公司 |
| 宁夏 | 宁夏九州通医药有限公司 | 湖北 | 湖北欣鸿泰医药有限公司 |
| 青海 | 青海灵峰药业有限责任公司 | 湖北 | 湖北弘林医药有限公司 |
| 甘肃 | 甘肃天健医药有限公司 | 湖北 | 广水市普仁药业有限责任公司 |
| 甘肃 | 甘肃武威天和医药有限责任公司 | 湖北 | 湖北小君医药科技有限公司 |
| 甘肃 | 兰州众联药业有限公司 | 湖北 | 九州通集团应城医药有限公司 |
| 宁夏 | 宁夏达美医药有限公司 | 湖北 | 恩施九州通医药有限公司 |
| 甘肃 | 平凉市天成药业有限责任公司 | 湖北 | 十堰九州通医药有限公司 |
| 甘肃 | 甘肃铭欧医药有限责任公司 | 湖北 | 襄阳九州通医药有限公司 |
| 甘肃 | 甘肃国燿医药有限公司 | 湖北 | 随州九州通医药有限公司 |
| 宁夏 | 宁夏永寿堂医药有限公司 | 湖北 | 宜昌市康鑫医药经销有限公司 |
| 甘肃 | 平凉西城药业有限责任公司 | 湖北 | 湖北江汉九州通医药有限公司 |
| 甘肃 | 天水新光药业有限公司 | 湖北 | 荆州九州通医药有限公司 |
| 宁夏 | 宁夏众欣联合德林医药有限公司 | 湖北 | 湖北康辉医药有限公司 |
| 甘肃 | 甘肃天元药业集团有限公司 | 湖北 | 重庆医药恩施有限公司 |
| 甘肃 | 兰州新光药业集团有限公司 | 湖北 | 鄂州市吴都医药有限公司 |
| 甘肃 | 兰州大信药业有限公司 | 湖北 | 湖北至欣药业有限公司 |
| 安徽 | 安庆奥坤医药有限公司 | 山西 | 国药控股临汾宁乐药业有限公司 |
| 安徽 | 安徽省宣城市医药有限公司 | 山西 | 山西天顺祥药业有限责任公司 |
| 安徽 | 国药控股安徽华宁医药有限公司 | 山西 | 山西国邦药业有限公司 |
| 安徽 | 合肥曼迪新药业有限责任公司 | 山西 | 山西碧锦纳川医药有限公司 |
| 安徽 | 安徽省绿健医药有限公司 | 山西 | 山西福源药业有限责任公司 |
| 安徽 | 安徽立方药业有限公司 | 山西 | 山西隆兴药业有限公司 |

续表

| 省份 | 公司名称 | 省份 | 公司名称 |
|---|---|---|---|
| 安徽 | 上药控股安徽有限公司 | 山西 | 大同市振东仁和医药有限公司 |
| 安徽 | 安徽健康源医药有限公司 | 山西 | 山西天泽诚信药业有限公司 |
| 安徽 | 淮南市恒康医药有限公司 | 山西 | 山西乐群医药有限公司 |
| 安徽 | 安徽省绿十字医药股份有限公司 | 山西 | 山西太木医药有限责任公司 |
| 安徽 | 宿州立新药业有限公司 | 山西 | 山西振东医药有限公司 |
| 安徽 | 宿州市葆源药业有限公司 | 山西 | 运城九州通医药有限公司 |
| 安徽 | 重药控股淮北有限公司 | 山西 | 山西振东医药贸易有限公司 |
| 安徽 | 安徽金太阳医药经营有限公司 | 山西 | 山西省太原药材有限公司 |
| 安徽 | 华润亳州中药有限公司 | 山西 | 山西精诚药业有限公司 |
| 安徽 | 国药控股滁州有限公司 | 山西 | 内蒙古衡信药业有限责任公司 |
| 安徽 | 滁州华安生物药业有限公司 | 山西 | 内蒙古上园健方药业有限责任公司 |
| 安徽 | 安徽邦杰医药有限公司 | 山西 | 包头市奇力康医药有限责任公司 |
| 安徽 | 瑞康医药安徽有限公司 | 山西 | 内蒙古国力药业有限公司 |
| 山东 | 临沂市天一医药有限公司 | 山西 | 内蒙古五源医药有限责任公司 |
| 山东 | 临沂洪福医药有限公司 | 山西 | 包头升华医药有限责任公司 |
| 山东 | 山东诺吉雅力医药有限公司 | 山西 | 伊金霍洛旗正泰药业有限责任公司 |
| 山东 | 山东康力生药业有限公司 | 山西 | 包头市统一医药有限责任公司 |
| 山东 | 山东惠通仁和药业有限公司 | 山西 | 包头市天芮医药有限责任公司 |
| 山东 | 惟实医药有限公司 | 山西 | 包头市祥羽医药批发有限责任公司 |
| 山东 | 山东海王阳光信诺医药有限公司 | 山西 | 乌海市三立药业有限责任公司 |
| 山东 | 山东优益药业有限公司 | 山西 | 内蒙古凯蒙药品经销有限责任公司 |
| 山东 | 山东瑞辉药业有限公司 | 山西 | 内蒙古天力药业有限公司 |
| 山东 | 德州九洲康医药有限公司 | 山西 | 乌兰察布市集宁新特新药业有限责任公司 |
| 山东 | 泰安环球医药有限公司 | 山西 | 内蒙古德百川医药有限责任公司 |
| 山东 | 山东康诺盛世医药有限公司 | 山西 | 包头市神龙医药有限责任公司 |
| 山东 | 山东华潍医药有限公司 | 山西 | 内蒙古泽祥医药有限公司 |
| 山东 | 淄博天龙医药有限公司 | 山西 | 内蒙古天使助康医药有限责任公司 |
| 山东 | 威海市天福医药有限公司 | 山西 | 内蒙古弘达医药有限公司 |
| 新疆 | 库尔勒九州通医药有限公司 | 北京 | 北京凯宏鑫医药有限责任公司 |
| 新疆 | 喀什九州通药业有限责任公司 | 北京 | 北京瑞康志德医药贸易有限公司 |

续表

| 省份 | 公司名称 | 省份 | 公司名称 |
|---|---|---|---|
| 新疆 | 和田九州通医药有限公司 | 北京 | 华润新龙（北京）医药有限公司 |
| 新疆 | 阿克苏九州通医药有限公司 | 北京 | 北京源通康百医药有限公司 |
| 新疆 | 新疆开心药业有限公司 | 天津 | 天津壹号药业有限公司 |
| 新疆 | 新疆神木药业股份有限公司 | 河北 | 唐山德筑医药有限公司 |
| 新疆 | 奎屯九州通医药有限公司 | 河北 | 承德润华医药有限公司 |
| 新疆 | 新疆博赛九州通医药有限公司 | 河北 | 保定中诚汇达医药贸易有限公司 |
| 新疆 | 新疆伊犁九州通药业有限公司 | 河北 | 国药乐仁堂唐山医药有限公司 |
| 陕西 | 陕西医药控股集团派昂医药有限责任公司 | 河北 | 国药乐仁堂张家口药品经营有限公司 |
| 陕西 | 西安市新龙药业有限公司 | 河北 | 河北冀北医药物流有限公司 |
| 陕西 | 陕西伟业医药有限公司 | 河北 | 中诚医药张家口有限公司 |
| 陕西 | 西安华协医药有限责任公司 | 河北 | 秦皇岛益瑄堂药业有限公司 |
| 陕西 | 陕西思妍祥医药物流有限公司 | 河北 | 沧州天元医药有限公司第四药品分公司 |
| 陕西 | 汉中阳辉医药有限责任公司 | 河北 | 唐山惠笠医药有限公司 |
| 陕西 | 陕西海通医药有限公司 | 河北 | 唐山鼎诚医药股份有限公司 |
| 陕西 | 陕西鲁康医药有限公司 | 河北 | 廊坊市健生堂医药有限公司 |
| 陕西 | 陕西现代医药有限公司 | 河北 | 河北恒生嘉和医药有限公司 |
| 陕西 | 陕西康利医药有限公司 | 河北 | 廊坊市中诚康宇医药有限公司 |
| 陕西 | 陕西怡悦国药有限公司 | 河北 | 三河市医药药材公司 |
| 陕西 | 陕西旭恒医药有限责任公司 | 河北 | 河北康恒医药有限公司 |
| 陕西 | 广药陕西医药有限公司 | 河北 | 邯郸市志英医药有限公司 |
| 陕西 | 陕西壹号耀方药业有限公司 | 河北 | 邯郸市利群医药有限公司 |
| 湖南 | 湖南同安医药有限公司 | 河北 | 邯郸市新博源医药有限公司 |
| 湖南 | 湖南方盛医药有限公司 | 河北 | 中诚医药新乐有限公司众生分公司 |
| 湖南 | 长沙小药药医药科技有限公司 | 河北 | 河北丽泰医药有限公司 |
| 湖南 | 湖南乐药医药有限公司 | 河北 | 河北恩普医药物流有限公司 |
| 湖南 | 湖南千金医药股份有限公司 | 河北 | 河北天润医药有限公司 |
| 湖南 | 岳阳九州通医药有限公司 | 河北 | 必康润祥医药河北有限公司 |
| 湖南 | 湖南新达源医药有限公司 | 河北 | 河北厚德祥瑞医药有限责任公司 |

**续表**

| 省份 | 公司名称 | 省份 | 公司名称 |
|---|---|---|---|
| 湖南 | 常德市大成医药有限公司 | 河北 | 石家庄极正医药药材有限公司北孙分公司 |
| 湖南 | 湖南津湘药业有限公司 | 河北 | 国药乐仁堂邢台药品有限责任公司 |
| 湖南 | 常德市华斌医药有限公司 | 河北 | 河北东盛英华医药有限公司 |
| 湖南 | 邵阳九州通医药有限公司 | 河北 | 河北明仁堂药业有限公司 |
| 湖南 | 怀化新龙源药业有限责任公司 | 河北 | 衡水市仁和医药有限公司 |
| 湖南 | 怀化济源医药有限公司 | 河南 | 驻马店市天中医药有限公司 |
| 湖南 | 湖南福尔康药业有限公司 | 河南 | 河南三方医药物流有限公司 |
| 湖南 | 郴州凯程医药有限公司 | 河南 | 河南九州通医药有限公司驻马店分公司 |
| 湖南 | 郴州同安医药有限公司 | 河南 | 禹州市医药公司 |
| 湖南 | 湖南钰丹药业有限责任公司 | 河南 | 河南康健医药药材股份有限公司 |
| 湖南 | 湖南冠成医药贸易有限公司 | 河南 | 河南九州通医药有限公司信阳分公司 |
| 湖南 | 湖南省万通医药有限责任公司 | 河南 | 三门峡华为药品有限责任公司 |
| 湖南 | 怀化广济医药有限公司 | 河南 | 河南九州通医药有限公司三门峡分公司 |
| 重庆 | 重庆今瑜医药股份有限公司 | 河南 | 河南九州通医药有限公司平顶山分公司 |
| 重庆 | 重庆普健医药有限公司 | 河南 | 南阳市天尧医药有限公司 |
| 广东 | 广东满山红医药有限公司 | 河南 | 南阳市永康医药有限公司 |
| 广东 | 肇庆九州通医药有限公司 | 河南 | 南阳华益医药有限公司 |
| 广东 | 珠海创美药业有限公司 | 河南 | 南阳市济康医药有限公司 |
| 广东 | 罗定市康宝药业有限公司 | 河南 | 南阳市普强医药有限公司 |
| 广东 | 广东一片天医药集团有限公司 | 河南 | 洛阳明康药业有限公司 |
| 广东 | 惠州市一通医药有限公司 | 河南 | 河南恩济药业有限公司 |
| 广东 | 湛江市明大医药有限公司 | 河南 | 洛阳中原康城药业有限公司 |
| 广东 | 广东恒昌源药业有限公司 | 河南 | 周口市国恒医药销售有限公司 |
| 广东 | 广东顺安药业有限公司 | 河南 | 河南吉祥医药物流有限公司 |
| 广东 | 广东振群药业有限公司 | 河南 | 河南安仁医药有限公司 |
| 广东 | 普宁市立丰药业有限公司 | 河南 | 周口市仁和药业有限公司 |
| 广东 | 河药医药（河源）有限公司 | 河南 | 郑州小药药医药科技有限公司 |

**续表**

| 省份 | 公司名称 | 省份 | 公司名称 |
|---|---|---|---|
| 广西 | 广西明合药业有限责任公司 | 河南 | 河南福安德医药有限公司 |
| 广西 | 广西东龙世纪医药有限公司 | 河南 | 河南海恩药业有限公司 |
| 广西 | 华润广西医药有限公司 | 河南 | 河南药九九医药科技有限公司 |
| 广西 | 广西陈氏药业有限责任公司 | 河南 | 国控圣光新乡国药有限公司 |
| 广西 | 桂林市龙昌医药有限责任公司 | 河南 | 河南佐今明医药有限公司 |
| 广西 | 广西玉林民众医药有限公司 | 河南 | 河南省爱森医药有限公司 |
| 广西 | 广西梧州市杰迅医药有限公司 | 河南 | 河南江中华杰医药有限责任公司 |
| 广西 | 贵港市天一九州通医药有限公司 | 河南 | 商丘市新先锋药业有限公司 |
| 广西 | 广西众森医药集团有限公司 | 河南 | 商丘嘉信医药商贸有限公司 |
| 广西 | 广西天下康药业有限责任公司 | 河南 | 必康百川医药（河南）有限公司 |
| 广西 | 广西毕生医药集团有限公司 | 河南 | 河南九州通医药有限公司商丘分公司 |
| 广西 | 广西宝朗医药有限公司 | 河南 | 濮阳市华中医药有限公司 |
| 广西 | 广西新桂玉医药有限公司 | 河南 | 必康百川医药（河南）有限公司濮阳分公司 |
| 广西 | 广西太华医药有限责任公司 | 河南 | 河南兴盛康医药有限公司 |
| 云南 | 云南云红药业有限公司 | 河南 | 河南华益药业有限责任公司濮阳分公司 |
| 云南 | 红河州佳宇药业有限公司 | 河南 | 安阳九州通医药有限公司 |
| 云南 | 昆明市宇泰药品有限责任公司 | 河南 | 河南省安泰医药有限公司 |
| 云南 | 云南国药控股东昌医药有限公司 | 河南 | 安阳恒峰医药有限公司 |
| 云南 | 云南龙津药业销售有限公司 | 河南 | 华润安阳医药有限公司 |
| 福建 | 福建药九九医药科技有限公司 | 河南 | 焦作市云台山医药股份有限公司 |
| 福建 | 福建中源医药有限公司 | 辽宁 | 辽宁北药百草医药有限公司 |
| 福建 | 福建省华成医药有限公司 | 辽宁 | 辽宁北药商贸有限公司 |
| 福建 | 三明九州通医药有限公司 | 辽宁 | 沈阳铸盈药业有限公司 |
| 福建 | 福建泉南医药有限公司 | 辽宁 | 国药控股本溪有限公司 |
| 福建 | 华润东大（福建）医药有限公司 | 辽宁 | 鞍山市天鸿医药有限公司 |
| 福建 | 福建鑫天健医药有限公司 | 辽宁 | 九州通鞍山药业有限公司 |
| 福建 | 厦门九州通医药有限公司 | 辽宁 | 大连九州通医药有限公司 |
| 福建 | 宁德九州通医药有限公司 | 辽宁 | 辽宁九康医药有限公司 |
| 福建 | 福建宏海药业有限公司 | 辽宁 | 辽宁宏威医药有限公司 |

续表

| 省份 | 公司名称 | 省份 | 公司名称 |
|---|---|---|---|
| 福建 | 福建省宁德市古田同春医药有限公司 | 辽宁 | 营口美克医药有限公司 |
| 福建 | 国药控股南平新力量有限公司 | 辽宁 | 辽宁德润医药有限公司 |
| 福建 | 厦门片仔癀宏仁医药有限公司 | 辽宁 | 大连恒业安康医药有限公司 |
| 福建 | 漳州市天健医药有限公司 | 辽宁 | 辽宁亿昊药业有限公司 |
| 贵州 | 贵州凯归众民医药有限公司 | 辽宁 | 辽宁善济堂药业有限公司 |
| 贵州 | 上药控股贵州有限公司 | 辽宁 | 东药集团葫芦岛医药有限公司 |
| 贵州 | 国药控股贵州意通医药有限公司 | 辽宁 | 朝阳健康药业有限公司 |
| 贵州 | 贵州鼎圣药业有限公司 | 辽宁 | 辽宁中诺医药有限公司 |
| 贵州 | 国药控股遵义意通医药有限公司 | 辽宁 | 上药科园信海通辽医药有限公司 |
| 贵州 | 贵州斯瑞医药有限责任公司 | 辽宁 | 赤峰源康医药有限公司 |
| 贵州 | 贵州瑞丰医药有限公司 | 辽宁 | 重药控股蒙东（通辽）医药有限公司 |
| 贵州 | 贵州康福乐医药有限责任公司 | 吉林 | 吉林新海发医药药材有限责任公司 |
| 贵州 | 贵州德原医药有限责任公司 | 吉林 | 通化同德堂医药药材有限公司 |
| 贵州 | 华润贵州医药有限公司 | 吉林 | 吉林省众鑫药业有限公司 |
| 贵州 | 遵义康诚医药有限公司 | 吉林 | 通化市劲峰医药有限公司 |
| 贵州 | 贵州桐欣缘医药有限公司 | 吉林 | 延边金达莱医药有限责任公司 |
| 贵州 | 六盘水三特医药有限责任公司 | 吉林 | 东辽县医药药材有限责任公司 |
| 贵州 | 贵州九州通欣益天地医药有限公司 | 吉林 | 吉林省华隆医药有限公司 |
| 贵州 | 遵义九州通医药有限公司 | 吉林 | 长春市世纪天翼医药有限公司 |
| 江西 | 江西广力药业有限公司 | 吉林 | 吉林市同振医药有限责任公司 |
| 江西 | 江西仁济医药有限公司 | 吉林 | 延边炜业医药有限公司 |
| 江西 | 江西江中九州医药有限责任公司 | 吉林 | 松原市宁江区星火医药有限责任公司 |
| 江西 | 江西康成药业有限公司 | 吉林 | 松原市神光医药有限责任公司 |
| 江西 | 江西五洲医药营销有限公司 | 吉林 | 吉林市东晨药业有限公司 |
| 江西 | 江西鑫汇源医药有限公司 | 吉林 | 长春市茂顺药业有限公司 |
| 江西 | 江西信德医药有限公司 | 黑龙江 | 黑龙江省国龙医药有限公司 |
| 江西 | 江西三和医药有限公司 | 黑龙江 | 黑龙江省延德堂医药有限公司 |
| 江西 | 江西沧海药业有限公司 | 黑龙江 | 大庆三元翔瑞医药有限公司 |
| 江西 | 江西奇峰药业有限公司 | 黑龙江 | 齐齐哈尔市鹤都医药有限责任公司 |
| 江西 | 江西康力药品物流有限公司 | 黑龙江 | 齐齐哈尔九州通龙康医药有限公司 |
| 江西 | 江西广多医药销售有限公司 | 黑龙江 | 齐齐哈尔市泰德医药有限责任公司 |

**续表**

| 省份 | 公司名称 | 省份 | 公司名称 |
|---|---|---|---|
| 江西 | 江西齐欣医药有限公司 | 黑龙江 | 哈尔滨海业隆医药有限公司 |
| 江西 | 萍乡市鑫泰药业有限公司 | 黑龙江 | 黑龙江省百年阜康医药有限公司 |
| 江西 | 萍乡众旺医药有限公司 | 黑龙江 | 牡丹江嘉通医药有限公司 |
| 黑龙江 | 黑龙江常乐医药有限公司 | 黑龙江 | 佳木斯市嘉诚医药有限公司 |
| 黑龙江 | 哈尔滨海川医药有限公司 | 黑龙江 | 黑龙江省冠玉医药有限公司 |
| 黑龙江 | 哈尔滨齐云医药有限公司 | 黑龙江 | 哈尔滨晋欣医药有限公司 |
| 黑龙江 | 黑龙江安邦医药有限公司 | 黑龙江 | 七台河市济仁医药有限公司 |

资料来源：中国医药商业协会。

# 附录 5 《销售合作协议书》

甲方（供货方）：

乙方（合作方）：

经双方协商一致，根据《中华人民共和国民法典》及有关法律、法规，为维护甲、乙双方的合法权益，本着平等互利的原则，订立本合同。

**一、合作品种及价格**

甲方对乙方的供货品种（以下简称“合同产品”）及供货价格（含税）：

| 品名 | 规格 | 单位 | 供货价（元/盒） | 装箱数 | 备注 | 收款方 |
|---|---|---|---|---|---|---|
| | | | | | | |
| | | | | | | |

乙方应将全部产品货款付至如下对应账户：（开户名、开户行、账号）

**二、代理区域及经销方式**

1. 甲方授权乙方为合同中所列产品在____［省/市/县（区）］____（部分/全部）医疗及甲方授权允许终端的销售（代理、个人代理），全面负责该产品在上述指定区域的医疗及授权终端的学术推广及与之相关的一切工作。乙方不得以任何理由超出该区域推广，严禁市场交换或赠予，否则甲方有权终止协议，并对乙方作出相应处罚。

2. 乙方承诺在协议生效之时起______个日历天内进入双方共同约定地区的医疗及授权终端进行推广。如乙方网络覆盖不到或到期未成功开发，甲方有权取消部分或全部授权。

3. 经销方式：__________（代理、个人代理、自然合作人）。

**三、合作要求**

1. 乙方应具备完善的销售网络、专业推广与管理队伍，具备相当的经济实力及良好的商业信誉，并具有在所辖市场全面开发启动合同产品的相关运作能力。乙方应承诺完成本合同约定的销量和各项条款，严格遵守合约。

2. 乙方应在本协议签订____日内向甲方交纳市场管理保证金____万元，市场拓展保证金____万元，作为执行本协议相关条款的前提和保证，否则视为乙方自动放弃，协议自动取消。完成合同约定市场开发数量后全额退还市场拓展保证金。合同履行期间，保证金因扣除等原因低于原始交纳额时，乙方应在10个工作日内补足，否则视为放弃合作。

乙方保证：

（1）保证完成约定销量。

排除因甲方供货不足等双方共同认可的原因外，如乙方未能完成本协议约定的销量，甲方将扣减乙方市场管理保证金，扣减标准按____元/盒（瓶）执行。完成率低于__%时，甲方有权提前终止部分或全部合作协议。

（2）保证在约定区域内销售。

如乙方未能按指定区域指定终端进行销售、有窜货等违规行为时，甲方将扣除乙方市场保证金____万元；如发现乙方恶意窜货，甲方将扣除乙方所缴全部保证金。

**四．任务要求**

（1）销量要求。

____年度乙方合同产品销量不低于____万盒/袋（所有品种合并计算），销量进度分解见下表

单位：万盒/袋

| 品种 | 规格 | 1月 | 2月 | 3月 | 4月 | 5月 | 6月 | 7月 | 8月 | 9月 | 10月 | 11月 | 12月 | 合计 |
|---|---|---|---|---|---|---|---|---|---|---|---|---|---|---|
| | | | | | | | | | | | | | | |

（2）各品种分月进度要求。

年约定新开发市场____家，具体如表所示：

单位：家

| 类别 | 1月 | 2月 | 3月 | 4月 | 5月 | 6月 | 7月 | 8月 | 9月 | 10月 | 11月 | 12月 | 合计 |
|---|---|---|---|---|---|---|---|---|---|---|---|---|---|
| 二级及以上医院 | | | | | | | | | | | | | |
| 卫生院/服务中心 | | | | | | | | | | | | | |
| 合计 | | | | | | | | | | | | | |

（3）市场开发要求。

A. 开发目标达成低于80%时，每少一家，基层扣市场保证金____元/家，等级扣____元/家。

B. 乙方应确保经销期间市场开发数量不低于上述标准的80%，否则除按上述标准扣除市场保证金外，甲方有权调整合作区域，直至解除本合作协议。

**五、市场投入约定**

（1）甲方支持各类型学术活动和相应的费用支持，均可在甲方预算内申请审批使用。

（2）自行组织科室会不少于__场、沙龙会不少于__场，产品培训会不少于____场。

（3）协议政策或佣金中不低于发出金额的____%投入各类型学术活动。如未足额使用，甲方有权从相应费用中扣除。

**六、结算**

1. 结算方式：乙方须按以下第一种方式向甲方支付货款。

（1）现款方式：乙方通过指定的符合GSP管理要求的医药公司将全额

货款汇入甲方指定账户并确认到账后，甲方向乙方发货。

（2）保证金方式：乙方可以用货款保证金方式担保发货，由甲方发往其指定的配送商业公司（为当地主流医药商业）。具体额度与方法参照甲方相关规定。

2. 甲方向乙方提供相应的增值税发票。

**七、供货方式**

1. 发货：乙方或乙方委托医药公司付款至甲方指定账号后，根据付款凭证申请发货，甲方在收到发货申请及查询货款到账后，在____个工作日内将货发出，甲方负责向乙方指定区域发货。

2. 运输费：

（1）20件（含20件）以上的送货费由甲方承担（甲方承担正常铁路、公路运费，如需加快，超出费用由乙方承担）；

（2）20件以下的送货费由乙方承担；

（3）甲方将货物送达乙方指定的区域，乙方需要将货物再向其他地区运输所产生的运输费用由乙方自行承担。

3. 收货：货物发出后，甲方应及时通知乙方收货，货物运单可作为甲方发出货物及乙方接收货物的有效凭证。

4. 换货：乙方接收货物时必须查验，核对批号和数量，如货物有破损及数量短缺问题，乙方在收货之日起____日内向甲方出具运输部门的有效证明，且协助甲方向有关部门索赔，甲方负责调换或补发药品。乙方收货后由于乙方或其他方在运输、销售、仓储过程中造成的货物问题，甲方不予调换。

5. 退货：货物经乙方或乙方委托的医药公司验收入库后，甲方不接受非质量原因的退货。任何产品质量纠纷以国家药品质量检测部门的认定为依据。

八、双方责任条款

（一）甲方的权利和义务

1. 甲方在协议约定范围内保证乙方的合作经营权。

2. 甲方向乙方提供符合国家标准的产品，并提供该产品的相关资料，包括但不限于基础证照、产品质量标准、产品出厂检验报告、投标挂网资料、销售发票等。

3. 维护良好的市场秩序。

（1）防止窜货行为发生，惩处窜货行为，保护市场开发者的利益。如有其他区域货物窜入乙方所辖市场，甲方依据乙方提供的证据进行调查，确认属实后，按确定数量×零售价×60%给予乙方补偿。

（2）维护市场价格体系在公司与政府要求范围内。

4. 甲方对乙方经营的合同约定品种有咨询权、监督权，有权核实地区零售指导价，有权参与和指导地区投标，并派人到乙方市场协调指导、协助工作。

（二）乙方的权利和义务

1. 乙方有权根据协议享有甲方对应产品和约定终端的合作经营权利。乙方规范运作并按进度完成年度约定目标享有下一年度续约权，续约条件以双方签署的书面文件为准。

2. 乙方经营必须符合国家相关法律、法规的规定。负责收集本区域内药品不良反应情况，产品抽检及各种突发事件，报甲方并协助及时处理。

3. 乙方严禁代理、经营甲方产品的竞品。乙方在取得区域经营权后，不得代理、经营与甲方产品相同、相近或相类似的各类竞品，否则甲方将取消合作权并没收全部保证金。

4. 乙方有义务在其所负责的区域协助甲方开展相关市场准入相关工作。包括但不限于药检、医保、物价、投标挂网等事宜，协调与主管部门的沟通。

5. 乙方应按月向甲方提供真实、全面、准确的商业流向。

如乙方未及时按要求提供流向，甲方有权调整或取消乙方对应合作。

6. 乙方应定期就甲方产品召开销售分析会。

销售分析会每季度不少于1次，便于双方充分沟通。向甲方反馈医院开发、目标进度、学术推广等情况，积极配合和推动甲方在区域内可能开展的市场活动和相关安排。

7. 乙方有义务维护甲方产品价格体系。

须严格遵守甲方制定的销售价格体系，保证市场价格的稳定。违反者，甲方有权解除本合同并没收全部保证金。

8. 乙方严禁窜货。

乙方不得超出约定区域销售，否则将视为窜货。未经公司备案同意，乙方不得在网上药店销售，否则将视为窜货。甲方将对根据乙方跨区域销售的数量（窜出数量，不足1件按1件计算）处以零售价两倍金额罚款并按合同约定扣除保证金；如发现乙方恶意窜货，甲方将对乙方按窜货数量处以零售价五倍金额罚款，扣除乙方所交全部保证金并终止与乙方的合作，取消协议。

9. 乙方不得以任何形式向第三方透露甲方商业信息。乙方在经营过程中不得有损甲方产品与企业的形象和利益，否则甲方有追究赔偿的权利。甲方所提供的全部手续和证照仅限用于本协议履行期间与乙方的经营合作，不得用于其他用途。乙方经营过程中与第三方的债权债务与甲方无关。乙方包含违规宣传等任何经营违规行为所导致一切后果由其自行承担。未经甲方许可，乙方不得将合同产品经营权限转让或拍卖给任何其他第三方，发生上述转让或拍卖行为的，甲方有权没收乙方全部保证金，并有权解除合同。

**九、协议期限**

双方盖章，乙方保证金足额到位之日起本合同正式生效，协议期限至__年__月__日结束，乙方规范运作并完成年度销量任务后享有下一年度续约权。

**十、特别约定**

1. 本合同终止或解除后，在乙方将医院网络移交给甲方且无市场遗留问题的前提下，甲方在3个月内可将剩余保证金无息退还乙方。

2. 保密条款：乙方不得以任何形式和方式向第三方泄露甲方产品市场信息和网络及双方合作内容等。

3. 甲、乙双方在本协议约定的有权解除合同的情况下解除合同的，解除合同的通知应以书面形式告知对方，合同自该通知到达对方之日起解除。

4. 其他约定。

**十一、通知**

1. 本合同凡有关通知、请求或其他往来，可用书信、电传方式按对方所列地址、传真电话交至对方：

甲方：

地址：　　电话：

传真：　　联络人：

乙方：

地址：　　电话：

传真：　　联络人：

2. 合同当事人的地址等登记联络方式发生变化，应在变更3日内通知对方。

**十二、附则**

1. 签订本合同前，乙方须向甲方提供合法有效、与乙方名称一致、加盖乙方公章的一证一照（企业法人营业执照、药品经营企业许可证）复印件；同时甲方向乙方提供甲方的合法有效、与甲方名称一致、加盖甲方公章的一证一照复印件。

2. 本合同自双方代表人签字并盖章，乙方按合同约定全额支付市场管理保证金后生效。

3. 本合同法律纠纷解决地为甲方所在地的人民法院。

4. 本合同未尽事宜，由双方确定后签署补充合同，补充合同自双方当事人签字并盖章后生效，补充合同与本合同具有同等法律效力。

5. 本合同一式两份，均为正本，双方各执一份。

| | |
|---|---|
| 甲方： | 乙方： |
| 签约代表： | 签约代表： |
| 年　月　日 | 年　月　日 |

# 附录6 《连锁合作协议书》

供货方：（以下称甲方）

销售方：（以下称乙方）

**第一部分 总则**

本着平等互利、共同发展的原则，经甲方和乙方友好协商，同意进行深度战略合作，合作共赢。

**第二部分 协议内容**

**第一条 专供销售产品、价格、区域、协议期限及销售任务量**

一、专供销售产品及价格体系。

| 序号 | 药品名称 | 规格 | 单位 | 供货价 | 执行零售价 | 扣率 | 备注 |
|---|---|---|---|---|---|---|---|
| 1 | | | | | | | |
| 2 | | | | | | | |
| …… | | | | | | | |

二、专供销售区域：乙方的直营门店及乙方可控的加盟门店。乙方不得将本协议专供销售产品流通出该区域，否则视为窜货。

三、专供销售期限：____年____月____日至____年____月____日。

四、年度销售目标：____万元。其中××××目标金额________万元。

**第二条 供货、付款方式**

一、甲方向乙方提供的专供产品包含×××等子公司专供产品。

二、乙方须制订合理的购货计划，非质量问题，不能退货。

三、甲方所有专供销售产品由甲方全资子公司________直接向乙方开户配送。

四、付款方式：先款后货（电汇支付）。

五、乙方收货后，应当场验收，并在甲方配送公司送货单或甲方委托的物流公司送货凭证上签字盖章，如有破损至少须在 5 个工作日内以书面形式通知甲方。

**第三条　甲乙双方的义务、权利**

一、甲方的义务和权利

（一）甲方的义务

1. 在专供销售协议正常执行期限内，保证本协议规定的乙方专供销售权。

2. 向乙方提供与专供销售业务有关的文件、资料。

3. 及时调查处理窜货、低价销售等扰乱市场秩序的行为。

4. 甲方有义务维护专供销售产品在乙方各直营药店周边的市场价格。

5. 保守乙方的商业秘密。

6. 终端宣传支持，包括 POP、爆炸卡、提示卡、试用装、展示架等宣传支持。

7. 动销活动支持。甲方结合乙方运营规划，适时开展促销活动，支持乙方动销，具体方案由双方协商实施。

8. 患教活动。协议期间甲方协助乙方开展义诊、患者讲座、门店突破等活动场次。

（二）甲方的权利

1. 对乙方违反本协议的行为进行处理，直至取消乙方的专供销售权。

2. 有权在乙方获取专供销售产品的每月销售流向、数量统计表。

3. 在下列情况下甲方有权作价格调整，并以书面形式通知乙方：

a. 甲方决定进行广告宣传的产品，甲方有权对该产品的供货价或零售价作出调整。

b. 受政府物价政策影响需调整价格的产品，甲方有权对该产品的供货价或零售价作出调整。

c. 受成本、技术改造等因素影响，甲方有权对该产品的供货价或零售价作出调整。

二、乙方的义务和权利

（一）乙方的义务

1. 免费向甲方提供专供销售产品的每月销售流向、数量统计表。

2. 保守甲方的商业秘密。

3. 根据甲、乙双方达成的共识，乙方须将甲方的专供销售产品列入重点品类进行管理，将任务按月下达到各个药店，由各个药店按月下达到相关人员，并严格考核，乙方总部须安排专人对此进行全程监控。为确保任务完成，乙方原则上按零售额的________对店员进行奖励，每月根据药店实际销售数据于次月中旬前支付给店员。

| 序号 | 药品名称 | 规格 | 单位 | 核定首推级别 | 店员奖励 | 年度目标 |
|---|---|---|---|---|---|---|
| 1 | | | | | | |
| 2 | | | | | | |
| …… | | | | | | |

注：店员奖励由乙方支付。

4. 乙方向甲方免费开放会员系统，提供会员名单，协助甲方开展义诊、患者讲座等活动。

5. 甲方不参加乙方开展的涉及甲方产品零售价格调整的促销活动，如确需此类活动，乙方必须取得甲方的书面同意才能将甲方产品列入。

6. 乙方支持甲方在乙方门店进行重点陈列和重点活动推广：

a. 陈列面。A 类店重点产品陈列面不少于____ 个，B 类店陈列面不低于____ 个。

b. 乙方为甲方提供其他陈列支持，包括端头陈列、花车陈列、柜台陈列等多点陈列支持。

c. 支持甲方在各直营药店内促销、宣传产品，并对甲方在店内进行的促销活动、广告宣传等行动提供便利。

7. 未经甲方授权，乙方不得在任何网络平台销售协议产品，否则甲方有权解除本合同。

8. 乙方需每月免费为甲方提供销售流向。

（二）乙方的权利

1. 对甲方违反本协议的行为有权按照本协议的规定进行处理，直至终止本协议。

2. 本协议正常履行到期后，在同等条件下，乙方有优先权继续和甲方签订专供销售协议。

**第四条 保密协定**

在本协议期限内及本协议期限届满或终止后的 5 年内，除非国家政府主管部门（或）有权机关另有要求，任何一方未经对方事先书面同意，不得将本协议的内容和为履行本协议直接或间接获得的对方的保密信息（保密信息包括双方业务、业务战略、业务计划、财产、营运模式、采购成本、采购量、营运数据等有关信息）泄露或披露给本协议签约方之外的任何第三方。

**第五条 违约处理**

一、乙方未完成年度销售目标或年度支持计划，甲方有权调整次年合作政策。

二、乙方违反本协议相关规定，或未按甲方要求开展店员奖励、产品培训、免费提供流向的，甲方有权调整合作政策或停止专供产品供货。

三、如一方未按协议履行以上其相应义务时，另一方有权终止本协议。

四、若其他因素或市场变化影响本协议品种销售时，经双方友好协商可终止本协议。

五、如本协议产生争议，各方尽可能协商解决，若协商不成，由甲方所在地人民法院裁决处理。

**第六条　其他**

一、本协议经甲、乙双方法定代表人或授权委托人签字并加盖公章后生效。

二、本协议一式两份，甲、乙双方各执一份。

三、其他约定事项。

| | |
|---|---|
| 甲方： | 乙方： |
| 地址： | 地址： |
| 邮编： | 邮编： |
| 电话： | 电话： |
| 营业执照号： | 营业执照号： |
| 开户行： | 开户行： |
| 账号： | 账号： |
| 法定代表人： | 法定代表人： |
| 签约代表： | 签约代表： |
| 甲方公章： | 乙方公章： |
| 年　月　日 | 年　月　日 |

# 附录 7　《连锁促销协议书》

甲方：

乙方：

甲、乙双方本着平等互利，共同发展的原则，经友好协商，就提升甲方产品在乙方门店销售、推广产品形象事宜，达成以下协议：

**一、促销时间**

自____年____月日起至____年____月日止。

**二、销量目标**

乙方同意将甲方产品列为乙方连锁门店的主推品种，确保甲方产品最低销量不低于____盒。

**三、乙方同意提供以下支持**

1. 纳入乙方首推级别。乙方给门店营业员销售甲方产品的提成不低于____元/盒的奖励。

2. 乙方确保甲方产品在门店的优位陈列：陈列位置，陈列面不少于______个。

3. 乙方优先保证甲方产品库存，在任何时候均确定所有门店都有甲方产品最低库存____盒以上。

4. 乙方组织门店营业员就甲方产品知识做培训____场，____人次；不收取任何费用。

5. 乙方免费为甲方提供各门店的店外促销场所。

6. 乙方每月____日以前向甲方免费提供上月产品销售真实流向。

7. 甲方支持的消费者买赠促销、店员奖励，乙方不得截留。

**四、甲方将给予乙方特别助销政策**

双方约定政策兑现方式。

**五、约定销售区域和销售价格**

乙方门店统一零售价为____ 元/盒 ，甲方产品不参加任何形式的与特价有关的活动等。

销售区域为乙方可控门店，不得在乙方可控门店以外的区域销售。

**六、违约责任**

任何一方在履行其应承担的义务时，发现另一方未能履行本协议相关义务，经协商仍未能达成一致时，本方可以拒绝继续履行其相对应的义务并书面告知对方，该行为仍视本方守约。

**七、其他**

协议如有未尽事宜及其他因素出现，双方应友好协商作出补充协议，补充协议具有同等法律效力。双方如协商不成，可由原告方所在地人民法院裁决。

本协议自双方签字并加盖印章之日起生效。

本协议一式二份，甲、乙双方各执一份。

甲方代表签名：　　　　　　　　乙方代表签名：

# 后　记

怀抱为医药行业贡献营销管理真知的寸心，历时18个月，本书终于付梓。这是一本凝聚了一众营销管理者多年实战经验和实践智慧的书，我们希望仰取俯拾，兼顾医药营销管理体系的全面性、系统性和医药营销每一个重要环节的可操作性和“动作规范”。希望这本书能伴随广大读者，完成从具备即战力的医药营销新人，到带领团队冲锋陷阵的团队管理者，再到运筹帷幄决胜千里的高层领导者的进阶之路。

全书共十九章，涵盖了医药行业洞察和医药营销业务流程、医药营销体系的构建，以及整个体系中每一个关键要素的内涵、决策点、工作方法和实用工具等。通过对医药行业产业地图、医药市场终端格局、营销模式介绍、医药营销行业政策解读、价格形成机制分析等，让读者对医药行业和医药营销建立基本的认识；通过建构医药营销“1－3－14”体系，包括核心的“价值链”、“三足鼎立”的人流、资金流和物流，以及对应的14个关键点，帮助读者理解医药营销的本质和底层逻辑，建立作为一个优秀的医药营销管理者应该具备的完整知识架构和思维体系；通过对14个关键点逐一解释概念、介绍内容、分析决策点和提供有效工具，让读者对医药营销流程中的每一个环节的工作内容和方法形成清晰的认知，掌握营销工作技能，解决各类工作中遇到的实际问题。最后，我们还为初入医药营销行业的新人提供了一套基础工具包，帮助他们快速掌握医药销售的基本知识和技能。

编写这本书的过程，对于我们每一个作者来说，都是一段难忘的体验，也是一次总结、学习和提升的启发之旅。掩卷沉思，我想至少有三点收获。

第一，促使我们回顾过去多年的医药营销管理实践，从中梳理、总结、反思、提炼出我们对医药营销的全部理解。这既是一个凝聚和萃取精华的总结过程，也是一个我们所有作者重新学习、思考和提高的过程。我们力图让本书的内容兼具科学性和实用性，希望它能成为对行业从业者和对医药行业营销感兴趣的相关人士有价值的手边常备工具书。在力争实现这个目标的过程中，我们获益良多。

第二，促进我们对医药行业发展变化和医药营销的前景做更深入的思考，建立对行业未来更清晰透彻的坐标，指导未来的营销实践与创新。无论是从营销驱动转向研发创新驱动的行业整体发展趋势，还是在监管政策的引导下行业优胜劣汰资源整合走向集中的竞争格局演变，抑或是数字化带来的医药营销和商业模式创新的新趋向，以及中医药产业迈进发展快车道潜力无限的未来，在写作本书的过程中，我们都有了更确定的判断。

第三，激励我们为医药行业的发展肩负更多营销者的责任和使命。医药行业历史悠久，承载着人类追求健康的奋斗目标，它的发展兴旺需要仰赖一大批对医药事业怀有热情和对营销职业充满荣誉感、自豪感的从业者。怀有对医药事业崇高价值的信念和医药行业营销人才培育的责任，我们希望以一本书尽绵薄之力，这是我们的发心。而最终，我们也从中得到滋养，对这份事业有了更坚定的信心，对营销这个职业有了更深的敬畏。

在本书即将刊印之际，再次向写作过程中给予悉心专业指导的华中科技大学管理学院几位教授致以最诚挚的谢意！是你们的殚精竭虑让我们对于完成这本书有了更多底气。同时，要向给予鼎力支持的业内合作伙伴们表示衷心的感谢！你们的赞赏和鼓励给了我们更多信心。当然，我们也要感谢选择这本书的读者，特别是广大的医药行业营销从业者们！是你们给了我们编写这本书的动力，希望这本书能帮助你们全面理解医药营销，成为你们在优秀营销管理者进阶之路上的利器。

最后，由于作者水平有限，书中难免存在不妥、错误和疏漏之处，敬请读者批评指正！